· 大 有 党 史 文 丛 ·

史实与影响

—— 中共党史中的人与事

SHISHI YU YINGXIANG

ZHONGGONG DANGSHI ZHONG DE REN YU SHI

李东朗 / 著

人 民 出 版 社

目　录

人物历史研究

会　议　研　究

重大问题研究

人物历史研究

毛泽东"最后决定权"之真相

内容提要：毛泽东"最后决定权"问题，在学术界一直颇引人注意，并引发多种议论。实际上，它是中共中央处理日常事务的一个工作制度，是历史的产物，并且有效存在的时间不长，在当时没有产生多少不良影响。所谓新中国成立后毛泽东继续享有"最后决定权"的说法是不能成立的。但是，它形成和遗留的思想痕迹却对新中国成立后的党内生活产生了消极的影响。

毛泽东的"最后决定权"，是一个颇为引人注目的问题，凡论及毛泽东和民主革命时期中国共产党的历史，必然要提及这个问题。人们对此颇有疑惑，并引发多种议论，甚至有的论者认为毛泽东从此有了决定党的一切的大权，毛泽东在新中国成立后多次使用这个权力，他晚年犯错误与"最后决定权"有直接的关系。凡此种种现象，都反映出人们对这个决定的关注和不解。因此，很有必要对之进行研究，明晰真相，以正视听。

"最后决定权"形成的背景

1943年3月20日，中共中央政治局通过《关于中央机构调整及精简的决定》，决定调整中央机构，推定毛泽东为中央政治局主席，并决定他为中央书记处主席。该《决定》规定，书记处"会议所讨论的问题，主席有最后决定之权"。这就是毛泽东"最后决定权"的由来。实际上，当时中央政治局作出毛泽东"最后决定权"的规定，有其产生的深刻的历史背景，是党的领导层针对当时党面临的历史情况和党的状况而作出的。

第一，它是当时党集中中央领导权力的产物。1941年敌后抗战进入最艰苦的时期,党面临着异常艰苦、异常复杂的斗争局势,需要集中全党的力量,快速、高效地去开展斗争;但是,由于长期分散的独立活动的游击战争的环境,党内甚至高级干部中出现和存在着各种破坏党的统一性的错误倾向,如个人主义、英雄主义、独立主义和"反集中的分散主义"等,在一些重大问题上不遵照中央的政策和指示,事前不请示、事后不汇报。毫无疑问,这些现象是不能适应当时斗争形势的,是不利于党战胜严重困难的。于是,中共中央在这时强调了中央权力的集中和统一。1941年7月1日,中共中央在《关于增强党性的决定》中指出:"应当在党内更加强调全党的统一性、集中性和服从中央领导的重要性","要求每个独立工作区域领导人员,特别注意在今天比任何时候更需要相信与服从中央的领导。"①1942年8月29日中央政治局会议通过的《中共中央关于统一抗日根据地党的领导及调整各组织间关系的决定》(即通常所称的"九一指示"),强调实行"根据地领导的统一与一元化"。1942年12月1日,中共中央又发出《中央关于加强统一领导与精兵简政工作的指示》,进一步指出:根据地和军队中存在着"缺乏领导中心,许多人谁不服谁,而不能承认一个比较强一点的同志为领导中心"的现象,并且把其危害性提得非常高,说这种现象"与目前及今后极端严重的分散的游击环境完全矛盾着,如果再不改变,简直是自杀政策。"指示要求:"每一军区、每一军分区,必须承认一个比较优秀一点的同志为领导中心,不应谁(也)不服谁,闹的群龙无首。各中央局、中央分局,要着重地注意培养所属各军区、各军分区领导核心的建立,告诉他们如何自觉地形成这种核心,将斯大林论布尔塞维克化十二条中的第九条(论建立领导核心)运用到各中央局、分局、区党委与地委的领导建立上去,只要我们有了这样坚强的各级领导核心,我们就会胜利。"并且规定:这样的领导核心"只留三个负责人"②。应该说,毛泽东的"最后决定权"的规定就是中央这种精神在中央领导层的体现。比较一下,我们可以清楚地看到,1943年3月中央政治局《中共中央关于中央机构调整及精简的决定》中关于书记处的职责,不但与前述中央决定的精神是一脉相承的,而且目的一致:"在于使中

---

① 《中共中央文件选集》第13册,中共中央党校出版社1996年版,第146页。
② 《中共中央文件选集》第13册,中共中央党校出版社1996年版,第465—467页。

央机构更加简便与灵活，使事权更加统一与集中，以达到更能增强中央的领导效能"①，并且领导机构的组成人数也是一样的，书记处"由毛泽东、刘少奇、任弼时三同志组成"。

第二，它是中共中央改革和完善领导体制的一次尝试。在1943年3月中央政治局作出《关于中央机构调整及精简的决定》之前，中共中央政治局早已感觉到党中央的领导机构不能适应工作的需要，需要调整和改革，并且已经开始酝酿和筹划中央领导机构的改革。1941年7月30日，中央政治局会议对改革中央机构作出三个重要的决定：（一）规定：中央机关的任务为研究情况、掌握政策、总结经验、调剂干部；中央组织机构以精干为原则。（二）按照上述原则，成立由任弼时主持的"改革中央组织机构委员会"，讨论中央各部委之组织编制，交政治局会议通过。（三）为使中央有若干同志能经常集体处理日常工作，决定除每星期召开一次政治局会议外，中央书记处应有一种人数不多的会议。按照中央政治局的这个决定，8月27日，成立了中央书记处工作会议，由在延安的政治局委员毛泽东、任弼时、王稼祥、王明、洛甫、陈云、凯丰七人组成。9月26日，中央书记处工作会议通过了任弼时提出的《中央书记处的任务和组织条例》。至此，中共中央建立了以中央书记处工作会议处理日常事务的工作机制。

但是，实行过程中出现了两种情况：一是1941年九月政治局扩大会议后，王明因病休养，不参加会议了；到1943年年初，洛甫到绥德和晋西北调查去了；王稼祥、陈云也因病休养了，原有书记处工作会议成员中许多人不能参与工作了。二是1942年5月21日，领导全党整风运动的中央总学习委员会成立，由毛泽东、凯丰、康生、李富春、陈云五人组成。6月22日，中央书记处工作会议决定，以后中央总学委会与中央书记处工作会议合并举行。但是后来发现，这样的书记处工作会议"等于各部委联席会，与政治局区别不明显"②，没有充分发挥作用。中央书记处工作会议的这种情况说明，中央政治局改革中央机构的预期目标没有达到。应该说，1943年3月《中共中央关于中央机构调整及精简的决定》，就是在这样的情况下作出的。它应该中共中央改革

---

① 《毛泽东年谱》（1893—1949）中卷，人民出版社、中央文献出版社1993年版，第431页。

② 《任弼时年谱》，中央文献出版社2004年版，第440页。

中央机构精神的继续和建立适应形势发展需要工作机制的新的探索。

第三,它是毛泽东威望在党的领导层大幅度提高的反映。遵义会议事实上开始了毛泽东对全党的领导,但毛泽东在全党领导地位的确立经历了一个过程,党内包括党的领导层对毛泽东的认知也经历了一个过程。到20世纪40年代初,党历经艰险不断取得胜利、开创出敌后抗战大好局面、政治影响空前提高的事实,证明了毛泽东的正确领导,毛泽东在党内和党的领导层的威望空前提高。陈云、任弼时在这时的谈话很有代表性,可以反映党的领导层对毛泽东的认知心路。1941年10月,陈云在中央书记处和政治局会议上发言时说:"遵义会议前后,我的认识有一个过程。会前不知道毛主席和博古他们的分歧是原则问题,对毛主席也只是觉得他经验多。遵义会议后,开始知道毛主席是懂军事的。红军南渡乌江后方才佩服毛主席的军事天才。到莫斯科及回国后直至十二月会议,在独立自主问题上、徐州会战问题上,对毛主席有了更多的了解,认识到他是中国革命的旗帜。""过去我认为毛泽东在军事上很行,因为长征中遵义会议后的行动方针是毛泽东出的主意。毛泽东写出《论持久战》后,我了解到毛泽东在政治上也是很行的。"①任弼时在1943年9月政治局会议上说:中央苏区时认为毛泽东"有独特见解,有才干"。"一九三八年到莫斯科及回国后,阅读了毛泽东的《论持久战》《新民主主义论》《论革命战争的战略问题》,又看到毛泽东在处理国共关系、领导整风运动以及对各种政策之掌握,对毛泽东则完全'爱戴佩服',而且'认识到他一贯正确是由于坚定的立场和正确的思想方法'。"②另外,1942年6月30日,刘少奇在山东分局纪念七一干部大会上称赞说:毛泽东是"精通马列主义和中国实际情况为每一个党员所拥护的党的领袖"③。同年,林彪也在延安欢迎他回国的大会上说:"中国的党,应该团结在毛泽东同志的周围,以便建设起伟大的中国党,建设起伟大的新民主主义的新中国。"④党的领导层对毛泽东的这种敬仰、信任和拥戴,毫无疑问是中央政治局授予毛泽东"最后决定权"的思想基础。

具体而言,成立书记处处理中央的日常工作,是刘少奇1943年1月12日

① 《陈云年谱》上卷,中央文献出版社2000年版,第328、331页。
② 《任弼时年谱》,中央文献出版社2004年版,第452—453页。
③ 《刘少奇年谱》上卷,中央文献出版社1998年版,第401页。
④ 《解放日报》1942年2月18日。

向政治局提议的。① 他并且建议"中央书记处设一个主席,两个书记,书记是主席的助手。"②他的这个关于"主席"和"书记"角色的设计,实际上规定了两者之间的关系。既然"书记"是"助手",就处在辅助的地位,就必然要由"主席"在最后作出决定。而显然中央许多人同意了这个建议。因此,同年 3 月 16 日,任弼时在代表中央书记处向中央政治局作的《关于中央机构调整及精简方案的报告》中,既强调了书记处"是政治局的办事机构,服从于政治局,在政治局决议方针下,可决定日常工作",书记处主席由中央政治局会议决定;又同时明确提出:书记处主席"有最后决定权","实际上是中央政治局和书记处主席"③。刘少奇的提议和任弼时的报告说明,1943 年 3 月,在酝酿和设置新的中央书记处时,党内领导人对毛泽东充满了高度的信任,对毛泽东的领导才能非常尊重和认可。这种普遍的共同的认识与心理,就使毛泽东的"最后决定权"成为一种历史的必然。

"最后决定权"有特定的内涵

在论及毛泽东的"最后决定权"时,人们往往忽视它的内涵。其实,它有特定的内涵,并且了解其内涵特别是其职权的使用范围和其有效的存在时间,是非常重要的。甚至可以说,是正确认识和评价 1943 年 3 月中央政治局《关于中央机构调整及精简的决定》和毛泽东的"最后决定权"的关键因素。

一是,毛泽东的"最后决定权",仅限于书记处"会议中所讨论的问题"。中央政治局在《关于中央机构调整及精简的决定》里明确规定:党的一切重大问题的决策权在中央政治局,"在两次中央全会之间,中央政治局担负领导整个党工作的责任,有权决定一切重大问题","凡重大的思想、政治、军事、政策和组织问题,必须在政治局会议上讨论通过"。而"书记处是根据政治局所决定的方针处理日常工作的办事机关,它在组织上服从政治局,但在政治局方针下有权处理和决定一切日常性质的问题","书记处必须将自己的工作向政治

---

① 《任弼时年谱》,中央文献出版社 2004 年版,第 438 页。
② 《刘少奇年谱》上卷,中央文献出版社 1998 年版,第 415 页。
③ 《任弼时年谱》,中央文献出版社 2004 年版,第 440 页。

局作报告"。在这样的关系和条件下,书记处"会议中所讨论的问题,主席有最后决定之权"①。也就是说,毛泽东的这个"最后决定权"既没有决定党的一切的权力,也没有决定党的大政方针的权力,而是根据政治局决策处理日常事务的权力。

二是,这个"最后决定权"存在和生效的时期并不长。由毛泽东、刘少奇、任弼时三人组成,毛泽东任主席的书记处,是中央政治局《关于中央机构调整及精简的决定》中的一个内容,在中央政治局通过这个决定后,新的中央书记处立即开始了工作。现在见到的资料说明,在政治局作出决定的第二天,即1943年3月21日新成立的中央书记处即召开了会议。但是,一年两个月以后,即1944年5月19日,这个中央书记处会议决定:向即将召开的六届七中全会提议,七中全会主席团由毛泽东、朱德、刘少奇、任弼时、周恩来组成,"七中全会期间一切日常工作由主席团办理,原政治局及书记处停止开会。"5月21日,六届七中全会第一次会议通过了中央书记处的这个提议,决定:在全会期间由主席团处理日常工作,"书记处及政治局停止行使职权,中央各部委仍照常工作。"②并推选毛、朱、刘、任、周组成主席团。应该说,根据六届七中全会通过的这个决定,随着中央书记处的停止工作,毛泽东的这个中央书记处主席的"最后决定权"也因此停止了。1945年4月20日,六届七中全会闭幕。第二天(4月21日),中共七大预备会议召开,会议通过六项决议案,其中规定由毛、朱、刘、周、任组成七大主席团常委会。任弼时传达中央通知时指出:"大会主席团产生以后,六大以来的中央委员会就不存在了,其职权转交给大会主席团。"③既然六大以来的中央委员会不存在,在其基础上建立的中央书记处及其职权也就不存在了。党的七大选出了新的中央委员会,成立了新的中央书记处,而新的中央书记处的人选和职权与1943年3月成立的中央书记处,有很大的不同,并且再无"最后决定权"的规定。也就是说,1943年3月中央政治局由毛泽东、刘少奇、任弼时三人组成,毛泽东任主席并且有"最后决定权"的规定,并没有在七大上传承下去,而是随着新的领导机构的建立而失

---

① 《毛泽东年谱》(1893—1949)中卷,人民出版社、中央文献出版社1993年版,第431页。

② 《任弼时年谱》,中央文献出版社2004年版,第463—464页。

③ 1945年4月21日七大大会预备会议记录。

效。因此,可以说,1943年3月中央政治局赋予毛泽东的"最后决定权"的有效时间是一年两个多月。

人们对毛泽东"最后决定权"的理解与疑惑,可能在很大程度上与对上述两点的了解有关。了解了毛泽东"最后决定权"的职权使用范围和其有效存在时间,也就能够比较清楚地认识毛泽东"最后决定权"问题了。

还有一个材料可以佐证。1945年9月19日,针对日本投降后军情紧急的形势,出于军事部署需要,在重庆谈判的毛泽东、周恩来致电中央:"建议由政治局成立决议,在此工作紧张时期内,全权委托书记处及中央主席及代主席行使政治局职权。"当天,刘少奇在延安主持召开中央政治局扩大会议,与会的18人经过讨论,决定接受这个建议:"在工作紧张时期内,书记副书记行使政治局职权。"①通读1945年9月19日中央政治局的决定,对我们认识和理解毛泽东的"最后决定权"问题,起码可以有三点:第一,在这个决定之前,毛泽东不享有决定党的大政方针的权力,党中央的决策权在中央政治局。第二,1943年中央政治局关于毛泽东的"最后决定权"的决定已经不复存在。因为如果1943年的那个"最后决定权"的决定仍然有效,则似乎无须再提出这样一个建议。而且即使提,也应是提出"代主席"刘少奇的职权问题。第三,赋予党的主要领导人特别的权力,是党中央针对特定时期的特殊情况而作出的特殊决定,是有深刻的历史背景的。它与当时党面临的紧张的军事斗争的形势紧密地联系在一起,是党为了在特殊时期进行有效斗争而采取的特殊措施。因此它有明确的前提条件,有特定的内涵,有明确的时限,是一种临事而设的权宜举措。

1945年9月19日中央政治局的决定,从一个侧面说明,通过七大,毛泽东的"最后决定权"已经不存在了。需要强调的是,这个决定距离七大结束刚两个多月,对"最后决定权"是否存续有很强的说服力。

根据历史事实,我们可以更清楚地了解毛泽东的"最后决定权"问题。七大后,举凡党的重大方针、政策的制定和重大问题的解决对策,都是经过中央政治局会议和中央书记处会议研究、讨论作出的,有的是征询和听取中央有关同志、各地方和各部门同志的意见反复讨论、反复研究才形成的。如日本投降

---

① 《刘少奇传》上,中央文献出版社1998年版,第526—527页。

后具有全国战略意义的"向北发展,向南防御"的方针,是刘少奇根据全国军事形势、争夺东北战略意义和党内许多同志的建议而提出,经与在重庆谈判的毛泽东、周恩来等讨论而确定的。全面内战爆发后,中央制定的"先在内线打几个胜仗,再转至外线"的战略计划,是根据粟裕的建议和苏中战争的实践而修改原来的计划而形成的。为打破国民党军对中原解放区的围攻,中央军委曾计划由粟裕率三个纵队打到江南去,迫敌从中原撤军回救,并要粟裕"熟筹见复"。后根据粟裕的建议,经与陈毅、刘伯承等交换意见,1948年5月城南庄中央书记处扩大会议决定采纳粟裕的意见,华东野战军的三个纵队暂不渡江,集中兵力把国民党主力消灭在长江以北。

毛泽东、周恩来、任弼时留在陕北指挥全国解放战争,刘少奇、朱德、董必武等组成中央工作委员会前往华北进行中央委托的工作,这是解放战争时期党中央的一个重大战略决策,它是在清涧县枣林沟中央书记处会议上作出的。十二月会议后,毛泽东针对当时解放战争和土改运动中的问题起草了一个党内指示(草案),名曰《中央一月决定》,并征求刘少奇等的意见,准备下发。但后来毛泽东决定采用任弼时关于《土地改革中几个问题》的讲话。毛泽东电告刘少奇说:"我们决定发表弼时同志的一篇讲演,不发表一月决定草案,因为弼时同志的讲演比一月决定充实得多。"①"军事民主"在解放战争时期广泛推广,对人民解放军的胜利进军产生了极其重要的作用。而这个克敌制胜的重要方法,是毛泽东总结朱德在指导石家庄战役中的做法而形成的。

三大战役更是民主决策的典型。辽沈战役的作战计划是中央军委与东北野战军领导人反复讨论、几经周折后确定的。淮海战役是根据粟裕建议而发动的;而在战役打响前的一个多月中,毛泽东和中央军委同华东、中原野战军的指挥员反复磋商,从多种方案中比较选择,根据不断变化的形势,及时进行调整部署,从而使之形成空前规模的大战役。平津战役的作战方案中,缓攻太原的决策是吸纳了东北野战军的建议,而放弃塘沽打天津的作战部署,是根据前线指挥员的意见而修改原订计划形成的。

上述事实说明,七大后党中央实行的是集体领导、民主决策,毛泽东并不

---

① 《毛泽东年谱》(1893—1949)下卷,人民出版社、中央文献出版社1993年版,第295页。

享有也没有"最后决定权"。

"最后决定权"是一种工作制度

通过以上分析,我们应该看到,"最后决定权"实际上是一种工作制度。它是对书记处工作程序的明确规定:在执行和贯彻政治局决策的过程中,书记处在处理日常事务时,其成员讨论、研究,最后由主席总结、集中,作出决策。职权与责任同在,担任"主席",是领导班子的最高负责者,自然就得最后拍板,作出相应的决定。

如果进行比较,它与长征途中遵义会议决定的"恩来同志是党内委托的对于指挥军事上下最后决心的负责者",遵义会议后常委分工时决定"毛泽东为周恩来在军事指挥上的帮助者",情况基本相似。是在战争环境、军情紧张时期处理日常事务的一种工作制度。应该说,它在当时出现有其合理的因素。恩格斯在《集权和自由》一文中指出:在一定的条件下,集权"有其存在的历史的和合理的权利"。在激烈、艰苦和复杂的抗战时期特别是敌后抗战遇到严重困难的时期,这样的领导体制自有它的现实要求,有它产生的历史条件,是合理的,甚至是必要的。

总之,1943年3月,中央政治局《关于中央机构调整及精简的决定》中规定的毛泽东的"最后决定权",是有它产生的历史原因的,是中央书记处的一个工作制度,并且存在的时间不长,在当时对党的领导体制产生的不良影响是不明显的。邓小平的话证明了这一点:"从遵义会议到社会主义改造时期,党中央和毛泽东同志一直比较注意实行集体领导,实行民主集中制,党内民主生活比较正常。"①

还应该指出的是,1943年的这个规定与毛泽东晚年所犯的错误,没有直接的关系,因为这个规定早已被停止和失效,以后党并没有再赋予毛泽东"最后决定权",所谓毛泽东新中国成立后使用"最后决定权"是没有制度依据的。

但是,1943年的这个规定,是有悖党的民主集中制原则的。因为,"最后决定"是根据大家讨论、多数人的意见,还是"主席"根据自己的判断、自己的

---

① 《邓小平文选》第二卷,人民出版社1994年版,第330页。

意见而作出的呢？并没有明确的规定，似乎都是可以的，甚至从它的形成过程看是偏向后者的。虽然由于资料的原因，我们不知道这个"最后决定权"的运作情况，但显然中共中央和毛、刘、任组成的书记处认识到了是否需要有这样一个规定的问题，1944 年书记处停止工作后，六届七中全会主席团、七大以后成立的书记处再无这样的决定就是证明。而 1945 年党的七大强调了民主集中制原则，1948 年 9 月 20 日毛泽东为中共中央起草的《关于健全党委制》的党内指示也是证明。因为该指示强调："党委制是保证集体领导、防止个人包办的党的重要制度。"规定"今后从中央局至地委、从前委至旅委以至军区（军分会或领导小组）、政府党组、民众团体党组、通讯社和报社党组，都必须建立健全党委会议制度，一切重要问题（当然不是无关紧要的小问题或者已经会议讨论解决只待执行的问题）均须交委员会讨论，由到会委员充分发表意见，做出明确决定，然后分别执行。""集体领导和个人负责，二者不可偏废。"①

特别是这个"最后决定权"形成过程中体现出的党内对领袖的过于崇尚的思想，和它对毛泽东在思想上产生的影响，则对新中国成立后党内民主生活产生了不良的影响。"最后决定权"的规定虽然没有了，但它在赋予者和承领者思想上留下的痕迹却是存在的，两者交相作用、交替影响，发展下去，必然有助于家长制作风的形成，并严重破坏党的民主集中制原则。

---

① 《毛泽东选集》第四卷，人民出版社 1991 年版，第 1340—1341 页。

毛泽东关于日本侵略一个表述之真意

内容提要：20世纪五六十年代，毛泽东在与外宾谈话中曾多次说过"感谢日本侵略"或者类似的话。对此，人们颇感困惑，难以理解，并且在社会上产生多种说法，甚至存在误解。其实，这是毛泽东语言表述的一个特点，他所说的"感谢"一词是有特指的，其基本意思是指日本帝国主义的侵略在客观上起了促使中国人民觉醒的反面教员的作用。

"毛泽东说要感谢日本侵略"的说法在社会上流传颇广，在学术界也颇多议论，同时也颇使人产生困惑。日本帝国主义的侵略给中国人民带来了巨大的、深重的灾难，中国人民伤巨痛深，虽然几十年过去了，但对那段痛楚的历史铭感至深，对日本帝国主义的侵略充满了义愤。因此，人们自然会对诸如"感谢日本侵略"的说法产生疑问，产生不理解。事实上，在一些人甚至一些学者中已经产生误解。那么，毛泽东是否说过这样的话？如果说过，他为什么这么说，其真正含义是什么？他是站在什么样的立场上看待和评价日本的侵略的？澄清这些问题，应该是非常有必要的。

首先，应该明确的是毛泽东确实说过类似的话。1956年，毛泽东在与访华的日本前陆军中将远藤三郎谈话时，说过："我们要感谢你们。"原话是："你们也是我们的先生，我们要感谢你们。正是你们打了这一仗，教育了中国人民，把一盘散沙的中国人民打得团结起来了。所以，我们应该感谢你们。"[①]同年，在接见日本日中输出入组合理事长南乡三郎时，也说了类似的话。毛泽东后来回忆说："日本的南乡三郎见我时，一见面就说：日本侵略了中国，对不住

---

① 《大外交家周恩来》上，经济日报出版社1998年版，第210页。

你们。我对他说:我们不这样看,是日本军阀占领了大半个中国,因此教育了中国人民,不然中国人民不会觉悟,不会团结,那末我们到现在也还在山上,不能到北京来看京戏。就是因为日本'皇军'占领了大半个中国,中国人民别无出路,才觉悟起来,才武装起来进行斗争,建立了许多抗日根据地,为解放战争的胜利创造了条件。所以日本军阀、垄断资本干了件好事,如果要'感谢'的话,我宁愿'感谢'日本军阀。"①1960年6月21日与日本文学代表团的谈话,1961年1月24日与日本社会党国会议员黑田寿男的谈话,1964年7月9日在与亚洲、非洲、大洋洲一些国家和地区参加第二次亚洲经济讨论会的代表谈话中,毛泽东都说了类似的话。

其次,应该明确的是,毛泽东所说的"感谢"日本侵略的表述,是有着特定含义的。虽然他每次的谈话不尽相同,但基本的意思,就是"日本帝国主义当了我们的好教员"②,是说日本帝国主义的侵略在客观上起了促使中国人民觉醒的反面教员的作用。他在上述几次的谈话中,都十分清楚地阐述了日本侵略在客观上对中国人民产生的"教育"作用。如:在与远藤三郎谈话中说:"正是你们打了这一仗,教育了中国人民,把一盘散沙的中国人民打得团结起来了。"与南乡三郎谈话中说:"日本军阀占领了大半个中国,因此教育了中国人民,不然中国人民不会觉悟,不会团结";与日本文学代表团谈话中说:"我同很多日本朋友讲过这段事情(指中国共产党在抗日战争时期的历史——作者注),其中一部分人说日本侵略中国不好。我说侵略当然不好,但不能单看这坏的一面,另一面日本帮了我们中国的大忙。假如日本不占领大半个中国,中国人民不会觉醒起来。在这一点上,我们要'感谢'日本'皇军'。"③在与黑田寿男谈话中说:"我看一个国家的人民,没有外力的压迫是不会觉悟的。……我们国家的人民,也是由国内敌人和国外敌人教育过来的,其中也包括日本军国主义者的教育。"④因此,毛泽东的"感谢"的话是有特指的,是在日本帝国主义侵略中国、促使了中国人民觉醒、团结和反抗的这个特殊意义上,毛泽东

---

① 《毛泽东外交文选》,中央文献出版社、世界知识出版社1995年版,第460—461页。

② 《毛泽东外交文选》,中央文献出版社、世界知识出版社1995年版,第534页。

③ 《毛泽东外交文选》,中央文献出版社、世界知识出版社1995年版,第438页。

④ 《毛泽东外交文选》,中央文献出版社、世界知识出版社1995年版,第460页。

说了"感谢"日本侵略、"感谢"日本"皇军""日本军阀、垄断资本干了件好事""日本帮了我们中国的大忙"等话。通过毛泽东的上述谈话,他的话意所指是十分明确的。

再次,我们还应该明确的一点是,类似"感谢"敌人、"感谢"对手这样的表述,是毛泽东的一个语言特点和表述习惯,并且是经常运用的。在同时期接见外宾的谈话中,毛泽东曾多次说过诸如此类的话。如:1956 年 9 月 25 日,毛泽东在向参加中共八大的一些拉丁美洲国家共产党代表介绍中国共产党认识农民的历程时说:"我们要感谢我们的好先生,就是蒋介石。他把我们赶到农村去。这个时期很长。十年内战,跟他打了十年,那就非得研究一下农村不可。"①20 世纪五六十年代,美国政府疯狂反对新中国,其国务卿杜勒斯是反华急先锋,1958 年 10 月 2 日,毛泽东在与保加利亚、阿尔巴尼亚、罗马尼亚、蒙古、苏联、波兰六国代表团谈话中,就称杜勒斯"是世界上最好的一个教员",并说要"感谢"他:杜勒斯"这不是一个好教员吗?世界上没有杜勒斯事情不好办,有他事情就好办。所以我们经常感觉杜勒斯跟我们是同志。我们要感谢他。"②1960 年 10 月在与美国记者斯诺谈话中,谈到中国共产党历史时,毛泽东说:"很感谢国民党对我们的经济封锁,使得我们没有办法,只好自己搞,致使我们各个根据地都搞生产。国民党在一九三七、一九三八、一九三九年还给我们发饷,从一九四〇年开始就实行封锁。我们要感谢他们,是他们使我们自己搞生产,不依赖他们。"值得注意的是,毛泽东的这个语言习惯已经很久了。在 1960 年 10 月的同次谈话中,斯诺回忆说:"我记得在一九三九年的时候主席就对我说过,我们有八点要感谢国民党的。一点是,因为共产党发展太慢,所以国民党就实行经济封锁,迫使我们更快地发展。另一点是,因为共产党的军队新兵太少,所以蒋介石就把更多的人关到监狱里去,等等。后来,主席的这几点意见都被证明是正确的。事实上,愈是压迫人民,人民的力量就发展得愈快。"毛泽东非常明确地回答斯诺说:"就是这个道理。"③

实际上,关于反面教员和反面教员作用的话,毛泽东在当时说得很多。

---

① 《毛泽东文集》第七卷,人民出版社 1999 年版,第 132 页。
② 《毛泽东外交文选》,中央文献出版社、世界知识出版社 1995 年版,第 356 页。
③ 《毛泽东外交文选》,中央文献出版社、世界知识出版社 1995 年版,第 452—453 页。

1964 年 7 月 9 日,毛泽东与亚洲、非洲、大洋洲一些国家和地区参加第二次亚洲经济讨论会的代表谈话中,在阐述日本侵略在客观产生了对中国人民的教育作用时,说"日本帝国主义当了我们的好教员"。并接着说:"我们的第二个教员,帮了我们忙的是美帝国主义。第三个帮了我们忙的教员是蒋介石。"①关于蒋介石的反面教员作用,他也说得很多。1956 年在与南斯拉夫共产主义者联盟代表团谈话中说:"蒋介石是中国最大的教员,教育了全国人民,教育了我们全体党员。他用机关枪上课"②;1958 年 9 月 5 日在第十五次最高国务会议上,他指出:"没有'蒋委员长',六亿人民教育不过来的,单是共产党正面教育不行的。"③所谓杜勒斯"是世界上最好的一个教员"④,也是同样的含义。在这里,毛泽东之所以称他们是"教员",指的是日本侵略中国,美国政府扶蒋反共和仇视、阴谋扼杀新中国,蒋介石反共独裁和屠杀人民、打内战等行径,对中国人民的"教育"作用,使中国人民认识清楚了他们的本来面目,起来与之进行斗争,是在强调他们的反面教员的作用。

毛泽东还向外宾说过王明的反面教员作用。1956 年 9 月,他对南斯拉夫共产主义者联盟代表团说:"中国第一次王明路线搞了四年,对中国革命的损失最大。王明现在在莫斯科养病,我们还要选他当中央委员。他是我们党的教员,是教授,无价之宝,用钱都买不到的。他教育了全党不能走他的路线。"⑤十分清楚,毛泽东也是强调王明错误及其危害给全党的警示作用。

诸如此类的话,毛泽东还有很多。如说蒋介石"是我们的老朋友""我们经常感觉杜勒斯跟我们是同志"⑥等。诙谐、幽默,甚至含有嘲讽、挖苦的意思,但话意明确,相信凡是了解历史的任何人都不会仅从单个词语的字面意思去理解。

毛泽东也曾清楚地解释过他的这个思想。1956 年 8 月 30 日,他在八大预备会议上的讲话中说:"坏事也算一种经验,也有很大的作用。我们就有陈

① 《毛泽东外交文选》,中央文献出版社、世界知识出版社 1995 年版,第 535 页。
② 《毛泽东外交文选》,中央文献出版社、世界知识出版社 1995 年版,第 253 页。
③ 《毛泽东文集》第七卷,人民出版社 1999 年版,第 410 页。
④ 《毛泽东外交文选》,中央文献出版社、世界知识出版社 1995 年版,第 356 页。
⑤ 《毛泽东外交文选》,中央文献出版社、世界知识出版社 1995 年版,第 253 页。
⑥ 《毛泽东外交文选》,中央文献出版社、世界知识出版社 1995 年版,第 356 页。

独秀、李立三、王明、张国焘、高岗、饶漱石这些人,他们是我们的教员。此外,我们还有别的教员。在国内来说,最好的教员是蒋介石。我们说不服的人,蒋介石一教,就说得服了。蒋介石用什么办法来教呢?他是用机关枪、大炮、飞机来教。还有帝国主义这个教员,它教育了我们六亿人民。一百多年来,几个帝国主义强国压迫我们,教育了我们。所以,坏事有个教育作用,有个借鉴作用。"①

而且,毛泽东关于日本侵略的这个评论,是当时党内的共识。如周恩来也认为:"日本军国主义的侵略使中国人民团结起来了。"1961 年 2 月 28 日他在与日本经济友好访华团谈话中说:"不错,日本军国主义曾经给中国人民造成灾难,同时也给日本人民造成了灾难。这个事情教育了中国人民,使中国人民懂得如何抵抗外来侵略者,使中国人民懂得一切侵略者必然会遭到失败。"②1971 年 3 月 13 日,周恩来在接见日本关西学生友好访华参观团时,重申了这个观点:"从一八九四年起到一九四五年共五十一年,对中国人民是很大的教育。如果仅仅是甲午战争、日俄战争,还不能教育中国人民,最大的教育是后来日本军国主义发动的那场侵华战争。"③并且周恩来也十分准确地理解毛泽东所说的"感谢日本侵略"的含义,1961 年 6 月 10 日他在接见溥仪、溥杰及其日本籍夫人嵯峨浩等时就说:"毛主席说日本军国主义侵略中国是一件坏事,但唤起了中国人民的觉悟。"④

我们还需要注意的一点是,在同时期与来访者的谈话中,毛泽东明确指出日本帝国主义是"侵略者",明确指出日本过去侵略中国、是中国人民的敌人。1954 年 10 月,毛泽东与印度总理尼赫鲁谈话中说:日本"过去它又是一个帝国主义国家,它也欺侮别的东方国家,可是现在连日本都受欺侮了"⑤。1954 年 12 月 1 日在与缅甸总理吴努谈话中,毛泽东指出:"过去亚洲有个日本是侵略国","如果日本军国主义再起,我们是怕的。"⑥1956 年 8 月 21 日与老挝王

---

① 《毛泽东文集》第七卷,人民出版社 1999 年版,第 91—92 页。

② 《周恩来外交文选》,中央文献出版社 1990 年版,第 303 页。

③ 金冲及主编:《周恩来传》(1949—1976)下,中央文献出版社 1998 年版,第 1116 页。

④ 《周恩来生平大事记》,四川人民出版社 1986 年版,第 135 页。

⑤ 《毛泽东外交文选》,中央文献出版社、世界知识出版社 1995 年版,第 163 页。

⑥ 《毛泽东外交文选》,中央文献出版社、世界知识出版社 1995 年版,第 184 页。

国首相梭发那·富马亲王谈话中,毛泽东说:"过去的侵略者是日本,现在是美国","过去日本侵略我们"①。1955年10月15日与日本国会议员访华团谈话中,毛泽东明确地指出:"你们这个民族过去犯了个错误。"②1964年7月9日与访华的亚洲、非洲、大洋洲一些国家和地区参加第二次亚洲经济讨论会的代表谈话中,说:"在十九年以前,日本军国主义霸占了我们大半个国家,我们同它打了八年仗。……我们在解放前要对付的敌人,有日本军国主义和美帝国主义,还有它们的走狗汪精卫、'满洲国'的康德皇帝、蒋介石。"他还说:"中国得到的教训是这样:有压迫,就有反抗;有剥削,就有反抗。帝国主义,不管是日本帝国主义、美帝国主义或其他帝国主义,都是可以打倒的。"③1957年在著名的《关于正确处理人民内部矛盾的问题》一文中,毛泽东再一次明确地指出:在抗日战争时期,"日本帝国主义、汉奸、亲日派都是人民的敌人。"④谴责日本帝国主义对中国的野蛮侵略、赞扬中国人民通过浴血奋战取得战胜日本帝国主义的伟大胜利、强调一切帝国主义都是纸老虎、反对美国对日本的占领和控制,是毛泽东20世纪五六十年代论及日本和中日关系时的基本思想。这些思想贯穿在他与日本和别国来访者谈话中,是十分清楚的。

通过以上分析,我们可以清楚地知道,毛泽东"感谢日本侵略"的话丝毫没有肯定日本帝国主义侵略中国的意思,并不是否认日本帝国主义侵略中国的战争性质,并不是否认日本帝国主义侵略给中国人民造成的深重灾难,并不是否认中国人民反对日本帝国主义侵略的伟大斗争。

总之,通读毛泽东的上述谈话,我们可以非常明确地知道毛泽东所说的"感谢日本侵略"的含义:第一,毛泽东的真实意思是指日本帝国主义的侵略在客观上起了促使中国人民觉醒的反面教员的作用。第二,毛泽东的这个表述,绝对没有否认日本帝国主义侵略中国的战争性质、肯定日本帝国主义侵略中国的意思。第三,毛泽东在这里所用的"感谢"一词,是一种语言幽默,这个词没有通常一般意义上的含义。而这样的表述方式,是他的一个语言特点。

---

① 《毛泽东外交文选》,中央文献出版社、世界知识出版社1995年版,第243—244页。

② 《毛泽东外交文选》,中央文献出版社、世界知识出版社1995年版,第223页。

③ 《毛泽东外交文选》,中央文献出版社、世界知识出版社1995年版,第535页。

④ 《毛泽东文集》第七卷,人民出版社1999年版,第205页。

第四,必须了解了毛泽东的语言特点,了解了毛泽东谈话的全部内容,了解了毛泽东的话意所指,只有这样,才能清楚地了解毛泽东所说的"感谢日本侵略"及类似话的真实含义,否则就会发生错误,产生误解。

延安时期陈云发展非工农成分
先进分子入党的思想

内容提要：发展非工农成分中的先进分子入党，是民主革命时期中国共产党在组织建设中遇到的一个重大问题，陈云为这个问题的解决作出了重要贡献。陈云在这个问题上的论述，对我们今天进行组织建设仍有重要的借鉴意义。

发展非工农成分中的先进分子入党，是改革开放以来人们非常关注和讨论颇为热烈的一个问题。实际上，这也曾是民主革命时期党在组织建设中遇到的一个重大的、有争议并且长期得不到解决的问题，遵义会议后，党逐渐并且很好地解决了这个问题。其中，延安时期长期担任中央组织部部长的陈云，为这个问题的解决作出了重要贡献。他在这方面有一系列的论述，他的这些论述对我们今天在这个问题上的理解，仍非常有教育和借鉴意义。

一

1937年11月陈云回到延安，随即在12月政治局会议上，被任命为中央组织部部长。此时，党的组织工作正处在一个急需突破的时刻。一是，轰轰烈烈的抗日战争在全国蓬勃兴起，中国革命进入了一个崭新的阶段，党的组织工作应该适应和配合党在当前的政治斗争。但是，由于王明右倾错误的干扰，党的组织工作受到很大的破坏，党当时仅有四五万名党员，这种情况与现实斗争颇不适应。二是，全面抗战爆发后，大量的青年知识分子和具有为国为民愿望的各种成分的人为中国共产党的政治主张和抗日行动所感召,奔赴延安,涌入各抗日根据地,在斗争实践中觉悟,积极向中共党组织靠拢。如何对待他们的加入中国共产党的要求,是党当时在组织工作方面面临的一个重要的、必须解决的问题。

强调"唯成分"论,拒绝非工农成分中的先进分子入党,是王明"左"倾路线在组织工作上的表现。本来,遵义会议后,党中央已在纠正这个问题。1935年12月瓦窑堡会议在确定党的政治路线转变的同时,提出组织建设必须与此相适应,要求大力发展党的力量,并对工农之外的其他成分的先进分子入党的问题作出了决定。瓦窑堡会议决议指出:"中国共产党是中国无产阶级的先锋队。他应该大量吸收先进的工人雇农入党,造成党内的工人骨干。同时中国共产党又是全民族的先锋队,因此一切愿意为共产党的主张而奋斗的人,不问他们的阶级出身如何,都可以加入共产党。一切在民族革命与土地革命中的英勇战士,都应该吸收入党,担负党在各方面的工作。"并具体提出:"能否为党所提出的主张而坚决奋斗,是党吸收新党员的主要标准。社会成分是应该注意的,但不是主要的标准。应该使党变为一个共产主义的熔炉,把许多愿意为共产党主张而奋斗的新党员,锻炼成为有最高阶级觉悟的布尔什维克的战士。"决议还针对党内发展组织中的关门主义倾向,说:"党不惧怕某些投机分子的侵入。"①但是,这个决议被共产国际所否决。1936年8月15日共产国际执委会书记处致电中共中央书记处,在肯定瓦窑堡会议制定的政治路线的同时,对在发展组织问题上的决议提出批评。指出:"使我们特别感到不安的,是你们关于一切愿意入党的人,不论其社会出身如何,均可接收入党和党不怕某些野心家钻进党内的决定……在有步骤地进行党员征集工作和特别在国统区要加强这项工作的时候,必须避免大批接收新党员的做法,而只能接收工人、农民和学生中那些优秀的经过考验的人加入党的队伍。"②由于中国共产党是共产国际的一个支部,在组织上必须接受共产国际的指示;由于共产国际在当时对中国共产党人有巨大的威望,因此中共中央根据共产国际的指示,修改了瓦窑堡会议的决定。1936年9月中央政治局会议通过的决议指出:

①　《中共中央文件选集》第10册,中共中央党校出版社1991年版,第620—621页。

②　中共中央党史研究室科研局编译处:《国外中共党史中国革命史研究译文集》第一集,中共党史出版社1991年版,第420—421页。

"扩大与巩固共产党,保障共产党政治上组织上的完全独立性,和内部的团结一致性,是使抗日的民族统一战线与民主共和国得到彻底胜利的最基本的条件。因此在苏区内特别是在非苏区内有系统地征收党员是非常必要的,但必须避免大批入党的办法,而只吸收经过考察的工人农民与革命知识分子入党。在这个意义上,去年十二月决议中'一切愿意为着共产党的主张而奋斗的人,不问他的社会出身如何,都可以入共产党'与'党不怕某些投机分子侵入'的意见是不正确的。"①

很明显,共产国际的指示和1936年9月中央根据共产国际的指示而作出的决定有很大的局限性,是不符合中国实际的,尤其不适应中国革命历史性变化的实际,也不适应党领导进行中国革命的需要,因此必须在这个问题上有所突破。

走向成熟的中国共产党及时注意到了这个问题,在此后的工作实践中十分注意纠正这种偏颇,而作为党在组织工作方面的主要领导人,陈云为解决这个问题着力尤多,而且他就此作了一系列的论述,观点十分明确。

首先,陈云指出:应正确地理解保持党的纯洁性的含义。他说:"我们所说的纯洁,主要的不是年幼龄轻、没有社会关系、单纯的纯洁,而是指在复杂动荡的环境中忠心为共产主义坚持奋斗的纯洁。"②1940年12月26日,中央组织部在他主持下制定的《关于审查党员的补充指示》,清楚地向全党指出:党员忠实与否,取决于本人对党是否忠实,……鉴定党员忠实与否,决定于本人现在的政治立场,而不决定于他过去的政治关系。③

其次,他对当时存在的不敢把家庭社会关系和本人社会经历较为复杂的分子介绍入党的现象提出批评:第一,不能怕复杂。他说:"要干大事情,就免不了遇到复杂的情况。将来领导全国的时候,情况会更加复杂。只有几个人,不要发展,才简单,但是革命一定不会成功。共产党是先锋队,要领导广大的后备军,要与广大群众打成一片,它周围必然是复杂的。……干革命如果怕复

---

① 《中共中央文件选集》第11册,中共中央党校出版社1991年版,第98页。
② 《陈云文选》第一卷,人民出版社1995年版,第200—201页。
③ 刘华峰、王雨亭主编:《中国共产党组织工作大事记》,辽宁人民出版社1992年版,第217页。

杂,便会愈弄愈复杂,不怕复杂,革命就好办。"①第二,不能认为凡经历复杂的人其本质就不纯洁。他说:现在审查党员成分时,凡是同国民党有关系的就认为其成分复杂,这种看法必须纠正。② 并明确指出,这种认识是一个"缺点"。"当我们发展党员的时候,凡是会说话的,有胡子的,懂得各党各派情形的,就以为他背景复杂,不敢吸收,然而这种人在社会上常常是比较有经验的,他们了解许多问题,只要他们真正信仰共产主义,而且现在愿意参加到无产阶级队伍里来,一同革命,一同前进,这又有什么不可以呢? 拿我自己来说,我的背景就非常复杂。我先是相信吴佩孚的,后来相信国家主义,后来又相信三民主义,最后才相信共产主义,因为经过比较,认识到共产主义是最好的主义。我们说这种人复杂是复杂的,但他从自己的经验中真正了解共产主义,本质也是纯洁的。青年是纯洁的,但纯洁的不仅仅是青年,老头子也可以是很纯洁的。"③1940 年,他又指出,详细考察每个党员的社会出身和家庭背景,这是党所必须做的,但"党在考察党员时主要是观察党员的政治立场和对党的事业的实际表现。党也懂得,在反动的家庭和社会环境中未尝没有革命的子女"④。

再次,陈云指出:应该吸收工农之外的先进分子入党。他说:对于在日常斗争中和革命运动中训练出来的其他阶级出身的分子,在他们放弃自己原有的非无产阶级的、非共产主义的立场,承认党纲党章后,党并不拒绝将他们吸收到自己队伍中来。⑤ 在论述党的支部工作时,他说:"为了保证党在政治上组织上的纯洁,支部征收新党员的工作,必须把前提放在每个党员的日常群众工作的基础上,在群众运动的斗争中发现积极分子,发现愿意并且能够为共产主义而奋斗的分子,接近他们,教育他们,向他们解释共产主义,吸收他们入党。"⑥1941 年 12 月,他对此进一步作出充分的阐述,他说:"共产党是无产阶级的先锋队,党员成分基本上必须是工人、农民及其他小资产阶级分子。但在

---

① 《陈云文选》第一卷,人民出版社 1995 年版,第 113 页。
② 《陈云年谱》,中央文献出版社 2000 年版,第 262 页。
③ 《陈云文选》第一卷,人民出版社 1995 年版,第 110—111 页。
④ 《陈云文选》第一卷,人民出版社 1995 年版,第 200 页。
⑤ 《陈云文选》第一卷,人民出版社 1995 年版,第 134 页。
⑥ 《陈云文选》第一卷,人民出版社 1995 年版,第 150 页。

中国的特殊环境下,不仅可能而且应该吸收中上层社会出身或其社会地位与中上层有联系的分子入党,只要他们不是投机分子,而是抛弃原有阶级利益,决心为共产主义而牺牲一切者。因此,目前在巩固党的现有基础的同时,必须加强中上层分子中的工作,适当地吸收革命的中上层分子入党,以增强党在中上层社会中的力量。"①

陈云的论述,清楚地说明了吸收非工农成分先进分子入党的必要和重要,其思路与瓦窑堡会议的决议是一致的,而阐述得则更为详细和透彻。

二

具体而言,民主革命时期,党在发展非工农成分先进分子入党中所遇到的问题主要有两个:一是如何对待知识分子中的先进分子,二是如何对待要求进步的国民党党员。在这两个问题的解决上,陈云都有重要的贡献。

关于知识分子,1939年1月,陈云在论述发展中共党员问题时指出:"在新党员成分中,工人很重要,但从近期看,知识分子将成为重要的干部来源,要特别注意在贫苦出身的知识分子中发展党员。"②这是党在关于知识分子入党问题上比较早的、十分有见地的论述。5月,他在《怎样做一个共产党员》中进一步作了阐述:"半殖民地半封建的中国的小资产阶级知识分子,在革命运动中也有着重要的作用。在过去的革命运动中,特别是在今日抗日战争中,都证明他们之中有许多是能够为正确的政治方向而英勇奋斗的。由于他们的文化水平和政治觉悟,使他们成为党与群众之间的必要的桥梁。我们党应该吸收许多能够献身于共产主义和无产阶级事业的革命的知识分子入党,同时,经验还告诉我们,应该特别注意吸收知识分子中间的革命的贫苦的成分入党。这些革命的贫苦的知识分子,是不同于一般的知识分子的。由于他们贫苦的生活决定他们最易接近党,并且他们比较接近社会下层,思想和生活习惯都与贫苦群众有密切的联系。因此,他们是党在知识分子中发展党员的最好的对象。"③

---

① 《陈云文选》第一卷,人民出版社1995年版,第229—230页。
② 《陈云年谱》,中央文献出版社2000年版,第239页。
③ 《陈云文选》第一卷,人民出版社1995年版,第133页。

同时期，毛泽东等党的领导人也在重视和研究知识分子问题，在集合党的领袖的集体智慧后，1939 年 12 月 1 日，中共中央发出了《关于吸收知识分子的决定》（陈云参与了起草工作）。决定指出："在长期的和残酷的民族解放战争中，在建立新中国的伟大斗争中，共产党必须善于吸收知识分子，……没有知识分子的参加，革命的胜利是不可能的。"①至此，自大革命后出现的忽略、排斥知识分子的"左"倾思潮在党的政策得以根除，党明确了在知识分子入党问题上的政策。

对待国民党中要求进步、要求加入中国共产党的先进分子，是一个最为复杂的问题。国民党是代表大地主大资产阶级利益的政党，它坚持一党专政，执行狂烈的反共政策，是中国共产党在政治上的主要对手。但由于它曾有革命的历史，并且是当时中国的执政党和第一大党，因此有不少怀有为国为民愿望的人加入了国民党。其中一些人在认识了国民党的本性后，觉悟了，那么对他们要求加入中国共产党的申请应如何对待呢？对此，陈云替中央起草了《中央关于抗日根据地内国民党员加入共产党的决定》，1941 年 11 月 22 日中共中央讨论通过了这个决定，决定明确指出："国民党是一个成分复杂的大政党，其中大体可分为反共分子、中间分子、与进步分子三类。同时在过去的反共分子与中间分子中，也有由于经验和思想的进步，转而信仰共产主义者。因此不区别反共分子中间分子与进步分子，一概接收入党，是错误的。同时怀疑每个要求入党的国民党员为反共分子，一律拒绝入党，也是错误的。"根据这样的分析，决定规定："对于因职业关系，或集中受训而被迫加入国民党者，如果现在确愿为共产主义而奋斗，要求加入共产党并坦白声明他加入国民党的一切经过，而又具备入党条件时，可以照一般新党员入党手续接收入党。""对于曾在国民党党部服务，预闻机密，负有政治责任，现在抛弃他原有政治立场，坦白声明他过去在国民党内一切工作经过，并确愿为共产主义奋斗而要求入党者，经过审查和证明之后认为具备入党条件者，可以吸收入党。"针对国民党的具体情况，中央的决定具体指出："国民党内有许多派别（例如 CC、复兴、土 CC、土复兴及各种地方派别），这些派别常常依靠政治势力或其他办法，强迫他人入党。因此一般国民党员，常常是某一小组织的党员。因此党接收国

---

① 《毛泽东选集》第二卷，人民出版社 1991 年版，第 618 页。

民党员入党时,除严格拒绝反共分子乘机混入外,不因为他加入过某一小组织而拒绝其入党,但必须详细考察他加入某一小组织的经过,和现在工作上思想上的进步程度。""国民党员已经加入了共产党后(不论是否加入过国民党的小组织),只要他是忠实的共产党员,则不能因为他过去的政治生活而加以歧视,应与一般共产党员有同样的权利义务,得到同样的信任。"①

这两个问题的正确解决,在中国共产党组织建设上是有十分重大意义的。抗战爆发时,全国党员只有四五万人,构成也以农民为多,文化水准偏低,很不适应蓬勃发展的革命形势的需要。党在这两个问题上的政策突破,既适应了当时许多追求进步人士的政治需要,又扩大了党的组织力量(到 1938 年年底,党员发展到 50 万人;到 1939 年,党在华北敌后的中级干部中,85%是抗战爆发后入党的新干部,其中 85%是知识分子),从而适应了党领导进行伟大的抗日战争的需要。如果进行更长远的历史考察,这两个政策的历史意义就更加凸显:中国新民主主义革命和新中国的许多重要领导人,就是在党的这两个政策出台后参加中国共产党、走上为党的事业奋斗征程的,而他们的参加和奋斗,对推动中国革命和新中国的建设进程的作用,历史已经作出了结论,是无须细说的。

三

当然,发展非工农成分先进分子入党,是一件需要十分慎重的工作。既要把向党靠拢、追求进步的先进分子吸收入党,同时又要警惕他们可能带来的不良影响,还要防止阶级异己分子、投机分子混入党内。针对这种情况,陈云在强调吸收非工农进步分子入党并且是十分重要的同时,又强调要正确处理好这项工作。

第一,必须十分注意党的本阶级成分的增强,他反复指出:"工人成分是党的基础,党特别要注意在自己的组织内加强工人的成分。""共产党是无产阶级的先锋队,党员成分基本上必须是工人、农民及其他小资产阶级分子。"②

---

① 《中共中央文件选集》第 13 册,中共中央党校出版社 1991 年版,第 236—238 页。
② 《陈云文选》第一卷,人民出版社 1995 年版,第 134、229 页。

也就是说,党组织的主体是工农成分,只有在此基础上吸收其他社会成分的进步分子入党。

第二,吸收非工农成分先进分子,既不能降格以求,又要根据革命工作的需要,以有利于党的事业为标准。他指出:党坚决反对不保持党的成分的纯洁,不加强无产阶级的骨干,不以共产主义为根本目标,使党降为各阶级的"民族革命联盟"的任何观点,而牢固地确立一切党员都必须为无产阶级的共产主义事业奋斗终身的思想。[1] 他强调:"只有承认党的全部纲领和全部党章者才能入党。"他并特别指出:"吸收中上层分子入党,既不能降低入党条件,也不能将一切可能入党者全数收入党内。党不仅要考察他们是否已经具备入党的政治条件,同时必须估计到他们入党之后是否更有利于革命活动。依据'党内小党外大'的原则,大多数进步的中上层分子应该暂时只作党外共产主义者而不必入党。只有必要吸收入党者,才应吸收入党。"[2]

第三,必须严格对非工农成分党员的批准和管理。他具体指出:

其一,严格审批手续。陈云指出:发展党员时要尽可能了解发展对象,对所谓活跃分子和有能力的人应该特别了解。尤其要详细了解准备吸收入党对象的社会地位、为人、在紧要关头的表现。"对入党者只能个别审查个别接收。"他指出,支部发展党员的方法应主要是:注意群众领袖和积极分子,严格经过入党对象培养、支部讨论通过、通知本人等程序,加紧新党员入党后的教育。……"新党员入党一定要有上级批准,经过候补期,举行入党转正仪式,宣读誓词。"[3]"参加过其他政治派别的分子入党,必须经过区党委、中央分局或中央的批准。"[4]

其二,加强思想教育。他指出:"由于我们党内接收了大批新党员,这些新党员极大部分是散漫的小资产阶级的成分。他们为追求真理,愿意为共产主义奋斗,加入了共产党,我们欢迎他们。但是,他们之中的许多人还带着浓厚的非无产阶级的思想和习惯,这就需要引起我们极大的注意,加强对新党员的思想意识的教育。同时,要求每个新党员自觉地在革命工作中锻炼,不断地

---

① 《陈云文选》第一卷,人民出版社1995年版,第134页。
② 《陈云文选》第一卷,人民出版社1995年版,第230页。
③ 《陈云年谱》,中央文献出版社2000年版,第238—239、252页。
④ 《陈云文选》第一卷,人民出版社1995年版,第135页。

克服自己的错误思想和习惯。"①

其三,加强纪律约束。"中国革命是长期艰苦的事业,共产党及其党员没有意志行动的统一,没有百折不回的坚持性和铁的纪律,就不能胜利。中国是一个小资产阶级成分占优势的国家,如果中国共产党没有严格的纪律,将无法防止小资产阶级意识侵入党内。如果党不是有铁的纪律的队伍,就不能去团结最大多数的人民群众。"尤其是"我们党内今天有大批的新党员,他们还没有受过党的纪律的教育,还没有养成遵守纪律的习惯。……因此,今天在党内尤其是新党员中加强纪律的教育,使他们了解为什么要遵守纪律,怎样做才能遵守纪律,什么事是违犯纪律的等等一类问题,是非常重要的"②。

其四,加强组织管理。他指出:"在革命运动中,特别在大发展时期,革命队伍里会混进坏人,少数本来革命的人会变质,这是不可避免的现象。我们的任务是不断纯洁干部队伍,纯洁党的组织,与各种坏人作斗争。……对于所有做过坏事的人,危害过党的事业的人,应该严肃地进行思想教育和组织审查。如果他硬要那样做而不肯改正,就只有开除,以至法办了。"③而对于在国统区的身份特别的党员,尤应注意管理方式,他提出:"一切有上层社会地位的党员,应该由适当的高级党委直接管理。"④

---

① 《陈云文选》第一卷,人民出版社 1995 年版,第 124 页。
② 《陈云文选》第一卷,人民出版社 1995 年版,第 127—128 页。
③ 《陈云文选》第一卷,人民出版社 1995 年版,第 185 页。
④ 《陈云文选》第一卷,人民出版社 1995 年版,第 242 页。

彭德怀对长征胜利的重要贡献

内容提要：作为红军主力部队的重要领导人，彭德怀在当时内忧外患的严峻条件下所采取的一系列举措，对红军长征的进行和胜利起了重大作用。表现在：军事上，为红军突破国民党的围追堵截，功绩卓著；政治上，全力维护毛泽东的正确领导；协助毛泽东，为红军长征的完全胜利作出了重要贡献。

长征是中国共产党人气吞山河、英勇斗争的伟大壮举，是震撼世界的胜利凯歌。长征的胜利，深刻地影响了中国革命的进程，使中国革命发生了历史性的转折。但是，长征也是艰苦卓绝的，国民党重兵的围追堵截，自然界的各种艰难险阻，党和红军内部在一些重大问题上的分歧乃至张国焘的分裂主义，使红军的长征一再险象环生，困难重重。因此长征的胜利得之不易。在长征过程中，作为红军主力部队的重要领导人，彭德怀在当时内忧外患的严峻条件下的一系列举措，对于长征的进行和胜利产生了重大的影响，他为红军长征的胜利作出了重要的贡献。

军事上：为红军突破国民党的围追堵截，功绩卓著

长征是在错误路线导致革命遭受严重失败的情况下，中国共产党及红军被迫进行的战略大转移。蒋介石调集中重兵企图一鼓而歼灭红军，因此，突破国民党重兵的围追堵截，是红军长征中面临的主要任务，也是最艰巨的任务。这种情况，在长征初期尤为突出。彭德怀几乎参与了中央红军的所有重大战斗，他的英勇善战，建言献策，为中央红军摆脱困境、取得战略转移重大胜利起了十分重要的作用。

突破国民党军的四道封锁线,是中央红军长征伊始的重大战斗。论者通常以红军与广东军阀陈济棠达成"借道"协议而不大注意突破第一、二、三道封锁线的战斗,认为没有经过严重的战斗。实际上并非如此。时任红三军团政委的杨尚昆回忆说:可能粤军前沿阵地没有接到"放路"的命令,因此"10月21日我们过信丰河时仍然遇到粤军的抗击,战斗十分激烈"①。此战红军损失3700多人,红三军团第四师师长洪超英勇牺牲。但在彭德怀指挥下,红三军团胜利完成了突破敌人第一道封锁线的任务。其后,虽然粤军由于协议而威胁减少,但湘敌的阻拦和围攻仍是凶狠的,敌情仍是严重的。但在彭德怀的正确指挥下,红三军团打了许多巧妙仗。在通过敌第二道封锁线时,彭德怀根据汝城敌军据城坚守、一时难以攻下的情况,决定以一部监视汝城之敌,主力绕城西进,避免了损失,争取了时间。其后,又根据敌军主力尚在湘赣边界,其第三道封锁线兵力空虚的情况,建议中革军委:"我应迅速坚决突破宜、乐、郴间封锁线。"②并指挥所部乘虚攻取宜章县城,顺利突破敌人第三道封锁线。因此,受到中革军委通令嘉奖:"军委赞扬三军团首长彭、杨同志及三军团全体指战员在突破汝城及宜、郴两封锁线时之英勇与模范的战斗动作。"并号召各兵团全体指战员向三军团学习。③

湘江血战,是关系红军生死存亡的关键之战。在这次战斗中,遵照中革军委指示,彭德怀指挥红三军团奋战敌军战斗力最强的桂军。他指挥红三军团在湘江两岸的界首、光华铺、枫山铺和新圩、杨柳井等地,与国民党重兵浴血奋战四昼夜。为指挥方便,他把指挥部设在距离界首渡口几百米的地方,三天三夜不下火线,并亲临前线检查、督战。最后,在付出重大代价后,确保了突围通道,掩护中央纵队渡过湘江,胜利完成了中革军委交给的任务,突破了国民党军的第四道封锁线。

与此同时,彭德怀从党和红军的大局出发,积极为红军的战略部署和作战方向建言献策。粗略统计,长征初期,彭德怀向中央提出的关于今后军事行动的建议有八次之多。突破第三道封锁线后,他建议:三军团向湘潭、益阳挺进,威胁长沙,吸引敌主力,迫使敌军改变部署;中央率一、五、八、九军团进占溆

---

① 《杨尚昆回忆录》,中央文献出版社2001年版,第107页。
② 《杨尚昆回忆录》,中央文献出版社2001年版,第108页。
③ 《彭德怀年谱》,人民出版社1998年版,第106页。

浦,以溆浦为中心,创建根据地;甩掉笨重辎重,运用机动灵活的战术,在运动中调动、歼灭敌人,变被动为主动。① 可惜未被采纳。中央作出黎平转兵的决策后,为执行会议决议,他和杨尚昆向中革军委建议:野战军到黔中后,在川、湘、黔敌人中,川军可能成为正面的主要敌人,阻隔我与四方面军的联系;湘敌将在东面构成封锁线,威胁我右翼;黔敌会钳制我左方。为能迅速创建新根据地与休养生息,野战军可先赤化遵义及其西北桐梓等六县。以乌江为右支撑点,控制娄山关,凭借娄山山脉、乌江地势扼制敌人,首先给黔敌以痛击。可命四方面军沿嘉陵江向重庆方面发展与中央红军呼应;湘西的二、六军团从川黔湘三省交界处西进,封锁乌江,防止湘军和中央军入川,使新老苏区连成一片。② 1935 年 1 月初,又就红军渡过乌江后的战斗策略、发动群众问题和红军的军需供应等问题;三军团的行动部署及红军进占遵义后的战略部署等,向中革军委提出建议。这些建议,反映出彭德怀的战略眼光和雄才大略,其中许多内容与毛泽东的战略思想是一致的,虽然大部分内容未被采纳,但它对改变"左"倾领导人的错误的军事指挥、改变红军原来的战术起了推动作用。

四渡赤水,是军事史的一个奇迹,是红军赢得战略转移胜利的关键环节。这个胜利,是毛泽东正确领导的结果,而彭德怀在这个过程中既努力贯彻毛泽东和中革军委的战略部署,又从战略全局考虑,提出许多建议。他的这些建议,对毛泽东和中革军委的决策产生了直接的影响,对红军取得战略转移的重大胜利起了重要的作用。具体而言,有以下几个方面:一是,土城战斗中,当发现敌人不是原来预计的四个团,而是三个旅近九个团,火力很强时,立即建议中革军委:"脱离此敌,转向新的地区前进。"③避免了红军的更大损失和陷入困境。二是,在从俘虏那里得知,娄山关守敌只有三个团,离娄山关南五华里有敌黔军一个旅时,立刻向中革军委建议:"拟以迅速动作歼灭此敌。"④获得批准,并受命指挥全军,由此而在遵义地区歼灭和击溃敌两个师又八个团,取得红军长征以来的最大胜利。三是,在三渡赤水后,根据国民党军再次向南集中的敌情,建议红军四渡赤水:我军应继续西进,吸引川、滇两敌,然后脱离川

---

① 《彭德怀年谱》,人民出版社 1998 年版,第 106 页。

② 《彭德怀传》,当代中国出版社 1993 年版,第 127 页。

③ 《杨尚昆回忆录》,中央文献出版社 2001 年版,第 123 页。

④ 《杨尚昆回忆录》,中央文献出版社 2001 年版,第 125 页。

敌,与滇敌作战;为迷惑敌人,应以九军团单独向西急进至扎西地区迷引滇敌,一、五军团继续向回龙场及其以西引川敌向古(蔺)、(叙)永,然后脱离该敌向雪山关前进,在适当时机渡赤水河,打回黔西大定地区,求得与敌王家烈、薛岳决战。目前,我应避免与相等兵力敌军决战,保持自己的优势兵力,不应攻坚乱碰。① 他的这个建议与毛泽东不谋而合,红军迅速实行了四渡赤水,甩掉了敌人。四是,在四渡赤水后,中央军委曾考虑向西南行动,扩大机动,以转移战局。彭德怀分析战场态势后,与杨尚昆向中革军委建议:“目前向西南寻机,首先需突破周(浑元)、吴(奇伟)、王(家烈)、孙(渡)纵队,在战役上很难。如向东南乌江流域则比较有利。近日部队很疲劳,须有一两天的休息和准备时间,故不宜有较大的机动。”②中革军委接受了他们的建议,决定集结主力南下。随后,红军迅速渡过乌江,把国民党的几十万大军远远甩在后面。正因如此,杨尚昆给予了很高的评价:在四渡赤水战役中,“作为长征中主要战将之一的彭德怀,有不可磨灭的贡献。”③

渡过乌江后,红军佯攻贵阳。其时,中革军委判断敌孙渡部和吴奇伟等部有向红军追击和侧击的可能,为摆脱该敌,寻求先机,曾决定红军向贵阳西南的广顺、长寨集结。就此,彭德怀与杨尚昆再次建议:广顺以西至北盘江西岸,山石峻峭,居民多是苗族,于我不利,易成对峙局面,故我野战军应迅速渡过北盘江袭取平彝、盘县,求得在滇、黔边与孙渡作战,周(浑元)、吴(奇伟)两敌距离愈远,亦更宜于战胜该敌。“目前我军务须继续抓紧时间往西入滇,只要给滇敌一个较大打击,我便有较大机动地区,则更能争取时间,争取群众,从而能巩固和扩大红军,实现北渡金沙江的战略意图。”④中革军委接受了他们的建议。红军战史充分肯定了他们这个建议的作用:“对于中央红军摆脱敌人重兵包围,迅速西渡北盘江,入滇争取更大机动,以至实现中革军委北渡金沙江的战略意图,有着重要意义。”⑤

考察这段历史时,还有一个现象需要注意,就是中央红军突破国民党军围

---

① 《彭德怀年谱》,人民出版社 1998 年版,第 118 页。
② 《彭德怀年谱》,人民出版社 1998 年版,第 119 页。
③ 《杨尚昆回忆录》,中央文献出版社 200i 年版,第 i23 页。
④ 《彭德怀年谱》,人民出版社 1998 年版,第 120 页。
⑤ 《中国工农红军第三军团史》,国防大学出版社 1992 年版,第 360—361 页。

追堵截的许多战斗是彭德怀具体指挥的,如娄山关遵义大捷、渡过乌江等。他不但指挥红三军团,而且根据中革军委的命令,指挥红一军团、红五军团和干部团等部队共同作战、共同行动,并且大都取得了胜利。这些事实,进一步显示了他的卓越的军事才能,说明了他在长征初期在军事上的重要贡献。

政治上:全力维护毛泽东的正确领导,保证了长征的胜利

长征的胜利,是以毛泽东为代表的党中央的正确领导的结果。在中国革命的极度危难时刻,在长征途中召开的遵义会议,开始了毛泽东对全党的实际领导。这个中央领导层的重要变化,决定了长征的前途和命运,也决定了党和红军的命运。因此,我们说遵义会议是决定党和红军生死存亡的会议,是中国革命发生历史性转折的会议。

但是,这个对中国革命具有决定意义的中央领导层的变化,当时一些人并没有认识到它的重要性,因此在遵义会议之后,毛泽东的领导地位曾遭受了多次的挑战。彭德怀面临并身不由己地卷入了这些事端之中,他的态度和处置对党中央化解这些矛盾、维护毛泽东的正确领导产生了重要的作用。

就在遵义会议召开之时,蒋介石又调集几十万军队向中央红军围追堵截过来。为寻隙摆脱敌人,跳出重围,毛泽东指挥红军四渡赤水河,在敌人重兵间巧妙地穿梭。结果,红军机动灵活的战术搞得蒋介石手忙脚乱,敌军频频往返,疲于奔命,而红军则乘机佯攻贵阳,进逼昆明,巧渡金沙江,摆脱了敌人的围追堵截。四渡赤水是毛泽东军事指挥中的"得意之笔",使红军取得了战略转移中的决定性胜利。但是,当时许多人并不理解毛泽东的战略意图,由于连续行军和作战,部队十分疲劳,有些人产生了埋怨情绪。时任红一军团军团长的林彪带头反对毛泽东的领导,他提出:我们走的尽是"弓背路","这样会把部队拖垮的,像他这样领导指挥还行?"他给中革军委写信,要求撤换毛泽东:"毛、朱、周随军主持大计,请彭德怀任前敌指挥,迅速北进与四方面军会合。"[1]并打电话与红三军团联系,要求彭德怀出来指挥。彭德怀明确拒绝了

---

① 《彭德怀自传》,解放军文艺出版社 2002 年版,第 205 页。

林彪："我怎能指挥北进,这是中央的事。"①在为此而在四川会理城郊召开的政治局扩大会议上,彭德怀在发言中坚决支持毛泽东的领导:"坚决拥护新领导,继续北上,一四方面军靠近。"并批评林彪:"遵义会议才改变领导,这时又提出改变前敌指挥是不妥当的,提出我更不适当。"

但在这次会议上,彭德怀却受到错误的批评。批评主要有两点,一是说:"林彪的信就是你鼓动起来的!"二是把彭德怀反映部队情绪的一些谈话,说成是"对失去中央苏区不满和右倾情绪的反映"。实际上,这是对彭德怀的误解。因为:第一,林彪的信,彭德怀事先是不知道的,他在会议上声明:"这封信,事先我不知道。"林彪在后来也声明说,那封信与彭德怀无关,他写信彭德怀并不知道。第二,他对林彪的提议,是明确反对的。第三,他关于部队情绪的反映是真实的。但是,彭德怀顾全大局,他对毛泽东等对自己的误解,却只声明:"这封信,事先我不知道。"采取了事久自然明的态度,并从严格要求自己的角度作了自我批评,声明坚决支持毛泽东的领导。

实际上,彭德怀的态度对维护毛泽东的正确领导是至关重要的。此时,距毛泽东出任红军前敌指挥部政委刚两个多月时间,其间,虽然有四渡赤水的胜利,但部队许多人对此不理解,相反有很大的不满情绪;并且还有鲁班场的失利等战斗,因此,毛泽东正确的领导作用还没有完全显现出来。而作为红一方面军两个主力部队的主要领导人,林彪已经不满意毛泽东的指挥,明确要求毛泽东下台,倘若红三军团主官彭德怀支持林彪的意见,那将对毛泽东的领导形成多么大的冲击呢?并且,在当时,确实在部队中存在埋怨情绪,倘若利用这种情绪将给处在紧急时期的党中央带来多么大的困难,将在红军中形成多么大的混乱呢?应该肯定,彭德怀的态度对会理会议的结果产生了重要的作用,对党中央顺利平息林彪牵头挑起的这一风波产生了重要的积极的作用。

1935年6月,中共中央率中央红军与红四方面军胜利会师,并制定了两军会同北上,创建川陕甘革命根据地的方针。但是,领导四方面军的张国焘却因第五次反"围剿"失败而对革命产生悲观情绪,想偏居一隅、逃避革命;他不顾党中央和中央红军经过八个多月长途行军和战争消耗的客观事实,只看到一方面军剩下两三万人,衣衫褴褛,装备不足,而自己领导的四方面军有八万

---

① 《彭德怀传》,当代中国出版社1993年版,第127页。

余人,枪多势大,于是政治野心和军阀思想勃然膨胀,企图以枪指挥党,窃夺党的最高领导权。他提出"统一指挥"和"组织问题"而拒不执行中央北上的方针,要求由他任军委主席,并给予"独断决行"的大权。他向毛泽东的领导提出了新的、严重的挑战。为此,他采取阴谋手段,挑拨离间,拉拢一方面军的领导人。彭德怀就是他重点拉拢的对象。他请彭德怀和聂荣臻吃饭,准备了在当时看来十分丰盛的筵席,表示要派两个团补充给他们。据杨尚昆回忆,张国焘还曾向彭德怀表示:"我给你三个师,听你指挥。"①并派秘书黄超给彭德怀送来牛肉干和大米,还送来二三百元银洋。彭德怀回忆说:"黄住下就问会理会议情形,又说,张主席(张国焘)很知道你。接着又说到当前的战略方针,什么'欲北伐必先南征';西北马家骑兵如何厉害。""把上面这些综合起来,知来意非善,黄是来当说客的。不同意中央北上的战略方针,挑拨一方面军内部各种,阴谋破坏党内团结。"②彭德怀由此提高警惕,他拒绝了张国焘的拉拢。

实际上,张国焘的拉拢曾对一些人产生了影响。在当时,一些人并没有把临时中央和遵义会议后的中央区分开来,没有看到遵义会议后中央领导的新变化,因此把由于临时中央领导造成的第五次反"围剿"失败和长征初期严重挫折的不满和意见,不加区别地对准了新的中央,埋怨中央、不满中央。因此在张国焘的拉拢下,一些人倒向了张国焘。这既助长了张国焘与中央闹独立的气焰,又便利了张国焘分裂阴谋的得逞。聂荣臻回忆说:"在两个方面军会师以后,一方面军中也确有人从一种不正确的动机出发,歪曲地把一方面军的情况和遵义会议的情况,偷偷地告诉了张国焘,也使张国焘起了歹心,认为中央红军不团结,他有机可乘。"③当时,林彪的态度就是令人吃惊地暧昧。当张国焘与中央多次发生争执时,聂荣臻告诫林彪说:"你要注意,张国焘要把我们'吃'掉。"因为当时聂荣臻获悉张国焘有个方案,要把他调到第三十一军去当政治委员,把林彪调到另一个军去任军长;林彪对聂荣臻的话不以为然,说聂荣臻是宗派主义。聂荣臻说:"怎么是宗派主义呢?对这个问题,我们要警惕。张国焘和中央的思想一贯不一致,我们应该想一想。我说这是路线问题。

---

① 杨尚昆:《追念彭大将军》,《人民日报》1998年10月27日。
② 《彭德怀自传》,解放军文艺出版社2002年版,第207—208页。
③ 《聂荣臻回忆录》,解放军出版社1983年版,第278页。

林彪却反驳说:既然是路线问题,你说他路线不对吗? 那他们为什么有那么多人哪? 我们才几个人哪? 聂荣臻回答:蒋介石的人更多哩,难道能说蒋介石的路线更正确?"两个人谁也不肯退让,竟然动气拍了桌子。时任红一军团政治部主任的朱瑞在延安整风时也说:"在反张(国焘)斗争上,我与聂、罗、左,曾与林作过一些斗争。"①徐向前也回忆有这样的现象,他说:张国焘"另立中央的事,来得这么突然,人们都傻了眼。就连南下以来,一路上尽说中央如何如何的陈昌浩,似乎也无思想准备,没有立即表态支持张国焘。会场的气氛既紧张又沉闷,谁都不想开头一'炮'。张国焘于是先指定一方面军的一位军干部发言。这位同志在长征途中,一直对中央领导有意见,列举了一些具体事例,讲得很激动。四方面军的同志闻所未闻,不禁为之哗然。大家你一言,我一语,责备和埋怨中央的气氛,达到了高潮"②。虽然,彭德怀在会理会议上受了错误的批评,感到"难过",但他看到了以毛泽东为代表的新的中央领导的正确,顾全大局,坚决拒绝了张国焘的拉拢。

相反,彭德怀不仅没有为张国焘所引诱,而且在观察和识破张国焘的阴谋后,采取了一系列措施,防止张国焘危害中央。一是,张国焘就任红军总政委后,收缴了各军团之间互通情报的密电本,一、三军团失去联系。为防止意外,他指示另编了密电本,派人带着指南针寻找一军团,恢复了一、三军团之间的联系。这对后来反对张国焘分裂主义产生了积极的作用。二是,在感觉到张国焘有阴谋后,他每天都到前敌总指挥部去了解情况,当他发现陈昌浩上午还谈北进,下午完全改变腔调说,"阿坝比通、南、巴(川西北)还好"时,他敏锐地判断:"这无疑是张国焘来了电报,改变了行动方针","即赶到毛主席处告知此事",并向毛泽东请示预防措施。他的汇报和提醒,对毛泽东判断张国焘阴谋起了预警作用。三是,秘密派一个团隐蔽在毛泽东等中央领导住处不远,以备万一。张爱萍回忆说:"长征到达阿西、巴西,张国焘搞突然袭击,妄图武装挟制毛泽东及党中央南下。一天夜间,彭总突然来到我们团宿营地,对我们传达了这一情况,要我们团立即在巴西河岸上布防,掩护中央机关北上。他亲自

---

① 朱瑞:《我的历史与思想》,《亲历重大历史事件实录》第二卷,党建读物出版社、中国文联出版社 2000 年版,第 198 页。

② 徐向前:《历史的回顾》,解放军出版社 1988 年版,第 459 页。

率领一个团护卫中央机关秘密撤走。"①四是，党中央单独北上后，陈昌浩写信要求彭德怀停止北进，他予以拒绝；当四方面军参谋长李特阻止红一方面军北上后予以坚决的斗争。这些措施保证了党中央脱离险境，单独北上。

应该肯定，彭德怀对张国焘拉拢的拒绝和对其分裂行径的斗争，意义十分重大。倘若彭德怀为张国焘所引诱，其后果是不堪设想的。如果三军团拥护张国焘的南下路线，则党中央就不能单独北上，一军团也可能不能单独北上；另外，由于党中央不能北上，即使一军团北上，也不可能产生全国性的影响。而张国焘用枪杆子审查中央政治路线的阴谋就可能得逞，遵义会议后的党中央就很可能被他搞掉；南下是死胡同，这已由历史作出了结论。张国焘的南下路线结果使四方面军遭受严重损失，倘若没有一方面军的单独北上，而是两支红军一起南下，那么中国革命的前途将是不堪设想的，甚至可以说中国共产党的历史将会重写。因此，彭德怀在反对张国焘斗争中的作用是十分重要的。如果说会理会议中他的态度对维护以毛泽东为代表的新中央的正确领导具有重要意义，则他在反对张国焘分裂主义的斗争上的作用甚至可以说是决定性的。

协助毛泽东，为红军长征的完全胜利作出了重要贡献

中央红军的长征胜利和巩固、扩大西北革命根据地斗争的胜利，决定了红军三大主力的胜利会师，决定了中国工农红军长征完全的胜利。而在这一系列斗争中，彭德怀发挥了十分重要的作用。

张国焘的分裂主义，给党中央和红军的长征造成了严重的困难。既极大地妨碍了中央的北上抗日方针的实行，又使红一方面军的两个军被席卷南下，力量遭到很大的削弱；同时，朱德、刘伯承等重要军事将领被挟持南下。在非常困难的情况下，彭德怀临危受命，担当起协助毛泽东指挥红一方面军北上的重任，并在其后成为毛泽东领导巩固西北革命根据地的主要军事指挥员。

首先，为红一方面军的长征胜利作出了重要的贡献。一是根据当时的实际状况和红军战略任务，向中央提议整编北上的红军。中央采纳了他的建议，

---

① 张爱萍：《一个真正的人》，《解放军报》1998年10月19日。

将红一军、红三军和军委纵队改编为中国工农红军陕甘支队。经过整编，减少了指挥机关，减少了机关人员，充实了连队，增加了部队的灵敏性和战斗力。二是提出和部署部队练习打骑兵。红军长征进入陕甘后，遇到了西北"四马"和东北军的骑兵，它倏忽而来，倏忽而去，对红军形成很大的威胁。针对这个新的敌情，彭德怀从长征进入陕甘起，就向全支队提出了打敌人骑兵的问题，并指示专门编了打骑兵歌，教育部队学习打骑兵的方法，在全军掀起研究对付敌人骑兵的战术热潮。这就为以后战胜敌人骑兵做了有效的准备。三是指挥进行了切"尾巴"的战斗。陕甘支队长征进入陕北根据地时，国民党何柱国的骑兵第三、第六师和马鸿宾的骑兵第三十五师跟踪追击而来，毛泽东指示，不能把敌人带进根据地，"要想办法打停止一下"。彭德怀指挥陕甘支队伏击来犯之敌，消灭敌人一个骑兵团，打垮另外三个团，抓获大批俘虏，缴获许多轻重武器和战马。指挥进犯的敌骑兵第六师师长说："该部所有山炮、迫击炮、重机枪等重型武器都在这次战役中丢弃，另外还损失驮马、战马各八百余匹。"敌人受到沉重打击，在此后一段时间再未敢前来扰乱。

其次，为红军长征的完全胜利作出了重要贡献。长征到陕北后，毛泽东提出"以发展求巩固"的方针，指出：红军的下一步战略发展方向是东征，即过黄河到山西、河北去发展。因为陕甘地瘠人稀，物产不足供应中央红军和红十五军团；而北面是榆林沙漠，西面和南面是国民党中央军和张学良的部队，不易和不宜作战。但是，"当时有很大一部分同志，包括一些中央领导同志和军队领导同志不赞成，普遍的情绪是不愿离开根据地。"[1]尤其是担心东渡黄河而被国民党军堵截，返不回根据地。这时，又提出了北进和南下两种主张。林彪是南下的主要代表，他态度激昂，反对东征。杨尚昆回忆说："这个时候，林彪给彭德怀打电话说：我不赞成东征，他（指毛泽东）要走就让他走吧，我到陕南去。"彭德怀也担心东渡黄河，有回不来的顾虑，但"他比较顾全大局，没有听林彪的"[2]，而是积极协助毛泽东解决东征的具体问题，与毛泽东共同指挥进行了东征作战。

接着，彭德怀根据中央的部署，指挥进行西征。他作为西方野战军司令员

---

① 《杨尚昆回忆录》，中央文献出版社2001年版，第162页。
② 《杨尚昆回忆录》，中央文献出版社2001年版，第163页。

兼政委,独当一面地指挥红一军团和红十五军团等部向甘肃、宁夏进军。并连战告捷,迅速夺取了阜城、曲子镇、环县、洪德城、盐池、豫旺、同心城等地,给予马鸿逵、马鸿宾等国民党军队沉重打击。

彭德怀参与和指挥的东征和西征,对于红军长征的最终胜利,是有极大意义的。

第一,巩固和扩大了红军长征的落脚点。东征西征在消灭敌人、扩大党的政治影响的同时,扩大了红军,缴获的枪支和物资补充了红军的装备,迫使"进剿"陕北的晋军撤回山西,使陕北根据地得到恢复和发展;又开辟了纵横二百多公里的新根据地,使西北革命根据地发展到陕甘宁三省的广大地区。经过东征和西征,奠定了陕甘宁边区的基础,为三大主力红军结束长征提供了一个良好的战略基地。

第二,对战胜张国焘分裂主义发挥了重要作用。张国焘分裂主义的粉碎,是各种因素共同作用的结果,而中央红军的一系列胜利,则是一个重要的因素。党中央开展的抗日民族统一战线斗争,与张学良、杨虎城结成西北大联合的局面,当时正在进行之中,还是秘而不宣的,在四方面军中除了主要领导人外是不知道的。而军事斗争的胜利却是公开宣传的,如直罗镇战斗胜利的消息就登在四方面军的小报上,是四方面军将士都知晓的。南下的严重失利和北上的巨大胜利,鲜明地说明了孰是孰非,在四方面军中产生了很大的反响,在广大将士中形成了强烈要求执行党中央的北上方针的情绪,成为党战胜张国焘分裂主义的重要因素。

第三,西征直接地策应了红二、四方面军的北上。由于南下失败,经过党中央的斗争、争取和督促,经过朱德、刘伯承、任弼时、贺龙和四方面军广大指战员的斗争,张国焘被迫取消"第二中央",同意二、四方面军北上。但到甘南后他又拟西出宁夏,自成局面。根据中央的指示,彭德怀一面对其错误计划提出批评,指出其计划"似觉仍欠完善",因为西进"雪山草地无发展余地,并且脱离目前政治形势"。配合党中央争取张国焘改变计划北上,一面亲率西方野战军南下,进至西(安)、兰(州)大道以北的海原、固原地区,迎接二、四方面军。南下部队吸引和牵制了二、四方面军当面的敌人,并占领会宁、静宁,为二、四方面军的北上和三大红军的会师创造了有利的条件。

刘志丹对西北革命根据地党的建设的贡献

内容提要：西北革命根据地是西北党组织和共产党人在远离中央并且难以得到中央人力物力帮助、斗争形势极其复杂艰难的条件下，屡仆屡起、英勇奋斗的结晶。这其中，西北根据地的主要创始人和领导人刘志丹作出了突出的贡献。他坚强的党性和正确的领导，特别是求真务实的党建工作，在党和军队中锻造了坚定革命的政治追求，形成了团结奋斗的良好精神，凝聚成为战胜敌人和各种艰难困苦的强大战斗力。党的建设，贯穿于西北革命根据地创建的全过程，并提供了坚强的思想和组织保障，刘志丹为此的探索和贡献尤其关键。

西北革命根据地在中国新民主主义革命的历史上具有十分重要的地位，它是党在土地革命时期硕果仅存的比较完整的一块根据地，是中国革命实现历史性转折的落脚点和出发点，为党中央把中国革命的大本营放在西北和构建新中国的雏形打下了坚实的基础。而西北革命根据地的开辟和发展，与西北各级党组织的正确领导、西北共产党人的探索和奋斗是密切联系在一起的，正是由于有一个坚强的领导核心，有在斗争中不断发展壮大的党的组织，西北革命才蓬勃发展，根据地才得以形成和巩固。

作为西北革命根据地的主要创始人和领导人，刘志丹是十分重视党的建设的。致力于党的建设，这是他领导进行革命斗争的一个显著特点。比如，他曾指示跟随他进行军运活动的王世泰："抓紧做好战士的思想工作，发现积极分子，发展党员。"王世泰回忆说：红二十六军四十二师成立后，"志丹同志对于建党工作十分重视，他经常以过去多次起义和红军革命斗争的经验教训来告诫大家，提醒大家注意发挥党的战斗堡垒的作用，做好思想工作。"①在安排白冠五在西安做地下工作时,一再告诫他:"一定要抵御反动派的腐蚀利诱,要保持共产党员的气节","坚持革命志向",并要求他:"在那个环境里,要发展组织,决不许混进来一个不可靠的人。"②在当时远离中央、与南方革命根据地隔绝而难以及时和充分学习借鉴各地先进经验的条件下,西北根据地党的建设经历了艰苦的探索过程,刘志丹为此作出了积极的探索和极为重要的贡献。

在武装斗争中促进党的建设

组织建设适应和配合党的政治路线,是中国共产党党的建设的一个重要特点。大革命失败后,党的八七会议确定了进行土地革命、武装反抗国民党的方针。从此,武装革命成为中国共产党人的重要任务,成为全党的最大政治,也成为扩大党的政治影响、促进党的建设的一个重要途径,甚至可以说这是中国共产党在民主革命时期党的建设的一个规律。西北党的建设也是循着这个途径而进行、而发展的,刘志丹长期主要从事军事斗争工作,他在党的建设方面的建树也主要是在武装斗争过程中形成的。

1928 年秋,刘志丹在参与领导了著名的渭华起义后,遵照中共陕西省委的指示,返回陕北任中共陕北特委军委书记。时任陕北特委书记的杨国栋慑于国民党在陕北的统治者井岳秀实行的白色恐怖,专注个人经商,对党的工作十分消极,以单纯结交井岳秀部军官,并谋求他个人在井部挂个职的所谓"军事工作"来搪塞应付。当时,特委的同志曾对他进行过斗争,但效果不大。刘志丹回来后与之进行了坚决的斗争,加强了抵制和纠正杨国栋的错误的力量。1929 年 4 月至 5 月间,中共陕北特委召开第二次扩大会议,刘澜涛回忆说:"志丹来后,特委开了十几天会议,集中反对杨国栋的右倾。"③会议撤销了杨国栋的职务,决定由刘志丹代理特委书记,主持工作。在刘志丹等人的力主下,会议重点讨论了加强武装斗争的问题,决定以多种形式开展武装斗争,而

---

① 王世泰:《回忆我的红军生涯》,中共甘肃省委党史资料征集研究委员会编印,第135 页。

② 白冠五:《烈士事迹片断》,刘力贞、张光主编:《纪念刘志丹》,第 356 页。

③ 刘澜涛:《回忆刘志丹在陕北特委的简况》,《陕西党史资料通讯》1984 年第 6 期。

以搞白军工作为主,即确定了大力开展军运工作的方针。回顾历史,应该说,这次会议对陕北革命斗争的意义是非常重大的,它改变了党的领导不力的状况,正确而坚决地贯彻了党中央的政治路线和方针,明确了党在陕北开展革命斗争的方向;会后,陕北特委和各地党组织先后派出大批党团员到陕甘宁等地各色军队和土匪武装中开展"军运""兵运"活动,陕北党组织大规模的军运工作由此开始,这个工作重点的确定和实施对西北革命斗争的发展产生了深刻的影响,也对后来西北根据地党的建设产生了重要的影响。

在明确了党在陕北的工作方针之后,刘志丹身体力行,向党组织辞去领导职务,全力投入武装斗争的工作。1929 年至 1931 年春,他进行了一系列的军运、兵运活动,例如,掌握保安县民团的领导权,到宁夏苏雨生部任副团长,到甘肃陇东民团总司令谭世麟部任骑兵第六营营长,"太白收枪"遭"围剿"后,又投入陕西警备骑兵旅苏雨生部任补充团长,到平凉任陈珪璋部第十一旅旅长等。虽然这些军运工作最终都失败了,但是,通过这些军运、兵运,积累了开展军事斗争的经验和教训,为以后的武装斗争提供了借鉴。从组织工作的角度考察,则:第一,多次拉起基本可以独立掌握的武装力量,寻机打击了一些反动军事势力和土豪劣绅,在刘志丹周围团结和凝聚了一批革命力量;第二,使大革命失败后一些失去组织关系、不知如何开展革命工作的共产党员明确了斗争方向;使一些在当地难以立足的共产党员有了存身之处,继续为革命而奋斗;第三,通过军运、兵运,培养了一批革命力量,并从中发展了党员。如王世泰回忆说:在苏雨生部补充团时,"志丹指示我们要利用暂时稳定的机会,抓紧做好战士的思想工作,发现积极分子,发展党员。那时,我们党的活动是秘密的,主要领导人都是党员,虽然党员身份不公开,但活动搞得还是有声有色的,经过一段工作,战士们情绪比较稳定了,我们吸收了几个党员。我记得我们那时的党员有刘志丹等二十几名。二十几名党员,在当时可是一股不小的革命力量,他们分散在各个连、班,起骨干带头作用。"①第四,在这些军队中和陕甘宁人民中传播了革命的思想,扩大了党的(通过刘志丹)政治影响,如当时在陕甘地区曾流传这样的民谣:"刘志丹练兵石峁湾,要把世事颠倒颠。"再

---

① 王世泰:《回忆我的红军生涯》,中共甘肃省委党史资料征集研究委员会编,第 32 页。

如,先后与刘志丹接触的国民党军官韩练成、牛化东、曹又参、刘宝堂等,都深受刘志丹政治思想的影响,在后来走上了革命的道路。这些,就为后来的革命斗争创造了有利的条件。

在他和其他党员所从事军运、兵运工作连续遭到失败以后,刘志丹深感,单纯的军运、兵运是不行的,"利用军阀是暂时的,利用军阀的公开名义是搞不成的。"①而毛泽东在南方所进行的革命斗争给了他很大的启发,1931年夏天他曾对习仲勋说过:"陕甘地区先后举行过大小七十多次兵变,都失败了。最根本的原因,就是军事运动没有同农民运动结合起来,没有建立革命根据地。如果我们像毛泽东同志那样,以井冈山为依托,搞武装割据,建立革命根据地,逐步扩大游击区,即使严重局面到来,我们也有站脚的地方和回旋的余地。"②刘志丹总结经验教训后,坚定地走井冈山的道路。

1931年7月,刘志丹毅然来到桥山山脉中段的子午岭地区,联络旧部,进行整编,9月,建立起南梁游击队(当时没有正式命名,群众如此称呼,也有人称之为陕甘边游击队)。全队三百多人,编为三个营,正式成立了中共队委会,刘志丹任书记。以此为开端,刘志丹在西北的武装斗争进入一个新的阶段——组建革命军队的阶段。这年10月下旬,他领导的游击队与晋西游击队会合,随即组成西北反帝同盟军。1932年2月,这支队伍改编成中国工农红军陕甘游击队,12月又改编为红二十六军。激荡西北的革命军事斗争开始了,西北的革命斗争随之进入一个新阶段。刘志丹长期置身这支革命军队,担任重要的并在很长时期担任主要的领导职责,在领导进行军事斗争的同时,关注党的建设,并通过军事斗争推动西北党的建设不断发展。

首先,表现在革命军队党的建设上。陕甘游击队和红二十六军成立之初,由于是革命军队的初创时期,更由于"左"倾领导人的瞎指挥,曾屡受挫折,甚至有南下终南山的严重失败,同时内部也发生过收缴刘志丹领导的第二支队武器的"三嘉塬事件",但刘志丹始终以高昂的热情和全部的心血来建设这支革命的武装。在遇到挫折后,他坚韧不拔,从不气馁,并帮助和鼓励战友们坚定革命信念。张策回忆说:"在红二十六军转战过程中,一部分同志产生消极

---

① 王世泰:《"九一八"以前志丹同志的军事活动》,1945年7月17日。
② 习仲勋:《陕甘高原革命征程——回忆陕甘边革命根据地》,《陕甘边革命根据地》,中共党史出版社1997年版,第246页。

的悲观情绪,曾有一个同志向刘志丹提出疑问:'我们什么时候才能打出一个局面?'志丹同志当即答复:'还不三五年嘛。'他的答复干脆而肯定,我听了之后,也不知道什么道理,但是感觉精神振奋,对革命充满希望。"①而对于革命内部的不正确做法和受到错误的打击,他正确对待,顾全大局,正如中共中央所指出的:"刘志丹同志是一个一向胸怀大局具有崇高品德的领袖人物。"②在正确处理党内矛盾问题上,"刘志丹是其中的杰出代表。"③他坚定的革命信念和卓越的领导才能,以身作则、作风民主和无微不至关心同志、帮助同志,顾全大局、维护团结和忍辱负重、不计个人得失的优秀品质,赢得红二十六军绝大多数指战员的信任和爱戴,维系和锻造了这个革命的战斗集体,发展了这个革命的战斗集体,为西北革命和红军的发展作出了重要的贡献,同时也促进了这个军队的党的建设。陕甘游击队和红二十六军几经挫折而不垮,并且不断发展,越来越强,党员的作用、部队党的建设发挥了极为重要的作用。1935年12月有关部门在考察西北革命根据地情况时指出:"陕甘党的同志,红二十六军工作最好。"④毫无疑问,这是与这支部队的创始人和主要领导人、并且长期领导这支部队的刘志丹的工作、影响和领导紧密联系在一起的。

其次,引导了许许多多的人走向革命、走向共产党。20世纪30年代的陕甘宁地区,人民痛苦不堪。国民党当局苛重的捐税和草菅人命的反动统治,土豪劣绅的残酷剥削和任意欺压,使人民处在饥寒交迫、水深火热之中,此时来过陕西的国民党要员何应钦也被迫承认:"陕西人民之苦甲于全国。"因此,到处充满了革命的干柴。刘志丹等领导红军转战陕甘,所到之处打土豪分田地,发动人民起来革命,在穷苦大众中产生了深刻的影响,许多人由此参加红军、参加革命。牛书申,新中国成立后曾任陕西省军区副政委、国家第二机械工业部副部长等职,他回忆他参加革命的历程时说:"曾在1932年夏季,刘志丹率领中国工农红军陕甘游击队在店头镇、隆坊镇打土豪、分财物,张贴告农民书、

---

① 张策:《创建陕甘边区革命根据地的回忆》,《红二十六军与陕甘边苏区》(下),兰州大学出版社1995年版,第913页。

② 中共中央(1983)28号文件,转引自刘力贞、张光主编:《纪念刘志丹》,第510页。

③ 《关于西北红军战争历史中的几个问题》,转引自《党史通讯》1986年第8期。

④ 中档894:11,选自《红二十六军与陕甘边苏区》(下),兰州大学出版社1995年版,第1020页。

告国民党士兵书,宣传抗日。有不少贫雇农参加了游击队。我记得有王文定、苏继堂、孙振海等一二十人。我在隆坊镇见到刘志丹,他和我谈过话,主要问了我学校的情况,讲了一些抗日道理和国民党统治的黑暗,动员我们参加抗日,这给我很大的影响。……1934 年夏,已参加红军的亲友捎信让我参加红军。我走了一百多里路,到了陕甘交界的小石崖兔洛尾村参加了红军,投入党的怀抱。"①曾任甘肃省副省长、人大副主任的李培福,1955 年授予少将军衔、曾任空军某军军长、南京军区和兰州军区空军司令员、放牛娃出身的刘懋功,曾任国防部第二十二器材基地司令员、领导创建新中国储存库的贾乾瑞,等等,一大批中国革命的栋梁之才和新中国的重要领导人,在回顾他们的历程时,都说是在刘志丹革命活动的影响下走上革命道路,成长为中国共产党党员的。

再次,推动了西北革命根据地党组织的发展。军事斗争带动地方党的组织建设,这是中国共产党在民主革命时期党的建设的一般规律。一方面,革命军事斗争在打击敌人的同时,更加广泛也更加有力地传播了革命的思想,在穷苦人民中间引起震撼、引起向往,吸引他们参加革命;另一方面,革命军事斗争打击敌人,扫除敌人在当地的统治,为发动群众、组织群众,在群众运动中发现和吸收积极分子入党创造了条件。也就是说,军事斗争的胜利是党的组织发展的重要前提。西北党组织的大发展也是如此。西北革命获得蓬勃发展是在红二十六军重组特别是第四十二师成立之后,这时,中共陕西省委被敌人破坏,红二十六军和陕甘特委失去与上级的联系,避免了第三次"左"倾教条主义的干扰,刘志丹充分展现了他作为西北红军和革命根据地创始人的才华。他提议红军的战略重点北移,在以南梁为中心的桥山山脉中段建立根据地,并领导红军创建了以南梁为中心的陕甘革命根据地,运用游击战、运动战的战略战术,粉碎了国民党军对陕甘边根据地的第一次"围剿"和对陕甘边根据地、陕北根据地的第二次"围剿",转战陕北,连克六座县城,开创了西北革命的大好局面。同时,采取坚决的措施加强党的建设。一是,解决了自照金根据地丧失后陕甘特委不健全的问题,以红四十二师人员为主组建了新的陕甘特委,加

---

① 中共黄陵县委党史研究室编:《牛书申回忆三十年代初期先进思想对中部的影响》,《黄陵人民革命斗争史资料》,第 209 页。

强了党对根据地的领导工作;二是,在战争空隙,以红二十六军主力配合三路游击队,大力深入各地发动群众,在革命斗争中发现、培养积极分子,在组建基层政权的同时,发展党员,建立党的基层组织。结果形成西北根据地党的建设出现大发展的局面。第一,在原来没有党组织的地区发展党员、建立了党组织。如,庆北地区原来没有党组织,曾担任庆北地区最早一个党支部书记的李培福回忆说,他是在刘志丹、谢子长领导的革命武装来庆北活动后知道红军的,后来他在与红军游击队的接触中逐渐懂得了红军是共产党领导的队伍,是为穷苦人翻身解放的革命武装,因此就帮助游击队做事、参加了红军。1933年"9月的一天,红军游击队的王宝珊同志找我和何兴发、蒋桂堂等六人谈话,问我们愿意不愿意参加共产党。我们六人异口同声地回答:'愿意'。于是,都被吸收入了党。……以后,又陆续发展了二十多个党员,壮大了革命力量。"[1]陕甘边根据地的中心区域——南梁根据地的第一个党组织白马庙党支部是这样建立的,陕甘边根据地的富西、正宁、赤淳、中宜、华池、宁县等地的党组织也都是这样建立起来的。抗战时期,上述许多地区成为陕甘宁边区的关中分区,1943年时任中共关中分区书记的习仲勋在总结关中党组织的发展历史时说:关中党的发展主要是通过武装斗争的形式实现的,"它的发展与壮大是在红军游击队的武装中成长起来的,特别是二十六军的直接帮助与指导,是关中党发展存在的有力支援。"[2]第二,恢复和发展各地原有的党组织。如1933年照金根据地失陷后,国民党军队残酷屠杀,党的组织遭到严重破坏,1934年7月中共陕甘特委责成第三路游击队尽快恢复苏区,经过艰苦的斗争和细致的工作,到9月该地革命形势重新高涨,基层政权和党的组织相继建立。保安县党组织在1931年遭到严重破坏,1933年秋王子宜、赵耀先经组织营救出狱后,组建了一个党支部。1934年陕甘特委决定:"恢复保安党的组织,尽可能地找过去同志的关系,并以脚扎川、吴堡川、白豹川为中心,建立农民支部。"经过努力,到1935年年初,全县建立七个党支部,党员发展到一百多人。它如旬邑县、淳化县以及陕北的延长县等地的党组织,都是在这个时期重

① 李培福:《难忘的岁月——庆北革命斗争的片段回忆》,《红二十六军与陕甘边苏区》(下),兰州大学出版社1995年版,第954页。

② 习仲勋:《关中党史简述》,《红二十六军与陕甘边苏区》(下),兰州大学出版社1995年版,第984页。

新组建和获得发展的。

　　总之,刘志丹在革命转折时期的正确选择、正确的决策推动了西北革命的胜利发展,而革命斗争的胜利有力地推动了党的建设。

在统一战线中扩大党的政治影响和革命力量

　　统一战线是中国革命的一大法宝,这是毛泽东深刻总结中国革命的经验教训后得出的正确结论。历史证明:无论革命还是建设,都必须时常牢记和认真运用这一法宝。刘志丹从黄埔军校毕业后进入冯玉祥的国民军开展政治思想工作,实际上是进行统一战线的工作,并且卓有成效。在进行西北革命斗争的实践中,他对统一战线重要性的认识是十分清楚的。他曾反复向对此不理解的同志说:"革命需要建立统一战线,敌人越少越好,朋友越多越好。我们增加一份力量,敌人就减少一份力量。"①针对当时在陕北开展武装斗争的具体情况,他指出:"枪杆子不会从天上掉下来,现成的办法,是把各种民间的武装和敌人的武装变成革命的武装。这就要我们灵活运用各种办法,关键是团结民众,再就是团结各界人士,包括国民党军政官员、绅士、老先生,能团结的就要主动去做工作,争取他们,团结他们。这样我们才能有基础,站住脚。"②清醒的认识就变成了自觉的行动,他十分注重统一战线策略的运用,开展了多方面的统一战线工作。当时,陕甘宁地区国民党军队的派系很多、构成混乱,之间矛盾丛生;哥老会组织在当地颇为盛行,群众很受迷惑,其影响和势力很大;由于各种原因聚啸山林打家劫舍、对抗官府的土匪也有多股。在分析他们的情况后,刘志丹对其中的一些国民党军官、对一些哥老会首领、对一些土匪头目进行过大力的争取工作,取得了十分有效的成果。

　　第一,争取一些人转向革命,成为共产党人。如,马锡五是永宁山哥老会的"大爷"(领头人),教过书,为人正直。刘志丹就去找他,给他讲革命道理,引导他走上了革命道路。结果,从1930年起,马锡五一直跟随刘志丹进行武装斗争,并经他联系各地"大爷",有二百多个哥老会成员参加了革命。

---

①　习仲勋:《群众领袖　民族英雄》,刘力贞、张光主编:《纪念刘志丹》,第66页。
②　马文瑞:《群众领袖　革命楷模》,刘力贞、张光主编:《纪念刘志丹》,第96页。

1935 年，马锡五加入中国共产党，更加积极地为党工作。曾任陕甘边工农民主政府粮食部长、主席，陕甘宁边区庆环分区、陇东分区专员和边区高等法院陇东分庭庭长，所创造的"马锡五审判方式"在各抗日根据地推广。新中国成立后，曾任最高人民法院西北分院院长、最高人民法院副院长等职，成为中国共产党的优秀党员。黄龙山的土匪郭宝珊，是因为国民党军队和民团的一再勒索和压迫被迫做了"山大王"的，侠义正直，他手下的大多数追随者都是仇视土豪劣绅的贫苦农民。为争取他，刘志丹曾两次派黄罗斌、后又派马锡五去做他的工作，在他军饷困难、弹药不足、军心不稳时，给他送去羊马等物资帮助他。郭宝珊在谈到他起义的经过时说："在行军途中，曾碰到红军的骑兵部队，并没有向我们开火（当时红军骑兵想消灭我们是很容易的），……在我拉上部队没有什么去处的时候，碰到马锡五来慰问我们，刘志丹也派人给我们送了三匹马。这时我觉得红军对我还是不错，投了他们可能不会有什么危险，就下了决心投奔红军。"[1]几经争取，终于把这支武装引上了革命道路。郭宝珊加入红军后，作战勇敢，服从命令，立下许多战功，后来加入共产党，新中国成立后曾担任青海省军区副司令员。所部先编为"义勇军"，后正式改编为红军部队，扩大了红军的力量，而跟随他起义的许多人后来都成为县团级的干部。

第二，与一些人建立统一战线关系，利用他们为革命斗争提供便利。当时，陕甘地区许多地方都有民团，刘志丹提出应对之区别对待：凡与我军为敌对抗，我有力量消灭的，坚决消灭，暂时消灭不了的，待我力量壮大，再消灭之；凡向我军表示友好共处，或愿保持中立者，则尽量继续争取他们，维持现存关系，以便我军集中力量，消灭最顽固最反动的民团武装。[2] 他的这一策略，对红军和革命的发展产生了非常重要的作用。在谈到西北革命历史时，当年的领导人几乎都会提到罗连城。罗是陕甘边小石崖民团团总，又是一个哥老会大爷，政治上态度中立。刘志丹在进行军运时就派马锡五去联络他，送他许多东西，与他建立了统战关系。后来，他帮助红军买了许多的子弹和粮食，红军

① 郭宝珊：《我的起义经过》，《陕甘边革命根据地》，中共党史出版社 1997 年版，第611 页。

② 张秀山：《陕甘边革命根据地忆述》，《陕甘边革命根据地》，中共党史出版社 1997 年版，第380 页。

游击队在作战失利后曾多次到他的防地休整,尤其是他曾帮助红军寄养过许多的伤员。还有建庄的贺世兴、蒿嘴铺的贾生财、太白镇的李绪增等民团首领,红军都与之建立联系。曾任中共中央顾问委员会委员等职的张邦英,就曾由刘志丹安排到这些民团驻地养病,他回忆说:"我们常常将缴获的大洋、烟土、牲口等送一些给他们,他们也帮助我们买些子弹、医药,掩护伤病员,探听敌情,允许我们的部队从他们的驻地周围通过等。这对便利我军行动,克服某些困难,起了一定作用。"①民团团总马海旺,在刘志丹的影响和帮助下,走向进步,后来成为陕甘宁边区中华抗日救国会副主任。在西北革命斗争史上另一个有名的民团——夏老么民团,刘志丹也曾与之建立统战关系,他也帮助红军买过弹药、物资。红二十六军成立后,根据刘志丹的建议,红军再次与他达成了协议:两家继续交朋友,互不侵犯,互通情报,互行方便。这在当时,对于红军的机动作战是十分有利的,但执行"左"倾路线的杜衡不顾刘志丹等人的反对,贸然对之进攻,结果给红军造成很大的损失。至于哥老会首领,刘志丹联络得更多,如苍沟的马大爷、东坪的冯大爷等都是他亲自联系的。在南梁,不少哥老会为红军掩护过伤员,或帮助过其他革命工作。有一个郑大爷最后脱离哥老会,成为根据地赤卫队的总指挥,并在战斗中英勇牺牲。另外,刘志丹还与国民党的一些军政人员建立联系,"通过志丹的关系,安塞、保安县政府的不少人经常给我们送来关于敌人方面的情报。"②

第三,传播了革命思想,为后来党的统一战线工作打下良好的基础。对于可能争取的人,刘志丹都是大力争取。国民党旅长刘宝堂,刘志丹少年时的同学,刘志丹对其做了许多的工作,使其思想发生转变,他曾感叹地说:"我明白了,和你们交往值得!"他为刘志丹的军运工作提供了不少的帮助,后来想参加红军。刘志丹对他说:"你现在用这个身份在国民党军队中做事,对革命事业更有好处,时机成熟就可以过来。"③此后刘宝堂一直暗地为党工作,直至1941年被敌人发觉暗杀,而其部队中的进步军官后来都参加了革命队伍。刘

---

① 张邦英:《永远活在人民心里》,刘力贞、张光主编:《纪念刘志丹》,第229页。

② 蔡子伟:《陕甘边根据地政权建设回忆》,《陕甘边革命根据地》,中共党史出版社1997年版,第630页。

③ 习仲勋、马文瑞:《善做团结工作的模范——纪念刘志丹同志诞辰95周年》,刘力贞、张光主编:《纪念刘志丹》,第54页。

志丹还多次给国民党团长左协中、曹又参写信,劝导他们走向革命。结果对左、曹产生很大的影响,他们拿着刘志丹的信说:"你看,这可是大手笔呀!大道理小道理都感人至深。"在抗战胜利和解放战争时期,他俩分别起义了。

正确面对不公正的遭遇,表现了极强的党性

在开辟西北革命根据地的过程中,刘志丹个人在党内曾多次遭到不公正的对待,遭到过打击、撤职等处分,但他正确地对待这些遭遇,不顾个人荣辱得失,正确地对待领导、正确地对待同志,顾全大局,积极工作,努力补救领导和同志错误处理的失误,努力维护了党的团结和统一。

正确对待"三嘉塬缴枪"事件

1931 年 10 月下旬,陕北游击支队寻找刘志丹部队到南梁,合编为反帝同盟军。陕北游击支队编为第一支队,南梁游击队编为第二支队,谢子长任总指挥,刘志丹任副总指挥兼第二支队支队长。同时部队成立了党委会,谢子长为书记,刘志丹、荣子青为委员,支队均建立了党支部。1932 年 1 月,因为部队给养困难,二支队第一大队长赵连壁带一部分人外出打土豪。因为打击面过宽,并在集市上抢了群众的东西,造成不良影响。谢子长和部分其他领导人认为第二支队成分不纯,部队不稳,于 1932 年 2 月 6 日,缴了第二支队的枪,当场打死了赵连壁。对于这种突然袭击,刘志丹很不理解,他想不通,究竟是为什么。但他能从党的利益出发,维护这支部队的统一,制止了事态的发展。事件后他去西安向省委作了汇报。事隔多年以后,1985 年中央对此事作了结论,指出:"队伍成分不纯,作风、纪律不好,按照党的建军原则进行整顿是必要的。但是,在一般情况下,采取一部分人缴另一部分人枪的办法,特别是在刘、谢两位主要领导人没有取得一致意见的情况下,采取缴枪的办法,甚至还打死了人,不论是谁的决定,都是不对的,更不能说是完全正确的。好在这支队伍中许多同志以大局为重,始终坚持革命,为西北革命和红军的发展作出了重要贡献,刘志丹同志是其中杰出的代表。"①

---

① 《党史通讯》1986 年第 8 期,第 3—4 页。

被错误撤职，能以大局为重

陕西省委为贯彻"左"倾中央的旨意，不断派人到游击队来巡视。1932 年 11 月 29 日，高岗在《关于陕甘游击队情况给陕西省委的报告》中，认为陕甘游击队的"根本严重问题"，是队伍不纯，他说："游击队的产生是由于阶级模糊的同志采取乱拉票子的方式买枪而创造的，不是由阶级斗争创造出来的"，"大部分的群众是土匪和贩大烟土的流氓"，"没有自己把握的武力中心"，没有我们的"最主要的骨干领导"，"有反革命阴谋分子"，"在这些严重问题下面，遂使游击队无法执行土地革命，扩大群众斗争，开展游击战争。"他认为，这样的游击队领导"已是阶级的叛徒，绝不能执行省委的路线和政治的任务"，"必须把这些东西彻底肃清，我们党必须派得力的政治上、军事上的干部彻底改造这一部分，然后才能完成红二十六军的任务。"

看来，刘志丹等辛辛苦苦创建的陕甘游击队，在政治、军事、组织等方面都不符合"左"倾教条主义的要求，他们被撤职的命运已经注定了。果然，如上所述，陕西省委为贯彻中央北方会议决定，把陕甘游击队改编为红二十六军，省委书记杜衡到达游击队后，在宜君、杨家店召开的党团员大会上，对游击队的活动横加指责，诬蔑刘志丹、谢子长、阎红彦、杨重远等"有反革命阴谋"，把他们学习井冈山道路的做法说成是"游击主义""梢山主义""土匪路线""右倾机会主义"，撤销了刘志丹等同志的领导职务。原游击队排以上干部全部被剥夺了选举权和被选举权，实现了杜衡的"以无产阶级的至诚，执行共产国际、中共中央和省委的正确路线、苏维埃共和国中央政府所给予我的任务"①。

对于杜衡的错误决定，同志们不服气，要闹。但刘志丹以大局为重，他劝同志们不要闹，一闹他们就会说是反党，矛盾将更加激化，劝大家服从这个决定，从革命的全局利益出发。他在被领导的岗位上，仍以积极的态度对待党的事业，对工作提出自己的建议，帮助二团团长王世泰制订作战计划，参与指挥作战，直至挽救败局，重返照金根据地。王世泰回忆说："左"倾领导错误造成

---

① 《励君给陕西省委的报告（第三号）——关于红二十六军的改编及对省委的要求等》（1933 年 1 月 9 日），中央档案馆陕西省档案馆编：《陕西革命历史文件汇集 1933 年一至三月》，1992 年 3 月，第 66 页。

红二十六军南下失败,三百多个情同手足的兄弟,血洒疆场,他和刘志丹死里逃生于1933年阴历八月十五日回到照金根据地时,"'志丹回来了!''志丹回来了!'这激动人心的声音,犹如平地卷起的一阵狂飙,飞扬在薛家寨的上空。根据地的领导和红军临时指挥部的负责人王泰吉、习仲勋、张秀山、高岗、黄子祥、杨森迎出来了!先于我们回来的红二团指战员吴岱峰、高锦纯、黄罗斌、刘约三等迎出来了!红四团、抗日义勇军、游击队的战士们也迎出来了。"①是啊!是刘志丹领导他们从无到有地创建了红军和根据地,又是刘志丹不顾个人得失,保持了这支革命武装的团结和重新集结,所以,广大指战员们视刘志丹为他们的"主心骨"。

蒙冤入狱,依然耿耿丹心

西北红军在刘志丹领导下取得了重大胜利,解放了六座县城和广大农村,把陕甘和陕北根据地连成一片,扩大了西北根据地和红军,形成西北革命大发展的大好局面。然而,"左"倾错误的阴云不散,有些人仍把刘志丹说成是"老右倾",否定红二十六军坚持游击战争,创建根据地的成绩。1935年,"左"倾分子继续并进一步诬陷刘志丹为"右派","同国民党部队有秘密勾结",给他戴上"白军军官""反革命"的帽子。10月劳山战役之后,将刘志丹骗离前线。

途中,刘志丹碰到红军的通讯员。通讯员不了解情况,把一封给十五军团的急信交给了他。刘志丹打开一看,是保卫局下令逮捕自己的密令。他对不顾大局、搞阴谋诡计陷害同志的行径十分愤慨,但为了避免革命队伍的分裂,不给敌人以可乘之机,他不顾个人的安危,想要向中央驻西北代表团申诉。但他一到瓦窑堡就被投入监狱,甚至连他的妻子和五岁的幼女,也同时被禁闭起来。在狱中,他受尽折磨,始终泰然处之,并坚持不说假话,他对同狱的同志说:"我们死也不能说假话,黑云总遮不住太阳。"如果不是党中央到达陕北,刘志丹就可能惨遭杀害。

对此天大的冤屈和无端的迫害,刘志丹冷静对待,始终顾全大局。在中央召开的受害同志的座谈会上,他一再谦虚地表示:我们工作中也有缺点错误,

---

① 王世泰:《刘志丹和陕甘根据地》,刘力贞、张光主编:《纪念刘志丹》,第138页。

强调要"团结起来,在党中央领导下努力工作,为完成我们的伟大事业而奋斗"①。当时,许多受到迫害的人情绪激动,要求他向党中央告状处理犯错误的人,他做了许多劝解工作。在对部队讲话时、在和同志谈话中,他一再强调指出,革命利益高于一切,要识大体顾大局,要绝对服从中央的领导,要加强团结。在他的带动和影响下,西北红军和中央红军团结得亲密无间。事实上,他清楚地知道,对他的平反并不彻底,虽然否认了"反革命"的罪名,但仍然留有犯了"严重右倾错误"的尾巴。但他一直未对别人讲,更没有闹情绪。东征出发时他给妻子说:"这次出征对我仍然是一个考验,事实会证明一切的。如果我死了,是作为一个革命党人牺牲的。"②这充分表现了刘志丹的宽阔胸襟,周恩来对他的品德给予高度的评价:"刘志丹同志对党忠贞不贰,很谦虚,最守纪律。他是一个真正具有共产主义品质的党员。"③

优良的作风在党员和群众中树立了
共产党人的光辉形象

第一,理论与实际紧密结合。切合西北的实际开展革命斗争,是刘志丹领导开创西北革命根据地的思想方法和领导特点。绝不能简单地照搬书本和机械地执行上级的指示,这是他和党内唯书唯上的"左"倾领导人的根本分歧,也是他曾屡次遭到错误打击的根本原因。但他对此始终不渝,坚持根据陕甘宁地区的实际情况进行革命斗争。

比如,在红军战略发展的选择上,他历来坚持在陕甘交界的南梁地区建立根据地。1932年7月,担任陕甘游击队政委的李艮既不懂军事,又不顾实际情况,要求坚决执行中央北方六省会议和省委决议的精神,提出在不具备条件的地方建立根据地,并要在二十天内分完土地等一套"左"的计划。刘志丹认为在尚未建立政权的地方不能过急地进行土地革命,坚持依托桥山山脉开展

---

① 中共陕西省委党史研究室、中共延安地委党史研究室:《刘志丹传》,刘力贞、张光主编:《纪念刘志丹》,第29页。

② 习仲勋、马文瑞:《善做团结工作的模范——纪念刘志丹同志诞辰95周年》,刘力贞、张光主编:《纪念刘志丹》,第58页。

③ 习仲勋:《群众领袖 民族英雄》,刘力贞、张光主编:《纪念刘志丹》,第73页。

游击战争。李錭听不进正确意见,给刘志丹等戴上"逃跑主义""上山路线""右倾机会主义"等帽子加以打击,并强令进攻敌人设防坚固的城镇,造成部队连打败仗,撤销了刘志丹的陕甘游击队总指挥职务。但他不因此而放弃自己的主张,1933 年 6 月,在陕甘边特委、陕甘游击队总指挥部和红二十六军联席会议上,他再次明确提出:应当以桥山山脉为依托,坚持并扩大陕甘边根据地,广泛开展游击战争。特委书记金理科等赞同刘志丹的意见,但红二十六军政委杜衡实行家长作风,凭借权力否决刘志丹的提议,强令红军南下,结果遭到严重失败。在重建红二十六军后,刘志丹又一次提议研究红军战略发展的决策问题,并详述在南梁建立革命根据地有三个有利条件:一是南梁地处桥山山脉中段,而桥山山脉北起定边、盐池,南至关中的照金,连接陕甘宁 18 个县,山大沟深,梢林密布,地形复杂,交通阻塞,便于红军回旋;二是该地是陕甘两省交界处,敌人统治力量薄弱,虽有小股土匪和地方反动武装,但都不敢与红军对垒;三是该地群众多是外地难民,深受封建压迫,有强烈的革命要求;而他和谢子长早年在这一带进行过革命活动,在群众中有很大影响,因此便于发动群众起来革命。1933 年 11 月的包家寨会议采纳了刘志丹的建议,实践证明,刘志丹的战略考虑是符合实际的,正是这个决策开创了陕甘边革命斗争的大好局面,并因此而开创了西北革命斗争的大好局面。

在统一战线问题上、在解决农民土地问题上、在军事斗争的一系列问题上,他都强调和坚持从实际情况出发,实事求是,因此提出的对策大都切实可行。他的这一优良作风,早在 1943 年,党中央就给予了充分的肯定:刘志丹"在建军建党建政及领导革命战争中,其方针策略,无不立场坚定,实事求是,坚持党的正确路线,与'左'、右倾机会主义路线进行不调和之斗争"①。

第二,重视人民,想着人民。密切联系群众,是中国共产党的根本宗旨和一切工作的出发点与归宿,是中国共产党区别于其他党派的最大特征,也是中国共产党的力量来源和取得胜利的根本保证。这个优良作风,在刘志丹身上体现得非常充分。他把红军与人民的关系看得非常重,提高到了党性原则和胜败存亡的高度。他强调:"我们一定要建立一支为我党绝对领导的、为人民

---

① 《刘志丹同志革命史略》,《解放日报》1943 年 4 月 23 日。

利益而战斗的红军。"①很早就跟随他进行武装斗争的杨丕盛回忆说:"老刘常说:'群众宣传好了,我们就能打胜仗;群众宣传不好;没有人替你通风报信,就要挨打。'"②张仲良回忆:第三路游击队指挥部成立后,一些同志对游击战争的性质、任务和工作方针不清楚,1934年秋刘志丹专门给他们讲话,指出:我们所进行的游击战争实际上是农民战争,是党领导下的一场广泛的农民战争,因此,在战争的过程中始终不要忘记一定要向广大农民群众敞开大门。这样我们所进行的游击战争才有广阔的复杂前景,如果忽视了这一点,我们的队伍就不可能发展,甚至有失败的危险。③ 在实践中,刘志丹非常注意解决人民的苦难。一方面坚决打击欺压人民的官吏军匪、土豪劣绅,另一方面虽然当时红军面临的斗争紧张激烈、生活条件十分艰辛,但"每当我们打了地主老财,就把财粮、土地、衣服等东西全部分给穷人"④。同时,十分严明红军的军纪,"他要求部队处处维护群众利益,遵守群众纪律,秋毫无犯,凡是吃了老百姓的米、面等,必须付钱,即使群众不在家,也得将钱留在容易看见的地方。"⑤刘志丹本人更是善待群众,平易近人,热情和蔼,不摆官架子。张邦英回忆说:"每到一地宿营,志丹总要找当地群众或熟识的人谈话。一方面询问周围敌情,另一方面了解当地的社会情况和群众要求。"曾有一次,当地八九个老农民来看他,他工作之后回到家已是深夜,但还是一方面热情与来人交谈,一方面尽其所有给大家煮南瓜吃。老农民感动得吃不下去,他却不答应:"你们看我来了,我应该招待你们,招待得不好,大家不要见怪,可是不吃不行。"⑥细微处见精神,由此可见刘志丹对人民的感情和共产党人的作风。正是因为这样,红军在人民群众中树立了良好的形象,刘志丹在

① 张策:《创建陕甘边区革命根据地的回忆》,《红二十六军与陕甘边苏区》(下),兰州大学出版社1995年版,第910页。

② 杨丕盛:《和老刘在一起"闹红"的日子》,刘力贞、张光主编:《纪念刘志丹》,第365页。

③ 张仲良:《开展游击战争 创建陕甘边根据地》,《陕甘边革命根据地》,中共党史出版社1997年版,第466页。

④ 杨丕盛:《和老刘在一起"闹红"的日子》,刘力贞、张光主编:《纪念刘志丹》,第366页。

⑤ 张邦英:《永远活在人民心里》,刘力贞、张光主编:《纪念刘志丹》,第230页。

⑥ 张邦英:《永远活在人民心里》,刘力贞、张光主编:《纪念刘志丹》,第230页。

人民群众中享有崇高的威望，出现了他每到一地，群众都来看望他，瞎子看不见而摸他的情景。周恩来因此评价他："刘志丹在陕北人民中很得人心，确实是人民群众的领袖。"①

作为红军的高级领导人，刘志丹没有一点特殊化。战士穿什么他穿什么，战士吃什么他吃什么。黄罗斌回忆说："刘志丹也经常把自己骑的马让给伤病员骑，有时还帮助炊事员做饭。战士行军打仗过分疲劳，他就替战士站岗放哨。这都是我亲身经历的。真是同甘苦，共命运。"由此而形成团结友爱的战斗集体，刘志丹为战士们十分敬仰和爱戴。

第三，作风民主，严以律己。在党内、在军内，刘志丹平等待人，尊重同志，爱护战士，和蔼可亲，因此大家都称他"老刘"，与他的关系很近，有什么意见和建议都愿向他说。他总是等人把话说完，再谈自己的意见。他说："要避免错误就要讲民主，善于听取大家意见。"②几次打仗，命令已经下达，但有同志根据新情况提出不好打，或者损失太大，他马上接受意见，改变作战部署。许多次战后，他召集同志研讨战况，集思广益，总结经验。正因如此，所以他少犯错误，有了错误也能很快纠正。

正因为刘志丹具有民主作风，所以同志们敢于畅述己见，发表不同意见。张仲良回忆：有一次，在红二十六军四十二师师委会上，他在一个问题上转不过弯来，不肯接受刘志丹的意见，并和刘志丹当场争辩起来，但刘志丹并没有计较他。"后来的斗争发展证明志丹同志的意见是全面的、正确的。志丹同志的平易近人，虚怀若谷，赤诚相见，诲人不倦的良好作风是永远值得学习和怀念的。"这种现象，在当时是不少见的。

他的民主作风，还体现在正确处理党、政、军的关系上。"事实上，志丹由终南山回到照金之后，陕甘边的一切军事活动，都是在志丹亲自领导和指挥下进行的。"③他事实上成为陕甘边根据地的领导核心，颇孚众望，又屡立战功。但他不自矜功，能正确处理好军队同党、政的关系，尊重党和政府的领导。习仲勋回忆说：1934年我们在南梁建立了革命政权，我被选为苏维埃政府主席。

---

① 周恩来：《刘志丹是很得人心的》，刘力贞、张光主编：《纪念刘志丹》，第37页。

② 习仲勋、马文瑞：《善做团结工作的模范》，刘力贞、张光主编：《纪念刘志丹》，第58页。

③ 《刘志丹同志革命史略》，《解放日报》1943年4月23日。

一次,志丹"正给军事干部学校学员讲话,看见我来了,他喊了一声'立正',并向我敬了一个军礼,欢迎我给大家讲话,一时弄得我不知如何是好。事后他对我说:'我们共产党人拥护我们自己建立起来的政权,如果我们不敬重,老百姓也就不在乎了。'他的行动真是有感召力,我一个二十岁的青年,从此更受到了大家的拥护"①。

同时,刘志丹勇于自我批评。"他常说,自己也犯错误,领导渭华起义失败就是犯的大错误。"②红二十六军南下失败后,有的同志责怪刘志丹没有负起责任,刘志丹一点也不为自己开脱,而是反思。他说:"极左的人最后会走上极右。杜衡把部队葬送了,他又叛变投降敌人了,这是对我们最大最深刻的一次教训,事情未经历过,总是不深刻,这下我们就知道'左'是什么东西了。"③在被错误逮捕关押之后,他仍主要是进行自我反思,说我们工作中也有缺点错误。他的这种闻过则喜、从高从严要求自己的作风,是感人至深的。

在刘志丹身上,还有着艰苦朴素、勤政廉洁、奋发向上、不断进取等优良作风。他的这些优良作风,给党员和红军战士树立了表率,在人民群众中塑造了共产党人的高大形象,影响深远。

---

① 习仲勋、马文瑞:《善做团结工作的模范》,刘力贞、张光主编:《纪念刘志丹》,第58页。

② 习仲勋、马文瑞:《善做团结工作的模范》,刘力贞、张光主编:《纪念刘志丹》,第57页。

③ 习仲勋、马文瑞:《善做团结工作的模范》,刘力贞、张光主编:《纪念刘志丹》,第57页。

习仲勋与两当起义述论

内容提要：两当起义是中共在西北地区举行武装斗争的一次重大行动，而习仲勋是两当起义的主要组织者和领导人，在这次起义成功举行的过程中作用突出。由于起义军后来的失败而对起义本身提出的种种质疑，是不符合历史辩证法的。历时两年多的兵运活动和两当起义，在考验和磨砺习仲勋的同时，也全面提升了他，使其迅速成长为杰出的革命干才；这个过程中的经验和教训，也深刻地影响了习仲勋的思想及其后来的革命实践。

1932 年 4 月，中共党组织在甘肃两当县成功发动国民党军王德修营起义，组成"工农红军游击队第五支队"，史称"两当起义"。两当起义是中国共产党在西北发动的一次著名起义，它和习仲勋紧密相关。习仲勋在该部开展兵运工作两年多，在起义的准备、筹划和领导方面做了大量工作，贡献突出，是成功起义的关键人物。但目前关于习仲勋和两当起义的研究薄弱，相关著述集中在习仲勋和两当起义过程的记述上，并且存在一些表述讹误。本着深化研究的目的，笔者根据已有资料就此做一些探讨。

激活党的兵运工作

1930 年春，刚过 16 周岁不久的习仲勋前往陕西省长武县，进入国民党王德修部开展兵运工作[1]，从此开始了他的职业革命生涯。

---

[1] 习仲勋离开家乡到王德修部兵运的时间，有多种说法。《习仲勋在陕甘宁边区》记为 1930 年 1 月(《习仲勋在陕甘宁边区》编委会编：《习仲勋在陕甘宁边区》，中国文史出版社 2009 年版，第 23 页)，《习仲勋传》记载为 1930 年正月初八(公历二月六日)。这里采

在习仲勋之前,中共党员李秉荣、李特生等已在王德修部活动。① 但当时党在该部的兵运工作比较沉寂:第一,没有发展党员。习仲勋回忆说:他初到王德修部时,"有三个党员(李特森、李秉荣、习仲勋)。"②当时也在王德修部的左文辉持同样的说法:"开始建立党组织只有三人,后来扩大到各连。"③李秉荣和李特生在王德修部时间都比较长,李秉荣1926年加入中共,和王德修在大革命时期是国民军联军驻陕总部总政治部的同事,他协助王德修组建队伍,是该部的重要创建人,并一直在该部工作;李特生也是大革命时期的中共党员,他回忆说:"1929年冬,中共陕西省委派我到驻防陕西省长武县的杨虎城部做兵运工作。"④但在习仲勋到来之前的很长时间里,王德修部没有发展新党员。因此,习仲勋说,他到之初该部只有他和李秉荣、李特生三人。第二,没有建立党组织和开展活动。继习仲勋之后来到该部活动的中共党员刘书林回忆说:"一九三〇年间,习仲勋同志在长武县城北药王洞庙宇,与李秉荣等

用习仲勋的回忆:"1930年春天,中共陕西省委派我到长武杨虎城部的第三骑兵旅二团一营从事兵运工作。"(习仲勋:《陕甘高原革命征程——回忆陕甘边革命根据地》,中共陕西省委党史研究室、中共甘肃省委党史研究室编:《陕甘边革命根据地》,中共党史出版社1997年版,第244页)需要说明的是,习仲勋的这篇回忆是根据他的多次谈话和相关资料综合整理的,其中所谓"中共陕西省委派我"的表述不准确,习仲勋前去开展兵运工作是根据陕西省委的决议和相关精神的,但因国民党破坏而组建不久的陕西临时省委不可能具体安排一个普通党员的工作。习仲勋开展兵运工作,是根据地方党组织的指示,到王德修部是根据具体情况选择的(参见任志刚、王纯儒:《习仲勋同志在亭口》,中国人民政治协商会议陕西省长武县委员文史资料委员会:《长武文史资料》第4辑,1990年8月)。

① 李特生回忆说:我去王德修部时,"这里原有党员两人,即李秉荣和陈策。陈策于年底请假回家,再未回部队。"(李特生:《记两当兵变》,中共甘肃省委党史资料征集研究委员会编:《甘肃党史资料》第三辑,甘肃人民出版社1986年版,第94页)而《习仲勋传》记载:习仲勋到达时,"已有中共党员李秉荣、李特生、田光烈、孙一君等在该部从事兵运工作。"(《习仲勋传》编委会编:《习仲勋传》,中央文献出版社2008年版,第67—68页)

② 《习仲勋同志在西北党历史座谈会上的发言(择录)》,中共甘肃省委党史资料征集研究委员会编:《甘肃党史资料》,甘肃人民出版社1986年版,第82页。这里,习仲勋把"李特生"写成"李特森"了。

③ 《左文辉同志谈"两当兵变"》,中共甘肃省委党史资料征集研究委员会编:《甘肃党史资料》第三辑,甘肃人民出版社1986年版,第102页。

④ 李特生:《记两当兵变》,中共甘肃省委党史资料征集研究委员会编:《甘肃党史资料》第三辑,甘肃人民出版社1986年版,第94页。李特生这个说法有些简略,此时该部尚不隶属杨虎城。

同志第一次召开了党的会议(当时叫聚头会)。"①李特生也回忆说:习仲勋来了后,"随即由李秉荣、习仲勋、李特生三人建立了党的领导小组,并在长武县西门外药王洞庙内举行第一次小组会议。"②习仲勋的回忆与他俩一致:"起初只有三个共产党员(有李秉荣、李特生同志和我。……),而且互不联系。"③"我们三人打通关系后,第一次会议是在长武西药王洞开的。"④他们三人的回忆说明:在习仲勋之前,该部没有建立党组织,党员之间没有组织联系,甚至没有开过一次会。第三,士兵工作不活跃。虽然由于资料的原因,不清楚李秉荣、李特生等是如何开展活动的,做了哪些士兵工作,但相关记载和回忆都未提及他们的活动,起码说明没有有影响或值得记载的事情发生,其士兵活动的幅度有限。

实际上,这样的现象其实在陕西省委领导的兵运中并不少见。1930年4月,陕西省委在给中共中央的报告中,就全省兵运工作总结说:"原有的军支因同志多系官佐,当兵的太少,故未能发动群众的日常斗争(同志表现消沉怯懦也是主要原因),只能做些党的经常工作(开会)。"⑤虽然陕西省委的这些批评并不具体指王德修部的兵运,但它的这些结论应是根据有关情况得出的,反映的是普遍的情况。王德修部的兵运状况,和陕西省委的评价颇有契合之处。

习仲勋到达后,迅速推动了党在王德修部的兵运工作。如前所述,习仲勋和李秉荣、李特生建立组织联系后,随即在长武县城北的药王洞召开会议⑥,商议决定:一是,建立党的组织。由他们三人成立党的领导小组,李秉荣任组

---

① 刘书林:《习仲勋随军驻防凤县及领导两当兵变》,中共甘肃省委党史资料征集研究委员会编:《甘肃党史资料》第三辑,甘肃人民出版社1986年版,第103页。

② 李特生:《记两当兵变》,中共甘肃省委党史资料征集研究委员会编:《甘肃党史资料》第三辑,甘肃人民出版社1986年版,第94页。

③ 习仲勋:《关于两当兵变情况的复信》(1956年11月6日),夏建华主编:《红色两当》,甘肃文化出版社2008年版,第32页。

④ 习仲勋:《长武县药王洞会议》,长武县档案馆:《中共长武地下党调查材料》卷66号,第17页。

⑤ 《陕西临时省委给中央的报告(第六号)——关于政治、经济、军事、群运党团等工作概况》(1930年4月31日),《陕西革命历史文件汇集》(1930—1931),第66页。

⑥ 药王洞会议的时间,不甚清楚。习仲勋的回忆是:"我们三人打通关系后,第一次会议是在长武西药王洞开的。"李特生也说三人建立联系后"随即"开会。《习仲勋传》把它记为1930年3月下旬的一天。

长。二是，提出了兵运方针。"发动士兵日常斗争，提高政治觉悟，在促进士兵更加革命化的基础上发展组织，团结士兵，积蓄力量，等待时机。"①三是，确定了兵运工作方式和重点。具体内容是："决定都下各连队开展工作"，连里所有党员，不任连以上的职务；发展士兵党员，建立连里支部；"以该旅孙团（团长孙英轩）二营为基础开展工作。"②

党组织是凝聚党员、发挥党的战斗力的中枢，它的建立为开展兵运创造了前提条件；而他们商定的工作方针及其具体规定，后来的事实证明是正确的。应该说，这次会议启动了王德修部大规模的兵运工作，也把该部兵运工作引入了正确的轨道。

根据会议决定，时任团副的李秉荣辞职改到三连任副连长，营书记李特生到二连当文书，习仲勋拒绝了王德修准备安排的通讯排长职务，到二连去做见习官。这样更容易深入到士兵中，开展士兵的兵运工作。

与此同时，建立了和陕西省委的正式联系。1930年4月，党领导小组派刘书林（时任该营营部文书）到陕西省委汇报工作，陕西省委批准了他们建立党组织的决定。由此接通了与陕西省委的关系，中共中央和陕西省委的相关文件和指示等相继传来，陕西省委并先后派李杰夫、焦维炽、陈冠英、第五伯昌、孙作宾、刘林圃等来帮助和检查高部的兵运工作。

需要强调的是，其时，陕西省委非常重视兵运工作，连续做出相关决定和指示。如1930年7月1日，《陕西省委第五次扩大会议政治任务决议草案提纲》，在"陕西党的中心任务与策略路线"中规定："深入兵士群众，领导士兵的日常斗争与普遍各地自发的兵变，以发展至有组织的兵变，以配合扩大的群众斗争。"③1930

① 习仲勋：《陕甘高原革命征程——回忆陕甘边革命根据地》，中共陕西省委党史研究室、中共甘肃省委党史研究室编：《陕甘边革命根据地》，中共党史出版社1997年版，第245页。

② 《习仲勋同志在西北党历史座谈会上的发言（择录）》（1945年7月11日），中共甘肃省委党史资料征集研究委员会编：《甘肃党史资料》第三辑，甘肃人民出版社1986年版，第82页。李特生回忆说："决定以二连为中心，开展全营的兵运工作。"（李特生：《记两当兵变》，中共甘肃省委党史资料征集研究委员会编：《甘肃党史资料》第三辑，甘肃人民出版社1986年版，第94页）但根据他们兵运活动的范围判断，习仲勋的回忆更符合实际。

③ 中央档案馆、陕西省档案馆：《陕西省委第五次扩大会议政治任务决议草案提纲》（1930年7月1日），《陕西革命历史文件汇集》（1930—1931），第146页。

年8月陕西省委第三号通告指出："坚决地到士兵群众中去,提出'不上前线'、'不打自己兄弟'、'欠饷全发'、'反对打骂'、'不打工农'各口号,鼓动发动士兵斗争,扩大武装暴动的政治宣传与鼓动,以组织反军阀战争的士兵暴动。"①1931年年初的《陕西党的目前政治任务与工作方针决议案》规定:"建立军阀军队中的工作,组织军阀军队里我们的力量,十倍加强我们在这些军队里的工作,发动和领导兵士日常斗争,反对离开工农群众军事投机的冒险兵变和兵暴。"②1931年12月7日《陕西省委关于目前陕西党的中心工作的决议》,并明确提出:"特别要加紧组织革命兵变的工作,首先要加紧西路军队中的工作,使这部队中的士兵,举行革命的哗变。"③应该说,这些决定和指示,对开展王德修部的兵运工作具有指导性的作用。同时,也把该部兵运工作纳入了陕西省委兵运工作的大系统之中,并成为陕西省委兵运工作的一个重点。

卓有成效的兵运工作

随即,习仲勋等在王德修部大规模开展兵运工作。

第一,广泛联络士兵。兵运工作的首要目标是争取士兵,做他们的工作,引导他们转向革命,而这就必须和士兵建立良好的关系,建立和他们接触、交往的基础。有鉴于此,习仲勋非常注意做争取士兵的工作。刘书林回忆说:"他常向我们讲:'为了能更顺利地开展革命活动,应该想很多办法掩护进行,这是'母亲'的话,必须听(母亲是党的代号)'。"④王德修部是1929年陕西遭

---

① 中央档案馆、陕西省档案馆:《陕西省委通告(第三号)——"九七"纪念与国际青年纪念日》(1930年8月22日),《陕西革命历史文件汇集》(1930—1931),第201页。

② 中央档案馆、陕西省档案馆:《陕西党的目前政治任务与工作方针决议案》(1931年1月30日省委第四次全体会议通过,1931年3月26日省委第六次全体会议修正),《陕西革命历史文件汇集》(1930—1931),第321页。

③ 中央档案馆、陕西省档案馆:《陕西省委关于目前陕西党的中心工作的决议》(1931年12月7日),《陕西革命历史文件汇集》(1930—1931),第623页。"西路"是当时陕西人对西安以西地区的称谓。其时,王德修营驻防宝鸡凤翔,属于陕西人观念中的"西路"。

④ 刘书林:《习仲勋随军驻防凤县及领导两当起义》,中共甘肃省委党史资料征集研究委员会编:《甘肃党史资料》第三辑,甘肃人民出版社1986年版,第103页。

遇惨绝人寰的"民国十八年年馑"的情况下拉起的武装,士兵"多系乾、邠等县人"①,老乡、亲属和地域关系明显。习仲勋等就利用同乡同里同学等关系,在士兵和下级军官中广交朋友。大约在 1930 年夏秋,即到王德修部几个月后,习仲勋担任了二连特务长。特务长管理后勤伙食和机动勤务,经常和士兵、下级军官接触,习仲勋利用这个职务上的便利,广泛结交士兵和下级军官,通过人际关系灌输革命的思想。

在当时,建立私人间密切关系的一个重要方式,是"金兰"结拜。在王德修部兵运中,曾大量运用这种方式。时在该营第三连当二等兵的石磊回忆说:"几个排长都对我很好,大排长、二排长分别约我和别的许多人结成了同生同死的异姓兄弟。"②习仲勋也多次运用这种方式开展工作,在随军驻扎长武县亭口镇时,他和亭口镇居民刘士荣、小学校长刘警天、骡马店主人王子轩和富平籍的连长唐万寿结拜为兄弟。该营进驻凤县后,以收编的部分土匪武装为基础组建了机枪连。为对这个成分复杂的连队开展工作,习仲勋又用了这样的方式,刘书林回忆说:"习仲勋告诉我,母亲说了,我们一定要在机枪连发展党员,开始可以先同他们交朋友,工作逐步深入。于是,习仲勋和我对机枪连的两个排长和一个特务长有意接近,表示亲热。后来为联络感情,方便工作,习仲勋、我和凤县文官模范小学的教员刘希贤与他们结拜兄弟,并拍了'金兰照'。"③

这种"结拜"的方式,在当时的社会环境中一般都可以产生良好交接作用。习仲勋他们此举,收到了效果。王子轩、刘希贤等在习仲勋的影响下,为

---

① 《第三旅二团巡视工作报告大纲》(1931 年 11 月),中共甘肃省委党史资料征集研究委员会编:《甘肃党史资料》第三辑,甘肃人民出版社 1986 年版,第 72 页。习仲勋回忆说:"士兵大部分乾(县)礼(泉)人"。习仲勋:《关于两当兵变情况的复信》(1956 年 11 月 6 日),夏建华主编:《红色两当》,甘肃文化出版社 2008 年版,第 32 页。乾县、彬县、礼泉三县相邻。

② 石磊:《两当兵变》,杨尚儒等著:《星星之火》,作家出版社 1959 年版,第 13 页。

③ 刘书林:《习仲勋随军驻防凤县及领导两当起义》,中共甘肃省委党史资料征集研究委员会编:《甘肃党史资料》第三辑,甘肃人民出版社 1986 年版,第 104 页。刘希贤回忆说:结为"金兰"者有习仲勋、刘书林和营部司务长阎鸿章、排长张秋臣和时为小学教师的他,共 5 人(刘希贤:《我所知道的习仲勋在凤县的革命活动》,中共甘肃省委党史资料征集研究委员会编:《甘肃党史资料》第三辑,甘肃人民出版社 1986 年版,第 107 页)。

掩护党组织开展兵运,做了许多有益工作。王子轩曾冒着风险,以自己的骡马店作为党组织活动的联络据点,并时常管吃管住,给予生活物质上的资助。两当起义失败后,一批革命同志包括习仲勋曾在这里养伤和躲藏。王子轩本人后来投入了革命阵营,新中国成立后还担任县乡基层领导职务。刘希贤回忆说:结拜后,"我们更为密切,……他们也到我家里来玩,习仲勋的工作很好,有时在我家中开会(因我住的是独院),有时也约些同事在我家吃饭、饮酒,借此开展工作。"①刘书林明确肯定了结交刘希贤的作用:"刘这人当时在教育界,表现进步,原作为发展党的地方对象的,当时本人的确表现同情我们,还帮了不少忙,经过他熟悉了地方上的情况。"②

为了开展工作,习仲勋等还注意对一些军官的交往。比如该部连长唐万寿是富平人,习仲勋就以同县籍的关系和他结为"金兰"。营长王德修是和富平相邻的三原县人,兵运中的许多人和他熟悉,他后来称之"不是同学,就是知己朋友",虽然他是利用这些人来维系部队和扩大他的势力,但习仲勋等也就利用这层关系开展活动,他们关于该部脱离苏雨生、归属杨虎城的主张,针对发生士兵抢掠民物而要求整饬军纪的建议,都是通过王德修实现的。实际上当时的一些兵运活动非常外露,时任排长的地下党员张子敬回忆说"我们搞啥他都知道"③,但王德修没有过分干预,他回忆说:"我知道也不理睬。心想反正我的人多了好,人多势力大嘛。"④从而便利了兵运活动的开展。

第二,发动士兵开展争取基本权利的斗争。王德修部是在饥馑年代由饥民组成的"杂牌军",它先隶属于甄寿珊的"西北民军",又编入苏雨生的"警备骑兵旅",最后编入杨虎城的陕西警备第三旅,三次易帜。杨虎城收编它时,初名之"补充团",虽然后来编入陕西警备第三旅,但实际上仍是杨虎城的"补充兵团",士兵待遇很差。1932年6月,时任陕西省省委书记杜衡在给中共中

---

① 刘希贤:《我所知道的习仲勋在凤县的革命活动》,中共甘肃省委党史资料征集研究委员会编:《甘肃党史资料》第三辑,甘肃人民出版社1986年版,第107页。

② 刘书林:《习仲勋随军驻防凤县及领导两当起义》,中共甘肃省委党史资料征集研究委员会编:《甘肃党史资料》第三辑,甘肃人民出版社1986年版,第105页。

③ 《张子敬谈"两当兵变"情况》(1982年8月13日),中共甘肃省委党史资料征集研究委员会编:《甘肃党史资料》第三辑,甘肃人民出版社1986年版,第100页。

④ 刘书林:《习仲勋随军驻防凤县及领导两当起义》,中共甘肃省委党史资料征集研究委员会编:《甘肃党史资料》第三辑,甘肃人民出版社1986年版,第105页。

央的报告中,描述该部士兵的痛苦状况说:"生活非常之苦。兵士小米饭都吃不饱,饷没有的,伙食费所余的钱都被官长吞没了,兵士一个钱都拿不上。鞋袜没有,许多兵士在冬天都是赤足,有时上操时兵士把病号的鞋脱下穿上。冬天没有铺草、被子,都在冷地上睡觉。病号非常多。官长对兵士又非常刻薄,随便打骂。"[1]时在该部开展兵运工作的吕剑人回忆说:"该部所用的枪,都是杂七杂八的破枪,大多是陕西造的。还有一些是土造的,只有连长有一个盒子枪,排长扛的是老套筒长枪。子弹很少,衣服常常不按时发,有的士兵没鞋穿,赤着脚上操。不按时发饷,就连伙食费所用的几个钱也不按时给。在国民党军队中,吃空名字,克军饷,是很普遍的现象,士兵生活十分困苦。"[2]针对士兵的困苦状况,习仲勋等就提出"反对打骂士兵,改善士兵生活,按时发饷,发鞋袜"等口号,发动士兵向长官算伙食账、服装军械账,要求公开账目;反对长官打骂、欺压士兵。陕西省委军委书记李杰夫在他巡视该部后的报告中称,营委决定领导进行如下斗争:(1)各连士兵要冬衣、好衬衣;(2)士兵要发炭火;(3)病号要医疗费,由办公费内开支;(4)全病(疑为"体"——引者注)士兵要发耳扇手套,由此发动要维持费;(5)二连反对三排长斗争;(6)三连从(重)新算伙食账。[3]

就维护士兵利益而言,还有一点需要强调,就是避免士兵在军阀战争中的伤亡。1931年春夏,王德修部隶属于苏雨生,苏雨生先后和陈国璋、毕梅轩等小军阀的战争,习仲勋等提出反对战争的口号,当战争发生后又提出"力争少牺牲,不替军阀流血"的口号,避免士兵无谓的牺牲。同年夏末,苏雨生又和杨虎城发生战争,习仲勋等反对跟随战败的苏雨生逃跑,主张留驻原地归属杨虎城;编入杨虎城部后,又提出反对压迫杂牌军、平等待遇的口号。这些主张和口号,符合士兵利益,反映士兵心声,因此加深了士兵对习仲勋等的认同。

第三,用行动影响和争取士兵。曾有几个士兵跑到农民家里逮鸡、搜粮、

---

① 《陕西代表团杜励君报告》(1932年6月2日),中共甘肃省委党史资料征集研究委员会编:《甘肃党史资料》第三辑,甘肃人民出版社1986年版,第77页。

② 吕剑人:《回忆两当兵变》,中共甘肃省委党史资料征集研究委员会编:《甘肃党史资料》第三辑,甘肃人民出版社1986年版,第88页。

③ 《第三旅二团巡视工作报告大纲》(1931年11月),中共甘肃省委党史资料征集研究委员会编:《甘肃党史资料》第三辑,甘肃人民出版社1986年版,第75页。

抢布、要钱，痛打阻拦的农民。习仲勋知道后，立即向营长王德修建议整顿军纪，在得到同意后对几个肇事士兵处以关禁闭的惩罚。陕军顾鼎新部由关中调赴汉中途经凤县，因其军纪败坏，习仲勋等连夜书写和张贴了"打倒奸淫掳掠的顾司令""顾司令所到之处一扫光""希望顾司令严整军纪"等标语。顾鼎新见之，为顾全面子和避免惹出是非，下令不准士兵胡闹，并派清查队日夜纠察，从而使凤县老百姓免遭一场灾难。凤县恶霸地主龙文明，抢夺卖菜老汉的蔬菜，当买菜老汉索要菜钱时，他仗势欺人，反而逼迫李老汉缴纳十块大洋的税款，并派家丁来捉拿李老汉。习仲勋挺身而出，以军人身份阻止了恶霸的不法行径。诸如此类的行动，彰显的是正气、公平，是对人民群众的维护，是为正义的敢作敢为、勇于担当。这样的人品、精神境界，必然赢得人心，引发广大士兵对习仲勋等认可、信赖和追从，从而推进兵运活动的发展。

第四，启发士兵的革命觉悟。在与士兵建立良好关系基础上，习仲勋等积极引导士兵走向革命。他们利用时机，以谈话、散发传单、开秘密会议等方式向士兵揭露封建地主、土豪劣绅、贪官污吏和军阀对贫苦农民和穷苦士兵剥削和压迫的种种罪行；分析"九一八"事变后中国面临民族危机的严峻形势，揭露蒋介石祸国殃民的面目；宣传不要迷信命运，要进行斗争，斗争才能翻身，做自己的真正主人；宣传党和红军的路线政策，宣传苏联是中国人民的忠实朋友等，启发广大士兵的政治觉悟和革命意识。该部士兵绝大多数是大荒之年农村破产青年农民，为了活命而投军混口饭吃的，党组织的宣传和教育使他们受到很大触动，许多人因此萌发了革命意愿。在该部一营三连当兵、后任排长的左文辉回忆说：我在习仲勋当见习官时就互相认识了，"我们经常在一起吃饭、散步，仲勋一有空就给我灌输革命思想，让我参加共产党闹革命。"[1]在习仲勋等的影响和教育下，他于1930年9月秘密加入中国共产党，介绍人就是习仲勋和一连特务长李特生。

通过这些艰苦细致、扎实有效的工作，产生了一个兵运工作的良性循环：深入士兵中联络、交友、发展党员——朋友结交朋友，党员发展党员——朋友范围更大、人数越来越多，许多人靠拢党组织、先进分子入党，从而把党在王德

---

[1] 《"81年前，习仲勋介绍我入党"——访"两当兵变"亲历者左文辉老人》，《陇南日报》2011年7月12日。

修部的兵运工作推向大发展的局面。经过习仲勋和其他党员的努力工作,在两当起义前,"党的组织在二团一营内各连都有支部,人数三十余人,成分有下级官长七、八人,其余都是士兵,成立营委领导工作。群众组织有兄弟团,各连都有,人数一连有二十余人。"①三个连的排长、班长大部是共产党员。如一连吕剑人、张子敬任排长,李特生任特务长,吴彦俊、魏明山、萧颂才、张民修等分别担任班长、副班长;二连高祥生、吴进才任排长,习仲勋任特务长;三连许天洁、左文辉任排长,王清栋任特务长。营部,刘书林任军需文书、郭立三任副官;团部,李秉荣、张克勤分别任军械官和上士。排长、班长中非中共党员者,也大都是革命的同情者。

当时的陕西省委曾对他们的兵运工作有很高的评价:王德修部的士兵支部"建立在真正的士兵群众基础上"②。该营士兵斗争,"(在)党的支部领导之下,更是尖锐,几乎每天都有。因(此)党在这一队内的影响也特别大。"③1931年12月,陕西省委在部署省委中心工作时,明确把包括警备第三旅在内的西路确定为工作重点:"特别要加紧组织革命兵变的工作,首先要加紧西路军的工作,使这部队中的士兵,举行革命的哗变。"④时任中共陕西省委书记的杜衡在给中共中央的报告中称:王德修部"革命兵变的条件完全成熟"⑤。

关键时期出任营委书记

关于习仲勋在王德修营兵运工作中的作用和贡献,除了以上具体活动中的事例外,需要强调的是他接任营委书记之事。

---

① 《陕西代表团杜励君报告》(1932年6月2日),中共甘肃省委党史资料征集研究委员会编:《甘肃党史资料》第三辑,甘肃人民出版社1986年版,第78页。

② 中央档案馆、陕西省档案馆:《陕西省委对于士兵工作决议》(1931年12月19日),《陕西革命历史文件汇集》(1930—1931),第630页。

③ 《陕西代表团杜励君报告》(1932年6月2日),中共甘肃省委党史资料征集研究委员会编:《甘肃党史资料》第三辑,甘肃人民出版社1986年版,第77页。

④ 《陕西省委关于目前陕西党的中心工作的决议》(1931年12月7日),《陕西革命历史文件汇集》(1930—1931),第623页。

⑤ 《陕西代表团杜励君报告》(1932年6月2日),中共甘肃省委党史资料征集研究委员会编:《甘肃党史资料》第三辑,甘肃人民出版社1986年版,第78页。

关于王德修营营委成立的时间,各种著述颇不一致。《习仲勋传》的记载是:"习仲勋、李秉荣、李特生等经过一年时间的艰苦努力,使该部二营党的组织得到一定发展,全营已有党员三十余人,一、二、三连建立起士兵支部,成立了党的营委会。"①据此表述推算,营委应是习仲勋等开展兵运"一年时间"后,即1931年三四月间成立的。《习仲勋在陕甘宁边区》称:"经过半年的工作,在二营各连都建立起了党支部,党员发展到三十多人,并建立了中共营地下党委,选举习仲勋为党委书记。"②按照该说法,"经过半年"则应是1930年9月间。《红色两当》表述的时间非常明确:"1930年4月间,取得省委同意,在该营建立党委,成立了党支部。党委书记先后为李秉荣、李特生、习仲勋。"③还有许多记述采用李特生的回忆:"一九三〇年四月,党领导小组派刘书林同志(时任营部文书)到陕西省委汇报工作。刘书林同志回来传达了省委有关批准建立党组织的决定。同年五月,省委又派特派员张克勤同志来陕西邠县一营防地,传达省委关于开展兵运工作的指示,接着在一、二、三连都建立了党支部,并建立了营委,选李秉荣为第一届营委书记。"④言下之意是1930年5月或者6月初建立了营委。这些说法各异,那么党在王德修部的营委究竟是何时建立的呢? 有两条线索可以考察。一是,1945年7月11日习仲勋在西北历史座谈会的发言中说到王德修营的组织发展情况:"经过半年后,党员发展到三十多个;在二营的各连建立了支部。"⑤这个"半年",应是1930年3月下旬药王洞会议后的半年,推算应是1930年9月之后。二是,李杰夫1931年11月巡查王德修营兵运工作后的报告说:"营委自李同志回邠后才开始成立。"⑥众多回忆都说王德修营的第一任营委书记是李秉荣,据此判

---

① 《习仲勋传》编委会编:《习仲勋传》,中央文献出版社2008年版,第71页。

② 《习仲勋在陕甘宁边区》编委会编:《习仲勋在陕甘宁边区》,中国文史出版社2009年版,第30页。

③ 夏建华主编:《红色两当》,甘肃文化出版社2008年版,第4—5页。

④ 李特生:《记两当兵变》,中共甘肃省委党史资料征集研究委员会编:《甘肃党史资料》第三辑,甘肃人民出版社1986年版,第94页。引文中的陕西"邠县",现在写作"彬县"。

⑤ 《习仲勋同志在西北党历史座谈会上的发言(择录)》,中共甘肃省委党史资料征集研究委员会编:《甘肃党史资料》第三辑,甘肃人民出版社1986年版,第82页。

⑥ 《第三旅二团巡视工作报告大纲》(1931年11月),中共甘肃省委党史资料征集研究委员会编:《甘肃党史资料》第三辑,甘肃人民出版社1986年版,第73页。

断,李杰夫所说的"李同志"应是李秉荣。而其"回邠"是什么时间呢? 王德修回忆说:"1930年,杨虎城进驻西安,那时甄仕仁下命令叫我到彬县去驻防。我记得在彬县住了一月之久,杨虎城叫去甄仁仁,并将他枪杀在西安,收编西北民军为警备三旅。"①甄仕仁被杀于1930年11月6日。② 据此推断,王德修部进驻彬县的时间在1930年九十月间,李秉荣"回邠"的时间最早也应在此范围内。根据上述两个线索推断,王德修部营委组建的时间似应在1930年九十月间。也正因如此,李杰夫觉得比较晚,称之"才开始成立"。

中共王德修部营委书记,先后为李秉荣、李特生、习仲勋。

关于习仲勋接任营委书记的时间,也有多种表述。《习仲勋传》说:1931年5月,王德修营西移凤翔,"此时,不满十八岁的习仲勋继李特生任中共营委书记,挑起了领导全营党的工作的重担。"③《习仲勋在陕甘宁边区》称:1930年9月,王德修部中共营地下党委成立,"选举习仲勋为党委书记。"④有研究者写道:"从1931年初起,在酝酿、组织起义的关键时期,习仲勋担任营党委书记。"⑤实际上,习仲勋对此有清楚的表述。他在《陕甘高原革命征程——回忆陕甘边革命根据地》一文中说:"这年(1931年——引者注)冬天,部队开驻凤翔,这时我任二连特务长,党内继任营委书记。"⑥李特生的回忆与之衔接:"一九三一年部队开到凤翔,习仲勋继任营委书记。"⑦他俩互为印证的回忆,论证了习仲勋接任营委书记的时间、地点,与此相悖者,当是不正确的。

这里对王德修部1931年5月移驻凤翔之说,辨析一下,因为这涉及该部

① 《王德修回忆两当兵变》,夏建华主编:《红色两当》,甘肃文化出版社2008年版,第58页。

② 贾自新编著:《杨虎城年谱》,中国文史出版社2007年版,第145页。

③ 《习仲勋传》编委会编:《习仲勋传》中央文献出版社2008年版,第75页。

④ 《习仲勋在陕甘宁边区》编委会编:《习仲勋在陕甘宁边区》,中国文史出版社1009年版,第30页。

⑤ 黄明:《习仲勋领导两当起义的经过及意义探析》,《军事历史研究》2012年第4期。

⑥ 习仲勋:《陕甘高原革命征程——回忆陕甘边革命根据地》,中共陕西省委党史研究室、中共甘肃省委党史研究室编:《陕甘边革命根据地》,中共党史出版社1997年版,第245页。

⑦ 李特生:《记两当兵变》,中共甘肃省委党史资料征集研究委员会编:《甘肃党史资料》第三辑,甘肃人民出版社1986年版,第94—95页。

西移的原因。此说在时间上存在错误，因为 1931 年 8 月苏雨生反叛杨虎城，王德修部在杨虎城平定苏雨生过程中归属杨虎城，而其此时的驻地仍是彬县。只是到了这年冬天，因川军邓锡侯部黄隐师占领陇南几个县，杨虎城调兵攻打围堵，隶属警三旅二团的王德修部因此奉命西移凤翔。关于西移凤翔的时间，习仲勋 1945 年在西北高干会发言中说：1931 年"至冬初开驻凤翔，省委派来李杰夫巡视工作"①。而李杰夫巡视结束后给陕西省委的报告的时间是 1931 年 11 月，恰与之相符。

习仲勋接任营委书记的背景是什么呢？时任该营排长的许天洁回忆说："营党委书记一开始是李秉荣，李特生因他犯了点错误就换了。"②李秉荣担任营委书记时间不长，"一九三○年冬，李特生继任营委书记。"③但李杰夫在巡视该部后，对李特生的工作提出许多批评：营委工作没有积极地进行，"自邠州开拔到凤翔一直到现在，营委的政治领导十分不健全，犯了许多错误"，"日常斗争的领导，也是没计划地无组织地去进行……工作没有中心，当我听到营委书记报告工作后，即营委书记自己也不晓得做了些什么工作。""营委组织上的领导，是李同志一个人的领导。固然营委书记很积极，但对全营工作无全盘计划，形成事来应付的状况。"④这应该是改换李特生营委书记的原因。

这里对习仲勋接任营委书记的情况做一些分析。习仲勋的前任有李秉荣和李特生。李秉荣出生于 1908 年，比习仲勋大五岁多，大革命时期的中共党员；李特生的出生年月不详，但他 1926 年加入中国共产党，曾在咸阳、蓝田从事农运工作，判断年龄比习仲勋大。他俩和习仲勋比较，入党早，在王德修部从事兵运工作时间长，年龄也可能大。另外，其时在王德修部中，还有一些党员比习仲勋年龄大、阅历丰富，如吕剑人 1908 年出生，曾任中共华县县委书记、共青团陕西省委宣传部部长等职，此前曾在河南杨虎城军中从事兵运工

---

① 《习仲勋同志在西北党历史座谈会上的发言（择录）》，中共甘肃省委党史资料征集研究委员会编：《甘肃党史资料》，甘肃人民出版社 1986 年版，第 83 页。

② 《许天洁同志谈"两当兵变"》，中共甘肃省委党史资料征集研究委员会编：《甘肃党史资料》，甘肃人民出版社 1986 年版，第 93 页。

③ 李特生：《记两当兵变》，中共甘肃省委党史资料征集研究委员会编：《甘肃党史资料》第三辑，甘肃人民出版社 1986 年版，第 94—95 页。

④ 《第三旅二团巡视工作报告大纲》（1931 年 11 月），中共甘肃省委党史资料征集研究委员会编：《甘肃党史资料》第三辑，甘肃人民出版社 1986 年版，第 73—74 页。

作,曾任孙蔚如十七师随营步兵军官训练班的中共党支部书记,其时在王德修部当排长。许天洁,也是1908年出生,参加过1928年6月的渭华起义,其时任排长。左文辉,大习仲勋四岁,1925年参加革命,也任排长。在一般情况下,成年人在立身处世等方面,智慧、能力等因素起决定性的作用,年龄大小差几岁对此不会有多大影响,但在青少年时期,大几岁和小几岁者之间,因为涉世时间、范围和在社会历练、阅历的不同,会在认识和应对事物方面有较大的差异,初入社会和在社会上磨炼几年者,视野、应变能力等会有很大的不同。但是,在王德修部营委书记的任用上,没有选择比习仲勋年龄大、入党时间长、阅历丰富者,而选择时年18岁、步入社会刚一年多的习仲勋。如此不循常理,只能有一个解释,就是习仲勋的卓越才华,是他表现出的超越年长资深者的胆识和能力。实际上,这是对习仲勋前一段兵运工作的一个总结,是对他的党性、智慧、能力和人望的肯定,也是对他在王德修部兵运中发挥的作用的肯定。

这里需要强调两点:一是,其时正值王德修部兵运工作的关键时期,工作局面越来越大,被陕西省委列为兵运工作的重点,兵运即将进入最后收官的阶段。二是,营委书记是一个关系继续开拓其局面、争取兵运目标实现的重要岗位,是搞好该营兵运的关键环节。习仲勋是在关键时期择优用人,被推上关键岗位的。

从这个角度去审视习仲勋在王德修部兵运中的作用,可能更全面和更准确一些。

择机组织起义

兵运的目的是创造条件,在时机成熟时进行武装起义。对此,习仲勋等非常清楚,不断为此积极创造条件。李杰夫在他的考察报告中对此多有反映:"营委曾在邠州时决定兵变";到凤翔后,"准备兵变",他从"政治上的准备""党和群众组织的准备""军事技术上的准备"方面,详列了营委在凤翔所确定的各项兵变准备工作。[①] 但他们对起义之举又是非常慎重的,1931年秋冬,

---

① 《第三旅二团巡视工作报告大纲》(1931年11月),中共甘肃省委党史资料征集研究委员会编:《甘肃党史资料》第三辑,甘肃人民出版社1986年版,第75—76页。

陕西省委两次要求他们起义,习仲勋等分析时机不成熟,而没有同意。习仲勋就此回忆说:"于同年秋焦维之同志来巡视工作,曾商量举行兵暴,我们估计到力量太小,兵变后打不出去,遂作罢论。至冬初开驻凤翔,省委派来李杰夫巡视工作,又力主兵暴。我们因条件未具备,反对了这个意见,没有实行。"①

习仲勋这里说的"我们",应是指营委成员,而他的意见应在其中占主要地位。因为在焦维炽"商量举行兵暴"之前,习仲勋曾对能否在彬县起义做过分析。1931 年 6 月,苏雨生借口关押了打入其部开展兵运的刘志丹,并把刘志丹组建的"补充团"缴械,改为运输队,开往彬县。在运输队的王世泰等中共党员二十余人,对苏雨生缴枪和关押刘志丹异常气愤,拟议设法搞些武器,拉出去搞武装斗争。当王世泰把这些想法和习仲勋商议时,习仲勋分析说:"苏雨生对部队控制很严,现在搞枪十分困难,也很危险;这里是西安至兰州的主干线,交通方便,即使有了枪,部队也很难拉出去,而且不利于保存实力。"②根据习仲勋的分析,王世泰等放弃了其想法。因此当焦维炽"商量举行兵暴"之时,习仲勋提出不赞成意见,就在情理之中。而李杰夫之意,在该部西移凤翔不久,人地生疏,周围有许多杨虎城的军队,习仲勋等认为"条件未具备"而提出反对意见。这次,习仲勋作为营委书记,其意见分量应该更重。

但当形势演变到需要起义时,习仲勋等毫不犹豫地提议和决策起义。1932 年春,王德修部的兵运面临了新的情况。一是,此前,王德修营为堵击川军,进驻陕甘边界的凤县、两当地区。此时传出该营将要调防甘肃的徽县、成县。该部士兵大都是乾县、礼泉、彬县等地人,西迁凤翔后普遍存有思归家乡的情绪,并且因为待遇低劣、生活困苦而"怨气很大",此时对越走越远、进入更艰苦的山区,抵触情绪很大,吕剑人回忆说:"士兵们觉得凤县、两当已是山

① 《习仲勋同志在西北党历史座谈会上的发言(择录)》,中共甘肃省委党史资料征集研究委员会编:《甘肃党史资料》,甘肃人民出版社 1986 年版,第 83 页。习仲勋回忆中的"焦维之",正确的写法是"焦维炽"。

② 王世泰:《习仲勋在陕甘边根据地》,《习仲勋革命生涯》编辑组编:《习仲勋革命生涯》,中国文史出版社、中共党史出版社 2002 年版,第 49 页。

区,再往徽、成县走,更是山大沟深,天气更冷,纷纷议论不想往前走了。"①这种不甘忍受、抵制换防的情绪弥漫士兵之中,杜衡在中共中央的报告中形容说"士兵的情绪甚是沸腾"②。二是,统辖该营的团长曹润华"是个反动老军人"③,他一方面撤换原有连长(该营四个连长,他换了其中三个),安插亲信接任;一方面把该营主力——机枪连解散重组,原任连长李秉荣调任团部军械官的闲职,士兵分拨其他连,而另行成立了他的亲信把控的机枪连。这是一种反动压迫,且一步步进逼。如任其肆行则党组织和成员就有被破坏和瓦解的危险,会严重危及兵运工作。

有鉴于此,习仲勋为首的"营委到凤县后,即积极准备哗变"④。其时,还有一个有利于起义的条件,就是该营驻防地远离团部,周围驻军较少。于是,"营党委研究,借换防之机举行兵暴。"⑤随后派营部军需刘书林以去宝鸡采购为名,到西安请示陕西省委。陕西省委批准了他们的提议:"坚决组织革命兵变",派遣刘林圃⑥以省委特派员身份前来领导此次起义,并指示了兵变后的发展方向:"要由凤县到西路的麟游,……以麟游为根据地,开展西路灾荒区域内的游击战争,以与陕甘边境(红军游击队)汇合。"⑦

随之,习仲勋就筹划起义的具体问题。

在刘林圃来到凤县后,习仲勋主持召开营委会议。会议研究决定:(一)执行省委的兵变决定;(二)在开往徽县、经过两当县城宿营时举事;

---

① 吕剑人:《我的回忆》,陕西人民出版社1997年版,第37页。

② 《陕西代表团杜励君报告》(1932年6月2日),中共甘肃省委党史资料征集研究委员会编:《甘肃党史资料》第三辑,甘肃人民出版社1986年版,第77页。

③ 吕剑人:《我的回忆》,陕西人民出版社1997年版,第36页。

④ 《陕西代表团杜励君报告》(1932年6月2日),中共甘肃省委党史资料征集研究委员会编:《甘肃党史资料》第三辑,甘肃人民出版社1986年版,第78页。

⑤ 吕剑人:《我的回忆》,陕西人民出版社1997年版,第37页。

⑥ 刘林圃的职务有多种表述,一说为陕西省委军委秘书长,一说为陕西省委军委书记,一说为陕西省委军委秘书。据记载,1931年8月到1932年8月,陕西省委军委书记为李杰夫;而1932年10月21日"陕西省委来信"(中二号)称,刘的任职是军委秘书;此时陕西省委军委组成简单,人员很少,因此判断刘林圃的职务应是陕西省委军委秘书。

⑦ 《陕西代表团杜励君报告》(1932年6月2日),中共甘肃省委党史资料征集研究委员会编:《甘肃党史资料》第三辑,甘肃人民出版社1986年版,第78—79页。麟游是陕西省的一个县,位于宝鸡市东北部,东邻永寿、乾县,西接千阳、凤翔,南俯扶风、岐山,北依彬县及甘肃灵台县。许多著述说与刘志丹领导的陕甘红军游击队会合,但实际上不正确。

（三）由刘林圃负责摸清兵变后的行军路线。①

在起义的准备方面，习仲勋为首的营委颇费心思。比如起义地点就经过反复研究，初拟在凤县举行，后又商议到徽县后发动。但因士兵情绪激昂，"兵士都不愿到徽县去，要求途中哗变。营委即决定开到两当举行。"②起义后的行军路线是关系起义成败的关键环节，在筹划起义之初就布置主要领导人预为"摸清"。甚至一些细节如刘林圃如何隐蔽住宿以确保安全，行军中他如何与营委保持联系等，都做了布置。

1932 年 4 月 1 日，该营奉令启程开赴徽县换防，当日到达两当县城。当晚八九点钟，习仲勋又主持召开营委扩大会议，具体部署起义的行动方案：（一）推选许天洁为兵变总指挥；（二）兵变决定在午夜十二点举行；（三）各连先将反动的连长处决，排长中不是党员的下枪带上走；（四）决定由吕剑人负责一连并收缴机枪连的枪械，二连一排长高瑞岳带领全排士兵去营部解决王德修和警卫班，左文辉、张子敬带领本排战士分别把守东、西两城门；（五）各连、排完成任务后，迅速将队伍带到北门外集合。

按照营委的决定，王德修部"遂于当晚 12 点举行兵变"③。由于筹划得当，起义进行得比较顺利，除机枪连营因枪声有了戒备，未能达成解除其武装的目标外，其他三个连都顺利拉了出来。营长王德修听到枪声翻墙越城逃入山中。

随即，起义部队按照预订计划，集合北上。第二天中午，在到达两当县境最北端的太阳寺后，营委开会讨论了部队改编和任命干部以及行军路线等问

---

①　李特生：《记两当兵变》，中共甘肃省委党史资料征集研究委员会编：《甘肃党史资料》第三辑，甘肃人民出版社 1986 年版，第 96 页。

②　起义地点经过反复研究，初拟在凤县举行，后又商议到徽县后发动。但因士兵情绪激昂，"兵士都不愿到徽县去，要求途中哗变。营委即决定开到两当举行。"《陕西代表团杜励君报告》（1932 年 6 月 2 日），中共甘肃省委党史资料征集研究委员会编：《甘肃党史资料》第三辑，甘肃人民出版社 1986 年版，第 77 页。

③　习仲勋：《关于两当兵变情况的复信》（1956 年 11 月 6 日），夏建华主编：《红色两当》，甘肃文化出版社 2008 年版，第 32 页。杜衡在给中共中央的报告中也说：该部"到两当后，夜十二点钟举行（起义）"（《陕西代表团杜励君报告》（1932 年 6 月 2 日），中共甘肃省委党史资料征集研究委员会编：《甘肃党史资料》第三辑，甘肃人民出版社 1986 年版，第 80 页）。"当晚十二点"即为 1932 年 4 月 2 日零点。

题:起义部队改编为陕甘游击队第五支队,许天洁为支队长、刘林圃任政委、习仲勋任队党委书记①;任命吕剑人为一连连长,高瑞岳为二连连长,左文辉为三连副连长;各连提升了几名班长为排长。随即,刘林圃代表陕西省委给起义军讲话,宣布了上述决定。②

两当起义取得了成功(不能因为它后来的失败而否定其成功),这是党在甘肃发动的第一次武装起义,是习仲勋等艰苦兵运的结果,是起义时机选择正确、部署得当的结果。

失败原因探析

两当起义部队后来失败了。因为失败,就有论者认为此次起义是"左"倾

---

① 关于习仲勋在起义部队的任职,相关表述相异。吕剑人在 1981 年 2 月发表的《回忆两当兵变》的文章中说:起义后,"营党委开会决定了部队编制等事宜,……宣布成立陕甘游击队第五支队。许天杰同志是支队长,负责支队的军事指挥,习仲勋同志是政委。"(吕剑人:《回忆两当兵变》,中共甘肃省委党史资料征集研究委员会编:《甘肃党史资料》第三辑,甘肃人民出版社 1986 年版,第 89 页)1982 年 8 月 28 日,他和许天洁、李特生、左文辉回忆刘林圃的文章,许天洁和张子敬回忆两当起义的谈话,都称:起义后成立陕甘游击第五支队,"习仲勋为政委。"(吕剑人:《我的回忆》,陕西人民出版社 1997 年版,第 578 页;《许天洁同志谈"两当兵变"》《张子敬谈"两当兵变"情况》,中共甘肃省委党史资料征集研究委员会编:《甘肃党史资料》第三辑,甘肃人民出版社 1986 年版,第 93、99 页)根据习仲勋相关文章和谈话整理而成的《陕甘高原革命征程——回忆陕甘边革命根据地》也称:"兵暴后,队伍改编为陕甘工农游击队第五支队,支队长许天杰,我任政委。"(习仲勋:《陕甘高原革命征程——回忆陕甘边革命根据地》,中共陕西省委党史研究室、中共甘肃省委党史研究室编:《陕甘边革命根据地》,中共党史出版社 1997 年版,第 245 页)但是,习仲勋 1956 年在《关于两当兵变情况的复信》中明确说:"兵变后我任队委书记兼第二大队副,陕西省委派刘林圃同志任政治委员,推举原第二连一排长许天洁为指挥。"(习仲勋:《关于两当兵变情况的复信》(1956 年 11 月 6 日),夏建华主编:《红色两当》,甘肃文化出版社 2008 年版,第 32 页)吕剑人在 1997 年出版的回忆录中,修改了这次会议对习仲勋的任职:"会上公推选许天洁为支队长(名称为陕甘游击队第五支队),刘林圃为政委,习仲勋为支队党委书记。"(吕剑人:《我的回忆》,陕西人民出版社 1997 年版,第 38 页)2002 年出版的《习仲勋革命生涯》,也在习仲勋自述中写道:"兵变后,队伍改编为陕甘工农游击队第五支队,支队长许天杰,我任队委书记。"(习仲勋:《回忆陕甘边革命根据地》,《习仲勋革命生涯》编辑组编:《习仲勋革命生涯》,中国文史出版社、中共党史出版社 2002 年版,第 2 页)《习仲勋传》也是如此表述。

② 吕剑人:《我的回忆》,陕西人民出版社 1997 年版,第 38 页。

冒险主义的产物;因为从两当到目的地距离遥远,就质疑两当起义的时机是否适当。对此,应从三个方面考察,一是,举行起义的必要性。如前所述,当时一方面士兵群情激愤,一方面反动压迫步步逼近,时势所迫,兵运工作到了必须起义的地步。在这种形势下,如果不当机立断决策起义,任其演变下去将会是前功尽弃的结局。二是,起义的条件是成熟的,成功起义就是证明。虽然千里行军对起义军产生了很大困难,但并不是失败的原因。吕剑人回忆说:"由于在启程时,我们宣布过行军注意事项,因此一路上纪律还好。"①刚刚起义的军队千里行军中"纪律还好",是颇为难得的,它说明兵运工作扎实,发动起义的条件比较成熟。三是,不能以发生逃跑事件责难起义决策。起义后确有逃跑事件发生,吕剑人回忆说:"途中发生了几起逃跑事件。一连、三连都跑掉了几个人。"(他在回忆录中具体说:"中途有两个班长率全班人逃跑了(其中一个班长是党员)。")②但这并不能说明起义条件不成熟,因为在战争年代发生逃兵事件,是比较普遍的、带有共性的现象。实际上不论是在土地革命时期还是在解放战争时期,起义队伍大都出现过逃跑事件,甚至完全成功的起义,也存在此类现象。在二百多人的起义军中,出现二三十或更多一些人逃跑,不足以说明这次起义军存在严重问题。

其时,确是第三次"左"倾路线统治全党时期,"左"倾路线确实给革命造成重大损失,但不能笼统地把这期间的所有活动都算作"左"倾路线产物。大革命失败后,党的基本路线是武装反抗国民党反动派、进行土地革命,这个路线是正确的,各级党组织为此的奋斗是正确的,是必须肯定的。"左"倾路线的错误出在如何革命的问题上,即在贯彻党的基本路线过程中的错误,其实质是超越国情、民众接受能力和党当时的具体情况。虽然这种错误在"左"倾路线统治下曾普遍发生,但也不是所有活动都是错误的。具体到两当起义,兵运取得显著成效,时机成熟,举行起义时是正确的,并且如果再不起义就有悖兵运工作的目的了,恰是错误的。

---

① 吕剑人:《回忆两当兵变》,中共甘肃省委党史资料征集研究委员会编:《甘肃党史资料》第三辑,甘肃人民出版社 1986 年版,第 90 页。
② 吕剑人:《回忆两当兵变》,中共甘肃省委党史资料征集研究委员会编:《甘肃党史资料》第三辑,甘肃人民出版社 1986 年版,第 90 页;吕剑人:《我的回忆》,陕西人民出版社 1997 年版,第 40 页。

还有一种说法,强调士兵多是乾县、礼泉人,思乡情绪影响战斗力,导致失败。实际上此说也值得商榷,因为失败的直接原因是起义军在永寿县岳御寺陷入土匪王结子的包围,"我们的部队在子弹殆尽的情况下被击溃。"①当然士气不高也可能是失败的原因,但为什么士气不高的原因有很多,不仅是思乡情绪的问题。

综上所述,把两当起义军失败原因归结到"左"倾冒险主义和起义时机不成熟,是不准确的。

那么,起义军为什么失败?虽然造成失败的原因很多,但我认为主要是两个方面。第一,军事指挥方面的失误。首先是不谙敌情。对行军沿途的情况特别是敌情不清楚,又没有做细致的调查研究,甚至一些基本侦察活动也缺乏。这实际上是犯了兵家大忌,致使起义部队多次陷于不利的战斗状态。特别是到达乾县和永寿交界地区时,已经打听到国民党军刘文伯部驻在乾县剿大土匪王结子,但仍没有注意了解相关情况,结果茫然进入王结子的巢穴遭其围攻而失败。其次是疲劳行军。两当起义后,王德修收集残部返回凤县;驻守成县的团长曹润华因鞭长莫及,未及遣军追击起义军;杨虎城发出了通缉令,但此时忙于巩固陕、甘的统治,无力迅速调集军队围堵。但起义军采取了连续的疲惫行军,搞得部队十分疲劳。吕剑人回忆说:"只要说一声休息,马上躺倒就睡着了。在夜间行军时,有的战士走着路都睡着了。"②如此一来,严重影响了士兵体力、士气和战斗力。如果在途中寻机休整一下,可能部队情况会不一样。三是,打仗太多。起义军的目标是明确的,即到麟游地区开展游击战争,与陕甘游击队相配合。但沿途采取了遇敌就打的做法,只是在打不过去的情况下才绕道行进,结果一路和土顽、民团打了许多仗,"作战十余次",而且基本都是消耗战,"一路上接连不断地打仗,子弹也差不多打完了。"③这样的消耗战,非常不利,它实际上不仅是弹药的消耗,而且还有体力消耗,甚至也严重消耗士气。结果在关键性战斗中,"子弹殆尽"而被土匪打败。如果有些仗

---

① 吕剑人:《我的回忆》,陕西人民出版社 1997 年版,第 39 页。

② 吕剑人:《回忆两当兵变》,中共甘肃省委党史资料征集研究委员会编:《甘肃党史资料》第三辑,甘肃人民出版社 1986 年版,第 90 页。

③ 吕剑人:《回忆两当兵变》,中共甘肃省委党史资料征集研究委员会编:《甘肃党史资料》第三辑,甘肃人民出版社 1986 年版,第 90 页。

在开始时就避免打,如果遇敌后选择适当的绕道行军,就会减少许多消耗,可能在最后关键性的作战中情况就会好很多。

第二,陕西省委没有很好配合。此时陕西省委的领导很弱,对于兵运、起义等只是发出指示或催促行动,而没有具体而得力的配合措施。具体到两当起义,他们所做的只是批准了起义建议,派出刘林圃前去领导,其他如组织各种力量配合起义军的东向行军和到达麟游后给予帮助等,都没有做。虽然起义军也可以争取群众和各方面力量的工作,但该军刚刚组建,又在行军过程中,所以在很短时间里很难取得成效,而相对拥有较多资源的省委要容易做和做得好一些。但陕西省委根本没有这方面的部署,结果起义军东向麟游途中和到达麟游后,困难重重,"走到一处,连鸡狗都跑光了,使得没有依靠,陷于孤立。"[1]因此而大伤士气和战斗力。

这里,需要做一点辨析。许多著述都说:陕西省委在批准两当起义时,部署刘志丹领导的陕甘红军游击队配合;在起义军行至乾县时,刘志丹率领陕甘游击队进抵礼泉、乾县准备接应。由于没有查阅到陕西省委要求陕甘游击队配合的指示,所以无法确定是否有这样的指示,但上述说法不准确却是肯定的。一是,陕甘红军游击队此期间并没有到礼泉、乾县活动。陕甘红军游击队成立于1932年2月12日,2月13日,攻占旬邑职田镇,17日阳坡头战斗。21日向南运动,先后在耀县进行庙湾、照金战斗,然后进入宜君、黄陵。3月中旬,回师陇东,3月19日进攻正宁县山河镇,失利;3月下旬,在甘肃正宁县寺村塬(亦称南塬,包括寺村塬、湫头塬、五顷塬、三嘉塬、宁县盘克塬一部等村镇),发动农民开展土地革命。4月3日(即两当起义的第二天),在新庄子召开寺村塬一带72个村镇农民代表大会,成立了寺村塬革命委员会。4月13日,发起了第二次攻打山河城的战斗,再次失利仍退回寺村塬一带休整。4月20日,陕甘红军游击队南下奇袭旬邑县城获胜。而这时,两当起义军已经失败。[2] 陕甘红军游击队活动的日程说明,他们没有在这个时间段南下礼泉、乾县一带。二是,这个说法有一个明显错误,其时陕甘红军游击队总指挥是谢子

---

① 《习仲勋同志在西北党历史座谈会上的发言(择录)》,中共甘肃省委党史资料征集研究委员会编:《甘肃党史资料》,甘肃人民出版社1986年版,第84页。

② 根据李特生、吕剑人等的回忆和两当到陕西省永寿县岳御寺的行军路程,推算起义军大约在4月中旬前期失败。

长,而不是刘志丹。刘志丹在 1932 年 2 月 6 日"三嘉塬事件"后离去,于 4 月 22 日和杜衡返回陕甘游击队。所以如果说有陕甘游击队接应的话,也应是谢子长率领,对此来自省军委的刘林圃应当清楚,所谓起义军由刘志丹领导的陕甘游击队接应或与之会合,是不合当时事实的。三是,5 月间刘志丹南下永寿、礼泉一带是执行陕西省委 3 月间的指示。4 月下旬杜衡到达陕甘游击队后,传达陕西省委指示,指责"红军游击队目前在政治上犯了许多严重的错误,执行了右倾机会主义的路线。"①撤销了谢子长总指挥的职务,把游击队改编成三、五两个支队,指令刘志丹、阎红彦分别率领到陕西西部的永寿、礼泉和三原县的武字区一带活动。杜衡此令,根据是陕西省委在 1932 年 3 月 6 日要求陕甘游击队"坚决执行省委的指示,毫不迟疑地向三原、富平、耀县以至到西路去游击"的决定。② 据此,刘志丹在 5 月间率领三支队到永寿、礼泉一带开展游击战争。

由于没有各方面的配合,两当起义军只能孤军行进,而这对刚刚起义的队伍产生了严重的不良影响。如前所述,起义军原先决定到麟游打游击,但当一路历尽艰辛到麟游后,由于没有接应,仍不能休息,于是出现较大意见分歧,"有部分同志发生动摇,企图依存别人,休息整顿,主张投刘文伯部。"另外一部分同志反对此议,"主张向亭口方向移动,与陕甘游击队取得配合,如果联系不成就到武字区去与农民配合活动。"③最后确定后一个意见,但措施却是一个折中的方案:由习仲勋、左文辉先去长武县亭口镇找关系,准备渡泾河的船只,以便北上与陕甘游击队会合;由刘林圃、吕剑人去和刘文伯谈判,佯装接受改编,为做好渡河准备争取时间。为此,起义军的主要领导人和重要骨干离开部队,对于这时处于困难状态的起义军来说,影响很大,特别是对接踵而来的战斗而言,其在决策、士气、战斗行动等方面无疑产生了很大的影响。

---

① 《中共陕西省委关于红军陕甘游击队的决议》(1932 年 3 月 6 日),熊美杰等主编,中共陕西省委党史研究室、中共甘肃省委党史研究室编:《陕甘边革命根据地》,中共党史出版社 1997 年版,第 35 页。

② 《中共陕西省委关于红军陕甘游击队的决议》(1932 年 3 月 6 日),熊美杰等主编,中共陕西省委党史研究室、中共甘肃省委党史研究室编:《陕甘边革命根据地》,中共党史出版社 1997 年版,第 38 页。

③ 《习仲勋同志在西北党历史座谈会上的发言(择录)》,中共甘肃省委党史资料征集研究委员会编:《甘肃党史资料》,甘肃人民出版社 1986 年版,第 83—84 页。

两当起义对习仲勋的影响

习仲勋后来评论说:"两当兵暴是一次具有重要的政治、军事意义的革命暴动。"①他这是就其性质和革命意义而言的,实际上两当起义也是习仲勋革命生涯的重要实践。长时期的兵运工作和起义的筹备、发动到辗转行军及其最后失败的历程,在他思想认识上留下深刻的痕迹,对他的成长、后来的革命实践产生重要的影响。这里择要简述如下几点:

第一,习仲勋实现了革命生涯的重大跨越。习仲勋曾评论说:两当起义之前,"我们进行了一段比较完整的兵运工作,其方针是比较正确的。"②而他本人恰是这个部队"一段比较完整的兵运工作"的参与者、组织者和领导者,在其中发挥了极其重要的作用。特别是,提出"比较正确"的兵运方针,并付诸实施执行之(非常重要的环节),既是对党性、能力、智慧的考验,也是对党性、能力、智慧的提升。尤其是能够在一支三易隶属关系的"杂牌军"的复杂环境中,取得兵运成功,就意味着更多的心血付出、非常艰辛的应对和复杂的历练。但付出多、历练多,从中得到的教益也就越多,也就更锤炼人、促人成长。习仲勋就是这样的情况,他在这个过程中变化之大,已为两当起义和后来的历史所证明。习仲勋还就两当起义指出:"兵暴失败的教训也是沉痛的。"③他经历了两当起义失败的过程,深为几年的努力和心血付之东流而悲痛。教训也是财富,这是对智者而言的。作为智者,习仲勋为此进行了反复的思考,不断努力从中汲取财富。他后来的革命实践证明了这一点。

概括地说,两当起义前后的两年多的革命实践,是习仲勋革命生涯的重要起步阶段,他度过了由 16 岁到 18 岁,即从少年走向青年的重要时期,他的活动从以前的半径几十里的范围发展到远飚千里的革命闯荡,由一个农村青少年、学生迅速成长为在复杂环境中开展艰苦斗争、能够理性思考、创造崭新革

---

① 《习仲勋传》编委会编:《习仲勋传》,中央文献出版社 2008 年版,第 87 页。

② 习仲勋:《陕甘高原革命征程——回忆陕甘边革命根据地》,中共陕西省委党史研究室、中共甘肃省委党史研究室编:《陕甘边革命根据地》,中共党史出版社 1997 年版,第 245 页。

③ 《习仲勋传》编委会编:《习仲勋传》,中央文献出版社 2008 年版,第 87 页。

命局面的干练干部。这是习仲勋革命征途的重大进步,并深刻地影响了他后来的革命活动。

第二,深刻感悟了武装革命的基本问题——建立农村根据地的重要性。习仲勋在总结起义失败教训时说:"兵变不与农民结合创造根据地进行游击战争,也很难胜利。"他还说:两当起义后,"我们当时没有懂得这一条"①,但他很快就有了明确的认识。同年7月,他见到刘志丹,刘志丹的一番话使他恍然大悟,他回忆说:我当时因为两当兵变失败,心情很沉重,也不知说什么好。志丹同志很理解我的心情,"他说:'几年来,陕甘地区先后举行过大大小小七十多次兵变,都失败了。最根本的原因,就是军事运动没有同农民运动结合起来,没有建立起革命根据地。如果我们像毛泽东同志那样,以井冈山为依托,搞武装割据,建立根据地,逐步发展扩大游击区,即使严重局面到来,我们也有站脚的地方和回旋的余地。现在最根本的一条,是要有根据地。'志丹的谈话,给了我们很大的启发,也给我们指明了今后革命的道路。"②刘志丹的话是经验之谈,而能够在习仲勋思想上产生强烈共鸣,他说得到"很大的启发"、明确了"今后革命的道路",这应与他的两当起义中的经历有关。两当起义军北上东向过程中,一路且战且走,受饥挨饿,历尽艰辛,到麟游后仍不能休息及其遭受失败的事实,习仲勋感受很深。这种亲身经历的真实感受,使他对刘志丹话的领悟也就更深刻、更灵敏、更认同。这种思想认识的升华,对他后来的革命实践产生了重大作用。在陕甘边斗争过程中,习仲勋主要担负根据地和建设的工作,成绩斐然,这虽然是多种因素的作用,但包括两当起义在内的兵运的教训无疑是其中的一个重要因素。1945年,习仲勋在回顾陕甘边斗争历史时,就明确说明了这些兵运经验教训对根据地工作的影响:"这些斗争虽然都失败了,却使我们领悟到军事运动不同农民运动和建立根据地结合起来,我们就难以存在和坚持下去。我们开始把开展游击战争与三分(地、粮、财物)、五抗(税、租、债、粮、款)结合起来,把建立革命武装同开创根据地和建立红色政

---

① 《习仲勋同志在西北党历史座谈会上的发言(择录)》,中共甘肃省委党史资料征集研究委员会编:《甘肃党史资料》,甘肃人民出版社1986年版,第84页。

② 习仲勋:《群众领袖民族英雄——回忆刘志丹同志》,聂荣臻等:《星火燎原》(10),解放军出版社1980年版,第73页。

权结合起来。"①而照之实行,则创造了根据地建设的崭新局面。

第三,发动群众的方法启示。兵运过程就是争取士兵的过程,实际上也是发动群众的过程,因为士兵就是穿上军装的农民。但是,发动群众、争取群众是一个艰苦工作的过程,习仲勋对此深有感触:"那时,兵运工作是艰苦的。"②为此,初入社会的习仲勋学习、借鉴、研究,深入士兵中,与士兵建立密切的个人关系,进行革命宣传,启发士兵觉悟,培养兵运骨干,很快打开了兵运局面,并大获成功。这些实践,开启了他的群众工作之门,成为他开展工作的基本经验和主要方法。后来,习仲勋继续运用并发扬光大这些方法。在创建照金苏维埃政权过程中,习仲勋"一村一村地做调查研究,一家一户地做群众工作,相继组织起农会、贫农团、赤卫队和游击队,同时发动群众进行分粮斗争","实行分土地、分粮食、分牛羊、戒烟、戒赌、放足等政策"③。在南梁,仍是如此,"挨家挨户地做宣传工作,发动群众配合游击队去分牛羊。这样提高了群众的觉悟,发展了二将川、白马庙川、南梁堡、豹子川、平定川、义正川、吴堡川等地的群众组织。"④由此他成为"搞地方工作的典范"⑤。也正因如此,李维汉1937年在考察关中特区时就认为习仲勋是"许多群众真正爱戴的领袖"⑥,延安时期毛泽东赞誉习仲勋为"从群众中走出来的群众领袖"⑦。

第四,培养了基本军事技能。这是习仲勋兵运工作和组织两当起义得到

---

① 习仲勋:《陕甘高原革命征程——回忆陕甘边革命根据地》,中共陕西省委党史研究室、中共甘肃省委党史研究室编:《陕甘边革命根据地》,中共党史出版社1997年版,第262页。

② 习仲勋:《关于两当兵变情况的复信》(1956年11月6日),夏建华主编:《红色两当》,甘肃文化出版社2008年版,第32页。

③ 习仲勋:《群众领袖民族英雄——回忆刘志丹同志》,聂荣臻等:《星火燎原》(10),解放军出版社1980年版,第73页。

④ 习仲勋:《陕甘高原革命征程——回忆陕甘边革命根据地》,中共陕西省委党史研究室、中共甘肃省委党史研究室编:《陕甘边革命根据地》,中共党史出版社1997年版,第256页。

⑤ 王世泰:《习仲勋在陕甘边根据地》,《习仲勋革命生涯》编辑组编:《习仲勋革命生涯》,中国文史出版社、中共党史出版社2002年版,第55页。

⑥ 罗迈:《关中工作的一些总结》,《党的工作》第30期(1937年4月4日),转引自《习仲勋传》编委会编:《习仲勋传》,中央文献出版社2008年版,第257页。

⑦ 《习仲勋在陕甘宁边区》编委会编:《习仲勋在陕甘宁边区》,中国文史出版社2009年版,第391页。

的副产品,但仍非常有意义。在艰苦、激烈的中国革命过程中,军事斗争是第一位和决定性的,军事技能和常识是每一个革命者开展工作的基本条件和基本要素,其重要性是不言而喻的。

简论王明的"国际背景"

内容提要：王明具有国际背景，几乎人尽皆知，但目前学术界对王明的国际背景，存在着互相矛盾的说法。一种观点认为，王明是斯大林和共产国际的"红人"，深得信任，因此对中国共产党的影响很大，毛泽东与中央许多领导人对此颇有忌讳；另一种说法则是，共产国际领导人对王明很有看法，有许多批评。实际上共产国际对王明的基本态度是既可信任又认为不堪重任。他在共产国际的任职与中国共产党在共产国际的地位密切相关，他在斯大林那里并不很"红"。许多论者把王明上台归结为米夫的作用，把王明的被赏识归结于其在莫斯科中山大学的经历，这都嫌简单。王明之所以引起共产国际的重视，关键点是其在"立三路线"时期的表现。而任用中共中央领导人曾是共产国际的一贯做法，是符合共产国际组织原则的，是特殊历史条件的产物。

王明具有国际背景，几乎人尽皆知。但关于王明的国际背景，目前的材料中存在着互相矛盾的说法。一种观点认为，王明是斯大林和共产国际的"红人"，深得信任，因此对中国共产党的影响很大，毛泽东与中央许多领导人对此颇有忌讳；另一种说法则是，共产国际领导人对王明很有看法，有许多批评，1941年10月中央书记处工作会议上任弼时、王稼祥关于共产国际的批评，是打退王明向毛泽东挑战的决定性因素。另外，王明一直炫耀自己的国际背景，凭此心有所恃，与毛泽东的正确领导相抗衡。那么，王明与斯大林、共产国际的关系究竟如何？他在他们那里有多大的影响力？斯大林、共产国际是如何看待王明的？应该如何评价王明与斯大林和共产国际的关系？这是正确认识斯大林、共产国际和中国共产党、中国革命的一个重要问题，也是一个尚待探讨和值得深入研究的问题。

笔者依据新近出版的有关苏联和共产国际的档案及有关资料,就此探讨,设想大体上澄清该问题。

一

1931 年 1 月 7 日,在中共六届四中全会上,原为一般干部并受过多次处分的王明一跃进入中共中央,成为中央委员和中央政治局委员(一说随后又补为中央政治局常委),开始了王明路线统治全党的时期。

许多论著把王明的跃升归结为米夫的赏识,说王明在莫斯科中山大学学习期间,与时任莫斯科中山大学副校长的米夫建立了密切的关系,成为米夫的亲信,在米夫的全力支持甚至一手策划和操纵下,王明得以平步青云,进入党的领导核心。这似嫌简单。因为王明上台时,米夫仅只是共产国际一个派出机构——远东局的负责人,而撤换、任命一个国家共产党的领导人是一件大事,两者之间事权悬殊;并且,共产国际有一套十分严密的决策体系和组织程序,一些决策包括任命领导人员需要经过许多层次和环节,甚至如王明、康生出任中共驻共产国际执委会代表,都是经过共产国际执委会政治书记处政治委员会研究决定的。所以像更换中共中央领导人之类的重大事项,绝非如米夫这样一个派出机构领导人所能决定的。事实上,王明上台是共产国际许多领导人的意见。因此,从现象上说,王明上台有米夫大量活动的影子,但根本之点不在米夫。说米夫安排或任命王明进入中共中央领导核心,担任中国这样一个大国党的领导人,颇不周全。

另外,虽然王明在莫斯科中山大学成绩突出,既迅速、熟练地掌握了俄语,又把马列主义理论背得滚瓜烂熟;同时积极靠拢学校组织,服从领导,活跃于学校的各个方面,在米夫等学校领导和老师眼里是"好学生";虽然在米夫的安排下,王明参加了中共六大和米夫出使中国时的翻译工作,给共产国际一些领导人留下了影响,但是,这样一些"好学生"的影响和平常性工作的经历,只是为王明后来的活动(如他与米夫的经常性的联系,互通信息)和上台打下一定的基础,并不足以使共产国际领导人把他推上中共中央的高位。一个明显的事实是,王明 1929 年春回国后,并没有担任党内的重要职务,而是先后在中共沪西区委做宣传工作、在全国总工会宣传部主办的《劳动》三日刊当编辑等。他与米夫的关系、他此前活动留下的影响没有显示作用,起码可以说并没有引起共产国际对他使用情况的干预。

毫无疑问,王明上台具有明显的共产国际的背景,而这种国际背景作用的凸显,与李立三"左"倾冒险错误的出现与克服的历史紧密地联系在一起。

1930 年 6 月开始的李立三的"左"倾冒险错误,严重地损害了中国革命,同时严重地冒犯了共产国际。他违抗共产国际的领导,挑战共产国际的权威,主张挑起国际战争并把苏联卷入战争。这引发共产国际对李立三的极大不满,因此提升了对李立三错误的性质,说"立三同志底路线,这就是反国际的政治路线。""立三路线"的实质是"反马克思主义的、反列宁主义的","立三同志,用自己的路线去和国际执委的政治路线互相对立"①。

瞿秋白、周恩来衔命回国纠正李立三的错误。但他们根据 7 月 23 日共产国际政治书记处会议通过的《关于中国问题议决案》,对李立三错误的定性和处理都比较平和,仍保留了李立三的中央委员和政治局委员,并三次"请求共产国际执委会允许李立三同志不去莫斯科"(共产国际指示李立三尽快到莫斯科来)②,这同样引起共产国际执委会的非常不满。12 月 12 日至 15 日,在共产国际执委会主席团召开的扩大会议上,"党的所有负责同志和代表都严厉批评了李(立三)的错误和(中共中央)三中全会。"③于是,决定改组中共中央。12 月 18 日共产国际执委会政治书记处政治委员会致电共产国际远东局,指示召开中央六届四中全会,其中一个重要任务就是"修改和批判三中全会的决议,制止斯特拉霍夫(指瞿秋白)的两面派行为和消除宗派主义";"应该取消三中全会进行的把李立三的支持者拉进中央的补选,鉴于斯特拉霍夫

① 中共中央党史研究室第一研究部编:《共产国际、联共(布)与中国革命档案资料丛书第 12 辑:共产国际、联共(布)与中国革命文献资料选辑(1927—1931)》下,中央文献出版社 2002 年版,第 361 页。

② 中共中央党史研究室第一研究部编:《共产国际、联共(布)与中国革命档案资料丛书第 9 辑:联共(布)、共产国际与中国苏维埃运动(1927—1931)》,中央文献出版社 2002 年版,第 335 页。

③ 中共中央党史研究室第一研究部编:《共产国际、联共(布)与中国革命档案资料丛书第 10 辑:联共(布)、共产国际与中国苏维埃运动(1927—1931)》,中央文献出版社 2002 年版,第 26 页。

的调和主义和两面派行为,应该把他赶出政治局";"用新的力量补充中央委员会"①。

这种对中共六届三中全会前后的原有主要领导人的否定,为王明上台提供了客观条件。而王明之所以被看作"补充中央委员会"的"新的力量",主要因为他在"立三路线"时期的表现。这个时期,王明有一系列给米夫的告状信,把他与向忠发、李立三等中央领导人的分歧、矛盾和互相之间的冲突,他对共产国际的忠诚,告诉给了共产国际领导人,使之在共产国际加分很多。所谓王明的国际背景由此建立,其原与米夫的密切关系的作用因此凸显出来。

许多论著都认为王明与向忠发、李立三等的公开冲突是在 7 月 9 日讨论贯彻 6 月 11 日中共中央决议的政治讨论会上②,但实际比这要早。

1930 年 6 月 26 日,王明在给米夫的信中,诉说他的遭遇:"我今天收到一张奇怪的条子,其中说(我逐字逐句照抄如下):'在你的几次发言时老板(向忠发或李立三——引者注)指出了你的严重的政治错误和组织错误,要求不仅作出口头声明,而且作出书面声明,但你既没有以口头形式也没有以书面形式明确而肯定地承认你在政治上是右倾分子,组织上是派别活动分子。这意味着你对老板批评的错误承认得很不诚恳,相反,你以手法掩盖自己的错误。老板近来收到报告说,你给巴黎(莫斯科——引者注)写了信,其中说老板在政治上和理论上都不行,通知马克松、博格涅尔、康穆松(分别为何子述、秦邦宪、王稼祥——引者注)不久回国。这非常清楚地证明了你的派别活动。老板为了更清楚地了解事实的内容,要求你在三天内就此问题作出解释。非常重要!"③"现在我和所谓的派别(马克松、博格涅尔、康穆松)时时刻刻都有被永远赶出公司的危险!当然我是首当其冲,因为我在许多问题上不同意老板的看法已非今日始。"王明祈求米夫说:"我敬爱的!如您所知,虽然我还年

---

① 中共中央党史研究室第一研究部编:《共产国际、联共(布)与中国革命档案资料丛书第 9 辑:联共(布)、共产国际与中国苏维埃运动(1927—1931)》,中央文献出版社 2002 年版,第 543 页。

② 周国全、郭德宏:《王明传》,安徽人民出版社 2003 年版,第 57 页;曹仲彬、戴茂林:《王明传》,吉林文史出版社 1991 年版,第 166 页;李思慎:《李立三红色传奇》上卷,中国工人出版社 2004 年版,第 384 页。

③ 王明在此有附言:"我公开承认我给您写过两封信,第一封是我在上海时写的,第二封写的时间记不清了。但两封信总的内容都是个人问候,没有谈什么重要事情。"

轻,但我在同反伊卡路线(共产国际路线——引者注)的种种错误倾向作坚决斗争时过去和现在都非常非常不喜欢痛哭流涕。但这一次,尤其是现在我给您写上述一切时,我不能不失声痛哭,因为问题是迟早会弄清楚的(我坚信这一点,毫不动摇),但不知道究竟到什么时候才会真正弄清楚。我在哪里?!或许我已经不在自己心爱的公司里了!!! 唉!'怎么办'? 我敬爱的! 心如刀割,(泪水)不断! 这并不意味着我在斗争中不勇敢,而是意味着我也许不久将因完全莫须有的罪名(在政治和组织问题上)被开除出与我生死攸关的公司(指党组织——引者注)。"他同时对米夫写道:"中央办事处(中共中央——引者注)不从组织上和政治上认真改组,生意即使现在也决不能取得彻底胜利的发展。"①

之后,在7月22日、7月24日、8月1日、8月6日、8月31日、10月17日、10月23日,王明主要以自己名义、个别时联合别人连续给米夫写信②,状告李立三等。内容大致包括六个方面:

一是控告李立三等的错误。说:"公司(党)目前的状况十分严重,因为部分公司老板右肩(右倾)确实犯病了。""老板的这些胡作非为,都是由于他右脑有病。"说李立三等"不仅完全否定中国贸易(革命)在世界市场(世界资本主义)破产前胜利发展的可能性,而且几乎公开否定 C.C.(苏联)在第三时期存在的可能性。此外,他完全不理解第三时期和不平衡规律(他的病根正是在这里)"。说中国党内"反巴黎(共产国际)的气氛传播得很广。现在不仅在政治上已明显地暴露出反巴黎的路线,而在组织问题上也完全不按照巴黎的方式行事。对伊万(王明)等人的攻击是同对届珀(米夫)同志以及一般巴黎人,特别是最高领导机构(共产国际执委会)的攻击密切联系在一起的"。"一些地方和一些部门的老板患'左'倾病,而另一些地方和部门的老板则患右倾病,有时有的地方既患'左'倾病,又患右倾病。谁也没有权力批评他们。制

---

① 中共中央党史研究室第一研究部编:《共产国际、联共(布)与中国革命档案资料丛书第9辑:联共(布)、共产国际与中国苏维埃运动(1927—1931)》,中央文献出版社2002年版,第209—211页。

② 详见中共中央党史研究室第一研究部编:《共产国际、联共(布)与中国革命档案资料丛书第9辑:联共(布)、共产国际与中国苏维埃运动(1927—1931)》,中央文献出版社2002年版,第223—224、226—228、252—253、269—270、342—343、378—381、438—439页。以下告状引文不注者皆出自这些信。

度几乎达到了恐怖的程度(请原谅我这样说)。理论和实践不少是建立在国民党作风和陈独秀主义的残余基础之上的。"

二是介绍他们与李立三等斗争的情况。"我们痛心地向你报告我们的不幸。我们近来在关于国内企业与国外企业的关系问题上同我们公司的老板意见不合。"说他在一次会议上就中国的"所有主要问题发了言",如世界革命与中国革命关系问题,对目前形势的评估,富农问题、湖北省委的问题等。并"具体说他几次亲自与李(立三)和向(忠发)谈了话,但他们也如同以往那样一句也听不进去。"说向忠发等指斥王明等政治上是右倾分子、组织上是宗派分子,"我和其他人都抗议这类指控,坚决捍卫自己正确的政治观点。"

三是诉说李立三等对他们的迫害。"老板们与我们和从法国(苏联)来的人为敌,极少数人除外。他们认为我们是异己分子,认为我们与巴黎中央办事处(共产国际执委会)有联系,因此他们甚至不愿和我们交谈。老板们已经把这些'异己分子'从公司的重要工作职位上撤了下来,并威胁要把我们赶出公司。"说向忠发和项英召见王明等四人,"直截了当地提出了问题:'要么你们承认错误,无疑要同意李(立三)的看法,要么你们离开公司?!'……老板很不满意。他要求我们写出书面声明,他过去和现在在每次会上都发动反对所谓'四人'的全面运动。"并且说:"情况十分严重。现在我和其他人只做翻译和技术(工作),此外,每日每时都有被赶出我们公司的危险。"说李立三"根据这些编造出来的话来指责伊万(王明)和别的人犯了机会主义,等等"。"对伊万等'巴黎人'的进攻一天比一天加强。形势太严重了。"在8月6日的信中,诉说他们被处分:"伊万开除(出党)六个月,给马克松、博格涅尔和康穆松最严重警告。解除我们的一切工作。"

四是请求共产国际干预。"老板的这些胡作非为,都是由于他右脑有病。这种病需要好好治疗,而在贫困的中国很难进行这种治疗。""在我看来,巴黎公司(共产国际)的决议完全正确地考虑和估计了中国市场的行情(革命运动的当前时局),并为开展贸易(革命)作出了完全正确的指示。"要求罢免李立三等。"如果继续由李(立三)领导,如果不发来更好的商品,公司绝不可能健全起来。""我希望巴黎公司尽快采取果断措施,不仅在政治问题上,而且必须在组织问题上整顿和健全公司的局面,因为这样做比让斗争发展到极点对公司更有利。我请求并希望巴黎公司能寄来这样一封详细的信,在信中指出一切基本问题,从经济问题开始到转变问题为止,特别是关于对时局和策略路线的评价问题。"

五是表示他们与李立三等斗争的决心。"我和其他人决定与右倾机会主义者作殊死斗争。虽然我们暂时很艰难,要作出自我牺牲,但我们仍把此事看作是自己的义务。""斗争日益激烈。伊万等人不仅仍面临着被开除而且还面临着对其采取其他措施的威胁。可是有什么办法呢?个人并不太重要,就让个人的命运和生命在这种斗争中牺牲吧。但事业是千百万人的。生命是短暂的,事业是永恒的!"

六是报告中国党内反对李立三等的情况。王明在信中写道:"在公司目前状况下,所有基层都不满,领导路线已破产,如果我和其他人公开宣传我们与老板的不同看法,分裂是完全有可能的。""一方面,一些事实已经完全证明了路线的破产,另一方面,基层组织和一部分干部的愤怒情绪太明显了。""可能在公司内部很快就会爆发严重的斗争。""工作人员和职员的愤怒情绪很强烈。"干部和基层(党组织)都急切地等着了解(共产国际执委会)这些信的内容,因为这些信能对他们现在和将来的贸易(革命运动)作出明确的答复和正确的指示。

王明的这些告状,产生了作用。共产国际执委会东方书记处曾在上递陈原道给米夫信的附言中称赞道:"该信描述了'那些捍卫共产国际执委会路线不惜被开除出党的同志'同中共领导进行的斗争。"①在李立三出现"左"倾冒险错误并抗拒共产国际指示的时刻,王明与之斗争,并且愈压愈奋,给人产生的感觉:一是他具体很强的政治判断力,在中央领导出现错误、情势混乱的情况下能够把握政治方向;二是表现了他对共产国际的忠诚:尊重国际、信任国际、保卫国际;三是表现了他敢于与违反共产国际决议的现象进行坚决斗争的精神。

应该说,王明的告状加强了王明在共产国际领导人心目中的分量,被视为"反立三路线英雄",因此使共产国际产生了重用王明的决定。1930 年 12 月 3 日,共产国际执行委员会政治书记处政治委员会决定:"责成远东局关照一

---

① 中共中央党史研究室第一研究部编:《共产国际、联共(布)与中国革命档案资料丛书第 9 辑:联共(布)、共产国际与中国苏维埃运动(1927—1931)》,中央文献出版社 2002 年版,第 464 页。

下,使现在离开这里前往中国的两位同志(指张国焘和蔡和森)和已在中国的(国际)列宁学校以前的学员能够真正参加党的工作。"①张国焘和蔡和森是中共中央政治局委员,"列宁学校以前的学员"当指王明等,让王明等和张国焘、蔡和森一样"真正参加党的工作",意图所指十分清楚。12月12—15日共产国际执委主席团扩大会议上,共产国际领导人的发言,更清楚地透露了重用王明的意向。库秋莫夫说,现在我还有一封信,是中国一个同志寄来的,他在这里很久,是从这里派到中国去工作的。他为着国际路线而斗争,却被称为取消派、反革命的奸细,因此留党察看三个月到六个月。这里同志起来说话防止党去犯错误,却对他实行摧残——这是不能容许的事情。皮亚特尼茨基说:"在苏联有许多学校有好几百中国同志在那里学习,他们之中有很好的同志知道列宁主义布尔什维克的理论和实际。他们回去了,但是不能够做领导工作,现在明白了,因为有一种小团体利益妨碍他们加入领导机关。费了很多力量和钱才能够把他们派回中国去,然而秋白或者立三不要他们做党的工作,我以为这是无论如何也不能够允许的。"②12月18日共产国际执委会政治书记处政治委员会又指示共产国际远东局:否定三中全会后的中央,"用新的力量补充中央委员会,达到新老干部团结并坚决消除他们之间发生冲突的可能性。"③正是根据共产国际重用王明的决策,经过米夫的贯彻,在中共六届四中全会把王明突击提拔到了中共中央。

二

　　1931年4月,中共中央负责情报保卫工作的顾顺章被捕叛变,6月,中共

---

　　①　中共中央党史研究室第一研究部编:《共产国际、联共(布)与中国革命档案资料丛书第9辑:联共(布)、共产国际与中国苏维埃运动(1927—1931)》,中央文献出版社2002年版,第512页。

　　②　中共中央党史研究室第一研究部编:《共产国际、联共(布)与中国革命档案资料丛书第12辑:共产国际、联共(布)与中国革命文献资料选辑(1927—1931)》下,中央文献出版社2002年版,第398—399、430页。

　　③　中共中央党史研究室第一研究部编:《共产国际、联共(布)与中国革命档案资料丛书第9辑:联共(布)、共产国际与中国苏维埃运动(1927—1931)》,中央文献出版社2002年版,第543页。

中央总书记向忠发被捕叛变,党在上海进行地下工作的体系遭受严重破坏,白色恐怖严重,周恩来、王明等被国民党悬赏捉拿,情形险恶。于是共产国际指示王明去莫斯科。11月7日,王明抵达莫斯科。11月10日,时任共产国际东方地区书记处副主任的米夫建议王明担任中共中央驻共产国际代表。但13日共产国际执行委员会政治书记处政治委员会决定"暂时任命王明同志为(共产国际执委会)政治书记处成员"。从职位和权限看,共产国际执委会政治书记处成员与中共中央驻共产国际代表是有区别的,但联系1933年7月27日共产国际执委会政治书记处政治委员会"同意中共中央关于王明同志回国的建议""批准康生同志作为代表,允许他参加政治书记处和主席团会议"的规定看①,两者之间有区别但似乎区别又不大。王明就任共产国际执委会政治书记处成员,是否就是一般著述中所称的中共中央驻共产国际代表(一说代表团长)?或者后来什么时间又被任命为中共中央驻共产国际代表,这有待考察。

应该指出的是,此时无论共产国际还是中共中央,都没有打算让王明长期待在莫斯科。11月13日共产国际执行委员会政治书记处政治委员会任命王明时用了"暂时"一词,并说这个任命"最终决定必须征询中共中央的意见"(尚未查到中共中央的答复)。1932年3月4日,中共中央致电共产国际执委会:"我们希望,伊万诺夫(王明——注)立即回来担任领导工作。"1932年10月3日共产国际执委会东方书记处明确告诉中共中央说"王明很快返回",12月21日又说"中共中央五中全会只应在王明到来后召开,他应是这次全会上的主要报告人之一"。1933年7月27日,共产国际执委会政治书记处政治委员会"同意中共中央关于王明同志回国的建议"②。可见,最初并无王明长驻莫斯科的安排,只是后来王明没有成行,长驻共产国际了。

从1931年11月到1937年11月,王明在共产国际整整有六年时间。总

---

①　中共中央党史研究室第一研究部编:《共产国际、联共(布)与中国革命档案资料丛书第13辑:联共(布)、共产国际与中国苏维埃运动(1931—1937)》,中共党史出版社2007年版,第66、457页。

②　中共中央党史研究室第一研究部编:《共产国际、联共(布)与中国革命档案资料丛书第13辑:联共(布)、共产国际与中国苏维埃运动(1931—1937)》,中共党史出版社2007年版,第66、132、211、283、457页。

体上来说,王明在共产国际的工作,得到了共产国际执委会的肯定,也增进了共产国际对他的信任。如1935年苏联党出版社出版《第七次代表大会前的共产国际》中称:"中国共产党终于铲除了李立三路线,在炮火连天的严酷斗争中,在极其秘密的地下环境中,当时已经造就和锻炼出一批以陈、秦、王、沈、何等同志为首的坚强而又正确的共产党干部,当党的中央机关刊物出现李立三的纲领性文章时,他们就起来同反共产国际的、非布尔什维克的李立三观点展开了斗争。"①"坚强而又正确的共产党干部",充分说明了共产国际对王明等的信任。正因如此,在1935年共产国际七大上,王明被选为共产国际执行委员会委员、执委会主席团委员和政治书记处候补书记。第二次国共合作建立后,共产国际领导人担心曾与国民党经过十年血战的中共领导人能否正确地实行政策和策略上的转变,因此派"能在国际形势中辨明方向,有朝气"的王明回国"帮助中共中央",说明共产国际对王明是信任的。

还有事例说明共产国际领导人对王明的基本态度:王明回国后,其在苏联的女儿托付给了季米特洛夫,由季米特洛夫夫妇代养。延安整风时期,王明给共产国际有多次告状,在收到王明的告状后,季米特洛夫也曾数次给王明回电,如1943年12月13日、1944年1月19日,通过苏联红军情报部门的电台,发给王明如何处理党内分歧的电报和他与毛泽东就有关王明问题的相互来往的电报;在1943年12月22日给毛泽东的信中,明确提出了不要孤立王明的劝告;等等。这些事例都说明,共产国际领导人虽然认为王明有缺点,但还是关心的、信任的,这是一个基本的方面。

但是,另一方面,共产国际领导人对王明的品性、能力都有比较深入的了解,因此,在后来的任用上基本是正确的。这是考察王明国际背景时被忽略的、应引起注意的一个问题。一个明显的例子是,1931年6月中共中央总书记向忠发被捕叛变,但是没有安排王明接任向忠发空出的总书记职务。有论者说,王明后来失势是由于其政治背景米夫在苏联大肃反中被杀,而此时米夫仍是共产国际一些机构的负责人,并参与中国事务的处理。这个事例仍然说明米夫没有决定中国党的领导人的权力;更重要的是,显示共产国际虽然信任

---

① 中共中央党史研究室第一研究部编:《共产国际、联共(布)与中国革命档案资料丛书第17辑:共产国际、联共(布)与中国革命文献资料选辑(1931—1937)》,中共党史出版社2007年版,第44页。

王明,但并没有让其出任中国共产党最高领导人的意思。

而王明在共产国际工作的过程中,加深了共产国际领导人对他弱点和不足的认识。除没有多少实际工作的经验,对国内情况不熟悉、书生气浓外,还有喜欢出风头、有强烈的领袖欲;作风圆滑、见风使舵;宗派主义、不容易与同志搞好关系等。因此,对他有一些看法和批评。如1936年7月初,王明在《救国时报》公开发表文章,赞同"抗日反蒋"主张,但两周后,在共产国际执委会书记处会议上却严厉批评中共中央瓦窑堡会议"抗日反蒋"的决议。对此,季米特洛夫当场说:"我认为,王明同志在书记处面前对政治局决议的批评,很大程度上也是适用于王明同志本人的。"①1938年,共产国际领导人曼努意尔斯基问刚刚出使莫斯科的任弼时:王明是否有企图把自己的意见当作中央的意见的倾向? 是否总是习惯于拉拢一部分人在自己的周围? 王明与毛泽东是否处不好关系? 季米特洛夫则对任弼时说:他对王明的印象一直不好,说"这个人总有些滑头的样子";说根据共产国际干部部反映,王明在一些地方很不诚实,在苏联时就总是好出风头,喜欢别人把他说成是中共领袖。②

正因如此,共产国际领导人认为王明不具备领导中国共产党的素质。1937年11月13日,在王明回国前,季米特洛夫明确告诉他:你回中国去要与中国同志把关系弄好,你与国内同志不熟悉,就是他们要推你当总书记,你也不要担任。③ 言下之意,是王明不具备担任中国共产党领袖的条件,共产国际不准备让他出任中国共产党的最高领导人。但是,王明回国后把个人凌驾于中央之上,与延安中央争权,出现右倾错误,共产国际执委会获知后,在1938年7月确认抗战以来中共的政治路线是正确的,"中共在复杂的环境和困难的条件下真正运用了马列主义"。季米特洛夫并特别指出:"应该承认毛泽东同志是中国革命实际斗争中产生出来的领袖。"中共中央"在领导机关中要在毛泽东为首的领导下解决"。他要即将回国的王稼祥转达:"请告诉王明,不要竞争了。"④共产国际的这个指示,肯定了"中共中央的政治路线是正确

---

① 杨奎松:《毛泽东与莫斯科的恩恩怨怨》,江西人民出版社1999年版,第68页。
② 杨奎松:《毛泽东与莫斯科的恩恩怨怨》,江西人民出版社1999年版,第77页。
③ 《王稼祥年谱》,中央文献出版社2001年版,第186页。
④ 王稼祥在中共中央政治局会议上的报告记录,1938年9月14日;《毛泽东传》(1893—1949)下,中央文献出版社1996年版,第514页。

的",肯定了中共中央领导机关要"以毛泽东为首"。这就从根本上剥夺了王明以共产国际"钦差大臣"自居,不断对中共中央的政治路线说三道四的资本,为六届六中全会的顺利进行提供了保证。而通过六届六中全会,纠正了王明的错误,批准了以毛泽东为首的中央政治局的路线,从组织上肯定了毛泽东在全党的领导地位。毛泽东后来曾就此评价说:"六中全会以前虽然有些著作,如《论持久战》,但是如果没有共产国际指示,六中全会还是很难解决问题的。"①

而共产国际之所以对王明有这样的表态,是基于对王明能力、水平和品性的判断,是正确的。历史证明,共产国际关于中国共产党领导人选的这个决策,是至关重要的。

应该说,共产国际对王明的选择,对中国共产党和中国革命的影响是双重的。反"立三路线"时的选择,给中国共产党和中国革命带来了巨大的危险和灾难;而在抗战时期的选择,对于中国共产党克服王明右倾错误、确立毛泽东的领导地位,具有决定性的作用。

三

对于王明的国际背景,还有以下几点看法。

第一,王明在共产国际的任职与中国共产党在共产国际的地位密切相关。

许多论著都注意到了王明的共产国际的任职。王明到莫斯科后,担任共产国际执委会政治书记处成员,在共产国际七大上当选为共产国际执行委员会委员、执委会主席团委员和书记处候补书记。但仅凭此评判他在共产国际中的地位,似嫌不足。实际上,中国共产党的许多人都曾在共产国际领导机构中有职位。如在1928年7月共产国际六大上,苏兆征、瞿秋白、向忠发被选为共产国际执委会委员,周恩来、张国焘为候补委员;瞿秋白不但为执行委员会主席团委员,并与布哈林、莫洛托夫等成为政治书记处成员。在1935年的共产国际七大上,除王明之外,毛泽东、周恩来、张国焘为共产国际执委会委员,博古、康生为候补执行委员,康生也还是执委会主席团的候补委员。从这些任

---

① 《毛泽东在中共七大的报告和讲话集》,中央文献出版社1995年版,第231页。

职情况分析,在共产国际的实际任职(不是挂名的)可能与派驻共产国际相关。王明与瞿秋白在共产国际中的职务相似,而共产国际六大时,瞿秋白担任中共驻共产国际代表;共产国际七大时,恰恰是王明长驻共产国际(康生为共产国际执委会候补委员,同时又是执委会主席团候补委员,也可能与他长驻共产国际有关)。也就是说,中共党员在共产国际中担任主席团、书记处的职务,在很大程度上与其作为中共代表代表中国共产党的角色紧密联系在一起,当然也可能包含个人的因素,但更主要的是代表中国共产党的因素。在一定程度上,甚至可以说,党在共产国际的地位决定了该党党员在共产国际的地位。倘若王明不在莫斯科,有可能别的中共党员担任其在共产国际中的职务。

第二,王明与斯大林的关系,似乎没有通常传说得那么密切。按理,王明是中共在莫斯科的代表人物,对中国情况相对熟悉,在研究讨论或决策有关中国共产党、中国问题时,他应该参加。但从《季米特洛夫日记》来看,在季米特洛夫前往克里姆林宫讨论或请示有关中国、中国共产党的问题时,均没有王明参加。《季米特洛夫日记》中王明面见斯大林的记录只有一次,那是 1937 年11 月 11 日,在王明即将回国时,季米特洛夫带着王明、康生、王稼祥去见了斯大林。据此,似乎可以得出王明面见斯大林的次数很少的判断。西安事变发生后,王明曾致电斯大林,主张处决蒋介石。斯大林为此打电话给季米特洛夫,问道:"中国的事件是在您的认可下发生的吗?"季回答说:"不是! 这事对日本最有利。我们也是这样看这一事件的!"斯大林问道:"王明在你们那里做什么事? 他是个挑衅者吗? 他想发电报让他们枪毙蒋介石。"季当即否认说:"我不知道有这种事!"斯大林说:"那我给你送去这份电报!"①从上述情况判断,斯大林对王明既不是非常熟悉,更谈不上非常赞赏,王明在斯大林和共产国际并不是特别"红"。

第三,共产国际对王明的提拔,是特殊历史条件下的特殊产物。

有论者以共产国际对王明的突击提拔而强调王明的国际背景,甚至有夸大之嫌。如前所述,王明的跃升是共产国际作用的结果,但这个国际背景是动态的、有限制的,不宜过分夸大。共产国际干预中共领导人选,并非始自王明。在王明之前,1928 年中共六大后,向忠发出任中共中央政治局委员、常委,并

---

① 《季米特洛夫日记选编》,广西师范大学出版社 2002 年版,第 49—50 页。

担任中共中央政治局主席和中央政治局常务委员会主席,就是共产国际的一种突击提拔的结果。而王明之后的博古,回国不到一年半时间,时年24岁、没有多少磨炼,连中央委员都不是,但在1931年9月被指定为临时中央"负总责"者。博古的突击提拔,是中国共产党和共产国际共同作用的结果(王明、周恩来与共产国际远东局商定,共产国际执委会批准)。

如何评价共产国际对中国领导人的干预呢? 许多论者批评共产国际干预各国共产党的事务,改组各国党的领导机构,替别国共产党选择领导人,是违背马克思主义基本原理的,但这却是符合共产国际组织原则的。共产国际二大通过的《共产国际章程》规定:"共产国际实质上应成为一个真正统一的世界性的共产党,在各国进行活动的党是它的各个支部。"规定:"共产国际的最高权力机关,是共产国际的世界代表大会,世界代表大会选出的共产国际执行委员会是代表大会休会期间的共产国际指导机构。"共产国际二大通过列宁起草的《加入共产国际的条件》,把必须执行共产国际代表大会及其执行委员会的一切决议,作为各国工人阶级政党加入共产国际的条件。也就是说,凡是参加共产国际的各国党都是它的支部,都必须执行共产国际的一切决议,共产国际与各国党之间是上下级、领导与被领导的关系。这种关系,实际上就规定了共产国际可以干预各国党的事务,包括改组各国党的领导机构、选择领导人。

具体到中国,任用中共中央领导人曾是共产国际的一贯做法,实际上,当时中国共产党的许多领导人都是共产国际选择和任用的。陈独秀在中共一大到五大担任中共中央领导人,既有历史形成的原因,也有共产国际认可的因素,并且后者的分量很重。1927年6月下旬,共产国际训令中国共产党批判机会主义错误,改组中央,有的国际代表表示:"不遵守国际训令者剥夺其在中央之领导权。"7月12日鲍罗廷公开共产国际的训令,随之改组中共中央,陈独秀离开了领导岗位。八七会议后瞿秋白主持中央工作,六大上向忠发的突起,都是共产国际作用的结果。甚至遵义会议后,六届六中全会之所以确立毛泽东的领导地位,也是共产国际的作用。

应该说,上述现象是特殊历史条件的产物。处在幼年的中国共产党,各方面都不成熟,究竟应该如何革命、如何组织队伍、如何决策等,尚不清楚,而远在莫斯科的共产国际对中国的了解非常有限,但又担负指导中国共产党的责任,于是颇有盲目性地、按照他们的了解和判断下指示、作决策、选择领导人。结果处理方式怪异,选人多有失误,错误很多,造成的损失也就巨大。但应该说,这绝大部分不是共产国际的本意。作为一个旨在推进世界革命的组织,一个强调马克思列宁主义的组织,其基本决策是从国际共产主义运动大局考虑的。具体到在中国革命问题上、在中共中央领导人选问题上,虽然存在个人感情和好恶的现象,但不是主要的,主要还是从发展、推进中国革命的大局出发的。这恐怕是分析共产国际与中国革命、与中国共产党关系的一个基本点,也是认识和评价王明国际背景的基本点。

会 议 研 究

论 1938 年三月中共中央政治局会议

内容提要：学术界长期以来对 1938 年的三月中共中央政治局会议评价不高。这次会议有很浓的王明色彩，但所谓毛泽东展开对王明"斗争"的说法是不正确的。长期流传的陈云被抬去参加会议并投了支持毛泽东一票的说法，实际上不存在。三月政治局会议虽然存在王明右倾主张的影响，但积极因素是主要的。抗战初期王明错误的最大问题是把个人凌驾于中央之上，在组织上闹独立性。

社会上长期流传这样一种说法：1937 年王明回到延安后气势颇盛，与毛泽东尖锐对立，在一次中央会议上两人观点相持不下，直到把病中的陈云用担架抬来，陈云投了赞成毛泽东的一票，毛泽东才战胜王明。此说扑朔迷离，引人兴趣，流传甚广，许多人包括一些老革命家甚至学者都信其有。那么，是否真有其事，如何评价？颇有澄清和辨析的必要。

一

关于此事及其议论，当事人陈云也有耳闻，他曾正式地说明过此事。1978 年 12 月 10 日，他专门就此向中共中央工作会议提交书面声明：会上有人讲，在延安时期，一次中央开会同王明作斗争，我因有病，用担架把我抬去投了毛主席一票。实际情况是，当时确有人提出可把陈云抬来，但并未抬去。此前，王明曾写信要我去汉口，我拒绝了。以后，博古回延安，我对他说："王明应回延安与毛主席一起工作。"博古说："王明讲，延安的中央书记处人数并不比国民党统治区的多，延安发电不应用中央书记处名义。"我当即报告了毛主席。

以后,中央给长江局的电报就不用书记处名义,改用毛、洛、康、陈。① 从陈云的这个声明,我们起码可以得到三点认识:第一,他没有被抬去参加会议,传言中关于他投支持毛泽东一票的说法不确;第二,确实有过这样的一次中央会议。第三,王明当时确实颇为神气,对毛泽东和在延安的中央不大买账。

那么,这是指哪次会议呢? 根据陈云说明中"此前,王明曾写信要我去汉口,我拒绝了。以后,博古回延安⋯⋯"的情况,这次会议应该在1937年十二月政治局会议之后和六届六中全会之前,那么应该就是1938年的三月中央政治局会议。因为从王明的活动看,1937年11月29日王明与康生、陈云同机回到延安后,紧接着召开了十二月政治局会议。会后的12月18日,王明与周恩来、博古、邓颖超等抵达当时成为国民党统治区政治中心的武汉。此后,直至1938年8月29日周恩来"和王明、博古、徐特立等离开武汉返延安参加中共六届六中全会"。其间,王明只回过延安一次,这就是1938年2月24日,周恩来"和王明回到延安"。2月27日至3月1日中共中央召开了政治局会议(史称三月中央政治局会议)。这次中央政治局会议后,3月上旬,周恩来"和王明等回到武汉"②。张闻天年谱记载:1938年3月6日,"以洛甫、泽东"署名致电项英并告周恩来、王明。③ 可以推断王明在1938年3月6日前已经离开延安。此后,王明一直在武汉。因此,在1937年十二月政治局会议之后和六届六中全会之前期间,王明在延安参加的中央会议只能是1938年的三月中央政治局会议。

另外,从陈云的病情和活动判断。1937年十二月政治局会议决定增补王明、陈云、康生为中央书记处书记。"会议重新明确,中央常委由张闻天、毛泽东、王明、康生、陈云、周恩来、张国焘、博古、项英等九人组成。"并决定陈云担任中央组织部部长。④ 但陈云1938年1月"因工作过度疲劳,致使流鼻血的病

---

① 中共中央文献研究室编、朱佳木主编:《陈云年谱》下卷,中央文献出版社2000年版,第229—230页。

② 中共中央文献研究室编:《周恩来年谱》(1898—1949),人民出版社、中央文献出版社1989年版,第394、405—406、419页。

③ 中共中央党史研究室张闻天选集传记组编、张培森主编:《张闻天年谱》上卷,中共党史出版社2000年版,第548页。

④ 中共中央文献研究室编、朱佳木主编:《陈云年谱》下卷,中央文献出版社2000年版,第214页。

复发,休养至三月"。陈云夫人于若木 1939 年 5 月 28 日在写给长兄于道泉的信里写道:陈云"工作过度,使流鼻血之旧病复发,过度的流血病势相当严重"①。严重的病情迫使他离开了工作,因此,张闻天年谱记载,1938 年 1 月 11 日陈云参加中央政治局常委会议后,直至 4 月 4 日才出席政治局常委会议。并且张闻天年谱记载:出席 1938 年三月政治局会议的有"毛、王、洛、恩、康、凯、任、国"②,即毛泽东、王明、张闻天、周恩来、康生、凯丰、任弼时、张国焘。即中央常委中博古和陈云没有出席这次会议。博古缺席是因为长江局的决定:1938 年 2 月 23 日,长江局会议"决定王明、周恩来代表长江局回延安参加政治局会议"③。陈云则是"因病未出席这次会议"。④ 而在上述所说的这个时间段内,陈云因病缺席而王明在延安参加的中央会议,只有 1938 年三月政治局会议。

二

1938 年三月政治局会议,是根据"最近时局中发生许多新的严重问题"的判断而召开的。时局的严重问题,主要在两方面:一是战争形势进一步恶化及国民党的抗战态度发生动摇。侵华日军在占领南京、济南后,为达到迅速实现灭亡中国的侵略计划,连贯南北战场,于 1938 年 1 月下旬开始南北对进,从南北两端沿津浦路夹击徐州。其间,德国驻华大使陶德曼秉承本国政府指示,进行了传递并促使中国接受日本政府侵略要求的陶德曼调停。二是国民党的反共活动日见抬头。1938 年 1 月,国民党代表康泽、刘健群在国共两党关系委员会⑤上公开鼓吹"一个党、一个领袖、一个主义",攻击八路军在华北是"游

---

① 中共中央文献研究室编、朱佳木主编:《陈云年谱》下卷,中央文献出版社 2000 年版,第 218—219 页。

② 中共中央党史研究室张闻天选集传记组编、张培森主编:《张闻天年谱》上卷,中共党史出版社 2000 年版,第 546 页。

③ 吴葆朴、李志英、朱昱编:《博古文选·年谱》,当代中国出版社 1997 年版,第 452 页。

④ 中共中央文献研究室编、朱佳木主编:《陈云年谱》下卷,中央文献出版社 2000 年版,第 219 页。

⑤ 1937 年 12 月 21 日中共代表与蒋介石达成立国共两党关系委员会的协议,参加人员中共方面为王明、周恩来、博古、叶剑英;国民党方面为陈立夫、康泽、刘健群、张冲。26 日该委员会第一次开会。

而不击";国民党军方机关报《扫荡报》和《血路》《民意》《抗战与文化》等刊物,掀起所谓"一党运动";1938 年 1 月 17 日,国民党特务机关指使几十名暴徒捣毁《新华日报》营业部和印刷厂。

根据这种对时局的判断和党的重大任务,会议主要讨论了目前抗战形势、国共两党关系、党的任务与军事问题等,会议的一些决定也是在围绕这些问题讨论的基础上作出的。社会传言的"斗争"(实际应该是不同观点的交锋)如果有,也应该是在这些问题中。

第一,关于党的建设问题。毛泽东在会上提出:要"大大发展党员,中央应有新的决议"①。张闻天发言"同意泽东同志意见,要大量发展党。目前只有九万余党员,太少了。要发展民运,便要发展党,当然党的发展又要民运的发展。"②周恩来说:"现在统一战线运动扩大,但党组织的发展赶不上形势的发展,建议中共中央加强对中国南部的领导。"③会议就此达成共识,因此王明在《三月政治局会议的总结》中写道:"政治局会议认为:必须向党内外广泛解释,巩固和扩大共产党力量,对于抗战和使抗战获得胜利的伟大事业,有绝对的必要。"然后他从数量发展、质量提高、政治教育、选拔干部、健全地方党部独立工作能力、党报工作、加紧秘密工作、开展两条战线思想斗争等 11 个方面论述了中共本身强固和改进的问题,"要求全党同志把发展党员看作日常工作中的一种最基本工作。"④正是基于会议的决定,3 月 15 日中共中央作出了《关于大量发展党员的决议》。

第二,同意周恩来出任国民政府军事委员会政治部副部长。1938 年年初,国民政府改组,蒋介石辞去行政院院长职务,专任军事事务,孔祥熙继任行政院院长;军事委员会扩权,下设军令、军政、军训、政治四部。蒋介石要求周恩来出任政治部副部长,孔祥熙也要求周恩来到行政院任职,政治部部长陈诚

①　中共中央文献研究室编、金冲及主编:《毛泽东传》(1893—1949)下,中央文献出版社 1996 年版,第 513 页。

②　中共中央党史研究室张闻天选集传记组编、张培森主编:《张闻天年谱》上卷,中共党史出版社 2000 年版,第 547 页。

③　中共中央文献研究室编:《周恩来年谱》(1898—1949),人民出版社、中央文献出版社 1989 年版,第 406 页。

④　中央档案馆编:《中共中央文件选集》第 11 册,中共中央党校出版社 1991 年版,第 459—460 页。

和行政院副院长张群都出面相邀。周恩来和中共代表团最初都婉言推辞了。1 月 11 日,王明、周恩来、博古、董必武、叶剑英致电中央书记处,报告此事。但蒋介石坚持要周恩来担任政治部副主任。2 月 21 日,中共代表团建议周任此职:"我们认为,孔祥熙为主和者,行政院方面应谢绝;政治部属军事范围,为推动政治工作、改造部队、坚持抗战、扩大我党影响,可以去担任职务。如果屡推不干,会使蒋、陈认为共产党无意相助,使反对合作者的意见得到加强。"①但这与中共中央此前不参加国民政府的规定不相符合。在抗战全面爆发之初的 1937 年 9 月 25 日,中共中央常委会议明确决定:不参加国民党的政府,"只有将国民党一党专政的政府转变为全民的统一战线的政府时,即在今天的国民党政府(甲)接受本党所提抗日救国十大纲领的基本内容,依据此内容发布施政纲领时;(乙)在实际行动上已经开始表示实现这一纲领的诚意与努力,并在这方面获得相当成绩时;(丙)容许共产党组织的合法存在,保证共产党动员群众组织群众与教育群众的自由时,中共才能去参加。""在党中央没有决定参加中央政府以前,共产党员一般的亦不得参加地方政府,并不得参加中央的及地方的一切附属于政府行政机关的各种行政会议及委员会。"因为"这种参加徒然模糊共产党在人民中的面目,延长国民党的独裁政治,推迟统一战线的民主政府之建立,是有害无利的"②。针对这个特殊情况,三月政治局会议采纳了中共代表团的建议,决定同意周恩来出任国民政府军事委员会政治部副部长。

第三,决定向国民党提出坚持抗战的军事建议。毛泽东在强调中国抗战是持久战后说:中国抗战应有战略退却,前一段没有大踏步地进退,只是硬拼,这是错误的。应该知道保存实力到最后便能取得最后的胜利。日军的继续进攻,将使中国被分割为许多块,因此在原则上应分割指挥,以便于发展。将来战争的具体形势,是内线外线作战相互交错,日军包围我们,我们在战役上也包围日军。③ 毛泽东的这些发言,明显是就全国战局而论的。周恩来则明确

---

① 中共中央文献研究室编:《周恩来年谱》(1898—1949),人民出版社、中央文献出版社 1989 年版,第 401 页。

② 中央档案馆编:《中共中央文件选集》第 11 册,中共中央党校出版社 1991 年版,第 345—346 页。

③ 中共中央文献研究室编、逄先知主编:《毛泽东年谱》(1893—1949)中卷,人民出版社、中央文献出版社 1993 年版,第 51 页。

提出党应向蒋介石建议:(一)战略方针以运动战为主,包括阵地战,以游击战为辅;(二)组织新的军队;(三)建立国防工业;(四)巩固后方。① 毛泽东和任弼时还强调中国抗战主要是靠自己,要自力更生。② 我们必须告诉国民党,"战胜敌人主要靠自力更生。"③这些意见,有明确的针对性,有利于全国的抗战。会议决定由周恩来起草对国民党的军事建议书。

第四,决定派任弼时赴莫斯科向共产国际交涉"军事、政治、经济、技术人才"等问题。此议由王明提出。后来的结果表明,这个让任弼时出使共产国际的决定,对中国共产党产生的影响是巨大的。

第五,关于王明是否应去武汉的问题。王明去武汉的问题,是1937年十二月会议决定的,中共中央12月28日给共产国际的报告说:"王明可去武汉一次,见蒋介石,因蒋有电要他去。"④12月21日,王、周、博与蒋介石会谈时,蒋介石提出要王明"在汉相助"。王明遂留在武汉并出任中共中央长江局书记。三月政治局会议上,毛泽东提出:"王明同志在今天的形势下不能再到武汉去。"⑤但王明执意重返武汉,后来他在1941年10月8日中共中央书记处会议上说,他当时"不愿留在延安工作","是不对的。"⑥但毛泽东的意见没有被完全接受,3月1日,政治局会议正式通过决定:"王明同志留一个月即回来(如估计武汉、西安交通有断绝之时则提前)。"⑦

第六,关于召开七大的问题。王明在《三月政治局会议的总结》中写道:"全党同志现在应该努力进行七次大会的具体准备工作",他罗列了政治局会

---

① 中共中央文献研究室编:《周恩来年谱》(1898—1949),人民出版社、中央文献出版社1989年版,第406页。

② 中共中央文献研究室编、逄先知主编:《毛泽东年谱》(1893—1949)中卷,人民出版社、中央文献出版社1993年版,第51页。

③ 中共中央文献研究室编:《任弼时年谱》(1904—1950),中央文献出版社2004年版,第369页。

④ 《中央关于政治局会议情况及决定事项向共产国际的报告》,1937年12月28日。转自《周恩来传》(1898—1949),人民出版社、中央文献出版社1989年版,第392页。

⑤ 中共中央文献研究室编、金冲及主编:《毛泽东传》(1893—1949)下,中央文献出版社1996年版,第513页。

⑥ 周国全、郭德宏:《王明传》,安徽人民出版社2003年版,第213页。

⑦ 中共中央文献研究室编、金冲及主编:《毛泽东传》(1893—1949)下,中央文献出版社1996年版,第513页。

议决定中央立刻进行的准备工作:发布为召集七大告全党同志书、告全国同胞书;给地方党部怎样在政治上组织上进行七大准备工作的指示;成立大会四个议事日程报告的准备委员会;责成政治局及中央同志起草大会第一第二两个议程的政治提纲,以及写第三第四两个议程的论文和其他专门的论文。他还写道:"中央政治局要求和责成所有地方党部领导全体同志立即积极进行关于七大议程各问题的广泛热烈的讨论。"①联系 3 月 10 日张闻天起草《中共中央为召集中共第七次全国代表大会告全党同志书》的情况,王明所述基本可信。看来毛泽东关于七大"须看战争的形势来决定"的意见②,也没有被采纳。

三

1938 年三月政治局会议,有比较重的王明色彩。一是,会议是长江局建议召开的。2 月 7 日,王明、周恩来、博古、董必武、叶剑英致电中央书记处:"最近时局中发生许多新的严重问题,提议在二月二十日前后召开政治局会议。"③二是,会议主要议题,也是长江局建议的。2 月 15 日,王明、周恩来、博古致电中央书记处并任弼时、凯丰、朱德、彭德怀:提议在即将召开的政治局会议上,讨论目前抗战形势与如何保障继续抗战和取得抗战最后胜利问题及中共第七次全国代表大会的具体准备工作问题。④ 三是,会议报告是王明作的,题目是《目前抗战形势与如何继续抗战和争取抗战胜利》。正因如此,一般论著对三月政治局会议评价不高。但是,王明在会上的颇为活跃,仅是会议的一方面,而不是会议的全部,会议更重要和深刻的影响是具有积极意义的,甚至可以说这是王明右倾错误由盛而衰的一次会议,是开始纠正王明错误的一次过渡性的会议。

---

① 中央档案馆编:《中共中央文件选集》第 11 册,中共中央党校出版社 1991 年版,第 464 页。

② 中共中央文献研究室编、金冲及主编:《毛泽东传》(1893—1949)下,中央文献出版社 1996 年版,第 513 页。

③ 中共中央文献研究室编:《周恩来年谱》(1898—1949),人民出版社、中央文献出版社 1989 年版,第 403 页。

④ 中共中央文献研究室编:《周恩来年谱》(1898—1949),人民出版社、中央文献出版社 1989 年版,第 404 页。

第一，三月政治局会议抵制了王明的右倾错误。会议的主要分歧在统一战线和与国民党关系问题上。王明在这个问题上的态度和主张颇为矛盾和混淆，甚至由于不合逻辑而令人难以理解。他在报告和发言中，一方面介绍了国民党压制共产党、破坏国共合作的严重情况："现在蒋介石等国民党不承认国共合作，不许《新华日报》登国共合作，不许登共产主义、共产党等，即陈立夫也认为只有共产党投降国民党。国民党认为军令统一，只有服从国民党军委会的命令，所谓军政统一，便是人事的统一，八路军干部要由他们调动。"承认他自己起草的《中共中央对时局的宣言》对国民党"在词句上是太让步了"，弄得蒋介石以为可以取消共产党，在《扫荡报》上向我们进攻，说一个军队、一个政府、一个党等，想用民族统一的口号制服我们，迫使我们不得不以毛泽东的名义发表谈话进行反击。① 但另一方面又说：关于统一战线的基本政策，上次政治局会议没有写成一个决议，是政治上的损失。② 已经知道自己起草的反映十二月会议精神的《中共中央对时局的宣言》"太让步了"，但又说对该次会议精神没有写成一个决议是"损失"，如此矛盾的说法实在令人感到奇异。王明继续并且具体阐述了他的右倾观点：关于国民党提出统一军队的问题，他说："国民党现在提出只要一个军队，我们也不能反对这个口号"，"关于统一军队问题须在党内外进行教育"。关于与国民党政府的关系问题，他说：现在有人说武汉失守后，将来有政府分割的可能，我们要说明反对不要中央政府的倾向，我们说明要统一的中央政府，拥护中央政府。关于边区政府问题，他说：现在边区政府要开放党禁，允许国民党的公开活动，现在特区不允许国民党活动是不好的，我们现在要允许国民党活动，允许其他党派活动。关于群众运动问题，他说：现在应按新的方针，确定民运工作方法，如职工运动要进行统一工会，不分赤色黄色工会，说明新的职工运动方针；农民运动，我们要首先解决中心区域的土地问题，所谓小地主实际是土地小私有者，我们要主张研究中国问题，争取广大的阶层小有产者来参加中国革命；青年工作，我们在青年中不要

---

① 杨奎松：《毛泽东与莫斯科的恩恩怨怨》，江西人民出版社1999年版，第72—73页；周国全、郭德宏：《王明传》，安徽人民出版社2003年版，第217页。

② 中共中央党史研究室张闻天选集传记组编、张培森主编：《张闻天年谱》上卷，中共党史出版社2000年版，第546页。

强调党派的口号,要实行不分党派的运动,季米特洛夫说要进行非党的青年运动。① 毫无疑问,这些主张表现了他的右倾思想。对此,其他领导人发表了与王明不同的看法。张闻天比较系统地阐述了对国民党的认识和应如何处理与国民党的关系:"国民党中许多人害怕共产党的进步和发展。这说明抗战的弱点还是严重的。因此,在抗战的进程中,一旦西安、武汉失守,仍然会产生很大的危机。""历史决定了国共两党需要合作,但是合作中是存在着两党争取领导权的问题。中国资产阶级是有经验的。他们目前需要两党合作,但又怕我们发展;要利用共产党和人民的力量,但又害怕共产党和民众的力量。目前阶级斗争的形式更复杂了。我们要看到,与国民党有些摩擦是不奇怪的。我们的任务便是要推动国民党进步。与国民党吵一下是难免的,但注意不要分裂了。我们无论何时不要忘记要与国民党合作,但也必须时时保持戒心。"并且强调:"我们一方面要保持与国民党的合作,同时也要发展自己的力量,在巩固国共两党合作原则下求得我党力量的巩固与扩大。""发展统一战线只与国民党谈判是不够的,必须用强大的民众力量来推动统一战线的发展。"②任弼时具体分析了山西统治者阎锡山的骑墙的政治态度:他要维持山西,必须采取进步的办法,但他又建筑在旧的基础上,不可能有很大的进步。③ 并说:"与国民党关系,要加强下层的两党合作。"④《毛泽东传》说:毛泽东认为,为争取国民党继续抗战,合作形式将来可采用民族联盟或共产党员重新加入国民党,但是要保证共产党的独立性。⑤ 这些意见,事实上反驳了王明的主张,是对王明右倾主张的抵制,也对深化党对国民党本质的认识和采取正确的决策,具有积极的影响。

第二,三月政治局会议是一次民主讨论党的问题的会议。社会传言说会

① 周国全、郭德宏:《王明传》,安徽人民出版社 2003 年版,第 206 页。

② 中共中央党史研究室张闻天选集传记组编、张培森主编:《张闻天年谱》上卷,中共党史出版社 2000 年版,第 546 页。

③ 中共中央文献研究室编、章学新主播:《任弼时传》,中央文献出版社 2004 年版,第 518 页。

④ 中共中央文献研究室编:《任弼时年谱》(1904—1950),中央文献出版社 2004 年版,第 369 页。

⑤ 中共中央文献研究室编、金冲及主编:《毛泽东传》(1893—1949)下,中央文献出版社 1996 年版,第 513 页。

议展开对王明的"斗争",这是不确实的。在当时的情况下,不可能出现"对王明的斗争"。从会议讨论的情况看,更无这样的现象。所谓"对王明的斗争",是新中国成立后特别是"文化大革命"时期强调路线斗争时所提出的概念,是后来人们对历史的一种表述。

三月政治局会议上有意见分歧,这很明显,并且通过意见分歧,在讨论的基础上形成一些决定。应该说这是正常的、合乎民主集中制程序的。并且从后来的情况看,这些决定大部分产生了积极的作用。因此,对于这次会议的分歧和意见交锋,应该给予肯定。而且在党的会议上,就有关问题展开讨论,与会者发表不同看法,符合党章党规,即使发生争执,也应该是容许的。甚至当有不同意见时,进行民主投票决策,是必要和正确的。这些都应该是党内民主生活的体现。以往论者多因王明在会上发表右倾主张,而对三月政治局会议进行批评。实际上,王明的主张说明王明存在认识错误,其见解不正确,而就会议而论,每个与会者包括王明都有发表自己意见的权力,应该无可厚非。

那么,三月政治局会议是否发生过激烈的争执,甚至达到如传言所说把病中陈云抬来投票的程度? 尽管由于资料限制,不能明确地回答这个问题,但从现有材料分析,似乎可以肯定没有。

首先,从王明的表述看。三月政治局会议决定,由王明起草一个会议总结。王明在其《三月政治局会议的总结——目前抗战形势与如何继续抗战和争取抗战胜利》中写道:"在报告和讨论中,充分地表现出出席政治局会议(的同志)对目前时局和党的工作问题的意见完全一致。"①王明此说不确,但如果发生过激烈的争执,他能和敢如此简单地、轻描淡写地公开抹杀,而强说"意见完全一致"吗?

其次,从毛泽东论述看。1945 年毛泽东在中共七大上论及团结犯错误同志一起工作时说:"最近十年,我们采取了忍耐的态度,这样的方针帮助了我们。"②毛泽东所说的"我们的忍耐",首先应该是他自己的忍耐,而忍耐的对象应该是既有临时中央时期的领导人,也应包括抗战初期的王明。毛泽东并

---

① 中央档案馆编:《中共中央文件选集》第 11 册,中共中央党校出版社 1991 年版,第 430 页。

② 毛泽东:《第七届中央委员会的选举方针》,《毛泽东在七大的报告和讲话集》,中央文献出版社 1995 年版,第 164 页。

且专门讲了与王明错误斗争的情况:六届六中全会纠正了王明的错误,但"在六中全会的文件上,在六中全会的记录上,看不出我们尖锐地批评了什么东西,因为在那个时候,不可能也不应该提出批评,而是从正面肯定了一些问题,就是说在实际上解决了问题"①。在六届六中全会上,与会同志对王明有意见并有所批评,但毛泽东说:王明在全会上已表示"完全同意各报告","王明在部分问题中说得有些不足或过多一点,这是在发言中难免的。这些问题已弄清楚了。王明在党的历史上有大功,对统一战线的提出有大的努力,工作甚积极,他是主要的负责同志之一,我们应原谅之。"②王明回国后十分张扬,特别是把自己凌驾于中央之上,严重地干扰了以毛泽东为代表的中央的正确领导,但毛泽东在六届六中全会上对王明采取了温和的、宽容的态度。既然在共产国际明确肯定、担任党的领袖之后,能持这样的态度,那么在此之前(如三月政治局会议)就更可能是这样的态度。

再次,从张国焘的回忆录看。时在延安并且为党的政治局委员的张国焘,在回忆录中记载了王明到达延安后中央领导人热烈欢迎、王明在十二月中央政治局会议上盛气凌人的状况,并从他的立场出发,在为他分裂、叛党行径辩解中恶意攻击和诬蔑毛泽东、张闻天等中央领导人。张国焘参加了三月政治局会议,如果三月政治局会议上发生激烈争论,依他的心理和行文特点,当会记载并借题发挥,大加渲染的,但他在回忆录中没有只字提及三月政治局会议及其发生过争论。

第三,三月政治局会议具有积极因素。会议的一些决定,对中国共产党、中国革命的积极影响是巨大和深远的。如大量发展党员的决定,极大地促进了中国共产党的组织建设,对党的事业和革命斗争在全国的发展,影响是至大至深的。周恩来出任国民政府军事委员会政治部副部长之职,是抗战初期国共合作的一件大事,周恩来的这一就职,对传播中国共产党的抗日主张、军事战略和扩大中国共产党的政治影响,沟通国共双方特别是军方的关系,起了重要的作用。决定任弼时前往莫斯科向共产国际汇报,是纠正王明错误、确立毛

---

① 毛泽东:《第七届中央委员会的选举方针》,《毛泽东在七大的报告和讲话集》,中央文献出版社 1995 年版,第 163 页。

② 中共中央文献研究室编、金冲及主编:《毛泽东传》(1893—1949)下,中央文献出版社 1996 年版,第 519—520 页。

泽东的领导地位的关键性环节。甚至会议关于统一战线和关于国民党问题的讨论,对于中央领导层深化在这些问题上的认识,有积极影响的一面。关于抗战军事问题的讨论和对国民党的相关建议,无疑对全国抗战是有益的。

王明在会上的右倾主张,有消极影响,但估计其影响不是很大。一是,他介绍了国民党压制共产党的一系列现象、自己对此的错误判断,对中央领导人深化对蒋介石、国民党的认识有益;二是,他的右倾主张脱离实际,所述前后矛盾,既不为其他领导人所接受,在现实中也不能实行;三是,他公开发表的《三月政治局会议的总结》吸纳了与会同志的一些意见,虽然仍然表现了他的右倾主张,但有关表述相对较前周全,因此相对减少了其右倾主张的消极影响。

许多论著在阐述王明右倾错误时,强调王明在三月政治局会议上提出的"确定和普遍地实行以运动战为主,配合以阵地战,辅之以游击战的战略方针"和七个"统一"。但据王明《三月政治局会议的总结》所说:这些意见是对目前抗战的许多重要问题的意见,是对军事问题的一般意见,"不仅是为的使我们党的全体同志对这些问题有清楚的认识和共同的了解,而且是为的使我们这些意见能提供国民党同志和国民政府当局以及全国各抗日党派各抗日部队各抗日团体和全体爱国同胞作为讨论和实行的参考材料。"他所谓的战略方针,主要是针对全国战局的:"为的保卫武汉和在河南山西山东各战线上给敌军以更大的打击,我们必须坚决确定及广泛实行以运动战为主而辅之以游击战和配合以阵地战的战略方针。"从全国战局来看,就国民党在抗战初期死守一城一地、大打阵地战而言,这个提法应该是没错的。关于七个"统一",王明说:我国已经开始有了统一的军队的基础,这些军队受最高统帅及军事委员会的统一指挥,这些军队正在努力执行统一作战计划和表现统一作战行动,"但是,同时对于统一纪律,统一待遇,统一武装,统一编制等问题却至今还未能做到。统一待遇和统一武装,既为抗战本身的事实需要,已成一切抗战军队的共同要求,所以毋庸加以解释;至于统一纪律和统一编制方面,我们提议:一方面根据作战需要和利益,另方面选集各军队的优点和长处,来建立一个真正尽善尽美的统一纪律和统一编制。"[1]这里,他的强调点在于统一纪律、统一待

---

① 中央档案馆编:《中共中央文件选集》第 11 册,中共中央党校出版社 1991 年版,第 446—448 页。

遇、统一武装、统一编制,联系国民党厚己薄共,在编制、待遇方面苛刻对待八路军、新四军的实际,应该说其基本点是不错的,他强调的这几个"统一",是有利于中国共产党和抗日武装的。

总之,从实际效果看,应该说,三月政治局会议的积极因素是主要的。

第四,王明错误的最大问题是把个人凌驾于中央之上,在组织上闹独立性。他不服从中央的决定,如十二月政治局会议决定,他作为中共中央代表团成员前往武汉与国民党谈判,但他到武汉后随即改变十二月政治局会议的决定,出任中共中央长江局书记。他不经中央同意,擅自以中央名义发表文章和谈话,如 1937 年 12 月 25 日,他在汉口擅自以中共中央名义发表《中共中央对时局的宣言——巩固国共两党精诚团结,贯彻抗战到底,争取最后胜利》;1938 年 3 月未经中央通过就在武汉《群众》月刊发表自己撰写的《三月政治局会议的总结》。再如,1938 年 2 月 9 日,针对国民党顽固派"一个党、一个主义、一个领袖"的反共叫嚣,他事先不征求毛泽东和中央书记处的同意,起草"用泽东名义发表一篇 2 月 2 日与延安新中华报记者其光的谈话",事后,在致电中央书记处电报中说:"此稿所以用毛泽东名义发表者,一方面使威信更大,另方面避免此地负责同志立即与国民党起正面冲突,不过因时间仓促及文长约万字,不及事先征求泽东及书记处审阅。"①

三月政治局会议后,这种现象愈发严重,发展到否认延安中央地位的程度。如前引博古对陈云所述:"王明讲,延安的中央书记处人数并不比国民党统治区的多,延安发电不应用中央书记处名义。"②当林伯渠向王明提出,发表文章时"应与中央商量",王明拒不接受,说"不必要","在外面的中央政治局同志还占多些"③。在国民党临时全国代表大会召开前夕,他自己起草一份《中共中央对国民党临时全国代表大会的提议》,并不经中央审阅就交与国民党,而在收到中共中央起草的《中共中央致国民党临时全国代表大会电》后,他致电中央:"你们所写的东西既不可能也来不及送国民党,望你们在任何地

---

① 周国全、郭德宏:《王明传》,安徽人民出版社 2003 年版,第 199 页。

② 中共中央文献研究室编、朱佳木主编:《陈云年谱》下卷,中央文献出版社 2000 年版,第 230 页。

③ 王渔主编:《林伯渠传》,红旗出版社 1987 年版,第 224 页。

方不能发表","否则对党内外都会发生重大的不良政治影响"①。三月政治局会议决定王明去武汉一月即回,但他拒不执行,直至召开六届六中全会前夕才返回。毛泽东《论持久战》发表后,中央两次致电长江局,指示在武汉《新华日报》刊载,但他以文章太长而拒绝刊载。1938年8月,王稼祥奉共产国际指示回国后,中央决定召开政治局会议,王明却致电毛泽东、张闻天,要求派王稼祥速来武汉先行向他传达共产国际的指示,并要求如王万一不能来时,请将共产国际指示迅速电告。诸如此类的问题,表现了他藐视中央,把个人凌驾于中央之上的严重问题。正因如此,李德在回忆录中说:"我们把华中局(应为长江局——引者注)叫作'第二政治局'。"②对此,王明自己在1941年10月8日中共中央书记处会议上也承认:自己在武汉"在客观上形成半独立自主"③。目无组织、超越中央、自以为是、自作主张,是王明抗战初期错误的主要问题,也是其犯许多错误的根源。

---

① 中央档案馆编:《中共中央文件选集》第11册,中共中央党校出版社1991年版,第485页。

② 李德:《中国纪事》,现代史料编刊社1981年内部版,第306页。

③ 周国全、郭德宏:《王明传》,安徽人民出版社2003年版,第217页。

遵义会议精神内涵刍议

内容提要：遵义会议精神是中国共产党的宝贵财富，但目前对遵义会议精神内涵的概括颇不一致。从遵义会议的特点、内容和影响等方面加以考察，遵义会议的精神内涵可概括为：发扬民主、思想斗争、顾全大局、独立自主、实事求是。

1935 年 1 月，中共中央长征途中在贵州遵义召开扩大的政治局会议，在危难中挽救了党、挽救了红军、挽救了中国革命。遵义会议因此彪炳史册，并由此产生了影响深远的遵义会议精神。遵义会议精神是中国共产党的宝贵财富，继承和发扬遵义会议精神，对我们今天的建设和改革意义非常重大。但目前对遵义会议精神内涵的概括，颇不一致，有进一步深入研究的必要。我认为，概括遵义会议精神，应从会议的特点、内容和影响等方面去考察。本着这样的思路，谨提出自己的看法，请教于理论界。

发 扬 民 主

遵义会议是实行党内民主的典范，会议的成功是发扬民主的结晶。

第一，会议是根据大家的意见和要求召开的。1934 年 12 月初，中央红军经过血战，突破国民党军在湘江沿线设置的第四道封锁线，进入湖南，但红军付出惨重代价，由出发时的 8.7 万余人锐减为 3 万余人，实力大减。[①]

---

① 中央红军突破国民党第一道封锁线减员 3700 人，突破第二道减员 9700 人，第三道减员 8600 人，即在湘江战役前已减员 2.2 万人（中共桂林市委员会党史研究室等编：《红军长征突破湘江》，中共党史出版社 2001 年版，第 19 页）。据此计算，湘江之战中央红军损失 3 万人。

而其时,蒋介石已经调集 16 个师部署在红军通往湘西的要道上,张网以待,企图一举消灭中央红军。此时,继续循既定路线前进还是另辟新路,关系中央红军的生死存亡。有鉴于此,毛泽东向同行的王稼祥、张闻天分析第五次反"围剿"的军事指挥错误,提议中央讨论军事失败的问题。① 张闻天、王稼祥认识到第五次反"围剿"失败的主要原因是军事领导上的战略战术错误所致,于是和毛泽东一起为纠正这个错误而努力。② 周恩来 1943 年 11 月 27 日中央政治局会议的发言中回忆说:"从湘桂黔交界处,毛主席、稼祥、洛甫即批评军事路线,一路开会争论。从老山界到黎平,在黎平争论尤其激烈。"③

12 月 12 日,中共中央负责人在湖南通道召开紧急会议,讨论红军战略行动的方向问题。毛泽东建议放弃原定的去湘西和红二、六军团会合的计划,改向敌人兵力比较薄弱的贵州进军。毛泽东的这一主张,是使红军摆脱困境的正确途径,得到张闻天、王稼祥等人的赞同。但为共产国际顾问李德所反对,党的最高领导人博古也不同意放弃原订计划。由于意见不一致,于是会议决定在行军路线上作出调整:西进贵州,而后沿黎平、锦屏北上,进入湖南与红二、六军团会合。其后,在红军西进还是北上问题上,中央领导人存在严重分歧,并因此发生争论。为此,12 月 18 日,中共中央政治局在贵州黎平召开会议,继续就此讨论。会上经过激烈争论,决定采纳毛泽东的意见,确定不去湘西,而向贵州进军,随即,红军开始向黔西进军,这就是中共党史上著名的"黎平转兵"。同时,鉴于"在湘南及通道的各种争论",黎平会议决定到适当的地区召开会议,决定和审查黎平会议的决定、总结第五次反"围剿"以来军事指

---

① 中共中央文献研究室编:《毛泽东年谱》(1893—1949)中卷,人民出版社、中央文献出版社 1993 年版,第 438 页。

② 张闻天在延安整风时回忆这段历史说:"长征出发后,我同毛泽东、王稼祥二同志住在一起。毛泽东同志开始对我们解释反五次'围剿'中中央过去在军事领导上的错误,我很快地接受了他的意见,并且在政治局内开始了反对李德、博古的斗争,一直到遵义会议。"张闻天:《从福建事变到遵义会议》(1943 年 12 月 16 日),中共中央党史资料征集委员会、中央档案馆编:《遵义会议文献》,人民出版社 1985 年版,第 79 页。

③ 周恩来:《在延安中央政治局会议上的发言(节录)》(1943 年 11 月 27 日),中共中央党史资料征集委员会、中央档案馆编:《遵义会议文献》,人民出版社 1985 年版,第 64 页。

挥上的经验教训。①

综观这段历史,有两点应该强调:一是红军西向贵州的战略行动方向的确定,是实行民主集中制、民主决策的结果;二是遵义会议是针对党内争论和对博古、李德的领导存在意见,为发扬民主而决定召开的。②

第二,遵义会议实行了广泛的民主。在遵义会议上,博古作关于第五次反"围剿"的总结报告(史称"正报告")。他在报告中强调:第五次反"围剿"失败是由于帝国主义和国民党力量强大,白区和各根据地工作配合不够,中央苏区的后方物资供应工作没有做好等,否认他和李德在军事指挥上有严重错误。对此,与会的绝大多数人不满意。周恩来接着在关于反对敌人第五次"围剿"的军事工作报告(史称"副报告")中,实事求是地审视了此次反"围剿"中在战略战术诸方面存在的问题,主动承担了个人在指挥战争中应负的责任,作了诚恳的自我批评,同时也批评了博古和李德。随后,张闻天根据会前和毛泽东、王稼祥讨论的意见(主要是毛泽东的意见),作反对"左"倾军事错误的报告(史称"反报告")。

三个报告之后,毛泽东发言。他首先表态不同意博古的报告,认为博古强调客观原因过多,而忽略甚至回避在主观方面的失误。他归纳第五次反"围剿"中的错误:第一阶段是进攻中的冒险主义,第二阶段是防御中的保守主义,第三阶段则为退却中的逃跑主义;他具体分析了敌人的一、二、三、四次进攻时,红军为什么能够胜利,而在敌人第五次进攻中红军为什么失败的原因,运用事实驳斥了博古所讲的客观原因;他就具体的战术问题和军事指挥问题,提出了自己的见解,如对诱敌深入、集中优势兵力、运动战、游击战、战争的持久战和战役战斗的速决战、保持有生力量和保卫苏区领土的关系、战略转移与实行突围的问题等,都作了深刻的论述。

紧接着,王稼祥发言。他旗帜鲜明地支持和赞同毛泽东的意见,批评博古、李德在军事指挥上和战略战术上的错误,拥护毛泽东出来指挥红军。其

---

① 陈云:《遵义政治局扩大会议传达提纲》(1935年2月或3月),中共中央党史资料征集委员会、中央档案馆编:《遵义会议文献》,人民出版社1985年版,第3页。

② 周恩来在这个过程中发挥了非常重要的作用。他连续主持召开通道会议、黎平会议,发扬民主,讨论决定中央红军行动的方向问题。正是他的民主作风,实现了红军战略转兵。

后,周恩来、朱德、李富春、聂荣臻、刘少奇、陈云、彭德怀等相继发言,"完全同意洛甫及毛王的提纲和意见"①,认为博古的报告"基本上是不正确的"②;只有凯丰替博古辩护,"不同意毛张王的意见。"③会议没有约束,气氛宽松,与会者各抒己见,畅所欲言,充满民主气氛。

第三,会议决定体现了民主集中制原则。会议根据大家的意见,最后决定:"(一)毛泽东同志选为常委。(二)指定洛甫同志起草决议,委托常委审查后,发到支部中去讨论。(三)常委中再进行适当的分工。(四)取消三人团,仍由最高军事首长朱周为军事指挥者,而恩来同志是党内委托的对于军事上下最后决心的负责者。"会议还根据刘伯承、聂荣臻的建议,"一致决定改变黎平会议以黔北为中心来创造苏区根据地的决议,一致决定红军渡过长江在成都之西南或西北建立苏区根据地。"④

张闻天根据会议委托,在会后根据会议精神写成的《中共中央关于反对敌人五次"围剿"的总结的决议》,明确指出李德和博古的"左"倾军事错误,对第五次反"围剿"失败和长征初期的重大损失,"应该负主要的责任"。并决定"必须彻底纠正过去军事领导上所犯的错误,并改善军委领导方式"⑤。

第四,会议对博古、李德的不民主领导方式提出批评。《中共中央关于反对敌人五次"围剿"的总结的决议》指出:"政治局扩大会认为××同志特别是华夫同志的领导方式是极端的恶劣,军委的一切工作为华夫同志个人所包办,把军委的集体领导完全取消,惩办主义有了极大的发展,自我批评丝毫没有,对军事上一切不同意见不但完全忽视,而且采取各种压制的方法,下层指挥员的机断专行与创造性是被抹杀了。……虽是军委内部大多

---

① 陈云:《遵义政治局扩大会议传达提纲》(1935年2月或3月),中共中央党史资料征集委员会、中央档案馆编:《遵义会议文献》,人民出版社1985年版,第3页。

② 《中共中央关于反对敌人五次"围剿"的总结的决议》(1935年2月8日),中共中央党史资料征集委员会、中央档案馆编:《遵义会议文献》,人民出版社1985年版,第3页。

③ 陈云:《遵义政治局扩大会议传达提纲》(1935年2月或3月),中共中央党史资料征集委员会、中央档案馆编:《遵义会议文献》,人民出版社1985年版,第41页。

④ 陈云:《遵义政治局扩大会议传达提纲》(1935年2月或3月),中共中央党史资料征集委员会、中央档案馆编:《遵义会议文献》,人民出版社1985年版,第42页。

⑤ 《中共中央关于反对敌人五次"围剿"的总结的决议》(1935年2月8日),中共中央党史资料征集委员会、中央档案馆编:《遵义会议文献》,人民出版社1985年版,第22页。

数同志曾经不止一次提出了正确的意见,而且曾经发生过许多激烈的争论,然而这对于华夫同志与××同志是徒然的。一切这些,造成了军委内部极不正常的现象。"①这种批评,毫无疑问是对民主风气的倡导,有助于党内民主的发扬。

这里有一点应特别指出,就是博古的态度对会议的积极影响。博古在当时并没有认识到自己的错误。他后来在七大发言时说:"在这个会议(指遵义会议——引者注)上,我个人是不认识错误的,同时不了解错误,我只承认在苏区工作的政策上有个别的错误,在军事指挥上有个别政策的错误,不承认是路线的错误,不承认军事领导上的错误。"②但他在遵义会议期间表现了民主作风。一是,在黎平会议他主张由黔东北上湘西和红二、六军团会合,当他的意见被否决后他服从多数人的意见,服从会议的决定。当李德不满会议决定,和周恩来争吵时,他对周恩来说:"不要理他(指李德)。"③二是,在遵义会议上,作为最高领导人和会议的主持人,博古允许别人发表不同看法,让大家充分讲话,并对他的错误进行严厉的批评,虽然思想上不接受,感觉不好受,但没有利用权力压制任何人发表意见,表现出良好的民主作风。三是,遵义会议后接受遵义会议的决定,顺利交接工作。博古的民主作风和正确的态度,对遵义会议的成功是不可或缺的。亲历会议的伍修权曾就此有很高的评价:在遵义会议上,"博古同志虽然是会上的主要批判对象之一,但是他的态度还是比较端正的。他主持会议,却不利用职权压制不同意见,表现了一定的民主作风和磊落态度。会后,他又坚持和执行中央的决定,并严正拒绝了别人的挑拨性意见,这些都体现了一个共产党人应有的品质。"④

综观遵义会议,其之所以能够成功召开,能够作出影响深远的决定,是和广泛的、充分的民主讨论紧密联系在一起的,是民主决策达成科学决策的典

---

① 《中共中央关于反对敌人五次"围剿"的总结的决议》(1935年2月8日),中共中央党史资料征集委员会、中央档案馆编:《遵义会议文献》,人民出版社1985年版,第21页。

② 秦邦宪:《在中国共产党第七次全国代表大会上的发言》(1945年5月3日),中共中央党史资料征集委员会、中央档案馆编:《遵义会议文献》,人民出版社1985年版,第107页。

③ 任弼时延安整风笔记(1943年12月2日),转引自金冲及主编:《毛泽东传(1893—1949)》上,中央文献出版社1996年版,第338页。

④ 伍修权:《回忆与怀念》,中央党校出版社1991年版,第127—128页。

范。良好的民主氛围为纠正"左"倾错误创造了条件,而民主的发扬决定了遵义会议的成功。因此,发扬民主是遵义会议的一大特点,是构成遵义会议精神的一个要素。

遵义会议的民主风气具有深远的意义,在遵义会议上建立的新的中央领导层,一直保持着遵义会议形成的民主作风。在其后的长征中,在长征到达陕北后,在整个延安时期,以至新中国成立后的一个时期,党内民主一直得到了坚持和发扬。

思 想 斗 争

遵义会议是中国共产党内正确与错误的一次大碰撞和剧烈交锋,会议之所以能够成功,之所以能够基本结束"左"倾教条主义对全党的统治,是通过积极思想斗争实现的,具体形式就是批评和自我批评。

第五次反"围剿"的失败和长征初期的严重损失,把党和革命带入极端危险的境地,引发党内包括中央领导层对博古、李德领导的严重不满,毛泽东等为挽救危机起而和其错误进行斗争,不断提出意见和批评。比如在湘江战役之后,毛泽东向中央提出了讨论军事失败的问题。① 而当了解到蒋介石在通向湘西道路上部署重兵之后,毛泽东建议并坚持放弃原订的去湘西和红二、六军团会合的计划,西向贵州。毛泽东、张闻天、王稼祥等就此与坚持去湘西的博古、李德发生激烈的争论。周恩来后来回忆说:"从湘桂黔交界处,毛主席、稼祥、洛甫即批评军事路线,一路开会争论。从老山界到黎平,在黎平争论尤其激烈。"虽然出现"李德因争论失败大怒"②的现象,虽然博古、李德多次反对他们的意见,但他们并不放弃自己的主张,与之多次争论。争论的过程,就是批评和自我批评的过程,就是思想交锋、积极思想斗争的过程。

通过通道会议、黎平会议、猴场会议的争论,最后否决了博古、李德坚持去

---

① 中共中央文献研究室编:《毛泽东年谱》(1893—1949)中卷,人民出版社、中央文献出版社 1993 年版,第 438 页。

② 周恩来:《在延安中央政治局会议上的发言》(1943 年 11 月 27 日),中共中央党史资料征集委员会、中央档案馆编:《遵义会议文献》,人民出版社 1985 年版,第 64 页。

湘西的计划,避免了中央红军深陷敌军重围、全军覆没的危险。1935 年 1 月 1 日的猴场会议还决定:"关于作战方针,以及作战时间与地点的选择,军委必须在政治局会议上作报告。"①这个决定加强了政治局对军委的领导,实际上剥夺了博古、李德的军事指挥权。而从认识论的角度看,毛泽东、张闻天、王稼祥等对"左"倾错误的一系列思想斗争,为遵义会议的胜利召开奠定了思想基础。

而与"左"倾教条主义进行思想斗争的高潮是在遵义会议中。针对博古强调第五次反"围剿"失败的客观原因、缺少从主观上检查自己领导责任的错误认识,周恩来在"副报告"中承认第五次反"围剿"失败存在领导、指挥方面的错误,进行自我批评,并对博古、李德提出批评,实际上表现了和博古的不同认识,是对博古"正报告"的不认同,是对他的思想斗争。其后,张闻天的"反报告"和毛泽东、王稼祥的发言,完全否定博古的"正报告",批驳其对错误的辩解。他们对博古、李德的错误领导和指挥的批评(甚至严厉的批评),对于提升与会其他人的认识,引导会议走向成功产生了极其重要的作用。其后,朱德、彭德怀、刘伯承、聂荣臻、李富春等也对博古、李德的错误展开批评,从而形成遵义会议集中批评"左"倾错误领导的局面。

当时,博古是党的最高领导人,李德是共产国际的军事顾问,但张闻天、毛泽东、王稼祥和其他与会者没有顾及其地位和身份,对他们的错误毫不留情,提出尖锐的批评,这是难能可贵的。

这些批评产生的作用是极为重要的。一是,它推动会议向结束"左"倾教条主义统治、树立以毛泽东为代表的正确领导的方向前进。二是,充分暴露了"左"倾教条主义的危害,引发与会者的深刻反思,实际上不同程度地提高了他们的认识水平。三是,通过激烈的思想交锋,加深了党和红军的领导人对第五次反"围剿"失败原因的认识,绝大多数人在许多方面达成共识,为党的领导层达成和解和统一创造了条件。

一次会议取得如此重大的成果,实属罕见,从认识论的角度考察,它充分彰显了积极思想斗争的重大作用。马克思指出:"任何大国的工人政党,只有

———————

① 《中共中央文件选集》第 10 册,中共中央党校出版社 1991 年版,第 447 页。

在内部斗争中才能发展起来,这是符合一般辩证发展规律的。"①亲历遵义会议的刘少奇在 20 世纪 40 年代说:"党内斗争,主要的是思想斗争,它的内容是思想原则上的分歧与对立。"②而毛泽东在长征到达陕北后反复强调:"党内不同思想的对立和斗争是经常发生的,这是社会的阶级矛盾和新旧事物的矛盾在党内的反映。党内如果没有矛盾和解决矛盾的思想斗争,党的生命也就停止了。"③"我们主张积极的思想斗争,因为它是达到党内和革命团体内的团结使之利于战斗的武器。"④联系马克思主义经典作家的论述去思考,就可以更加清楚地看到遵义会议积极思想斗争的作用。

在党的历史上,在没有共产国际干预的情况下,集中对党的中央领导人当面进行严厉的批评,这是前所未有的。但它正是遵义会议能够成功的重要原因。可以肯定地说,积极的思想斗争是遵义会议的一大特点,是遵义会议在党的建设方面留给后人的一个宝贵经验,它当然应该是遵义会议精神的重要组成部分。

顾 全 大 局

遵义会议前后,党和中央红军面临极其严重的危险。其时,摆脱困境、寻找生机,是党和红军的最大问题和当务之急,而第五次反"围剿"的失败和长征初期的重大损失,表明执行"左"倾教条主义路线的领导人已经承担不了这样的使命。但是,他们并没有完全认识到这一点,因此固执原定方案,依然延续教条主义的领导。

其时,奋起探寻使红军摆脱困境的毛泽东、张闻天、王稼祥,都处在赋闲的状况。长征前夕,党和红军的领导事宜都由"最高三人团"(博古、李德、周恩来组成)决定。张闻天因从福建事变到广昌战役和博古多次争论,在长征前

---

① 《马克思恩格斯选集》第 4 卷,人民出版社 1995 年版,第 651 页。

② 《刘少奇选集》上卷,人民出版社 1981 年版,第 179 页。

③ 毛泽东:《矛盾论》(1937 年 8 月),《毛泽东选集》第一卷,人民出版社 1991 年版,第 306 页。

④ 毛泽东:《反对自由主义》(1937 年 9 月 7 日),《毛泽东选集》第二卷,人民出版社 1991 年版,第 359 页。

实际上已经被"剥夺"了参与最高决策的权力,"已经处于无权的地位"①。毛泽东从赣南会议(1931年11月1日至5日)到宁都会议(1932年10月上旬),再到六届五中全会(1934年1月15日至18日),一再受到排挤打击,在党内、军内没有多少发言权。王稼祥在第四次反"围剿"中被敌机炸伤,弹片还在肚子里,只能坐担架行军。因此,他们三人编入中央纵队,任务就是跟着走,在长征途中不担负领导、指挥的责任。

但是,面对生死存亡的严峻形势,他们秉持革命信念,从大局出发,为党和红军负责,奋起纠正错误,挽救革命。

毛泽东虽然屡受打击,不能参与中央决策,但他目睹"左"倾领导人的错误领导,挺身而出,努力挽救局面。他经常和一起行军或宿营的王稼祥、张闻天谈论党和红军的大事。湘江之战后,开始对他们说明和分析第五次反"围剿"中李德、博古在军事指挥上的错误,而后又和周恩来、朱德等谈话做工作。② 毛泽东的这些工作,对促成遵义会议召开、纠正并结束"左"倾错误的统治产生了积极的、直接的作用。

与此同时,他积极向中央提出摆脱困境的建议。如在突破国民党第三道封锁线后,他建议乘国民党各路军正在调动,其"追剿军"主力薛岳、周浑元两部尚未靠拢之际,组织力量反击,寻歼敌军一部,以扭转战局(但未被采纳)。针对湘江战役的严重损失,他向中央提出了讨论军事失败的问题③,目的是改变错误的军事指挥。

张闻天和王稼祥都对当时的局势感到忧虑,经过和毛泽东的多次交谈,他俩认识到造成严重困境的主要原因是在主观方面,是军事领导上的战略战术错误所致。张闻天后来回忆说:"长征出发后,我同毛泽东、王稼祥二同志住在一起。毛泽东同志开始对我们解释反五次'围剿'中中央过去在军事领导上的失误,我很快地接受了他的意见,并且在政治局内开始了反对李德、博古

---

① 张闻天:《从福建事变到遵义会议》(1943年12月16日),《遵义会议文献》,人民出版社1985年版,第78页。

② 中共中央文献研究室编:《毛泽东年谱》(1893—1949)中卷,人民出版社、中央文献出版社1993年版,第438页。

③ 中共中央文献研究室编:《毛泽东年谱》(1893—1949)中卷,人民出版社、中央文献出版社1993年版,第438页。

的斗争,一直到遵义会议","对于我个人说来,遵义会议前后,我从毛泽东同志那里第一次领受了关于领导中国革命战争的规律性的教育,这对于我有很大的益处。"①王稼祥则最先支持毛泽东的意见,认为要扭转党和红军的危急局面,必须开中央政治局会议改变中央领导。于是,他俩从中国革命大局出发,积极为解救危机而努力。一是,支持毛泽东的正确提议。如赞同毛泽东在红军突破第三道封锁线后,在湖南给敌人杀一回马枪的建议;在通道会议、黎平会议上支持毛泽东西进贵州的意见。② 二是,商议改变领导,推举毛泽东出来领导军事。12月下旬,他俩在黄平桔林谈话,张闻天提议:还是要毛泽东同志出来,毛泽东同志打仗有办法,比我们有办法。③ 王稼祥十分赞成,并先后就此和周恩来、朱德、彭德怀、刘伯承、聂荣臻等人交流,说:事实证明,博古、李德等人不行,必须改组领导,"到时候要开会,把他们'轰'下来。"他赞成毛泽东出来统率军队,获得他们几位的赞同。④

周恩来顾全大局的作用是十分突出的。其时,他的思想认识发生了很大变化,对博古、李德领导的正确性产生了怀疑。中央红军战略转移的预定目的地是湘西,但为什么在行进到湖南通道后,周恩来要召开中央紧急会议讨论红军战略行动的方向问题? 最基本的原因是他对继续去湘西的方案有了疑问,觉得应该重新研究该方案。周恩来此举是至关重要的,因为正是通道会议开启了中央红军战略转移方向的改变,此后的一系列会议和决策都是以此为开端的。也正是由于思想认识的变化,其后周恩来又主持黎平会议,坚定地采纳毛泽东的建议。对于他的思想认识的变化,周恩来1943年11月27日在延安中央政治局会议上的发言中说得非常清楚:"从老山界到黎平,在黎平争论尤其激烈。……毛主席主张到川黔边建立川黔根据地。我决定采取毛主席的意

---

① 张闻天:《从福建事变到遵义会议》(1943年12月16日),《遵义会议文献》,人民出版社1985年版,第79—80页。

② 敌人部署重兵在湘西途中的严重敌情,是张闻天在12月12日进入通道了解到的,并马上告诉毛泽东,请毛泽东提出对策(中共中央党史研究室张闻天选集传记组编、张培森主编:《张闻天年谱》上卷,中共党史出版社2000年版,第234页)。

③ 中共中央党史研究室张闻天选集传记组编、张培森主编:《张闻天年谱》上卷,中共党史出版社2000年版,第236页。

④ 《聂荣臻回忆录》(上),解放军出版社1986年版,第243页;聂荣臻:《回忆王稼祥同志在遵义会议上的重要作用》,《回忆王稼祥》,人民出版社1985年版,第1页。

见,循二方面军原路西进渡乌江北上。李德因争论失败大怒。此后我与李德的关系也逐渐疏远。我对军事错误开始有些认识,接受毛主席的意见,对前方只指出大方向,使能机动。"①脱离"三人团"原来的思维轨道,是周恩来顾全革命大局的重要举动。

历史已经证明,毛泽东、张闻天、王稼祥的努力和周恩来的转变,对遵义会议的成功召开至关重要。如果我们把遵义会议和1934年5月上旬中革军委会议张闻天对博古的批评相比较,就可以更清楚地看到他们态度变化的重大作用。1934年广昌战役失败后,张闻天在5月上旬中革军委的一次会议上,对博古他们提出严正的批评。指出:广昌战斗中同敌人死拼,是不对的。这是一种拼消耗的打法,使红军主力遭受了不应有的巨大损失。张闻天还批评博古过于重用李德,说:我们中国的事情不能完全依靠李德,自己要有点主意。博古不接受批评,反而说张闻天的这种指责是普列汉诺夫反对1905年俄国工人武装暴动那样的机会主义思想。两人在会上争得面红耳赤,相持不下。其他与会同志,没有一个表示意见。② 虽然此时和后来的客观形势大不相同,但博古、李德的决策明显是错误的,然而终因张闻天一人之驳过于单薄,因此其批评也就没有起到抑制博古、李德错误的作用。而遵义会议前后的情况则不同。在通道会议上,毛泽东的意见得到张闻天、王稼祥的支持,并因此得到别的与会者的支持,从而否决了博古、李德的主张。其后的黎平会议、猴场会议,情况基本相同,因此坚持了毛泽东西进贵州的前进方向,并开始逐步削减和约束"左"倾教条主义领导的权力。在关键性的遵义会议上,毛泽东、张闻天、王稼祥的报告和发言,形成会议议题的主流,主导了会议的进程。周恩来作为中共中央常委、"三人团"成员,他的态度和意见的分量很重。他关于第五次反"围剿"失败主观原因的阐述,对毛泽东参与军事工作的支持,对遵义会议的进程影响很大,"恩来同志及其他同志完全同意洛甫及毛王的提纲和意见。"③

---

① 周恩来:《在延安中央政治局会议上的发言》(1943年11月27日),中共中央党史资料征集委员会、中央档案馆:《遵义会议文献》,人民出版社1985年版,第64页。

② 关于这次中央军委会上博洛争论情况,据张闻天《1943年延安整风笔记》和伍修权《纪念遵义会议怀念闻天同志》,见《回忆张闻天》,第91—92页。

③ 陈云:《遵义政治局扩大会议传达提纲》,《遵义会议文献》,人民出版社1985年版,第42页。

正是由于他们从党和中国革命利益和大局出发,对党负责,以革命利益为重,坚持真理、维护真理,扭转了遵义会议的方向,并深刻影响了与会的其他人,从而形成克服"左"倾错误的合力,使会议出现一边倒的形势,使会议作出正确的决策。

这里有一个观点必须进行辩驳。有论者用个人恩怨来解释遵义会议领导层的变化,说博古、李德和其他领导人存在意见分歧、恩怨,结果引发众人在遵义会议上反对他俩。实际上,此说与基本事实相差甚远。如果按照一般世俗的所谓的个人恩怨来看,则毛泽东和张闻天、王稼祥等都存在。比如,张闻天1932年4月4日根据中央会议精神撰写的《在争取中国革命在一省与数省的首选胜利中中国共产党内机会主义的动摇》的社论中,否定毛泽东在反"围剿"中创造的"坚壁清野""诱敌深入"的策略,认为它是"浓厚的等待主义";在1932年10月6日政治局常委会会讨论毛泽东"错误"时,张闻天提议"泽东可调回后方做苏维埃的工作"。这个意见结果成为中共苏区中央局宁都会议的决定("泽东同志回后方负中央政府工作的责任")。① 如果说张闻天的这些活动,远在中央苏区的毛泽东不知晓的话,那么张闻天在中央苏区具体主持开展的反对"罗明路线"和邓小平、毛泽覃、谢维俊、古柏的"江西罗明路线"的斗争,毛泽东是十分清楚的。而这两场斗争明显是指向毛泽东的,它"实际是反对毛主席在苏区的正确路线和作风"(博古语),"进一步推翻毛主席为代表的正确路线和正确领导"(李维汉语)。在批评和排斥毛泽东的赣南会议与宁都会议上,王稼祥都有对毛泽东的批评。他为赣南会议起草的《政治决议案》将毛泽东反对本本主义、坚持从实际出发的思想理论指责为"狭隘经验论",把根据地实行的"抽多补少""抽肥补瘦"、按人口分配土地的土地政策说成是"富农路线";把毛泽东"傍着原有根据地发展"的方针说成是"右倾保守";指责红军"没有完全脱离游击主义的传统",并决定"要集中火力反对右倾",对"右倾机会主义作最残酷的斗争"。再如,解除毛泽东军事领导权的宁都会议,是周恩来主持的;朱德与毛泽东曾在红四军七大上产生分歧,结果使毛泽东的前委书记落选等。但恰是他们在遵义会议前积极支持毛泽东提出的、使中央红军摆脱危险的建议,否定博古、李德坚持的主张。在遵义会议上,他们

---

① 程中原:《张闻天传》,当代中国出版社2006年版,第123页。

都对博古、李德的错误领导提出批评,提议和一致赞同毛泽东出来领导军事。

遵义会议体现的顾全大局精神,还有一个方面的内容,就是遵义会议后毛泽东作用的发挥。当时毛泽东没有成为党的最高领导人,但他参与党中央的路线、方针、政策的决策,他的主张和意见大都成为党进行革命的指导思想。实际上,毛泽东发挥了主要的领导作用。张闻天、周恩来等遇事和毛泽东商量,处处以"配角"自居,保证了毛泽东的方针、谋略得到畅通无阻的贯彻执行。邓小平曾就此指出:"遵义会议以后,毛泽东同志对全党起了领导作用……尽管名义上他没有当什么总书记或军委主席,他实际上对军队的指挥以及重大问题上的决策,都为别的领导人所承认。""朱德同志、周恩来同志、张闻天同志、王稼祥同志,他们这些同志确实照顾大局,确实有党性原则,只要毛泽东同志的意见是对的。都一致支持,坚决执行。"①遵义会议后的中央领导人不顾及职务、权力、名誉、地位,革命为重、大局为重,表现了崇高的革命品德。

应该说,受到严厉批评的博古也是顾全大局的。在遵义会议上,他"个人是不认识错误的,同时不了解错误,我只承认在苏区工作的政策上有个别的错误,在军事指导上,有个别政策的错误,不承认是路线的错误,不承认军事领导上的错误。"②因此"没有完全彻底的承认自己的错误"③,但他的态度是正确的,按照民主集中制的原则办事,严格遵守会上通过的决议。当时凯丰曾建议他不要交权,但博古没有听凯丰的意见,以大局为重,不考虑个人得失,根据政治局多数人的意见主动交了权,实现了中央领导层的平稳过渡,维护了党的团结统一。后来在反对张国焘分裂主义的斗争中,博古坚定地站在以毛泽东为代表的党中央一边,为维护党和红军的团结与统一,发挥了重要的作用。

党的领导人追求真理、维护真理的崇高品质和对党负责、顾全大局的态度,保证了遵义会议的成功召开。贯穿整个会议的这种思想境界,无疑应是遵

---

① 遵义会议纪念馆编:《遵义会议资料汇编》,中央文献出版社 2009 年版,第 84—85 页。

② 秦邦宪:《在中国共产党第七次全国代表大会上的发言》(1945 年 5 月 3 日),中共中央党史资料征集委员会、中央档案馆编:《遵义会议文献》,人民出版社 1985 年版,第 107 页。

③ 陈云:《遵义政治局扩大会议传达提纲》,《遵义会议文献》,中共中央党史资料征集委员会、中央档案馆编:《遵义会议文献》,人民出版社 1985 年版,第 42 页。

义会议精神的重要内容。

这里附带说一点，遵义会议上中共领导人为远大政治理想奋斗和献身的理念，为党负责的高度的政治觉悟、大局观念和责任感，是革命战争年代绝大多数中国共产党人的基本政治品质，也是后人认识和评价他们时应该把握的基本点。如果用一般世俗的眼光看待他们，必然走偏。

独 立 自 主

遵义会议是中国共产党第一次独立处理面临的重大问题。

中国共产党是在共产国际帮助下正式成立的，1922 年中国共产党加入共产国际，中共和共产国际建立上下级、领导与被领导的关系。这种关系，实际上就规定了共产国际可以干预中国共产党的事务，包括改组中国共产党的领导机构、选择领导人。而处在幼年的中国共产党，各方面都不成熟，中国革命是什么革命、应该如何革命、如何组织队伍、如何决策等，尚不清楚，因此也就需要共产国际的指导。所以在遵义会议前，党的历次全国代表大会、重大决定及领导人改变等都是在共产国际的指导、帮助和批准下进行的。比如，大革命失败的严峻形势下决定继续革命方针的八七会议，是根据共产国际指示并在其代表罗明那兹、纽曼帮助下召开的，八一南昌起义是请示共产国际后举行的。党的领导人也是经过共产国际选择和确定的。陈独秀在中共一大到五大担任中共中央领导人，既有历史形成的原因，也有共产国际认可的因素，并且后者的分量很重。1927 年 7 月 12 日，陈独秀离开中央领导岗位，也是执行共产国际"不遵守国际训令者剥夺其在中央之领导权"指示的结果。八七会议后瞿秋白主持中央工作，六大上向忠发的突起，六届四中全会王明的上台，都是共产国际作用的结果。长征前夕召开的六届五中全会，其中央政治局委员名单也是共产国际决定的。甚至连 1934 年中央红军实施战略转移的决策也是经过共产国际批准的。概括地说，遵义会议之前，中国共产党长期在共产国际的指示下开展工作。举凡重大事项、重大决策、重大活动，大都或者是根据共产国际的指示，或者是请示共产国际批准后进行的，中共几乎没有单独作过重大决定。

遵义会议时，党与共产国际的联系中断，已经没有可能请示，也得不到它的指示，客观条件的限制逼迫中共改变原有的工作模式，自主地去解决面临的现实问题。这是一个严峻的考验,它要求中国共产党人自己去研究、解决问题,是在检验中国共产党人的能力和水平。但另一方面又是一个机遇,来自共产国际的不适合中国国情的指示及其相应产生的各种教条主义的干扰没有了,有利于党结合当时的实际情况作出正确的选择。

中国共产党人在遵义会议上给出了圆满的答卷。经过十四年艰苦卓绝的斗争磨炼,党已经有了毛泽东、周恩来等一批在斗争实践中成长起来、把马克思主义和中国革命实际相结合的卓越领导人;张闻天、王稼祥等也在第五次反"围剿"失败和长征初期的一系列挫折中觉悟了,认识到固守教条、依靠洋人是不行的,必须改变过去的思维和做法。于是,中国共产党人根据自己的认识和判断,召开并主导了遵义会议,第一次独立自主地作出了战略决策、改选了领导人。历史证明,遵义会议的决定和选择是正确的。

需要强调的是,遵义会议是在否定和排除共产国际军事顾问李德的情况下举行的,它特别凸显了党的领导人的独立自主的意识。

更为深远的影响是,由遵义会议启动的独立自主精神,成为党领导中国革命的常态。在其后的长征途中,党的重大决策,都是党的领导人根据军事形势和面临的实际情况而独立作出的。经过一系列实践,党内独立自主领导中国革命的意识进一步生发,党独立自主领导中国革命的能力得到不断锻炼和提升。经过长征,随着毛泽东领导地位的确立,党逐渐形成了独立自主领导中国革命的优良作风。正因如此,毛泽东后来指出:"我们认识中国,……真正懂得独立自主是从遵义会议开始的。"①

回顾中国革命的历史,我们清楚地知道独立自主对中国革命的极端重要性。而遵义会议凝聚了独立自主的意识,彰显了独立自主的作用,使之成为党领导中国革命的基本思想,因此它毫无疑问是遵义会议精神的重要内容。

实 事 求 是

遵义会议是为纠正错误、挽救危局而与党内的错误领导进行斗争的会议,其实质就是实事求是思想路线和教条主义思想路线的斗争。

---

① 遵义会议纪念馆编:《遵义会议资料汇编》,中央文献出版社 2009 年版,第 39 页。

博古、李德的错误领导和指挥,导致第五次反"围剿"失败和长征初期的重大损失,而他们的错误从根本上说是教条主义的错误。博古犯错误的显著特点是机械运用马克思主义经典著作的词句,照搬照抄共产国际指示。他在1943年9月中央政治局会议上检讨说:他完全遵从共产国际路线,"执行了这个路线,而且在执行中把它发挥了,极端化了。"①因此,他在中央苏区全面推行王明"左"倾教条主义;因为不懂军事,所以完全信赖和听从共产国际军事顾问李德的意见。而李德既不懂中国国情又毫无中国革命的实践经验,只是完全照搬苏联的军事教科书、军事条令和正规战争的经验,且自以为是,听不进不同意见,脾气暴躁。② 于是,他们在第五次反"围剿"中,完全否定毛泽东切合敌我情况制定的、前几次反"围剿"作战屡试不爽的军事路线,宣称:"'游击主义'的黄金时代已经过去了,山沟里的马列主义该收起来了",提出一套"新原则",打"正规战"。结果红军经过一年奋战,没有打破敌人的"围剿",中央苏区大部被敌人侵占。在针对严重的敌情、实施战略转移过程中,又实行"大搬家",几乎把所有的"坛坛罐罐"都带上了,结果大大减弱了红军的机动性和战斗力,给了敌军堵击、截击和追击的可乘之机,造成湘江战役的惨重损失。其后,他们不顾蒋介石在通往湘西要道上部署重兵的严重敌情,坚持原定计划。倘若如此,必将陷敌重围,有全军覆没的危险。

正是基于他们教条主义领导和指挥的错误与危害,在生死存亡的紧急关头,毛泽东、张闻天、王稼祥等与之争论,奋起挽救危局,并促成了遵义会议的召开。

通道会议、黎平会议上的争论,焦点是红军是按原订计划向敌军密集的湘西行动还是另辟新路、改向敌人力量薄弱的贵州前进。两种主张反映的是两种思维,是固守原定方案还是因地制宜、敌变我变。从思想路线的角度看,实际上就是教条主义和实事求是的争论。

① 博古:《我要说明的十个问题》(一九四三年九月),《秦邦宪(博古)文集》,中共党史出版社 2007 年版,第 481 页。

② 博古、李德的错误是认识错误。博古 24 岁被突然任命为中共中央最高领导人,他既没有经过实际斗争的磨炼,不了解中国实际,缺乏领导中国革命的能力,又受到教条主义的教育,在共产国际严格的组织纪律要求下,只能照搬照抄。李德是用其德国人的观念和思维提出、制定红军的作战计划和军事部署,结果给中国革命造成重大的损失,但他作为一个外国人,来中国帮助中国革命,主观动机无可非议。有论者在评论博古、李德时任意贬损,把其错误说成品质问题,甚至恶意为之,这不符合历史事实。

正因如此,"黎平转兵"不仅避免了红军陷入重围甚至全军覆没的危险,而且一下子把十几万敌军甩在了湘西,减轻了中央红军的军事压力,争取了主动。同时其更大的意义在于,这是以毛泽东为代表的实事求是思想路线对王明"左"倾教条主义思想路线斗争所取得的一次带有决定性的胜利,为党进一步战胜教条主义统治开启了一扇门。

遵义会议对博古、李德的批评,实际上是对其教条主义思想路线的批判。会上大家的发言,集中批评的是他俩脱离实际的领导和指挥。张闻天根据会议精神起草的《中共中央关于反对敌人五次"围剿"的总结的决议》强调指出:第五次反"围剿"不能胜利的主要原因,在于"我们在军事领导上战略战术的错误路线所造成的恶果"①,并运用毛泽东创造的克敌制胜的军事思想,通过具体作战事例,逐条批驳了博古"正报告"关于第五次反"围剿"失败原因的解释,说明博古、李德脱离中国革命和中央苏区实际的"战略战术的错误路线"。遵义会议决议的这个分析,实际上指出了他俩犯错误的根本原因,就是"违反了中国国内战争中战略战术的基本原则"②,所谓"军事领导上战略战术的错误路线",即教条主义的错误。

遵义会议对博古、李德的严厉批评,决定取消"三人团",会后由张闻天取代博古"负总责",从而结束了"左"倾教条主义的统治。

遵义会议在纠正教条主义错误的同时,彰显了实事求是的思想路线。它对中央领导人和红军将领很大的教育,就是启发和推动他们树立实事求是的思想观念。

遵义会议选举毛泽东为政治局常委,参与军事工作——当时党的主要工作的领导。毛泽东善于把马列主义的原理同中国革命的实际相结合,根据敌我形势和实际情况颇多创造,在艰苦、困难的条件下开创了革命的大好局面,是实事求是的典范。毛泽东进入中共中央领导核心,并事实上发挥主导作用。从指导思想上讲,以毛泽东为代表的实事求是的思想路线开始成为党在决策中的指导思想。

---

① 《中共中央关于反对敌人五次"围剿"的总结的决议》(1935年2月8日),中共中央党史资料征集委员会、中央档案馆编:《遵义会议文献》,人民出版社1985年版,第5页。

② 《中央政治局扩大会议总结粉碎五次"围剿"战争中经验教训决议大纲》(1935年2月8日),遵义会议纪念馆编:《遵义会议资料汇编》,中央文献出版社2009年版,第39页。

　　总之,遵义会议阐发和弘扬了实事求是的思想路线。中国革命是马克思主义和中国革命实际相结合的胜利,是实事求是思想路线的胜利。而开启全党实事求是大门的遵义会议,对中国共产党思想路线建设、对中国革命的贡献是巨大的。因此,实事求是应是遵义会议精神的重要组成部分。

简论陈家坡会议

内容提要:陈家坡会议是西北革命斗争史上一次非常重要的会议,它在西北革命遭受严重挫折的关键时刻,对复兴革命作出了重大决策,影响深远。但学术界对它的研究非常薄弱,该会是怎样召开的? 解决了哪些问题? 其历史意义何在? 目前都没有充分的论述,而且围绕陈家坡会议的一些史实也说法多异,影响人们对这次会议的认识。从深化研究的目的出发,笔者尝试就此次会议作一些学术性的探索。

1933 年 8 月 14 日,中共陕甘边特委和红二十六军第四团、耀县游击队负责人在照金根据地的陈家坡召开联席会议(通称"陈家坡会议")。对于此次会议,亲历西北革命斗争的领导人都有很高的评价,习仲勋称:"陈家坡会议,是一次关键性的会议,是具有重大历史意义的一次会议。"①"对加强党对红军和游击队的统一领导,巩固和扩大陕甘边根据地具有重要的意义。"②张秀山回忆说:"陈家坡会议是有历史意义的"③,"陈家坡(会议)的斗争是红廿六军生死存亡的斗争。"④秦武山评价说:"陈家坡会议是在红二团南下失败后,恢复与扩大红二十六军

---

① 《习仲勋同志谈照金苏区的创建及其发展》,中国人民政治协商会议陕西省耀县委员会文史资料研究委员会:《耀县文史资料》第 4 辑,1988 年 8 月,第 3 页。
② 习仲勋:《回忆陕甘边区革命根据地》,《习仲勋革命生涯》编辑组编:《习仲勋革命生涯》,中国文史出版社 2002 年版,第 13 页。
③ 《张秀山同志在历史座谈会上的发言》(会议记录稿节选),1945 年 7 月 14 日。
④ 张秀山:《在中共西北局高干会议上关于边区党历史问题的发言(会议记录稿节选)》,1942 年 11 月 5 日。

的关键性会议。"①张邦英认为陈家坡会议"具有重要意义","解决了部队统一指挥、统一行动的问题。"②王世泰也认为:"陈家坡会议所作出的决议,对加强党对红军游击队的统一领导,广泛开展游击战争,粉碎敌人的军事'围剿'起了决定性的作用。"③但学术界对此的研究非常薄弱,该会是怎样召开的? 解决了哪些问题? 其历史意义何在? 目前都没有充分的论述,而且围绕陈家坡会议的一些史实也说法多异,影响人们对这次会议的认识。从深化研究的目的出发,本文尝试就此次会议作一些学术探索。

一

陈家坡会议是在西北革命面临严重困难、局势十分危急时刻召开的、决策以后革命发展方向的关键性会议。

1933 年 7 月间,陕甘边革命遭遇严重挫折,形势十分危急。一是,革命武装遭受重大失败。1933 年 6 月下旬,时任红二十六军政委的杜衡,决策红二十六军第二团南下渭华地区创建苏区。结果,红二团在蓝田地区遭敌重兵围追堵截,陷入绝境,苦战月余,最终全军覆没。7 月下旬,在中共陕西省委领导下,杨虎城骑兵团由团长、共产党员王泰吉率领,在耀县起义,改名为"西北民众抗日义勇军"。但该部旋即在三原的辘轳把作战中严重失利,部队基本被打垮,人数由一千余人锐减到百余人,被迫北撤进入照金根据地。红二团是陕甘边红军的主力和革命的支柱,它的失败对陕西革命产生了严重的不良影响。王泰吉起义震撼全省,但它的溃败也对革命形势和人们的心理产生很大的影响。二是,陕西党、团组织遭受空前破坏。7 月 28

---

① 秦武山:《我在照金的片断回忆》,中共陕西省委党史研究室、中共甘肃省委党史研究室:《陕甘边革命根据地》,中共党史出版社 1997 年版,第 583 页;张秀山:《在中共西北局高干会议上关于边区党历史问题的发言(会议记录稿节选)》,1942 年 11 月 5 日。

② 张邦英:《忆陕甘边根据地》,中共陕西省委党史研究室、中共甘肃省委党史研究室:《陕甘边革命根据地》,中共党史出版社 1997 年版,第 279 页。

③ 王世泰:《习仲勋在陕甘边根据地》,《习仲勋革命生涯》编辑组:《习仲勋革命生涯》,中国文史出版社 2002 年版,第 58 页。

日,省委领导人会议被敌人侦探发现,在红二十六军二团南下途中离开部队返回西安的杜衡和省委书记袁岳栋当场被捕,他俩随即叛变,供出他们知道的所有组织和党、团员,使省委机关和各地党、团组织遭到毁灭性的破坏。仅在渭北地区,就有五百多名共产党员和革命群众被捕或被杀,关中十几个县的党组织,只剩下韩城、临潼两个县委。陕西党组织之间以及与中央的联系大部分中断。三是,国民党军疯狂"围剿"革命根据地。根据杜衡和袁岳栋等叛徒提供的情报,国民党军疯狂"围剿"渭北革命根据地和刚刚在7月间组建的红二十六军第四团。时任红四团团长的黄子祥回忆说:"敌人获悉我们力量不大,派了两个团的兵力上原'搜剿',红四团被迫转移到嵯峨山一带。当时,我们感到在武字区难以活动,就撤到了耀县照金。"①在国民党重兵进攻下,渭北根据地沦陷,在王泰吉起义时新组建的耀县游击队也被迫退入照金根据地。

随后,国民党军又调集重兵发动对照金根据地的"围剿"。时任陕甘边军委书记的习仲勋回忆说:"红二团失败后,敌人调动大批兵力,妄图一举荡平陕甘边根据地。当时我们困难极了……敌人对渭北、照金到处进攻,我们失掉红军主力的依靠,无处安身,吃饭都成了问题。"②时任陕甘边游击队总指挥部政委的张秀山也回忆说:"这时是廿六军咬紧牙关的时期,红军不能在村庄里住,只能钻梢山,梢山里的生活是非常艰苦的。"③照金根据地面临的对敌军事斗争的形势非常严峻。

严重的失败和严峻的斗争形势,也在革命内部引发了严重问题,形成迫在眉睫必须立即解决的重大问题。一是必须消除因革命严重挫折而出现的右倾悲观失望情绪。当时,国民党大肆宣传"红二十六军失败了","刘志丹枭首了"等;叛徒袁岳栋、杜衡等在西安召开记者新闻会,在报纸上刊登自首宣言和"告陕西青年书"等,造谣、攻击、诬蔑共产党和中国革命。在这种情况下,

① 黄子祥:《红四团的建立及早期活动》,中共陕西省委党史研究室、中共甘肃省委党史研究室:《陕甘边革命根据地》,中共党史出版社1997年版,第562页。

② 习仲勋:《回忆陕甘边区革命根据地》,《习仲勋革命生涯》编辑组编:《习仲勋革命生涯》,中国文史出版社2002年版,第13页。

③ 《张秀山同志在历史座谈会上的发言》(会议记录稿节选),1945年7月14日。《纪念张秀山同志诞辰一百周年》,北京时代弄潮文化发展公司2011年版,第52页。

革命队伍内部产生了一些右倾的情绪和认识,"主张红军只能打游击,不能统一起来创造根据地,以后连游击也不能打了"①,"当时有人主张分散活动,不打红旗。"②甚至还出现了"压枪"、停止武装斗争去做秘密工作的说法:"整个党被破坏了,……这样大的局面都失败了,像我们这几条枪还不会被人家打掉? 还是压了枪吧,保存几个干部。"③二是必须解决建立统一领导的问题。由于省委被破坏,党和红军原有的组织领导体系不复存在;在国民党军严重进攻下退入照金根据地的红二十六军第四团、"西北民众抗日义勇军"和耀县游击队,相互之间没有隶属关系;此时党内和红军内部出现了意见分歧,因此在大敌当前的形势下,迫切需要解决统一领导的问题。三是必须寻找和确定重振革命旗鼓的方针和办法。在革命力量遭受严重损失、敌情疯狂进攻的非常严峻的形势下,如何应对面临的危机,如何摆脱困境、复兴革命,是当时摆在陕甘边红军和领导人面前的头等大事,必须当机立断、做出决策。

陈家坡会议就是在这样的历史背景下召开的。毫无疑问,在严峻形势下为挽救危机、寻找生机和出路而召开的会议,如果其解决了迫切需要解决的重大问题,意义自然是重大和深远的。

二

作为关键时刻召开的关键会议,陈家坡会议在关系西北革命前途的关键问题上做出了正确的决策,因此而影响深远,为人称道、名载史册,其历史地位是由于其发挥重大作用而确定的。

第一,统一了认识。当时,集聚照金的领导人在下一步如何进行革命斗争等问题上,存在严重意见分歧。据与会者回忆,参加陈家坡会议的有:陕西省

---

① 张秀山:《我的八十五年——从西北到东北》,中共党史出版社 2007 年版,第54 页。

② 习仲勋:《回忆陕甘边区革命根据地》,《习仲勋革命生涯》编辑组:《习仲勋革命生涯》,中国文史出版社 2002 年版,第 13 页。

③ 《高岗同志在历史座谈会上的讲话》(1945 年 8 月 2 日)。

委代表高岗①，中共陕甘边特委书记秦武山，中共陕甘边特委军委书记、陕甘边革命委员会副主席习仲勋，陕甘边游击队总指挥李妙斋、政委张秀山，红四团政委杨森、团长黄子祥、参谋长王伯栋，耀县游击队党代表张邦英、队长陈学鼎等，另外还有红四团的连长、指导员等。会上，他们围绕三支部队今后行动的方式（集中统一行动还是分散行动）、成立红军临时总指挥部后的领导人选的问题，发生激烈的争论。秦武山回忆说："这次会议上对三支部队统一与分散活动等问题发生了激烈的争论。黄子祥、王伯栋等少数人不主张统一行动，主张各回各地打游击。这种主张遭到与会的绝大多数同志的反对。反对这种主张的有习仲勋、秦武山、杨森、高岗、李妙斋、张秀山、张邦英、陈学鼎等同志。第二个争论是总指挥的人选问题，大家都主张王泰吉任总指挥，黄子祥、王伯栋认为这是义勇军领导红军，不同意。第三个争论是高岗任政委的问题，大多数同志主张高岗为总指挥部政委，但黄、王反对。会上，我们批评了黄、王的右倾和失败情绪，从当日下午一直开到第二天太阳升起才结束，最后正确的意见终于占了上风。"②

激烈的争论说明认识分歧很大，其争论虽然表现在统一领导等问题上，但焦点是在严峻形势下如何坚持革命的问题。经过积极的艰苦的思想斗争，会议最后在上述三个问题上取得了一致。"经过一个下午又一个晚上的讨论，会议最终取得了一致意见。"③而其主要成果就是克服了右倾悲观的失败主义情绪。习仲勋曾就会议的这个作用指出："当时有人主张分散活动，不打红

---

① 高岗此时的身份有几种说法，一说"西北民众抗日义勇军"政委，一说陕西省委特派员，一说陕西省委派到苏区负责军事工作的。贾拓夫1933年给中央的报告中说：在省委被破坏后，"我找见高麻子，与他讨论了骑兵团工作后，派他到那里去工作，这是以前省委就决定的。"但他在高岗问题发生后的1959年回忆说：在逃出国民党搜捕后，我"与高岗商量，确定西安党的工作，义勇军和红二十六军工作，由高岗负责，并立即去红二十六军"。两说关于高岗的职责颇不相同，而据张秀山回忆说：陕西省委给高岗的"介绍信是说派来边区作军事工作"，因此高岗到照金苏区薛家寨后，"陕甘边特委当即决定高岗为义勇军政委"。据此判断：陈家坡会议时，高岗的职务应是"西北民众抗日义勇军"政委，但大约因为他是陕西省委"派来边区作军事工作"，因此被视为陕西省委代表、特派员。

② 秦武山：《我在照金的片断回忆》，中共陕西省委党史研究室、中共甘肃省委党史研究室：《陕甘边革命根据地》，中共党史出版社1997年版，第583页。

③ 张邦英：《忆陕甘边根据地》，中共陕西省委党史研究室、中共甘肃省委党史研究室：《陕甘边革命根据地》，中共党史出版社1997年版，第279页。

旗。会议批判了这种错误思想,统一了认识和行动。"①张仲良明确肯定这是会议的重要成果:"克服了存在于一些同志中的失败主义情绪。"②黄罗斌也持同样的看法:"会议还批评了一些同志的悲观失望情绪,振作了精神,统一了思想。"③应该肯定,这是陈家坡会议的主要成果。

一定要看到会议这一成果的重要性。当时持分散活动意见的红四团团长黄子祥,生于1895年,年龄大习仲勋、张秀山等十七八岁,并曾入广东讲武堂学习,担任过杨虎城部的中校团副。他走南闯北、阅历丰富,而且从1928年起,在三原参加中共地下党领导的农民武装斗争,历任渭北游击队总指挥等职,"在渭北很有影响"(习仲勋语)④,在红四团颇有威信,与会的连长、指导员大都支持他。并且他的返回三原的主张,也颇合大多数出身渭北地区的红四团指战员的心情。而红四团又是当时照金根据地的主要武装力量,如果他们最后仍坚持自己的意见,会议没有取得一致,则部队很难实现统一领导、统一行动,那么在即将来临的严峻斗争中很难形成强有力的合力,根据地和陕甘边革命将会遭遇极大的困难。而意见统一、达成一致,则为后来艰苦卓绝的斗争中不断战胜艰险、取得胜利创造了前提条件。

第二,统一对红军部队的领导。会议决定成立陕甘边红军临时总指挥部,王泰吉为总指挥、高岗为政委,统一指挥红四团、义勇军和耀县游击队等,统一指挥、统一行动。这实际上是在红二团失败后,组建了红二十六军新的主力部队领导核心,使分散的相对弱小的红军集聚成有力的革命拳头和一支坚强的力量。其积极作用是多方面的。一是,保护了照金根据地。陈家坡会议后,新组建的陕甘边红军主力歼灭让牛村、柳林民团各一部,威逼照金苏区周围的反动民团纷纷后撤;其后在外线作战中先后取得旬邑底庙战斗、张洪镇战斗的胜

---

① 习仲勋:《回忆陕甘高原革命征程》,中共陕西省委党史研究室、中共甘肃省委党史研究室:《陕甘边革命根据地》,中共党史出版社1997年版,第253页。

② 张仲良:《开展游击战争,创建陕甘边根据地》,中共陕西省委党史研究室、中共甘肃省委党史研究室:《陕甘边革命根据地》,中共党史出版社1997年版,第461页。

③ 黄罗斌:《红二十六军及陕甘边根据地的反"围剿"斗争》,中共陕西省委党史研究室、中共甘肃省委党史研究室:《陕甘边革命根据地》,中共党史出版社1997年版,第368页。

④ 习仲勋:《回忆陕甘高原革命征程》,中共陕西省委党史研究室、中共甘肃省委党史研究室:《陕甘边革命根据地》,中共党史出版社1997年版,第248页。

利等,并再次打退了国民党军对照金根据地的进攻。这些胜利保卫了照金苏区,为复兴陕甘边革命保留了战略基地,也为南下渭华的刘志丹等红二十六军指战员脱险归来提供了基本条件。二是,避免了放任三支部队分散活动被敌人各个击破的危险,实际上也就阻止了西北革命形势因红二团南下失败和省委被破坏后而继续逆转的势头,并使之向相反方向发展。三是,为重建红二十六军打下了坚实的基础。它组建了一支初具规模的基本武装力量,保存了一批军事干部和武器装备,在政治、思想、组织方面为重组红二十六军做了良好的准备。四是,主力红军的重建和一系列胜利,对克服失败主义的悲观情绪,坚定苏区党政军民的革命信心,巩固和发展红军与革命根据地,产生了至关重要的作用。从西北革命发展的角度观察,这应该是陈家坡会议的颇具深远意义的影响。

第三,确定了陕甘边革命斗争的任务和战略方针。"会议仍以创建和扩大陕甘边苏区为中心口号,制定了不打大仗打小仗,积小胜为大胜,集中主力,广泛开展游击战争,深入开展群众工作的战略方针。"①这是在严重困难时期坚持和发展革命的切合实际的正确方针,它的重大作用已经为历史所证明。而它更大的意义是,实际上解决了红二十六军成立以来长期没有解决的战略发展问题。此前,虽然红二十六军在其成立前后曾长期在陕甘边活动,但并没有把陕甘边作为其战略基地而确定下来。中共陕西省委曾提出"争取陕甘边渭北新苏区"的目标,也在 1933 年年初(即红二十六军组建之初)曾针对红二十六军在庙湾战斗中失利、受到很大损失的情况,提出"把二十六军现有部队配合当地群众组织许多小的游击队,以开展当地游击战争"的方案,但认识并不明确,也没有坚持。因此当其指示受到时任红二十六军政委杜衡的坚决反对后便放弃了(中共陕西省委并因此而改组)。杜衡随后在红二十六军提出北上到陕北去"打通国际路线"的荒谬主张,继而又决定红二十六军南下渭华,直至遭受失败。也就是说,在陈家坡会议前,红二十六军战略发展的方向没有确定,以何处为战略基地的问题没有解决;虽然进行了一系列游击战,但通过广泛游击战争建立巩固根据地的思想没有确立。而陈家坡会议明确提出

---

① 习仲勋:《回忆陕甘边区革命根据地》,《习仲勋革命生涯》编辑组编:《习仲勋革命生涯》,中国文史出版社 2002 年版,第 13 页。

"仍以创建和扩大陕甘边苏区为中心口号",明确了主力红军的基本任务和战略目标,实际上确定了主力红军的战略发展方向问题。历史证明,这是一个对陕甘边革命产生重大影响的决定。在陈家坡会议决定的基础上,其后不久的包家寨会议上,使之更加明确和具体。

需要强调的是,陈家坡会议这个符合西北革命斗争实际的战略决策,是对上级领导机关——陕西省委已经放弃的方案的重新确定,这需要极大的勇气和魄力,也是对会议领导人能力、智慧的检验。

第四,形成西北革命的领导骨干。陈家坡会议是在上级领导机关不复存在的条件下召开的,是在存在很大分歧的情况下进行的,因此这个在非常时刻召开的会议开得颇为艰难。会议的最大困难是认识不统一,因此引发激烈的争论。这种激烈争论的程度,不仅与会者记忆深刻,甚至会场周围的人也很受震撼,如其时刚刚到达陈家坡的张策回忆说:"我在村里街上听到会场争论得十分激烈,……后来才知道,在红二团南下失败的情况下,会议决定建立新的陕甘边红军临时指挥部,以统一个红军武装和游击队的活动。"①而这些争论的解决颇为艰难。张邦英回忆说:会议"经过一个下午又一个晚上的讨论"②。秦武山回忆说:会议"从当日下午一直开到第二天太阳升起才结束"③。张秀山在1942年西北高干会和1945年西北历史座谈会上两次说到陈家坡会议争论的情况:"在陈家坡,这个会议从下午一直开到第二天,这次斗争是非常激烈的,把他们讲得没有话可讲,进行表决之后,但他们还是不服从,还在狡辩。他们说,党内斗争是真理,虽然你们是多数,但不是真理。后来再经过辩论斗争,又表决,才使他们服从了。"④"现在想起来那个表决是非常危险的,当时只差两只手,如果他们再多上两只手,那事情就难办了。"⑤双方意见尖锐对立,

---

① 张策:《我的历史回顾》,改革出版社1997年版,第35页。张策也认为陈家坡会议"及时建立了红军新的指挥机关,这对以后开展革命活动极为重要。"

② 中共陕西省委党史研究室、中共甘肃省委党史研究室:《陕甘边革命根据地》,中共党史出版社1997年版,第279页。

③ 秦武山:《我在照金的片断回忆》,中共陕西省委党史研究室、中共甘肃省委党史研究室:《陕甘边革命根据地》,中共党史出版社1997年版,第583页。

④ 张秀山:《在中共西北局高干会议上关于边区党历史问题的发言》(会议记录稿节选),1942年11月5日。

⑤ 《张秀山同志在历史座谈会上的发言》(会议记录稿节选),1945年7月14日。

持不同意见者资历深、年龄大,颇有影响力,这使年轻的会议主持人和参与者面临了严峻的压力,也使他们经历了严峻的考验。但他们承受了考验,通过积极的思想斗争使会议取得了成功。

困难考验了他们,也使他们得到很高的赞誉和许多人的认同,王兆相回忆说:"从终南山脱险归来的同志们公认:处在红二十六军主力南下失利、国民党军加紧'围剿'的情势下,习仲勋、张秀山、李妙斋等同志临危不惧,应对有方,为保住陕甘边根据地做出了重大的贡献。"①他们在艰难情况下的出色表现,也促使他们成为红二十六军和陕甘边根据地的重要领导人。在会上的争论中,坚持集中统一行动反对分散活动意见的有"习仲勋、秦武山、杨森、高岗、李妙斋、张秀山、张邦英、陈学鼎等"。而他们中的大多数人后来都是西北革命的著名领导人,如习仲勋、高岗、张秀山、杨森、张邦英等。②

如果与1945年西北历史座谈会肯定的西北革命领导人的名单比较一下,似乎更能说明问题。这次西北历史座谈会在中共中央指导下进行的,朱德、任弼时、陈云亲临会议。会议在反复、敞开讨论的基础上,认为刘志丹、谢子长、高岗、马明方、习仲勋、张秀山、阎红彦、贺晋年等是陕北、陕甘边革命根据地正确路线的代表人物。③ 而这其中的谢子长、阎红彦时在华北,马明方、贺晋年属于陕北根据地领导人,在属于红二十六军和陕甘边领导人中,刘志丹早已磨砺成熟,而高岗、习仲勋、张秀山作为"正确路线的代表人物",其重要起点就是陈家坡会议。毫无疑问,他们成为著名领导人的因素很多,但作为关键时刻召开的关键会议,他们在陈家坡会议上的表现和作用无疑是他们成为红二十六军和陕甘边主要领导人过程中的重要节点。

在一定意义上可以说,陈家坡会议考验、培育和选择了一批西北革命的重要领导人。在革命战争年代,革命领导人的作用是非常重要和关键的。在这个意义上考察陈家坡会议,就更彰显了其重大的历史作用。

---

① 王兆相:《忆秀山》,张秀山:《我的八十五年——从西北到东北》,中共党史出版社2007年版,第403页。

② 李妙斋在陈家坡会议后不久在战斗中英勇牺牲;陈学鼎1934年6月因坠马严重损伤,终生残疾;秦武山在新中国成立后曾任中国人民解放军宁夏军区政治部主任等职,不清楚其在陕甘边时期的职务变化情况。

③ 延泽民:《一个真正的人——纪念马明方同志逝世25周年》,中共陕西省委党史研究室:《马明方》上,陕西人民出版社2001年版,第216页。

三

目前在涉及陈家坡会议时,许多史实的表述颇不一致,兹就其中几个问题辨析如下。

一是,关于红二团南下渭华及其失败的时间。目前的说法比较乱,南下时间有 5 月、6 月等多种说法,失败时间也有 5 月、6 月、7 月之说。但这些说法与实际情况不相符合。时任红二十六军政委的汪锋回忆说:6 月下旬向渭华起义地区前进。① 红二团长王世泰回忆说,南下渡过渭河是 6 月 24 日,在渭华地区苦战 1 个多月而失散。② 时任红二团连长、指导员的吴岱峰、高锦纯和班长马宜超回忆渡过渭河之日是闰 5 月 1 日(经查,即 6 月 23 日),蓝田张家坪失散是在农历 6 月 10 日(即公历 8 月 1 日)。③ 时任红二团连指导员的黄罗斌回忆说南下是 6 月底。④ 时任红二十六军供给部主任的刘约三回忆说:6 月间,红二十六军从照金根据地出发南下。"红二十六军二团全被冲散,时间约在 1933 年 7 月间。"⑤时任渭北游击队政委的刘映胜回忆说:"一九三三年六月下旬,杜衡、刘志丹、王世泰、江(汪)锋等带红二十六军南下到三原附近时,我和黄子祥带渭北游击队到嵯峨山下去迎接。"⑥综合这些亲历者的回忆可以判断:红二团南下渭华是在 6 月下旬,在蓝田张家坪失散应该是在 7

---

① 汪锋:《红二十六军二团情况点滴》,中共陕西省委党史研究室、中共甘肃省委党史研究室:《陕甘边革命根据地》,中共党史出版社 1997 年版,第 274 页。

② 王世泰《陕甘边根据地的武装斗争》,中共陕西省委党史研究室、中共甘肃省委党史研究室:《陕甘边革命根据地》,中共党史出版社 1997 年版,第 323 页。

③ 吴岱峰、高锦纯、马宜超:《忆红二二团南征》,《峥嵘岁月:革命回忆录》,甘肃人民出版社 1983 年版,第 42—43 页。他们所谓"和二十五军会合"的说法有误,应是和红四方面军会合。

④ 黄罗斌:《红二十六军及陕甘边根据地的反"围剿"斗争》,中共陕西省委党史研究室、中共甘肃省委党史研究室:《陕甘边革命根据地》,中共党史出版社 1997 年版,第 363 页。

⑤ 刘约三:《红二十六军的创建及其活动》,中共陕西省委党史研究室、中共甘肃省委党史研究室:《陕甘边革命根据地》,中共党史出版社 1997 年版,第 539、541 页。

⑥ 刘映胜:《恢复渭北游击队和王泰吉起义的回忆》,中共陕西省委党史资料征集研究委员会、中共咸阳市委党史办公室编:《渭北革命根据地》,陕西人民出版社 1990 年版,第 398 页。

月底。

二是,关于红二团南下渭华的决策。普遍称为"杜衡强令",但实际上此事经过多次讨论并得到一些人的支持。亲历者吴岱峰、高锦纯、马宜超回忆说:"经过多次酝酿,在照金根据地北梁会议上,杜衡仍提出建立渭华新苏区,和二十五军汇合。对此,刘志丹、习仲勋、王世泰、李妙哉等坚决反对;杨文谟、高锦纯等同志怀疑建立新苏区是否那么容易;也有赞成杜衡意见的。最后,杜衡以军政委身份结论,决定南下。"①王世泰回忆说:1933 年"6 月 17 日,红二团结束外线作战的任务,返回照金。在照金北梁,特委和红二团党委召开联席会议,讨论边区工作和部队下一步行动计划。……会上,有两种意见。以杜衡为一方,认为敌人力量大,群众基础差,部队天天跑着打游击,根据地很难扩大,主张南下渭华创建根据地。并提出四条理由:渭华地区有渭华暴动的影响;党的工作基础好,群众觉悟高;人烟稠密,物产丰富,便于扩大红军;配合红四方面军和陕南二十九军,可以切断陇海铁路,直接威胁西安。以志丹、金理科等为一方,反对南下,主张坚持陕甘边根据地,以桥山中段为依托开展活动,发展和巩固根据地。杜衡不等志丹等把话说完,蛮横无理地给志丹等扣上'一贯右倾'的大帽子。对于杜衡形左实右的夸夸其谈,与会者感到疑惑不解,但又说不出道理来,致使杜衡凭借淫威,硬性通过了南下渭华的错误主张。"②汪锋回忆说:"杜衡来部队不久,就在淳化尖坪召开会议。提出红二团和军直属等单位南下渭华,并说这是省委的指示,我参加了这次会议。会上大家对红二十六军的行动又进行讨论。记得当时有三种意见:第一种是以李杰夫为代表,主张部队北上去内蒙古活动,可以打通国际路线;这种意见很快被否决了。第二种意见是以刘志丹为代表主张原地活动或向陕北发展,这种意见大家认为没有发展前途也被否决了。第三种意见就是以杜衡为代表的南下意见。……我在会上表示同意省委的这个意见。讨论中大家提到渭河不好渡

---

① 吴岱峰、高锦纯、马宜超:《忆红二二团南征》,《峥嵘岁月:革命回忆录》,甘肃人民出版社 1983 年版,第 41 页。习仲勋回忆说他没有参加这个会议,他反对远离陕甘边区的意见由金理科带到会上(习仲勋:《回忆陕甘边区革命根据地》,《习仲勋革命生活》编辑组编:《习仲勋革命生涯》,中国文史出版社 2002 年版,第 9 页)。

② 王世泰:《陕甘边根据地的武装斗争》,中共陕西省委党史研究室、中共甘肃省委党史研究室:《陕甘边革命根据地》,中共党史出版社 1997 年版,第 320 页。

过。有位负责同志说,只要决定南下,过渭河问题都包在他身上。"①

红二十六军二团从照金根据地南下到达渭北后,在三原心字区嵯峨山北的二台子又召开会议讨论南下渭华问题。时在渭北游击队的张秀山与会,他根据前不久省委积极创建陕甘边革命根据地的指示,反对南下渭华。结果受到杜衡批评,"会上只有渭北游击队总指挥黄子祥支持我的意见。"②王世泰的回忆与此相符:在三原县二台,"二团党委和游击队召开了联席会议。会上杜衡继续奢谈红二团南下渭华的'政治意义和四大有利条件',渭北游击队的领导同志,对此表示异议,劝阻不要冒此风险。"③另外1933年11月《陕西省委给中央的工作报告》称:在三原讨论二十六军根据地问题时,"励君(开始时)不表示意见,王烈、杰夫提出到渭、华去……励君最后作结论,同意这种意见。"④根据以上资料,可以判断南下渭华是杜衡提出和坚持的,而其提议经过多次会议讨论并得到不少人支持,因此最终被执行。其决策是非常复杂的过程,并不是简单的"杜衡强令"可以解释的。

三是,关于红四团组建的时间和原因。一般的说法是,红四团是在红二团南下失败后决定组建的。但其说有误。1933年11月《陕西省委给中央的工作报告》中说:王泰吉起义后,"给四团送去一二十支武装",此即说明王泰吉起义时红四团已经成立,王泰吉起义于7月21日(一说23日),而此时红二团尚未失败。该报告还说:二十六军过(渭)河前,"此时省委已决定把渭北游击队组织(为)二十六军第四团。"⑤这些都说明红四团成立于红二团南下失败之前。时任陕西省委委员、参与耀县起义准备工作的刘映胜,对此也有清楚的回忆:"1933年7月中旬,红二十六军第二团还在秦岭山区进行战斗,渭北游击队

① 汪锋:《红二十六军二团情况点滴》,中共陕西省委党史研究室、中共甘肃省委党史研究室:《陕甘边革命根据地》,中共党史出版社1997年版,第273—274页。

② 张秀山:《我的八十五年——从西北到东北》,中共党史出版社2007年版,第51页。

③ 王世泰:《陕甘边根据地的武装斗争》,中共陕西省委党史研究室、中共甘肃省委党史研究室:《陕甘边革命根据地》,中共党史出版社1997年版,第321页。

④ 《陕西革命历史文件汇集》(1933年4月—1936年),中央档案馆、陕西省档案馆1992年版,第246页。

⑤ 《陕西省委给中央的工作报告》(中共中央1933年11月25日收到,该文件成文时间应早一些),《陕西革命历史文件汇集》(1933年4月—1936年),中央档案馆、陕西省档案馆1992年版,第230页。

正在三原武字区一带活动的时候，一天，杜衡由西安来到武字区对我说：杨虎城的骑兵团长王泰吉，通过三原教育局长周芝轩的关系找省委，要起义抗日，要求派人指导。省委前几天已派余海丰、何寓础（这时没有党组织关系）亲自去和王泰吉联系，大体商谈好起义计划。现在要派负责干部去，省委还决定把渭北游击队改编为红二十六军第四团。又说：省委决定叫你去耀县见王泰吉，发动起义。他在武字区改编渭北游击队，成立第四团，等骑兵团起义发动后，他去负责，换我回来仍在红四团当政委。"①耀县起义前奉王泰吉之令，前往与中共党组织联系的王英也持此说法："我见到中共陕西省委书记杜衡，红四团团长黄子祥、杨声等。"②另外，第四团首任团长黄子祥和曾任渭北游击队政委、其时还未离开的张秀山的回忆，也佐证了这个时间。黄子祥回忆说："1933 年 7 月，王泰吉骑兵团在耀县起义，……大约在此时，渭北游击队在三原的焦村，由杜衡主持改编为红二十六军第四团。"③张秀山回忆说："1933 年 6 月初，杨森（应是刘映胜——引者注）来到渭北游击队，向我们传达了陕西省委指示：将渭北游击队和富平游击队一起，改编为红二十六军四十二师第四团。因陕甘边游击队总指挥部（也称耀西游击队）政委习仲勋负伤，省委决定调我去接任政委。我把渭北游击队的工作向杨森作了交代，并同他们一起研究了改编红四团的一些具体问题。6 月 13 日，渭北游击队和富平游击队在三原武字区正式改编为红四十二师第四团。"④由上述资料判断，红四团的组建与红二团南下失败没有直接关联，而其组建的原因，主要是陕西省委为完成红二十六军扩大一师人⑤的目标，

---

① 刘映胜：《回忆耀县起义》，中共陕西省委党史研究室、中共甘肃省委党史研究室：《陕甘边革命根据地》，中共党史出版社 1997 年版，第 567 页。

② 王英：《陕甘边根据地的武装斗争及政权建设片断回忆》，中共陕西省委党史研究室、中共甘肃省委党史研究室：《陕甘边革命根据地》，中共党史出版社 1997 年版，第 636 页。

③ 黄子祥：《红四团的建立及早期活动》，中共陕西省委党史研究室、中共甘肃省委党史研究室：《陕甘边革命根据地》，中共党史出版社 1997 年版，第 562 页。

④ 张秀山：《我的八十五年——从西北到东北》，中共党史出版社 2007 年版，第 53 页。张秀山回忆中说的 6 月初、6 月 13 日，应不是公历，但农历 6 月 13 日已到公历 8 月了。不知其时间的根据是什么。

⑤ "红二十六军扩大一师人"是中共陕西省委 1933 年 4 月确定的"目前最迫切最中心的工作"。习仲勋就是为此调任中共陕甘边特委工作的。《仲才关于陕西团的工作及省委被破坏情况给中央的报告》，《陕西革命历史文件汇集》（1933 年 4 月—1936 年），中央档案馆、陕西省档案馆 1992 年版，第 175 页。

而在 7 月至 8 月发起的"冲锋月"的重要举措。贾拓夫在 1933 年 11 月 13 日给中共中央的报告中,就明确把"渭北游击队成立了二十六军第四团"作为"在扩大红军方面"的成绩。①

四是关于王泰吉起义时间。有 7 月 21 日和 7 月 23 日之说。7 月 23 日之说可能来源于 1933 年 11 月《陕西省委给中央的工作报告》,因为该报告中说是 7 月 23 日。但西北革命领导人基本都持 7 月 21 日之说。习仲勋回忆说:"经陕西省委批准,王泰吉于 7 月 21 日率骑兵团 1000 多人在耀县宣布起义,成立西北民众抗日义勇军。"②张邦英、张策回忆说:"1933 年 7 月 21 日杨虎城部骑兵团团长王泰吉在我党陕西省委的领导下率全体官兵,以西北民众抗日义勇军的旗帜,在耀县举行起义。"③王世泰回忆说:"1933 年 7 月 21 日,王泰吉在全国人民抗日浪潮的推动下,率杨虎城部骑兵团在陕西耀县起义。"④黄罗斌回忆说:"1933 年 7 月下旬,王泰吉率领国民党杨虎城部骑兵团在耀县宣布起义,打起了抗日义勇军的旗帜。"⑤时任耀县游击队副队长的张仲良:"红二团南下后,1933 年 7 月 21 日,我受陕西省委的指派,由西安返回耀县,同县委一起组织革命武装,配合王泰吉起义。……我回到耀县的当天,起义就发动了。"⑥时任新组建的耀县游击队第一分队长的陈国栋回忆说:"1933 年 7 月 21 日,驻耀县杨虎城部王泰吉骑兵团遵照党的指示,在耀县举行起义,组织了西北民众抗日义勇军。在起义的同时,中共陕西省委和耀县县委决定,于次日(22 日)成立耀县农民武

① 《拓夫关于陕西党组织破坏情况给中央的报告》,《陕西革命历史文件汇集》(1933 年 4 月—1936 年),中央档案馆、陕西省档案馆 1992 年版,第 152 页。

② 中共陕西省委党史研究室、中共甘肃省委党史研究室:《陕甘边革命根据地》,中共党史出版社 1997 年版,第 251 页。

③ 张邦英、张策:《回忆老战友龚逢春同志》,中共四川省委党校、中共四川省委党史研究室等编:《龚逢春纪念文集》1993 年版,第 57 页。

④ 王世泰:《陕甘边根据地的武装斗争》,中共陕西省委党史研究室、中共甘肃省委党史研究室:《陕甘边革命根据地》,中共党史出版社 1997 年版,第 325 页。

⑤ 黄罗斌:《红二十六军及陕甘边根据地的反"围剿"斗争》,中共陕西省委党史研究室、中共甘肃省委党史研究室:《陕甘边革命根据地》,中共党史出版社 1997 年版,第 367 页。

⑥ 张仲良:《开展游击战争,创建陕甘边根据地》,中共陕西省委党史研究室、中共甘肃省委党史研究室:《陕甘边革命根据地》,中共党史出版社 1997 年版,第 460 页。

装——游击队。"①耀县起义前奉王泰吉之令,前往联系的王英回忆说:"1933年7月21日中午12时,王泰吉率领全团官兵在耀县宣告起义。"②根据以上众多回忆,大致可以确定:王泰吉起义的时间应是1933年7月21日。③

五是关于陈家坡会议主持人和发挥作用的问题。目前有多种说法。一说习仲勋和秦武山主持会议。习仲勋回忆说:"当时秦舞山是陕甘边特委书记,我是军委书记兼团特委书记。秦舞山和我是会议执行主席。"④马文瑞、张邦英在《深切怀念习仲勋同志》中也称:在陈家坡会议上,"习仲勋作为会议执行主席,对各项正确决议的形成起到了重要作用。"⑤一说习仲勋、张秀山和秦武山主持。张秀山回忆说:"秦舞山、习仲勋和我是特委成员,轮流主持会议。"⑥一说高岗领导。习仲勋1943年1月在《关中党史简述》中说:"高岗(省委特派员)领导所召开之陈家坡会议,与右倾机会主义路线斗争胜利后,即决定以苏区之游击队,和义勇军、渭北红军第四团,整编成立红廿六军四十二师。"⑦80年代,他继续这样的观点:"当时陈家坡会议发生路线分歧,一种意见是以黄子祥为代表的反对集中领导,统一指挥,主张把红四团带回渭北,不承认高岗为省委代表。一种是以高岗为代表的主张成立指挥部,统一行动,坚持扩大与创造陕甘边新苏区。会议终于以后一种正确路线取得胜利。"⑧高岗1942

---

① 陈国栋:《忆陕甘边游击战争》,中共陕西省委党史研究室、中共甘肃省委党史研究室:《陕甘边革命根据地》,中共党史出版社1997年版,第570页。

② 王英:《陕甘边根据地的武装斗争及政权建设片断回忆》,中共陕西省委党史研究室、中共甘肃省委党史研究室:《陕甘边革命根据地》,中共党史出版社1997年版,第636页。

③ 关于起义军人数,有一千余人、一千二百人、三千多人等。1933年11月《陕西省委给中央的工作报告》中说"人数不上一千人",我认为此数大致可信。

④ 习仲勋:《回忆陕甘边区革命根据地》,《习仲勋革命生涯》编辑组编:《习仲勋革命生涯》,中国文史出版社2002年版,第12页。秦舞山即秦武山,"舞"应是"武"的别写,因为查相关资料,通作"武"。

⑤ 《怀念习仲勋》编辑组编:《怀念习仲勋》,中共党史出版社、中国文史出版社2005年版,第38页。

⑥ 张秀山:《我的八十五年——从西北到东北》,中共党史出版社2007年版,第55页。

⑦ 习仲勋:《关中党史简述》,中共陕西省委党史研究室编,姚文琦主编:《西北革命根据地回忆录精编》五,陕西人民出版社2014年版,第26页。

⑧ 《习仲勋同志谈照金苏区的创建及其发展》,中国人民政治协商会议陕西省耀县委员会文史资料研究委员会:《耀县文史资料》第4辑,1988年8月,第3页。

年 11 月在《边区党的历史问题检讨》中也称:"红二十六军二团失败后,省委把恢复二十六军、整顿陕甘边党的任务委托于我",言下之意他是陈家坡会议的主角。习仲勋与高岗等主持。黄罗斌回忆说:"在习仲勋等同志的主持下,召开了陈家坡会议,高岗以陕西省委特派员的身份参加了会议。"①究竟会议主持人如何,还有待史料的进一步挖掘和证明。但习仲勋、高岗、张秀山等对会议成功发挥了重要作用,这应该是肯定的。因为如前所述,几乎所有论及这次会议的西北革命领导人,都是这样表述的。王世泰更是明确指出陈家坡会议是他们共同努力的结果,"会议中,有个别军事领导人面对严峻的形势提出了分散活动的意见,在习仲勋、秦武山、张秀山、高岗等领导人的一再坚持下,终于取得共识。"②

---

① 黄罗斌:《红二十六军及陕甘边根据地的反"围剿"斗争》,中共陕西省委党史研究室、中共甘肃省委党史研究室:《陕甘边革命根据地》,中共党史出版社 1997 年版,第 368 页。

② 王世泰:《习仲勋在陕甘边根据地》,《习仲勋革命生涯》编辑组:《习仲勋革命生涯》,中国文史出版社 2002 年版,第 58 页。

木门会议与红四方面军停止"肃反"问题

内容提要：传统观点认为，张国焘在红四方面军的错误"肃反"，从鄂豫皖苏区一直持续到川陕苏区，危害甚大。但近些年有一种观点，说在四方面军进入川陕之初，1933年6月在四川旺苍县木门镇召开的军事会议，就决定停止在红四方面军"肃反"，木门会议的这个决定意义很大。这样两种表述，差异很大，实际上提出了如何认识张国焘在川陕苏区"肃反"的问题。笔者依据相关资料就此梳理，就如何认识木门会议关于"肃反"的决定，提出个人的研究见解。

1933年6月底，在四川旺苍县木门镇召开的军事会议，是红四方面军历史上一次重要的会议。会议作出的扩军整编和加强部队政治工作、大力开展军事训练、总结作战经验和恢复彭杨干部学校等决定，对红四方面军的建设产生了重大作用，影响深远。但现在一些论述还指出，木门会议还有一个重要决定，就是停止"军内肃反"，如《中国工农红军第四方面军战史》说："会上，许多同志对在反三路围攻开始不久，张国焘在部队中搞的所谓'肃反'，提出了强烈的反对意见。据此，会议作出停止军内'肃反'的决定。"[①]然而揆诸历史，此说颇不契合，下文尝试进行一些辨析。

一

红四方面军是带着"肃反"的沉重伤痛离开鄂豫皖苏区的，但由于没有总

---

① 《中国工农红军第四方面军战史》编辑委员会编：《中国工农红军第四方面军战史》，解放军出版社1991年版，第228页。

结"肃反"的错误及其教训,特别是张国焘还把"肃反"当作成绩而夸耀①,因此在进入川陕地区,初步站稳脚跟后,就又掀起新的大规模的"肃反"。1933年2月,张国焘在川陕省第一次党员代表大会上,提出开展反对"右派"的斗争。他说:"右派是托陈取消派的新生力量",而"托陈取消派"又是"目前反革命派别的领导中心。"②其后,他又解释说:"红军中肃清了改组派 AB 团第三党之后,又在过铁路西进的艰苦奋斗中形成了托陈派的活跃。""现在是托陈取消派起主要的反革命作用了。"③5 月发布的《中共川陕省委关于保卫赤区运动周的决议》把肃反列为"完全消灭敌人,必须执行"的"紧急工作"之一,提出:要"加深红军中的肃反,要把改组派、AB 团、第三党、取消派、右派的各种欺骗罪恶彻底揭发","必须把一切破坏革命、取消革命、怀疑革命、口头革命实际不去革命的各种活动大大肃清,有决心消灭敌人,应该有决心肃反"④。其时正值粉碎国民党军田颂尧部"三路围攻"的紧张时期,红军将士正在前线浴血奋战,而在这些"肃反"决定下红军内部掀起了"肃反"的高潮。

当时,红四方面军辖有四个师——十师、十一师、十二师和七十三师。"肃反"情况最严重的是十二师和七十三师,十二师团以下干部、战士数百人被打成"反革命",师直通讯队(当时名交通队)有近百人,结果在刑讯逼供下,一供三、三供九,全队都成了"改组派"。七十三师因为甄子垭一战没打好,就立即在全师清洗"右派"和"反革命分子",逮捕四百余人,杀掉百余人,其余罚做苦工。该师丢失阵地的二一八团首当其冲,排以上干部大部被抓,连同部分班长在内,共被捕二百余人,团政委陈少卿被诬为"改组派",严刑拷打后处决。十师和十一师虽然没有十二师和七十三师那样剧烈,但

---

① 张国焘在给中央总结报告称:鄂豫皖苏区的"这一肃反,比富田事变所得经验还大,可以为全党的经验教训,特别是各个苏区可以利用这一经验"(《张国焘给中央的报告——苏区发展经过及肃反胜利的原因》,转引自王鹏程:《土地革命战争时期根据地反"改组派"斗争考析》,《湖北行政学院学报》2004 年第 5 期)。

② 转引自张树军:《张国焘传》,红旗出版社 2009 年版,第 232 页。

③ 张国焘:《红军中的肃反工作》,《中国工农红军第四方面军战史资料选编》(川陕时期·上),解放军出版社 1993 年版,第 422 页。

④ 《川陕省委关于保卫赤区运动周的决议》(一九三三年五月十一日),《中国工农红军第四方面军战史资料选编》(川陕时期·上),解放军出版社 1993 年版,第 138 页。

也分别捕了数十人。① 许多从鄂豫皖苏区过来的、久经锻炼和考验的对党忠诚的干部,如红十师参谋主任吴展、红七十三师第二一七团政委闻盛世和大批中下级干部惨遭逮捕和杀害;数百名红军战士无辜被杀,给革命造成了不可弥补的严重损失。

如此乱捕滥杀,对红军和作战影响很大,因此部队意见很大。徐向前回忆说:"我在前线听说一些干部、战士被捕的消息,真是恼火极了。九军(此时应是十二师,木门会议后扩编为第九军——引者注)七十三团政委陈海松,年仅二十岁,很能打仗,被列为'审查'对象,要抓起来。军长何畏跑来找我,我说:他是个小孩子,有什么问题呀,不能抓!"②徐向前打电话质问主持"肃反"的红四方面军政治委员陈昌浩:"同志,你们想干什么? 我们的部队从鄂豫皖打到四川,是拼命拼过来的,哪来那么多'反革命'嘛! 现在弄得人心惶惶,仗还打不打呀? 命还要不要呀?"③一些将领起而抵制错误的抓捕。时任十一师政委的李先念以"打完了仗再说!"而没有照保卫局列的黑名单抓人,保护了一些干部。时任红十师师长的王宏坤回忆说:"有人怀疑二十八团政委甘良发,说他有问题,我发火了:一参军我们就在一块,从打游击时起,哪一点我不了解。谁抓他,我找谁。弄得没有办法。"王宏坤并直接写信给四方面军总部,反对这样的"肃反"。他回忆说:"张国焘'肃反'不仅在上面搞,在有的中层、基层也搞了。我们当时很有意见,……我后来找了个同志代笔,我在一边口述,直接写给张国焘、陈昌浩。我说,听说十二师在恩阳河抓了很多干部,是不是事实,请查一查。这么多人都是反革命吗? 我不相信。他们要真是反革命,不在路上跑了,还跟我们到四川来? 自己人整自己人,是不利的,请总部查一查,去纠正一下。这封信,张国焘看了,陈昌浩也看了。"④

错误的"肃反"严重危害革命,在红四方面军中引起了很大的不满情绪,成为随后召开的木门会议上大家评议的话题。

---

① 成都军区党史资料征集委员会办公室编:《川陕革命根据地军事斗争史》,四川大学出版社1987年版,第80页。
② 徐向前:《历史的回顾》中,解放军出版社1987年版,第297页。
③ 徐向前:《历史的回顾》中,解放军出版社1987年版,第297页。
④ 王宏坤:《我的红军生涯》,人民出版社1991年版,第197页。

二

目前,没有发现木门会议的原始资料,相关情况都来自与会者的回忆。而论及木门会议与"肃反"问题者,有四个人。

最早言及木门会议讨论"肃反"问题的是李天焕。1945 年 2 月 1 日,他在《红四方面军在川北的发展与建设》中写道:"粉碎田颂尧的围攻之后,接着就召集木门会议,木门会议在今天检讨起来是红四方面军入川(以)来有历史意义的一次会议,不但检讨了粉碎田颂尧围攻的经验教训,而且检讨了红军中过去的肃反问题(认为红军经过那样艰苦的长征,经过了许多胜利的战斗,表现非常之坚决,为什么还说是反革命呢? 提起了大家的警惕——当然在会议上那种方式斗争十二师政治部主任韩继祖是不对的——决定了停止部队中的肃反)。"①

20 世纪 80 年代,徐向前曾两次谈到木门会议。1984 年,在《忆创建川陕革命根据地》一文中,没有提及"肃反"问题,他说:"木门会议,是在粉碎田颂尧的'围攻'后召开的一个重要会议。这次会议,总结了作战经验,强调开展部队的军事训练和政治教育。为适应新的形势,决定红军进行扩编,将原来的四个师扩充为四个军。……会上,还讨论了开展地方工作等问题。木门会议,对建立川陕根据地和建军、作战等,很有意义,是个很好的会议。我那时忙于在前方打仗,很少出席后方的会议,这个会议很重要,我骑马赶到木门主持会议,就作战和建军问题发了言。"②而在 1987 年出版的回忆录——《历史的回顾》中述说了木门会议讨论"肃反"的情况:"木门会议上,大家议论纷纷,慷慨激昂,强烈要求停止部队内部的'肃反'。有个师政治部主任,搞刑讯逼供,杀

---

① 李天焕:《红四方面军在川北的发展与建设》(一九四五年二月一日),第 32 页。李天焕后来在回忆川陕根据地历史时保持了这个说法。李天焕:《红四方面军在川陕》,中国工农红军第四方面军革命回忆录选辑:《艰苦的历程》(上册),人民出版社 1984 年版,第 338 页。

② 《中国工农红军第四方面军战史资料选编》(川陕时期·上),解放军出版社 1993 年版,第 10 页。

人不少,在会上挨了批斗。"①《历史的回顾》成书较前文晚三年时间,因此推测徐向前应该是在 1984 年后忆及木门会议关于"肃反"问题的。

时任十一师十一团团长、木门会议后任第四军第十一师师长的陈再道,在 1988 年出版的回忆录中评论木门会议时说:木门会议"总结了我军反三路围攻的作战经验,确定了扩大、改编红军和加强政治思想工作,并且有力地抵制了张国焘在部队内部的肃反"②。

1933 年 2 月至 1934 年 3 月任中共川陕省委委员、组织部部长,木门会议期间兼任中共巴中县委书记的余洪远回忆说:"原来准备在木门会议上讨论两个问题,一是编军,二是肃反和建政,其实只解决了一个编军问题,不扩大肃反问题(提出)了,但没有解决问题。"③

这是迄今能够见到的关于木门会议讨论肃反的资料。会议是如何讨论肃反问题的?由于现有资料非常不足,因此不得详情。

而关于木门会议就"肃反"问题讨论的结果,四人评价很不相同。李天焕回忆说:木门会议"认为红军中许多人经过那样艰苦的长征,经过了许多胜利的战斗,表现非常的坚决,为什么还说是反革命呢?决定了停止部队中的'肃反'"。但其在程度上有限的,"停止肃反"是初步的:"部队这种错误的'肃反'直到木门会议后才初步的禁止了。"④徐向前对此有比较明确的肯定:在大家的强烈要求下,"陈昌浩的头脑清醒了些。他在讲话中虽肯定前一段部队中'肃反'的必要性,但承认错抓了些人,同意停止'肃反',将错抓的人放回。"

---

① 徐向前:《历史的回顾》中,解放军出版社 1987 年版,第 298 页。徐向前所说的"有个师政治部主任",指十二师政治部主任韩继祖,他"不仅照名单抓人,且大搞逼供信,株连一批又一批,杀人不少。他还写信给红三十三团,要抓走两个营长、三个指导员,被李先念坚决制止。(木门)会上,大家狠批了他一番。后来他也在劫难逃,被当作'改组派'杀掉了"。《李先念传》编写组:《李先念传》(1909—1949),中央文献出版社 2009 年版,第 120 页。

② 《陈再道回忆录》上,解放军出版社 1988 年版,第 259—260 页。

③ 余洪远:《川陕苏区时的旺苍》(1984 年 11 月),中共绵阳市委党史工作委员会、中共广元市委党史工作委员会:《红四方面军在绵阳广元斗争纪实》,四川省社会科学院出版社 1986 年 10 月第 1 版,第 343 页。

④ 李天焕:《红四方面军在川陕》,中国工农红军第四方面军革命回忆录选辑:《艰苦的历程》(上册),人民出版社 1984 年版,第 338 页。

因此,"木门会议,在抵制张国焘的罪恶'肃反'上,取得了胜利,意义非同小可。"①陈再道也认为:木门会议"有力地抵制了张国焘在部队内部的'肃反'。"②如前所述,余洪远的评价是否定的:"不扩大'肃反'问题(提出)了,但没有解决问题。"③

出席木门会议者有一百余人,幸存者后来回忆这次会议的人不少,但他们绝大多数不提"肃反"问题。如傅钟1955年发表的回忆文章就只字未提,他说:木门会议"规定了扩军任务与方针,以原有之四个师扩编为四个军:第十师改为第四军,第十一师改为第三十军,第十二师改为第九军,第七十三师为三十一军。为了满足部队迅速发展和充实干部的要求,并决定扩大彭杨(指彭湃、杨殷两烈士——编者)军政学校,选送大批军政干部入校学习"④。洪学智回忆说木门会议是团以上干部会议,他与会了,并肯定"木门会议在红四方面军历史上占有重要地位",但他肯定的原因是:"它的重要意义就在于下决心在川陕这一地区建立根据地,扩大红军队伍,建立地方苏维埃政权,健全县、区、乡、村党的组织,领导劳苦大众打土豪分田地,各个部队都划分地区包干负责,使川陕苏区出现了一个稳定的新局面。"⑤为什么这些与会者在肯定木门会议的功绩时,只字不提木门会议关于"肃反"的决定? 合理的解释和可以得到的基本判断是,他们对会议在制止"肃反"方面的作用是忽略的。

这样两种截然不同的评价,就提出了如何认识木门会议关于"肃反"问题决定的问题。

三

其时,张国焘是红四方面军的最高领导人,在红四方面军具有绝对权威,

---

① 徐向前:《历史的回顾》中,解放军出版社1987年版,第298页。

② 《陈再道回忆录》上,解放军出版社1988年版,第259—260页。

③ 余洪远:《川陕苏区时的旺苍》(1984年11月),中共绵阳市委党史工作委员会、中共广元市委党史工作委员会:《红四方面军在绵阳广元斗争纪实》,四川省社会科学院出版社1986年10月第1版,第343页。

④ 傅钟:《红四方面军创建川陕边革命根据地及长征情况概述》,《川陕革命根据地历史长编》编写组:《川陕革命根据地历史资料选辑》,1979年10月,第51页。

⑤ 《洪学智回忆录》(第二版),解放军出版社2007年第2版,第73页。

李天焕回忆说:在当时,"的确大家是把张国焘当神仙,盲目地信任他个人,我自己也是曾经信任张国焘的一个,一方面不了解张国焘那种行为是错误的,另一方面以为张国焘是党中央代表,又是中华苏维埃副主席,又是'临时政府'军事委员会主席,所以以为他是神仙,以为有张主席一路哪还有错的呢? 当时我想不但是我一个人如此,恐怕四方面军的绝大多数干部也如此。"①张国焘参加了木门会议,对此,陈再道和余洪远都有明确的回忆。② 余洪远还回忆说张国焘是会议的主要角色:"张国焘在会议快结束时的前一天,第五天来的,会议一共开了六天,张国焘作了总结。"③那么作为最高领导人的张国焘对"肃反"的态度是什么呢? 陈昌浩同意停止"肃反"的表态是否为张国焘所认同? 这些都是疑问,但都是评价木门会议关于"肃反"决定的重要问题。

虽然没有直接的资料,但其时张国焘坚持肃反的立场是明确的。1933 年6 月 28 日(即木门会议期间),他在《干部必读》上发表了《红军中的肃反工作》的专题文章,他在文中说:在红四方面军中,"现在事实上红四方面军是由托陈派领导和联合着改组派、AB 团、第三党等的残余分子和右派分子来进行反革命工作,因此更应加紧反对托陈派。"并点名指斥红军干部为"托陈派"领导人:"红四方面军中托陈派的主要领袖,也是整个反革命的领袖,就是余笃三、赵箴吾、王振华、徐永华、王振亚、杨白等。"④大约也是在 6 月底,张国焘诬陷原川陕临时革命委员会主席旷继勋"通敌",秘密处死。⑤ 根据他的这些言行判断,张国焘对"肃反"的错误没有认识,没有停止"肃反"的思想。而他作

---

① 李天焕:《红四方面军在川北的发展与建设》(一九四五年二月一日),《中国工农红军第四方面军战史资料选编》(川陕时期·上),解放军出版社 1993 年版,第 30 页。"临时政府"指张国焘 1935 年 5 月底在川西北组建的"中华苏维埃共和国西北联邦政府",张国焘任该"政府"主席和军事委员会主席。

② 《陈再道回忆录》上,解放军出版社 1988 年版,第 259—260 页;余洪远:《川陕苏区时的旺苍》(1984 年 11 月),中共绵阳市委党史工作委员会、中共广元市委党史工作委员会:《红四方面军在绵阳广元斗争纪实》,四川省社会科学院出版社 1986 年 10 月第 1 版,第343 页。

③ 余洪远:《川陕苏区时的旺苍》(1984 年 11 月),中共绵阳市委党史工作委员会、中共广元市委党史工作委员会:《红四方面军在绵阳广元斗争纪实》,四川省社会科学院出版社 1986 年 10 月第 1 版,第 343 页。

④ 转引自张树军:《张国焘传》,红旗出版社 2009 年版,第 232 页。

⑤ 王宏坤:《我的红军生涯》,人民出版社 1991 年版,第 196 页。

为四方面军最高领导人的地位和这种态度,必然影响木门会议关于"停止军内肃反"决定的实行。

事实上,在木门会议一个多月后,张国焘就又掀起新一轮的"肃反"。7月底,他以"奉中央革命军事委员会命令"的名义宣布:"曾中生同志着即免去西北革命军事委员会参谋长职,由西北革命军事委员会另行分配工作。"①然后在8月1日,以"右派首领""与托陈派、改组派、AB团、第三党联合起来,形成小组织的活动"的罪名,秘密逮捕曾中生。随后,张国焘在通江召开领导机关党团活动分子会议,由陈昌浩报告"肃反"问题,中心内容是"反对托陈取消派与右派"。并且点了曾中生、余笃三等人的名,说他们是什么"阴谋活动""反革命先锋""投降敌人""推翻党的领导"等。并明确号召开展"肃反":"今后更应肃反,尤其是要肃清目前最危险而起反革命领导作用(的)托陈取消派与右派,以及各种反动派别,加紧两条战线斗争——反对主要危险右倾。这是今后更巩固我们的队伍,更提高我们的战斗力,更有力更有把握地与更有决心地去消灭以刘湘为首的新进攻,配合中央苏区及全国红军冲破五次'围剿',争取一省几省首先胜利,以至全国胜利的先决基础。"②张国焘连续在《干部必读》上发表《右派的根本错误》和《托陈取消派之完全破产》两文,诬陷曾中生是"托陈取消派""右倾首领"。文中写道:"曾中生以这种立三路线的观点反对鄂豫皖中央分局的正确路线,形成小组织式的斗争,结果助长了改组派、AB团、第三党。""立三这种半托洛茨基的观点,无怪乎得到了惯于军事投机的曾中生的极端拥护。""像曾中生这样的分子就拒绝写申明书。""党再也不能让这种人来糟蹋,必须执行纪律。"③

进入1933年9月后,四方面军政治部把"肃反"列为"目前最严重的工作"之一,指出:"坚决发动肃反争斗,反对改组派、AB团、第三党,特别是要反对其领导中心——托陈取消派、右派,因为他们用夸大敌人力量来取消革命前

---

① 《陈昌浩等同志的任免命令》,《中国工农红军第四方面军战史资料选编》(川陕时期·上),解放军出版社1993年版,第343页。

② 陈昌浩:《反对托陈取消派与右派——在后方最高领导机关党团活动分子会上的报告》(1933年8月),四川省社会科学院、陕西省社会科学院编辑:《川陕革命根据地史料选辑》,人民出版社1986年版,第228页。

③ 见红四方面军《干部必读》,第36、44期,1933年8月6日、31日。转引自盛仁学编著:《曾中生和他的军事文稿》,重庆出版社1984年版,第49页。

途,消灭争斗的决心,发展堕落思想与右倾,而各种富农意识正是他们的合手。只有发展两条战线争斗,反对主要危险右倾,坚决肃反,才能更巩固我们的红军。"①其后,这种抓紧"肃反"的思想一直延续着,成为一项基本方针。比如12月1日,张国焘在中共川陕省委会机关报《共产党》第22期头版,发表《坚决肃清反革命》一文,再次强调要在革命队伍中"必须加紧侦查,有计划地逮捕反革命","在红军队伍中进行查成分、查阶级",应当立即讨论具体办法,迅速肃清一切反革命,大大动员群众起来,坚决反对一切反革命。决不让一个坏人混进革命队伍。②

在这次新一轮的肃反中,除了逮捕曾中生外,早先已经被捕的红四方面军总经理处主任余笃三、红四方面军参谋主任舒玉璋等被杀害。

特别是第三十三军许多将士被肃掉。第三十三军由川东游击军改编组成,成立于1933年11月2日,原川东军委书记、川东游击军总指挥王维舟任军长,原梁达中心县委书记杨克明任政治委员。但在该军成立之初,即开展肃反。在不到半个月内,将二九五团团长吴某与副团长邓某及连级干部五人杀害,以"审查代表成分"名义将川东游击军干部黎时中、龚堪庸、龚堪彦、王荣澍、牟永烙等七十余人逮捕杀害。后又以调动工作为名,将达、宣及三十三军中的知识分子郑廷壁、修焘、王心敏、王心正、任俊卿、高继升等五六十人,分送各县保卫局处决。与王维舟并肩战斗过的原川东游击军的高级领导干部蒋群麟、冉南轩,任九十八师、九十七师师长不及一月,便接通知去巴中参加所谓"军事会议",惨遭活埋。在粉碎刘湘六路围攻的战斗进行得正激烈的时候,张国焘从火线上撤换调走军政委杨克明以及团、营、连、排干部共五十多人,除杨克明、杨正坤得到幸免和营救外,其余均下落不明。③ 王维舟回忆说:"经过党多年培养出来的三百余青年革命干部遭受了无辜的杀害。这些同志几年来在地下艰苦的环境中,与敌人进行了殊死的斗争,未遭反动派杀害,却在自己

---

① 昌浩:《红军中政治工作之紧急问题》,《干部必读》第49期(1933年9月13日),四川省档案馆编:《川陕苏区报刊资料选编》,四川省社会科学院1987年版,第203页。

② 盛仁学编:《张国焘年谱及言论》,解放军出版社1985年版,第310页。

③ 四川大学川陕革命根据地科研组(徐正明执笔):《王维舟》,中共四川省委党史工作委员会党史人物传编辑组编:《四川党史人物传》第一卷,四川省社会科学院出版社1984年版,第247—248页。

内部,在张国焘叛徒'左'倾路线的毒手下牺牲了。"①

四

通过以上梳理,我们大约可以就木门会议和红四方面军"肃反"问题,得出三点结论。

第一,木门会议关于停止在红四方面军中"肃反"的决定并没有实行。在会后不久,张国焘主导又掀起新的"肃反"高潮。一是,这一轮"肃反",不仅祸及的人级别高,如逮捕了曾任中共鄂豫皖特委书记兼军委主席、鄂豫皖红四军第二任政治委员、西北革命军事委员会参谋长的曾中生;而且杀害了早先"肃反"中逮捕的许多人,如红四方面军总经理处主任余笃三、红四方面军参谋主任舒玉璋等重要领导人,因此其危害程度非常高。二是,对新编入四方面军的第三十三军,开展了大规模的肃反,并且还是在粉碎刘湘六路围攻的激烈战斗期间进行的。三是,张国焘等的"肃反"意识在木门会议后不但没有丝毫减退,相反越发狂烈,因此"肃反"在以后一直持续进行。甚至之前坚决"肃反"的领导人如十二师政治部主任韩继祖也被肃掉了。也就是说,木门会议的停止肃反的决定,没有从根本上遏制和解决红四方面军"肃反"的错误。

第二,木门会议后,红四方面军从鄂豫皖西迁部队中的大规模"肃反"停止了。根据现有资料判断,在木门会议上,许多人对红四方面军中大规模"肃反"历经战争考验的将士表示不满,集中对乱捕滥杀严重的十二师提出严厉批评,用李天焕的话说,"斗争十二师政治部主任韩继祖"(这是一种对乱捕滥杀现象就事论事的批评,不涉及"肃反"决策,也不涉及整个"肃反"全局)。在这种群情要求的情况下,"陈昌浩的头脑清醒了些。他在讲话中虽肯定前一段部队中'肃反'的必要性,但承认错抓了些人,同意停止'肃反',将错抓的人放回。"②实际上是在不否定整个"肃反"举措下的局部纠错,是对个别"过火"行为的纠正。但因纠错,其后除了逮捕和杀害一些重要领导人外,在红四方面

---

① 王维舟:《川东游击战争时期》,《中国工农红军第四方面军战史资料选编》(川陕时期·上),解放军出版社1993年版,第492页。

② 徐向前:《历史的回顾》中,解放军出版社1987年版,第298页。

军老部队中先前那种剧烈的"肃反"（即大规模乱捕滥杀的现象）停止了。

第三，综合上述分析，所谓木门会议停止"军内肃反"的表述有些笼统，也不反映事实也不够准确，当然对此的评价也不宜夸大。木门会议的主要功绩不在于"停止军内肃反"，而是"总结了粉碎田颂尧围攻的经验，布置了今后的工作，检讨了过去的一些错误，增强了团结，确定了扩大红军的方针"。特别是决定将原有四个师扩编为四个军，决定加强部队政治工作、大力开展军事训练和恢复彭杨干部学校等。这些重要决定深刻地影响了红四方面军的建设，意义重大，是木门会议的最大亮点。

苟坝会议与中共中央军事领导体制的调整

内容提要：苟坝会议成立了由周恩来、毛泽东、王稼祥组成的"新三人团"，加强了毛泽东的军事领导地位，而其更重要的意义是调整了中共中央的军事领导体系。正是因为调整了中共中央的军事领导体制，才加强了毛泽东的军事领导地位，从而事实上开始了毛泽东对全党的领导。从这个角度去认识苟坝会议，就越发彰显了苟坝会议的重要性。

1935 年 3 月，在贵州遵义县枫香镇苟坝村召开的中共中央政治局会议，是继遵义会议之后中共中央召开的一次重要会议。之所以强调它重要，一是，这次会议加强了毛泽东的军事领导地位；二是，这次会议再次调整了中共中央的军事领导体系。关于苟坝会议和毛泽东领导地位的关系，学术界进行了比较深入的研究，已经有不少成果，而关于苟坝与中共中央军事领导体制形成的关系，基本没有涉及，研究成果不多。有鉴于此，笔者尝试就此进行一些探讨。

一

湘江战役后，中共中央围绕中央红军战略转移的前进方向，发生了激烈的争论。当时，从破译敌台的电报获悉：国民党军队正以五六倍于红军的兵力，在红军预定前进的方向——湘西构筑了四道防御碉堡线，张网以待，阴谋围歼历经苦战的中央红军。但主持中央红军长征事宜的中共中央最高领导人博古和共产国际军事顾问李德不顾严重的敌情，坚持原定去湘西同红二、六军团会合的计划；而毛泽东根据严重的敌情，积极建议改变去湘西的路线，改向敌军力量薄弱的贵州西进。经过激烈争论，通道会议决定绕道黔东，"寻求机动，以便转入北上"湘西，而黎平会议通过了《中央政治局关于在川黔边建立新根据地的决议》，确定不去湘西，而向贵州进军，由此实现了中央红军长征途中著名的"黎平转兵"。也就是说，经过通道会议、黎平会议，毛泽东西进贵州的建议成为中共中央的战略决策。这个决策，不仅避免了红军陷入重围甚至全军覆没的危险，而且打乱了国民党军队的原有部署，粉碎了蒋介石煞费心机筹划在湘西围歼中央红军的图谋，为中央红军寻求主动、生机和胜利创造了条件。

西进贵州的决策，化解了中央红军长征初期的巨大危机。而中共中央化解这个危机的过程，实际上就是改变错误领导的过程。

第五次反"围剿"失败和红军长征初期遭受的惨重损失，宣告了博古、李德领导的破产。严酷的事实，显示了他们领导能力的巨大缺陷，也使他们丧失了继续领导的威信。与此同时，毛泽东创造中央红军和中央苏区的辉煌业绩和卓越的军事才能，他在危难时刻提出的化险为夷的主张，为越来越多的人所推崇，希望他出来担负摆脱危局重任的呼声越来越强烈。通道会议、黎平会议上的激烈争论和结果，说明了这样两点：一是，越来越多的人反对博古、李德的主张，说明他们的领导难以为继了。特别是通道会议、黎平会议之后在1935年元旦召开的猴场会议，明确规定："关于作战方针，以及作战时间与地点的选择，军委必须在政治局会议上作报告"①，以加强政治局对军委的领导。这个决定，实际上取消了博古、李德的军事指挥权，是对他们的领导能力的否决；二是，毛泽东在1932年10月的宁都会议上被解除了在红军中的领导职务，并且被视为严重"右倾"，早已远离决策中心。而在其时，毛泽东的意见，在激烈争论过程中逐渐获得中央多数同志的赞同，成为中共中央的战略决策。这些关系重大的改变，都为随后召开的遵义会议，做了思想上、组织上的准备。

需要强调的是，在改变领导的过程中，首先和特别重要的改变是党的军事领导体制的改变。其最显著的变化就是猴场会议关于作战问题必须在政治局会议上报告的决定。对此，人们给予了特别的关注，认为这在实际上取消了博古、李德的军事指挥权，这是正确的，但更应看到它改变了长征以来的军事领

① 《中共中央文件选集》第10册，中共中央党校出版社1991年版，第446页。

导体制,即由博古、李德、周恩来组成的"三人团"①的全权指挥,改变为由中央政治局讨论决策。这个军事领导体制的改变,对于长征途中的中共中央、中央红军乃至中国革命都是极其重要的。

1935 年 1 月召开的遵义会议,最重大、最具深远影响的决定,是改变了中共中央对军事工作的领导人,"毛泽东同志选为常委""取消三人团"。② 这些决定的结果是,结束了第三次"左"倾路线对全党长达四年之久的统治,开始了以毛泽东为代表的新中央的领导,为中国共产党摆脱第五次反"围剿"失败的危局提供了组织保障,从而在最危急的关头挽救了党、挽救了红军、挽救了中国革命。

而关于党对军事的领导体制问题,遵义会议延续了猴场会议作出的规定。会议通过的决议检讨和批评了党过去忽略军事领导的错误,指出:"政治局更认为过去书记处与政治局自己对于军委的领导是非常不够的。书记处与政治局最大部分的注意力是集中于扩大红军与保障红军的物质供给方面,因此在这些方面,得到了空前伟大的成绩,然而对于战略战术方面则极少注意,而把这一责任放在极少数的同志身上,首先是××同志与华夫同志。我们没有清楚地了解,战争的指挥问题关系战争胜负的全局。战争指挥的错误,可以使最好的后方工作的成绩化为乌有。政治局对于这一问题上所犯的错误是自己应该承认的,书记处的所有同志,在这方面应该负更多的责任,因为有些重要的决定或战略计划是经过书记处批准的。"决议决定继续猴场会议的军事领导体制:"政治局扩大会认为为了粉碎敌人新的围攻,创造新苏区,必须彻底纠正过去军事领导上所犯的错误,并改善军委领导方式。"③

----

① "三人团"是 1934 年夏中共中央书记处决定成立的军事领导机构,负责中央红军实施战略转移和军事指挥事宜,由博古、李德、周恩来组成。遵义会议前,"三人团(博、李、周)处理一切。"(秦邦宪:《在中央政治局会议上的发言》(1943 年 11 月 13 日),中共中央党史资料征集委员会、中央档案馆编:《遵义会议文献》,人民出版社 1985 年版,第 103 页)

② 陈云:《遵义政治局扩大会议传达提纲》(1935 年 2 月或 3 月),中共中央党史资料征集委员会、中央档案馆编:《遵义会议文献》,人民出版社 1985 年版,第 42 页。这份手稿经陈云认定为他在长征途中写的传达手稿,故收入书中时改为《遵义政治局会议传达提纲》。但也有学者考证,从手稿的内容看,应当认为是陈云向共产国际的汇报提纲。

③ 《中共中央关于反对敌人五次"围剿"的总结决议》,中共中央党史资料征集委员会、中央档案馆编:《遵义会议文献》,人民出版社 1985 年版,第 21—22 页。决议中的"××同志"指博古,"华夫同志"即李德。

二

但是，由中共中央政治局会议讨论"关于作战方针，以及作战时间与地点的选择"，即讨论具体的军事行动及其部署，有违军事指挥的特别需要，尤其是颇不适应军情紧急、军机瞬息即变的战争环境。1935 年 3 月中旬之初，围绕中央红军进攻打鼓新场发生的争论，就是因为这一军事指挥体制引发的。

遵义会议改变黎平会议在黔北建立根据地的决定，决定"红军渡过长江，在成都至西南或西北建立苏区根据地"①，但由于土城战斗失利，红军一渡赤水河。1935 年 2 月 7 日，中共中央政治局会议又决定改变渡江入川的计划，"以川滇黔边境为发展地区。"2 月 9 日，中共中央政治局会议决定接受毛泽东提出的回师东进、再渡赤水、重占遵义的建议，于是中央红军二渡赤水，从 2 月 24 日起激战五天，至连续攻克桐梓、娄山关、遵义城，大败黔军和中央军吴奇伟部，取得长征以来的最大胜利。

桐遵大捷后，为了实行在黔北打开局面、建立根据地的目标，中革军委拟乘国民党中央军吴奇伟纵队新败，尚在乌江以南之机，向西北打击在仁怀（即茅台）鲁班场一线的另一支中央军——周浑元纵队。因为不消灭国民党的主力部队，红军就无法建立黔北根据地。

其时，蒋介石的部署是南守北攻，川军潘文华部三个旅由桐梓向遵义进攻，滇军孙渡部四个旅进至大定、黔西地区防堵；周浑元纵队主力三个师进至仁怀、鲁班场地区，黔军王家烈部集结于金沙、土城等地，阻止红军向西发展；吴奇伟纵队四个师位于乌江南岸，策应其他纵队作战。企图围歼红军于遵义、鸭溪地区。

就在中央红军寻找打击周浑元纵队战机之时，3 月 10 日 1 时，红一军团林彪、聂荣臻发来一个电报，"建议野战军应向打鼓新场、三重堰前进，消灭西安寨、新场、三重堰之敌。"②此敌为黔军犹禹九部，战斗力不强。当日，张闻天

---

① 陈云：《遵义政治局会议传达提纲》，中共中央党史资料征集委员会、中央档案馆编：《遵义会议文献》，人民出版社 1985 年 1 月第 1 版，第 35 页。

② 《林、聂关于向打鼓新场前进的建议》，中共中央文献研究室编：《文献和研究》一九八五年汇编本，人民出版社 1986 年 12 月第 1 版，第 133 页。

在苟坝召开中央政治局扩大会议,讨论是否发动打鼓新场战斗问题。与会的大多数人主张打,毛泽东坚决主张不打。毛泽东分析说,红军 12 日才能赶到打鼓新场,那时滇军也赶到那里同黔军会合,同时川军可侧击红军,所以反对打。他说,不能打,打又是啃硬的,损失了部队不值得,还是应该在运动战中消灭敌人嘛。但他的意见未能说服众人,大家坚持要打。① 为此,毛泽东最后以"去就前敌总指挥的职务力争",但有人发言说:"少数服从多数,不干就不干。"②结果会议以少数服从多数的组织原则,作出了攻打打鼓新场的决定。

会后,毛泽东深感攻打打鼓新场会给红军带来很大危险。于是,连夜提着马灯去找周恩来谈,要他攻击的命令晚一点发,再想一想。周恩来采纳了毛泽东的意见。当晚 21 时,军委电令:部队在平家寨、枫香坝、花苗田地域集中,以便寻求新的机动。第二天一早,张闻天再次主持会议讨论,毛、周把大家说服了。军委发出《关于我军不进攻新场的指令》,其理由和毛泽东前一天的分析基本一致:"据昨前两天情报,犹旅已由西安寨退泮水,如见我大部则续退新场。滇军鲁旅已到黔西,十二号可到新场,安龚两旅则跟进。依此,我主力进攻新场已失时机。因为我军十二日才能到新场,不但将为黔滇两敌所吸引,且周川两敌亦将出我侧背,如此转移更难,所以军委已于昨十号二十一时发出集中平家寨、枫香坝、花苗田地域之电令,以便寻求新的机动,望准此行动。"③

这次会议有以下几个特点:一是,人数多。毛泽东 1943 年在一次中央会议上说:"在打鼓新场,洛甫每天要开二十余人的中央会议。"④二是,持续时间长,整整开了一个白天。因此,毛泽东在会后找周恩来提出缓发进攻打鼓新场

---

① 1959 年,毛泽东回忆说:"苟坝会议,我先有三票,后头只有一票,就是我自己。"中共中央文献研究室编,逄先知、金冲及主编:《毛泽东传》,中央文献出版社 2003 年版,第940 页。滇军孙渡部、川军潘文华部和滇军孙渡部从南北两个方向进逼扎西。

② 周恩来:《党的历史教训(节录)》(1972 年 6 月 10 日在党中央召集的一次会议上讲话的一部分),中共中央党史资料征集委员会、中央档案馆编:《遵义会议文献》,人民出版社 1985 年 1 月第 1 版,第 69 页。

③ 《关于我军不进攻新场的指令》(一九三五年三月十一日),中共中央文献研究室编:《文献和研究》(一九八五年汇编本),人民出版社 1986 年 12 月第 1 版,第 136 页。此电中的"鲁旅"指滇军第七旅鲁道源旅,"安龚两旅"指滇军第二旅安恩溥部、第五旅龚顺壁部,"周川两敌"指国民党中央军周浑元纵队和土城战斗后尾追中央红军而来的川军三旅。

④ 《中共党史资料》(1983 年第 6 辑),第 28 页。毛泽东所说的"在打鼓新场",实际含义应是讨论"打鼓新场"战斗,现在的研究认定,会议地点就是苟坝。

命令的建议,因天黑而提着马灯前去。三是,军事行动的决策,采取了简单的以少数服从多数的原则。

因此,虽然是否攻打打鼓新场的问题解决了,但围绕进攻打鼓新场暴露出红军指挥体系存在问题,与严重的战争环境颇不适应。

三

猴场会议关于军委必须就作战诸问题向中央政治局报告的决定,对于纠正和结束博古、李德的错误领导,具有积极意义,但就军事指挥而言,则存在问题:一是,在军情紧急、战机瞬息即变的严峻形势下,军事行动需要当机立断,及时处置,而以政治局会议讨论和决定军事行动的具体问题,容易贻误战机,颇不适应战争形势的应对需要;二是,一些非军事指挥人员,虽然可能对军事工作、军事斗争有所了解,但如果不是久经征战者,很难对军事指挥等问题提出有针对性的、有建树的意见,不仅无助于正确决策,甚至可能作出错误决断,而且影响其他工作;三是,在当时行军打仗的严峻的军事形势中,召开包括各军团领导人员的政治局扩大会议(如苟坝会议,据毛泽东回忆有二十多人与会),颇不容易,也容易影响部队工作和具体的作战指挥。

中共中央领导人通过"打鼓新场风波",敏锐地发觉了这个指挥体制存在的问题,毛泽东立即建议改变这一领导体制。周恩来回忆说:3月11日,继续讨论攻打打鼓新场问题,"一早再开会,把大家说服了。这样,毛主席才说,既然如此,不能像过去那么多人集体指挥,还是成立一个几人小组。"①

根据是否攻打打鼓新场引发的问题和毛泽东的提议,3月12日,张闻天再次在苟坝主持召开中央政治局会议,会议经过讨论,决定成立中共中央全权指挥作战的军事指挥机构——"三人团"(为了与长征初期的"三人团"区别,通称新"三人团",又称"三人军事小组"),由周恩来、毛泽东、王稼祥组成。对此,陈云、张闻天有比较一致的回忆。张闻天在1943年的整风笔记中说:"在抢渡乌江以前,泽东同志提议以毛泽东、周恩来、王稼祥三人成立三人团全权

---

① 周恩来:《党的历史教训(节录)》(1972年6月10日在党中央召集的一次会议上讲话的一部分),中共中央党史资料征集委员会、中央档案馆编:《遵义会议文献》,人民出版社1985年1月第1版,第69页。

指挥军事。"①陈云 1978 年 5 月 18 日在审查中国革命博物馆党史陈列时,说:"成立三人小组是在遵义会议以后,四渡赤水时定的。大概在打鼓新场的地方。当时大家意见很多,就搞了个三人指挥小组。"②

成立新"三人团",是苟坝会议最大的贡献。其重大之点有二:一是,加强了毛泽东的军事领导地位。遵义会议选举毛泽东为中央政治局常委,"仍由最高军事首长朱周为军事指挥者,而恩来同志是党内委托的对于指挥军事上下最后决心的负责者。""扩大会完毕后中常委即分工,以泽东同志为恩来同志的军事指挥上的帮助者。"③而在苟坝会议上,毛泽东成为新"三人团"成员,成为中共中央领导军事工作的主要领导人之一。二是调整了中共中央军事领导体制。"集中军事领导,少开会议","三人小组指挥作战。"④而就调整了中共中央军事领导体制而言,其意义非常重大。它改变了猴场会议规定的军事领导体制,避免了由中央政治局讨论具体军事行动和作战部署等而带来的各种问题;特别是由新"三人团"形成的"集中军事领导"体制,便于快捷、灵活、高效和根据军情适时决策和进行调整,非常适应于严峻的军事斗争形势的需要。这个军事领导体制的重要性和巨大作用,已经由中央红军长征的历史作出了证明和结论。

而苟坝会议形成的这个军事领导体制的更大意义,是其对中共中央完善军事领导体制的影响。长征到陕北后,1935 年 11 月 3 日在甘泉下寺湾召开的中共中央政治局会议,决定成立以毛泽东为主席的新的中央军委,并且明确对其职权作出规定:"大的战略问题,军委向中央提出讨论,至于战斗指挥问

---

① 中共中央党史资料征集委员会:《关于遵义政治局扩大会议若干情况的调查报告》(1984 年 9 月),中共中央党史资料征集委员会、中央档案馆编:《遵义会议文献》,人民出版社 1985 年 1 月第 1 版,第 135 页。

② 中共中央党史资料征集委员会:《关于遵义政治局扩大会议若干情况的调查报告》(1984 年 9 月),中共中央党史资料征集委员会、中央档案馆编:《遵义会议文献》,人民出版社 1985 年 1 月第 1 版,第 134—135 页。

③ 陈云:《遵义政治局扩大会议传达提纲》(1935 年 2 月或 3 月),中共中央党史资料征集委员会、中央档案馆编:《遵义会议文献》,人民出版社 1985 年版,第 42 页。

④ 周恩来 1943 年、1972 年关于新"三人团"的回忆。中共中央党史资料征集委员会:《关于遵义政治局扩大会议若干情况的调查报告》(1984 年 9 月),中共中央党史资料征集委员会、中央档案馆编:《遵义会议文献》,人民出版社 1985 年 1 月第 1 版,第 134 页。

题,由他们全权决定。"①自此之后,中共中央一直延续了这样的军事领导体制。而下寺湾会议关于党的军事领导体制的决定,是建立在苟坝会议形成的军事领导体制基础上的,是由苟坝会议开启的,实际上是对苟坝会议军事领导体制的正确运作和发挥卓有成效作用的肯定。从这一角度去审视苟坝会议,就更能彰显其重大而深远的历史意义。

---

① 张培森主编:《张闻天年谱》上卷,中共党史出版社 2000 年版,第 273 页。

简论 1936 年 5 月的大相寺会议

内容提要：1936 年中共中央在延川县大相寺召开的会议，作出一系列重大决策，对抗日民族统一战线的形成和革命新局面的开拓产生了深远的影响，但由于资料缺乏，研究薄弱，不为人们重视。为深化这一阶段的中共党史研究，笔者尝试对此次会议进行一些探索。

1936 年 5 月，中共中央于东征山西返回陕北后，在延川县的大相寺连续召开会议，总结东征，研究部署下一步的工作，作出一系列影响深远的重大决策，是中共中央奠基西北、开创革命新局面的一次重要会议。但目前除了相关回忆和领导人传记有所提及之外，一般中共党史基本没有论及，甚至《中国共产党历史大辞典》也没有列入，属于中共党史研究的一个薄弱环节。有鉴于此，笔者尝试利用能够搜集到的资料，对这次会议进行一些初步的探索。

一

目前，相关涉及大相寺会议的著述，对其基本情况的表述存在颇不一致的现象。甚至在中共中央领导人年谱和传记中，也存在着类似的情况。比如《张闻天年谱》称：（1936 年）5 月 8 日—9 日，"主持在延长县交口镇太相寺召开的中共中央政治局扩大会议。"①《毛泽东年谱》没有这次会议的记载，但有

---

① 中共中央党史研究室张闻天选集传记组编、张培森主编：《张闻天年谱》上卷，中共党史出版社 2000 年版，第 320 页。

相关活动:5 月 13 日,"召开红一方面军团以上干部大会",地点是"延川县大相寺"①;《毛泽东传》的记载与《张闻天年谱》相同:在"延长县交口大相寺","在五月八日召开中央政治局扩大会议。毛泽东出席会议,作了'目前形势与今后战略方针'的报告。"②《周恩来年谱》的记载是:5 月 8 日、9 日,"在大相寺出席中共中央负责人及红一、红十五军团干部会议。会议总结红军东征的经验,决定西征。"③《彭德怀年谱》的记载是:5 月 13 日,"出席于延川大相寺召开的团以上干部会议(一说政治局扩大会议)。"④《叶剑英年谱》的记载是:5 月 8 日、9 日,"中共中央在延长县大相寺召开政治局扩大会议。"⑤《杨尚昆年谱》的记载是:"5 月 8 日—9 日,出席在延长县交口镇大相寺召开的中央政治局扩大会议,讨论东征回师后的战略方针问题;5 月 13 日,出席延川县相国寺举行的红一方面军团以上干部大会,总结东征。"⑥

这样的表述就出现两个问题,一是会议地点,是叫"大相寺"还是"太相寺",该地属于"延长县"还是"延川县"。二是会议名称和时间。即是一次中央负责同志与红一方面军干部的会议,如《周恩来年谱》和《彭德怀年谱》之说;还是分别召开过中央政治局会议和红一方面军团以上干部会议,如《毛泽东传》《杨尚昆年谱》的表述。

经查,延长县交口镇没有"太相寺"或"大相寺"的地名,延川县关庄乡有"太相寺"的村庄。而延川关庄、禹居、文安驿等地,是东征红军回师后的驻地,因此,此地在延川县域应是确定的(大部分红军将领回忆会议的地点是在延川县,现在当地中共党史表述也是延川县)。至于"大相寺"还是"太相寺"

① 中共中央文献研究室编、逢先知主编:《毛泽东年谱》(1893—1949)上卷,人民出版社、中央文献出版社 1993 年版,第 541 页。

② 中共中央文献研究室编、金冲及主编:《毛泽东传》(1893—1949)上,中央文献出版社 1996 年版,第 384 页。

③ 中共中央文献研究室编:《周恩来年谱》(1893—1949),人民出版社、中央文献出版社 1989 年版,第 308 页。

④ 王焰主编:《彭德怀年谱》,人民出版社 1998 年版,第 144 页。

⑤ 中国人民解放军军事科学院编、刘继贤主编:《叶剑英年谱》(1897—1986)上,中央文献出版社 2007 年版,第 126 页。

⑥ 中共中央党史研究室编、李忠杰主编:《杨尚昆年谱》(1907—1998)上卷,中共党史出版社 2007 年版,第 225 页。

之谓,按理应是"大相寺",因为当地方言把"大"发成近似"太"的音,但是现在延川地图或当地称谓都是"太相寺"。

关于会议名称和时间,根据相关资料可以辨析一下。

参加东征并参加东征总结会议的红军将领,都回忆召开过红军团级以上会议。时任红一军团政委的聂荣臻回忆说:"五月十四日,一方面军在大相寺召开团以上干部会议,洛甫讲话,博古参加。"①红十五军团政委程子华回忆说:"中共中央于一九三六年五月十四日至十七日,在延川大相寺召开了红军团以上干部会议,我和徐海东出席了会议。"②中央军委卫生部部长黄克诚回忆:"五月中旬,中央在大相寺召开了一次有军队团以上干部参加的会议,毛泽东在会上批评了红一军团在调人调物支援兄弟部队方面的本位主义。"③时任红四师第十一团政治委员的李志民回忆:一九三六年五月十四日,中共中央在陕北延川县大相寺村召开了团以上干部会议(即"大相寺会议"),总结抗日先锋军"东征战役"的经验。④ 教导营政委王宗槐回忆:一九三六年五月中旬的一天,我参加了在大相寺召开的一方面军团以上干部会。我记得这次干部会是在一个大席棚里开的,主要是总结东征,动员西征。⑤ 红一军团第四师政治部副主任王平回忆:(一九三六年)五月十四日,一方面军在延川县大相寺召开了团以上干部会议,毛泽东、周恩来、张闻天、博古、彭德怀等中央领导参加了会议。⑥ 红四师通信主任张震回忆:5月13日,红一方面军在延川县大相寺召开团以上干部会议。⑦ 红军将领的回忆,与《毛泽东年谱》《杨尚昆年谱》的记载相吻合,基本可以肯定:在1936年5月13日或14日,在延川县大相寺召开了红一方面军团以上干部会议。

毛泽东年谱"1936年5月13日"条目记载:"在延长县大相寺出席红一方面军团以上干部大会,作关于目前政治形势及任务的报告。"但萧锋该日日记的记载则是:"上午,我骑骡子到岔口大相寺方面军司令部驻地,开团以上干

① 《聂荣臻回忆录》(上),解放军出版社1984年版,第314页。
② 《程子华回忆录》,解放军出版社1987年版,第127页。
③ 《黄克诚回忆录》,解放军出版社1989年版,第249页。
④ 《李志民回忆录》,解放军出版社1993年版,第281页。
⑤ 《王宗槐回忆录》,解放军出版社1995年版,第107页。
⑥ 《王平回忆录》,解放军出版社1992年版,第140页。
⑦ 《张震回忆录》(上),解放军出版社2003年版,第111页。

部会,到达后才知道今天不开了,要明天开。"萧锋次日日记记载:"晨七时出发,我同阮金庭团长、一团长陈正湘、政委袁升平、十三团团长朱水秋、政委黄振堂等同志,骑马到岔口方面军司令部开会……上午十点钟正式开会……会上,首先由毛主席报告目前政治形势与我们的任务。"萧锋 15 日日记记载:"继续开会,分小组讨论本位主义的危害,列举自由主义的各种表现及其危害性。会议至下午六时结束。七时半,毛主席作了总结。"由此可见,1936 年东征回师后大相寺红一方面军团以上干部会是 5 月 14 日召开的。①

那么,在红一方面军团以上干部大会之前,是否召开了一次中央政治局扩大会议呢?答案应该是肯定的。第一,召开会议是毛泽东和彭德怀建议的,4 月 28 日 21 时,毛泽东、彭德怀针对国民党的山西增兵、实行堡垒战术的敌情,致电张闻天:"东面的情况已根本地发生变化,丧失了继续作战的可能,为稳固计决定西渡。""提议开政治局会议讨论新的行动方向及其他与此关联的问题,地点拟在延长。"②5 月 5 日红军全部返回陕北后,在 8 日、9 日开会合乎情理。因为在军情紧急时刻,确定红军战略发展问题的会议不可能拖得太晚。第二,《张闻天年谱》使用的是当时的会议记录,内称:5 月 8 日—9 日,"主持在延长县交口镇太相寺召开的中共中央政治局扩大会议","政治局全体"和"各军团首长"出席,毛泽东作《目前形势与今后战略方针》的报告。③ 除了"太相寺"属地有误外,主要内容应该是准确的。第三,从张闻天、周恩来的行迹看。张闻天 5 月初从瓦窑堡赴延长迎接东征红军,10 日,他致电李维汉说:"我明日动身回瓦";13 日,致电彭德怀、毛泽东:"我们十二日到瓦。"④由此判断,张闻天在"太相寺"参加的会议只能在 5 月 10 日以前。周恩来 5 月 2 日至 5 日在延长一带迎接东征红军,5 月 12 日与张学良举行第二次延安会谈。按照当时的交通条件,从延长到延川、从延川到延安,均需要两天时间,即周恩来

---

① 方海兴:《〈毛泽东年谱(1893—1949)〉若干史实考辨》,《党史研究与教学》2015 年第 6 期。

② 中共中央文献研究室编、逄先知主编:《毛泽东年谱》(1893—1949)上卷,人民出版社、中央文献出版社 1993 年版,第 538—539 页。

③ 中共中央党史研究室张闻天选集传记组编、张培森主编:《张闻天年谱》上卷,中共党史出版社 2000 年版,第 320 页。

④ 中共中央党史研究室张闻天选集传记组编、张培森主编:《张闻天年谱》上卷,中共党史出版社 2000 年版,第 321 页。

在"太相寺"参加会议的时间也只能是5月8日至9日。他们的行止时间说明他俩不可能参加5月13日召开的红一方面军团以上干部会议,参加的只能是另一次会议,即许多记载中的在5月8日召开的中央政治局扩大会议。第四,程子华的回忆有助于理解两次会议的关系,他说:"五月十一日,中央在延川县大相寺村召开了中央政治局扩大会议","十四日,一方面军总部在大相寺召开团以上干部会议,传达和讨论了中央政治局扩大会议精神。"①

由上述情况判断,大相寺会议是时间衔接、先后召开的两次会议,即中共中央政治局扩大会议和中央主要领导人参加的红军团级以上干部会议。

这里,还需要对上述回忆或记载中的几个小问题进行辨析:(一)4月28日,毛泽东、彭德怀提议召开政治局会议,"地点拟在延长",为什么改变在延川的"太相寺"了? 主要是因为东征红军和中央领导人是从清水关、铁罗关、于家咀渡口西渡黄河的②,而这些渡口的西岸都在延川县境。(二)《杨尚昆年谱》记载两次会议分别在"大相寺"和"相国寺"召开,实际应是一地,因为"大相寺"本是"相国寺",因该地区有一大一小两个"相国寺",把其大者称为"大相国寺",简略为"大相寺"。(三)关于张闻天、博古出席红一方面军干部会议的回忆,有误,因为此时张闻天等已经离开"太相寺"了。另外,关于会议日期的回忆,有的也存在差错。

二

在大相寺召开的中共中央政治局扩大会议,主要议题是"讨论新的行动方向及其他与此关联的问题"③。张闻天主持会议并作总结发言,毛泽东作《目前形势与今后战略方针》的报告,周恩来在会上作了统一战线形势的报告。会议经过讨论,作出以下重要决定。

第一,决策西征。中共中央落脚西北苏区后,面临着扩大生存空间的严峻任务。西北苏区所在地是当时全国最贫困的地区之一,经济落后,人口稀疏,

---

① 《程子华回忆录》,解放军出版社1987年版,第126页。

② 毛泽东就是从于家咀渡口西渡黄河的。

③ 中共中央文献研究室编、逄先知主编:《毛泽东年谱》(1893—1949)上卷,人民出版社、中央文献出版社1993年版,第538—539页。

交通闭塞，难以供养大批部队和机关，而中央红军减员极大，亟须扩红筹款，休整补充。特别是西北苏区的境况和中共中央复兴革命、推进民族革命战争新局面的目标很不适应，因此，拓展根据地，成为中共中央奠基西北的一个重大任务。针对当时的实际，中共中央长征到陕北后，确定了"以发展求巩固"的战略，用积极的进攻作战来巩固和发展西北苏区。1936 年 2 月 20 日起，红一方面军东征山西。东征的直接目的是经略山西，"通过东征建立一块根据地，与陕北根据地连接，也解决红军的给养和扩大等问题。"①但终因蒋介石十万大军涌入山西"围剿"红军，5 月 5 日东征因山西敌情发生严重变化而结束。东征在军事上、政治上取得了重大胜利，用毛泽东的话概括就是：打了胜仗，唤起了人民，扩大了红军，筹备了财物。② 但东征没有达成在山西建立根据地的预期目的。

为了实现扩展西北苏区的战略目标，毛泽东、彭德怀在研究结束东征时，就分析应该向西行动。当时陕甘宁地区的敌情是：早先进入陕北北部围堵红军的阎锡山晋军因红军东征而回撤山西，敌人兵力"在神府区域、三边区域（两地皆在陕北北部——引者注）空虚"；因红军东征并为防止红四方面军北上，国民党在甘肃的军队大部调往山西、甘南和陕西南部，甘肃"环水区域及其以西均空虚"。因此，毛泽东、彭德怀判断：红军在山西已无作战的顺利条件，而在陕西、甘肃则产生了顺利条件，容许我们到那边活动。他俩向中央政治局建议："新的行动方向有二案：一、方面军全部先到神府、东胜区域（陕北北部——引者注）一时期，尔后向西边陕甘宁区域。二、方面军全部即向陕甘宁区域（包括黄河以南大道以北），而以二十八军、三十军去神府区域。"③在大相寺会议上，毛泽东在《目前形势与今后战略方针》的报告中明确强调了西向甘肃的问题：从目前我们的力量看，在山西立足还有困难，或是不可能的。下一步行动方向目前只有陕北、宁夏、陕南、甘肃"四中择一"，因为"方

① 中共中央党史研究室编、李忠杰主编：《杨尚昆年谱》(1907—1998)上卷，中共党史出版社 2007 年版，第 216 页。

② 中共中央文献研究室编：《毛泽东年谱》(1893—1949)中卷，人民出版社、中央文献出版社 1993 年版，第 541 页。

③ 中共中央文献研究室编：《毛泽东年谱》(1893—1949)中卷，人民出版社、中央文献出版社 1993 年版，第 539 页。

向在一个时期中只能一个"。但陕北"没饭吃,狭小,不能去(留)";宁夏少数民族区域,到处是寨子与堡垒,"从政治军事观点上不应去";陕南条件最好,但蒋介石的力量也最强;而"甘肃是上述几条路的必由之路。地方虽不好,但有极重要的意义。再在三边及甘北弄它一块。地广人稀,敌人以后进攻困难。这是这一时期的任务"①。毛泽东的这一建议受到与会者的赞同,如张闻天在发言中说:红军行动方向"要移向甘肃"。经过讨论,会议决定红军主力西征。

第二,提出"建立西北国防政府"的方针。瓦窑堡会议在提出抗日民族统一战线方针的同时,认为"国防政府与抗日联军是反日反卖国贼的最广泛的与最高的民族统一战线的组织"。其后,党把组织"国防政府"和"抗日联军"作为建立抗日民族统一战线的具体形式,而广泛宣传,号召全国。同时,党在开展对东北军、杨虎城十七路军抗日统一战线工作中,并迅速与东北军建立停战、合作抗日的关系。1936年2月下旬,红军和东北军六十七军达成各守原防、互不侵犯,恢复双方区域交通和通商关系的协定。4月9日,周恩来与张学良秘密会谈,达成红军和东北军联合抗日、通商和互派代表常驻等内容的协定。张学良对中共"国防政府""抗日联军"的主张,做出积极的反映。1936年1月20日,他向中共代表李克农表示愿意为成立国防政府奔走。4月9日,在和周恩来会谈中明确表示:"国防政府,抗日联军,他认为要抗日只有此出路,他愿酝酿此事。"②延安会谈后,张学良与中共合作抗日的思想突飞猛进,4月底,他表示已有一个"不小的计划":打算用半年多的时间做准备,对外展开联络,对内训练部下,"预备着硬干,预备着和大老板(指蒋介石——引者注)打一架。"③张学良从对蒋介石抱有幻想改变为准备弃蒋自干,原因复杂,但中共抗日民族统一战线思想的作用是明显的,而其对外展开联络、对内训练部下的想法,应该说是与中共的"国防政府"的主张颇有关联。与此同时,党与杨虎城十七路军也建立联系,达成了互相谅解、避免冲突、互不进

---

① 金冲及主编:《毛泽东传》(1893—1949)上,中央文献出版社1996年版,第385页。

② 周恩来致洛甫、毛泽东、彭德怀的电报,1936年4月10日。中共中央文献研究室编:《周恩来传》(1898—1976)上卷,中共文献出版社2008年版,第342页。

③ 张友坤、钱进、李学群:《张学良年谱》,社会科学文献出版社2008年版,第684—685页。

攻的意向。①

　　党的抗日民族统一战线方针,首先在西北取得重大进展。针对这种情况,为推进它进一步发展并因此影响全国,毛泽东在大相寺会议上明确提出了建立西北国防政府的建议:我党提出抗日民族统一战线已经被许多人所接受。我们的任务,总的是建立全国人民的统一战线,战胜日本帝国主义和蒋介石;具体的政治任务,在目前是建立西北国防政府。② 张闻天赞同毛泽东的意见:要坚持统一战线,勿被"左"的和右的情绪所动摇,现在则要以西北国防政府为主要一环。③ 会议最后把"建立西北国防政府"确定为党在当前的主要任务。④

　　第三,决定创办抗日红军大学。到达陕北后,长征二万五千里的中央红军需要休整,红十五军团也因错误"肃反"的影响而需要调整关系⑤,同时为了提高红军指战员的政治、军事水平,使之适应和顺利迎接全国抗日斗争的新形势,中共中央决定大力实施红军干部的教育工作。在吴起镇,毛泽东就向中央红军团级以上干部指出,当前任务的第一项就是进行军事、政治教育。⑥ 直罗镇战役后,毛泽东把干部教育列为红军建设的一项主要任务,他指出:"我们的战斗指挥还非常之不精熟,一定要求得一个彻底的转变。……教育首先是干部教育,只有提高了干部的军事政治程度,才能使战斗员的军事政治程度真正提高。提高老干部的程度,创造许多的新干部,这是大红军大战争面前的迫

---

　　① 汪锋:《争取十七路军联合抗日的谈判经过》,王世英:《党派我与杨虎城谈判》,十七路军中共党史资料征编领导小组主编:《丹心素裹》1,中国文史出版社 1987 年版,第330—304 页。

　　② 金冲及主编:《毛泽东传》(1893—1949)上,中央文献出版社 1996 年版,第 385 页。

　　③ 中共中央党史研究室张闻天选集传记组编、张培森主编:《张闻天年谱》上卷,中共党史出版社 2000 年版,第 320 页。

　　④ 中共中央党史研究室张闻天选集传记组编、张培森主编:《张闻天年谱》上卷,中共党史出版社 2000 年版,第 320 页。

　　⑤ 错误的"肃反"严重地影响了红二十五军和红二十六、二十七军的关系,直至 1935年年底,"红二十六、二十七军原有干部之尚怀不安与不满。"毛泽东、周恩来因此指示:对红二十五军指战员进行一次普遍而深刻的教育,使他们对地方,对红二十六、二十七军务必发生良好关系,不应以骄傲而轻视的态度对红二十六、二十七军。中共中央文献研究室编:《毛泽东年谱》(1893—1949)上卷,人民出版社、中央文献出版社 1993 年版,第 501 页。

　　⑥ 中共中央文献研究室编:《毛泽东年谱》(1893—1949)上卷,人民出版社、中央文献出版社 1993 年版,第 482 页。

切任务。"①为此,1935年11月间,中共中央把陕甘支队随营学校与陕北红军学校合并,成立中国工农红军学校。② 1936年2月,中革军委决定将中国工农红军学校扩建为"西北抗日红军大学"。但因为紧接着就是东征,也因为对于办学之事"少数单位不够重视"③,"西北抗日红军大学"的办学情况很不理想。④ 有鉴于此,毛泽东在大相寺政治局会议上着重地提出创办红军大学的问题,说:要弄西北局面及全国大局面,没有大批干部是不行的,现在不解决这个问题,将来会犯罪;"要首先看明天,再来看今天。不看今天,是空谈。不看明天,就是政治上的近视眼。"我们有责任"引导同志们看得远",办一所红军大学来培养大批干部,以适应形势发展的需要。⑤ 强调:应利用全面抗战开始之前的时机,抽调大批干部,从军团领导到连排基层干部,进红军大学学习。要求各部队党委必须把选送干部入学作为一项战略任务,保质保量地把优秀干部选送到学校培养训练。⑥ 大相寺会议同意毛泽东的报告,决定在瓦窑堡创办红军大学,"利用全面抗战开始之前的时机,抽调大批团以上干部进红军大学学习,提高军事政治水平,以适应形势发展的需要。"⑦

第四,对东征中红军一些部队暴露出的问题提出严肃批评。东征过程中,红军部队内部出现一些不良现象问题。一是本位主义。杨尚昆回忆说:"一军团在洪洞、赵城一带扩兵比较多,筹款也多,而十五军团在北线牵制敌军,主

---

① 毛泽东:《直罗镇战役同目前的形势与任务书》(1935年11月30日),中国人民解放军军事科学院编:《毛泽东军事文选》,中国人民解放军战士出版社1981年版,第75页。

② 目前中共中央在陕北组建的"中国工农红军学校"的成立时间,有1935年10月、11月等说法。根据11月初中共中央和陕甘晋省委会合、11月7日中共中央进驻瓦窑堡等情况,以及中革军委1935年11月19日任命袁国平为中国工农红军学校政治委员兼政治部主任的决定,判断该校最早也是在11月间成立的。

③ 《郭化若回忆录》,军事科学出版社1995年版,第113页。

④ 没有权威材料证明其成立的情况,但根据情况判断很可能没有办起来。首任中国工农红军学校训练处长、红军大学第三科训练处长的郭化若就认为:"抗日红军大学,是由中国工农红军学校扩编而成的。"《郭化若回忆录》,军事科学出版社1995年版,第112页。

⑤ 毛泽东在中共中央政治局扩大会议上的报告记录,1936年5月8日。金冲及主编:《毛泽东传》(1893—1949)上,中央文献出版社1996年版,第385页。

⑥ 《郭化若回忆录》,军事科学出版社1995年版,第113页;《李志民回忆录》,解放军出版社1993年版,第14页。

⑦ 《王平回忆录》,解放军出版社1992年版,第141页。

要是在山区活动,伤亡比较大,而扩兵和筹款都比较少。中央要一军团分一部分新兵给十五军团,林彪坚决不答应,强调自己的编制也还不足,表现出严重的本位主义。"①还有一种情况是保存实力、不愿调出干部:"因为刚到达陕北,各师团干部尽量保存实力,都避免部队过多伤亡,另外中央要加强陕北红军和红十五军团,只有从红一军团调干部,红一军团领导不愿意给。……打仗时有些同志瞻前顾后,争打硬仗恶仗的思想不如以前。"②二是不团结现象。1935年9月中共中央率军单独北上后,将红一方面军主力改编为"陕甘支队"。长征到达陕北后,恢复红一方面军番号,"陕甘支队"在改编为红一军团时,取消原红三军团番号并把它改编为一军团的第四师,任命彭雪枫为政治委员,调原一军团的陈光任师长。"他们两人性格不一样,在有些事情上合不到一块,东征中有些不团结。"③王平、张震具体回忆了他俩的不和情况:围绕攻打洪洞县城发生严重分歧,一个命令攻城,另一个命令号兵吹起了停止攻击的军号。④针对红军中暴露出的问题,张闻天在大相寺中央政治局会议总结发言中指出:目前要大大地巩固红军,使红军成为模范的革命军队。故此次讨论特别将军队统一团结的问题提出来。他对东征中暴露出的本位主义现象提出了批评。⑤

根据中央政治局会议的讨论,毛泽东在随后召开的红一方面军团级以上的干部会议上,批评了这些错误现象,"批评了红一军团在调人调物支援兄弟部队方面的本位主义。"⑥甚至据叶子龙回忆是严厉的批评:"毛泽东发了火。他严厉批评了红一军团个别领导的自由主义和本位主义,以致在东征作战中调动部队不得力的错误。"他还点了林彪的名:"红军是共产党的军队,不是你

① 《杨尚昆回忆录》,中央文献出版社 2001 年版,第 165 页。实际上当时一军团本位主义情绪比较普遍,聂荣臻回忆说:林彪不同意拨兵给红十五军团,"下边的同志也都反映有困难。一军团有的连队也不充实,有的连应有的班的建制都编不全。我当时也想不拨或少拨一点,也有本位主义思想。"《聂荣臻回忆录》(上),解放军出版社 1984 年版,第 315 页。

② 《王平回忆录》,解放军出版社 1992 年版,第 140 页。

③ 《杨尚昆回忆录》,中央文献出版社 2001 年版,第 165 页。

④ 《张震回忆录》(上),解放军出版社 2003 年版,第 111 页;《王平回忆录》,解放军出版社 1992 年版,第 138 页。

⑤ 中共中央党史研究室张闻天选集传记组编、张培森主编:《张闻天年谱》上卷,中共党史出版社 2000 年版,第 320 页。

⑥ 《黄克诚回忆录》,解放军出版社 1989 年版,第 249 页。

林彪个人的队伍么！"①

三

大凡对中共党史和中国现代史有所了解的人，都可以从上述决定中看出大相寺会议的重要性。其时，正是中国共产党在遭受第五次反"围剿"失败和被迫长征之后，突破危局、复兴革命的关键时刻，是奠基西北的关键时刻。当时，党面临的困难和挑战很多，情况复杂，任务艰巨，在异常艰难的境况中能否应对得宜，关系党和中国革命的全局。大相寺会议继下寺湾会议、瓦窑堡会议、晋西会议等之后，为实现党的政治路线和战略目标，根据当时的形势作出的一系列重大决策，影响深远。

第一，实现了拓展西北根据地的战略目标。根据大相寺会议的决定，5月18日，中革军委下达西征战役行动命令，决定以第一、第十五军团，第八十一师、骑兵团和总兵站、总医院组成西方野战军，彭德怀任司令员兼政治委员，刘晓任政治部主任；西方野战军向陕甘宁边界地区发动进攻，扩大根据地，扩大抗日红军。据此，19日，西方野战军发起西征战役。战至7月底，西征战役胜利结束。历时两个多月的西征作战，共消灭敌人、俘敌旅长以下二千余人枪，战马五百余匹；扩大了红军，组建了两个骑兵团，发展了地方武装；尤其重要的是占领环县、豫旺、同心、定边、盐池等城镇，开辟纵横二百多公里的根据地，使陕甘苏区发展为陕甘宁根据地。它很好地证明了中共中央"发展中求巩固"的战略方针，并使之变成了现实，不仅对巩固西北根据地意义重大，为迎接红二、四方面军北上，实现红军三大主力会师创造了条件，而且特别是为后来陕甘宁边区的范围打下了基础。

第二，促进了红军和党的干部队伍建设，开拓了大规模培训干部的渠道。其具体体现在三个方面：一是，大相寺会议后，拟议中的红军大学迅速组建。5月20日，中央政治局常委会议确定了红军大学的教育方针、教育内容和方法及学校组织等问题。6月1日，抗日红军大学在瓦窑堡举行开学典礼，宣布正

---

① 叶子龙：《跟随毛泽东东征》，任百平、郭宝主编：《数风流人物——1936年红军东征》，中央文献出版社2005年版，第105页。

式成立。其第一期招生 1063 人，分三科分别培训师团级、团营级和连排级干部。在中国革命剧烈变动的时期，对历经第五次反"围剿"作战、二万五千里长征和巩固西北革命根据地斗争的各级指挥员集中培训，从政治、军事方面提高他们，其意义毫无疑问是重大的。人们普遍重视红军大学第一期的高级干部，如在中国革命史上声名显赫的林彪、罗荣桓、陈光、罗瑞卿、谭政、彭雪枫、张爱萍、王平、耿飚、贺晋年、杨立三、赵尔陆、张达志、张经武、杨成武、黄永胜、刘亚楼、苏振华、陈士榘、谭冠三、莫文骅、郭述申等，他们确实在中国革命史上声名显赫、贡献卓著。但还应看到，即使这个时期的连排级干部，在后来大都成长为中国革命的骨干力量。固然影响他们成长的因素很多，但红军大学的学习无疑是他们成长过程的一个加油站。李志民回忆说他就是因大相寺会议的触动而向毛泽东要求进红军大学学习：见到毛泽东后，"我怕耽误主席的时间就开门见山地对主席说：'我自从参加革命以后一直没有机会进学校学习，自己感到跟不上形势。在大相寺会议上，我听了主席的报告后，更深刻认识到应该利用全面抗战之前这个有利时机，学习深造，提高政治思想水平和军事素质，才能更好地工作。最近听说抗大第三期又开始招生，所以特地来请求主席批准我到抗大学习。'"①促进了大批党和人民军队精英的成长，这应该是大相寺会议决策的一个显著作用。二是，纠正了红军内部的不良风气。大相寺会议对本位主义等的批评，引发了红一方面军内部的批评与自我批评，"大家有什么讲什么，没什么顾虑，除肯定成绩外，对暴露出来的问题也开展了批评和自我批评。"②一军团政治委员聂荣臻带头做了自我批评。他回忆说：在会上我检讨说一军团的缺点，"主要应该由我负责。因为我是政治委员，这个'舵'没有掌好。而且，我知道这对全军也有很大的教育意义。所以，应该受批评，我也主动做了自我批评。"③王平回忆说："我们也都作了检讨。"④在东征中意见分歧的陈光和彭雪枫在会上也开展了批评和自我批评。这些批评和自我批评，产生了很大思想触动，遏制并纠正了本位主义的现象。应该说，这些批评，虽然主要针对一军团，但正如聂荣臻指出的"这对全军也有很大的教

---

① 《李志民回忆录》，解放军出版社 1993 年版，第 305 页。
② 《杨尚昆回忆录》，中央文献出版社 2001 年版，第 165 页。
③ 《聂荣臻回忆录》（上），解放军出版社 1984 年版，第 315 页。
④ 《王平回忆录》，解放军出版社 1992 年版，第 140 页。

育意义",在红一方面军中引起普遍的警觉,其作用是积极的和深远的。正因如此,毛泽东对这次在大相寺召开的红一方面军干部会议有很高的评价:这次会议开得很好,打倒了本位主义,反对了自由主义,我们有了更加统一的意志、统一的思想。① 消除了内部存在的问题,增进了内部团结、统一,这无疑是大相寺会议的一个重大成就。三是,开启了培养大批党政军干部的渠道。1937年1月,红军大学改名为"中国人民抗日军事政治大学"(简称"抗大"),除继续培养红军干部外,把培养革命知识青年作为一项重要任务,大量招录青年学生和各方面的优秀人才,由此成为中国共产党规模最大的干部培训学校,成为中国现代史上著名的学府。抗大坚决贯彻中共中央制定的教育方针,培养出十余万名军政兼优、德才兼备的干部,他们在抗日战争、解放战争和新中国的社会主义建设中,发挥了重大作用,其中不少人成为党和国家的领导人。罗瑞卿曾评论抗大说:"抗大抗大,越抗越大。"而抗大的起点,就始于大相寺会议,它是大相寺会议大规模培训干部决策的丰硕结果。从抗大的辉煌历史和造就大批优秀党政军干部的角度去审视,就可更加清晰地了解大相寺会议的重要性。

第三,推进了西北大联合局面的形成。大相寺会议后,中共争取东北军和杨虎城十七路军的工作全面铺开,并把"西北国防政府"作为这项工作的一个重要内容。5月12日晚,张学良与周恩来在延安再次密谈,商讨了张"准备大干"的政治、军事、经济问题及与杨虎城等"七部建立联合战线"等相关问题。② 5月28日,中共中央政治局会议制定了与东北军、十七路军联合,争取西北国防政府胜利的方针。其后,中共与张学良双方多次函电往返,该计划不断得到了充实。应该看到,这是中共和张学良合作抗日的重大进展,是中共建立"西北国防政府"计划的具体实施,也是其效力作用的成果。

九十月间,杨虎城在各种因素影响下,联共、联张(学良)、抗日、反蒋的思想发生飞跃性的变化,"他对蒋之张主(张)大为不满,正酝酿反对言论,杨于

① 中共中央党史研究室编:《杨尚昆年谱》(1907—1998)上卷,中共党史出版社2007年版,第226页。

② 中共中央文献研究室编、逄先知主编:《毛泽东年谱》(1893—1949)上卷,人民出版社、中央文献出版社1993年版,第540页。

毅(谒)蒋时为提停止剿匪事碰钉子,及今沉闷,有主驻(捉)蒋说。"①他和中共关系日臻密切,对中共的帮助逐渐增多,因此毛泽东在 12 月 5 日致信他,表示感谢:"数月来,乞尊处对于敝方多所协助,感级(激)莫名。从此双方日臻密切,统一战线之基础益固,远大之图基于此矣。"毛泽东并就"以西安为中心的五六个省区联合救国大计之具体合作计划"与之相商,寄望甚殷:"多仗大力出而斡旋,苟利抗日救国,弟方无不乐从"。② 可以敞开和杨虎城讨论和交流建立"西北国防政府"的事宜,足见此时中共和杨虎城双方关系之密切。而杨虎城正因认同中共的"西北国防政府"主张,才敢有"驻(捉)蒋说"。与此同时,杨虎城和张学良东北军的关系也在联合抗日的基础上趋于密切,他当面对张学良的代表高崇民表示:"谓西北局面,张负领导地位,如张干,彼一定受他领导。"③

虽然"西北国防政府"后来没有成为事实,但这一主张在推动中共和张学良东北军、杨虎城十七路军的联合抗日关系、形成西北抗日大联合局面方面,产生了重要的作用,却是不可否认的。

在中国革命艰苦卓绝的征程中,中国共产党人做出无数正确的决策,一次次力挽狂澜,开辟了复兴革命、发展革命的广阔道路和战胜艰难险阻、不断胜利的美好前景。大相寺会议的决策就产生了这样的作用,因此它是一次重要的、影响深远的会议,值得引起重视,并对它进行深入的研究和系统的总结。

---

① 杨奎松:《西安事变新探——张学良与中共关系之研究》,(台北)东大图书公司 1995 年版,第 264 页。

② 中央档案馆:《中国共产党关于西安事变档案史料选编》,中国档案出版社 1997 年版,第 170 页。

③ 《朱理治给周并转张毛的工作报告》(1936 年 1 月 4 日),中央档案馆藏。

重大问题研究

积极思想斗争对古田会议成功召开的作用

内容提要: 古田会议召开之前,红四军领导层内部在军队建设的一些原则性问题上发生争论,史称"朱毛之争"。毛泽东、朱德、陈毅等红四军主要领导人都以对革命事业高度负责的政治觉悟、大局观念和责任感,进行了积极的思想斗争,还与中共中央进行思想互动,最终不仅消除了分歧,还使思想认识达到高度统一,对古田会议的成功召开起了重要作用。

1929 年 12 月在福建省上杭县古田召开的红四军第九次代表大会,产生了著名的古田会议决议,解决了中国共产党在中国特殊国情中建党、建军的历史性难题,对中国革命产生了深远的影响。在中国革命极其复杂和艰苦的环境中,中国共产党之所以始终保持无产阶级政党的性质和先进性,人民军队之所以能够在与强大的敌人的殊死搏斗中,历经千灾百难而不断发展和壮大,离不开古田会议决议提供的锐利理论武器。而古田会议之所以能够成功召开,之所以能够制定彪炳史册的古田会议决议,是中国共产党人开展积极思想斗争的结果。积极的思想斗争推动了红四军党内矛盾的解决,消弭了意见分歧,提升了思想认识,促进了红四军党的建设,保障了古田会议的成功,催生了指导红军建设和中国共产党建设的纲领性文献。

古田会议前红四军内部的争论

1929 年春夏时节,红四军领导层发生严重争论。引发争论的是红四军设置军委问题。1928 年 11 月,根据中共中央 6 月 4 日《致朱德、毛泽东并前委信》的指示,成立了统一领导井冈山根据地和红四军的前委,成立了"隶属于前委"的红四军军委,分别由中央指定的毛泽东、朱德任书记。① 1929 年 2 月初,在红四军进军赣南闽西过程中,红四军前委鉴于行军打仗和军情紧急,为了减少领导层次,"遂决议军委暂时停止办公,把权力集中到前委",由前委直接领导军内各级党委。② 但到 5 月下旬,围绕是否设置军委问题,红四军内部发生激烈争论。

一般论著的表述是:5 月中旬后,红四军前委因为既管军队工作,又管地方工作,"兼顾不来",决定恢复红四军军委,刚刚从苏联回国、奉中央派遣到达红四军的刘安恭任军委书记,同时接替了毛泽东担任的红四军政治部主任职务。刘安恭随即主持军委会议作出决定:前委只讨论行动问题,不要管其他事。这个决定限制了前委的领导权,因此发生争论。但根据毛泽东 6 月 1 日给中央的报告,这样的解释是存在一些疑问的。毛泽东在报告说:"现在因时间开长而发达红军数量比前大增,前委兼顾不来,遂决定组织军的最高党部,刘安荣(恭)同志为书记兼政治部主任。"但同时又说:"刘安荣(恭)同志还未办公,听到详细的口头报告。"③这里有三个问题,一是,毛泽东关于设置军委的原因,"因时间开长而发达红军数量比前大增",语意不甚通顺,特别是关于成立军委的主要原因,前后所述存在矛盾。因为十多天后,毛泽东在致林彪信中,阐述了他反对设军委的理由:"现在只有四千多人一个小部队,并没有多数的'军'如中央之下有多数的省一样。行军时多的游击时代与驻军时多的边界割据时代又决然不同,军队指导需要集中而敏捷。"④那么,毛泽东是否此时一开始就同意设立军委(按照红四军七大决议是临时军委)? 似乎他对此的真实想法与他给中央报告中所说的原因不相一致。二是,毛泽东在报告中说决定刘安恭担任军委书记,但"还未办公",似乎说明在毛泽东写报告的 6 月 1 日,刘安恭还没有履行军委书记的职责,那么,这个临时军委当时是否已

---

① 中共中央文献研究室编:《朱德年谱》新编本(上),中央文献出版社 2006 年版,第 129 页。

② 《红军第四军前委书记毛泽东给中央的报告》(1929 年 6 月 1 日),《中共中央文件选集》第 5 册,中共中央党校出版社 1990 年版,第 684 页。

③ 《红军第四军前委书记毛泽东给中央的报告》(1929 年 6 月 1 日),《中共中央文件选集》第 5 册,中共中央党校出版社 1990 年版,第 684—685 页。

④ 毛泽东:《给林彪的信》(1929 年 6 月 14 日),《毛泽东文集》第一卷,人民出版社 1996 年版,第 71 页。

经正式成立？① 尤其是刘安恭主持军委会议作出"前委只讨论行动问题，不要管其他事"的决定，是在什么时间作出的？ 如果是此后，则引发争论的主要原因是所谓刘安恭的决定吗？ 三是，刘安恭在担任临时军委书记的同时，接替毛泽东担任了红四军政治部主任（3月中旬，红四军成立政治部，毛泽东以党代表兼政治部主任），这又是什么原因呢？

但不论具体内情是怎样的，在5月底于福建永定县湖雷召开的中共红四军前委会议上，就红四军内是否设立军委发生严重分歧。一种意见认为，"既名四军，就要有军委"，指责前委"管得太多"，"权力太集中"，是"书记专政"，有"家长制"；一种意见认为，当前前委的领导工作重心仍在军队，"军队指挥需要集中而敏捷"，由于战斗频繁和部队经常转移，由前委直接领导和指挥更有利于作战，不必设立重叠的机构，并批评在前委之下、纵委之上硬要成立军委实际上是"分权主义"。由于出现了这样的分歧，毛泽东6月1日在给中央的报告中说："党内现发生些问题，正在改进中。"②

然而，在其后，争论不但没有消弭，而且分歧扩大了。6月8日，在上杭县白砂召开的红四军前委扩大会议，以压倒多数票通过取消临时军委的决定，刘安恭的临时军委书记之职自然免除，刚刚兼任的红四军政治部主任之职也由陈毅接任。③ 应当说，就引发争论的军委设立问题而言，红四军党内已经基本达成一致，问题已经解决。但实际上，军委设立问题、所谓刘安恭的决定仅只是表象，争论的主要焦点是红四军主要领导人朱德、毛泽东的认识和意见分歧。对此，毛泽东当时就说得很明确："近日的问题（军委问题，但原则问题）只是历史的结穴"，"现在的争论问题，不是个人的和一时的问题，是整个四军党的和一年以来长期斗争的问题，不过从前因种种原因把它隐蔽了，到近日来才暴露出来。"并且认为："个人领导与党的领导，这是四军党的主要问题。"④

---

① 一说5月23日后刘安恭担任红四军临时军委书记。

② 《红军第四军前委书记毛泽东给中央的报告》（1929年6月1日），《中共中央文件选集》第5册，中共中央党校出版社1990年版，第684页。

③ 一说先由朱仁予担任，不久由陈毅接替。见韩荣璋、陈朝响、陈立旭：《毛泽东与古田会议》，福建人民出版社1995年版，第73页。

④ 毛泽东：《给林彪的信》（1929年6月14日），《毛泽东文集》第一卷，人民出版社1996年版，第64—65页。

8月13日,周恩来在中共中央政治局讨论红四军七大文件及朱毛意见分歧问题时,认为:这是历史上很久以来意见不同的冲突。① 陈毅在给中央报告红四军状况时,说红四军存在"政治组织与军事组织时常发生职权上的纠纷"的问题。②

这里,提出一点个人看法,许多论著在分析红四军的这次"朱毛之争"时,突出刘安恭、林彪在其中"搅局"的作用,甚至说"起了很坏的作用"。应该看到,他们二人确有责任,但外因通过内因起作用,"朱毛之争"的根本之处还是朱、毛之间的认识分歧。并且尽管林彪有许多攻击朱德的语言,有许多错误,但其支持毛泽东与红四军党内不正确思想作斗争,应是对的。比较而言,刘安恭的错误作用更大,如以下级党委作出限制上级党委领导权的决定,关于红四军分两派的言论等,都是错误的。但他回国不久,不了解中国红军的发展历史和斗争实况,照搬苏联红军的一些做法,实质是教条主义,仍是思想认识方面的问题。

红四军领导层出现的严重的争论,对红四军的前进和发展带来了很大的消极影响。

第一,毛泽东离开了红四军领导岗位。毛泽东是红四军的主要领导人和党在红四军的最高负责人。但在白砂会议上,毛泽东提出辞职:"前委军委成〔分〕权〔现象〕,前委不好放手工作,但责任又要担负,陷于不生不死的状况";虽然会议作出了决定,但主要领导同志"没有服从的诚意,讨论时不切实争论,决议后又要反对且归咎于个人,因此,前委在组织上的指导原则根本发生问题(同时成了全党的问题),完全做不起来"。因此,他提出:"我不能担负这种不生不死的责任,请求马上调换书记,让我离开前委。"③在6月22日召开的红四军七大上,毛泽东受到许多批评,遭受纪律处分,前委书记落选。会后,毛泽东离开红四军的主要领导岗位,到闽西特委指导地方工作。最高负责人

---

① 中共中央文献研究室编:《周恩来年谱》(1898—1949)(修订本),中央文献出版社1998年版,第168页。

② 《陈毅关于朱毛军的历史及其状况的报告(一)》(1929年9月1日),中央档案馆编:《中共中央文件选集》第5册,中共中央党校出版社1990年版,第770页。

③ 中共中央文献研究室编:《朱德年谱》新编本(上),中央文献出版社2006年版,第148页。

的离开,必然会影响党在红四军的工作,并带来多方面的影响。

第二,红四军内形成了思想混乱。争论过程中,毛泽东以给林彪复信的方式,指出红四军中存在"反对'党管一切',反对一切工作归支部,反对党员的个人自由限制,要求党员要有相当的自由"的问题,"这三个最大的组织原则发生动摇成了根本问题。"①朱德也以给林彪写信的方式对红四军党内是否存在三个"发生了动摇的最大组织原则问题",逐条表示了不同意见。时任红四军第一纵队司令员的林彪在给毛泽东的信中,含沙射影攻击朱德:"现在四军里实有少数同志的领袖欲望非常高涨,虚荣心极端发展。这些同志又比较在群众中是有地位的。因此,他们利用各种封建形成一无形结合(派),专门吹牛皮地攻击别的同志。……但是许多党员还不能看出这种错误现象起而就在,并且被这些少数有领袖欲望的同志所蒙蔽的阴谋,(附)和这些少数有领袖欲望的同志的意见。"②刘安恭在被免除红四军军委书记和政治部主任后,改任第二纵队司令员,他"把四军党分成派,说朱同志是拥护中央指示的,毛同志是自创体系到不服从中央指示"③。白砂会议后,红四军的《前委通信》刊登了林彪的信,毛泽东、朱德给林彪的信,刘安恭的书面意见,并在编者附言中号召大家发表意见,努力争论。于是,红四军党内的分歧公开化,争论延伸到下面,争论的问题也越来越广泛,涉及毛泽东自井冈山斗争以来的一系列问题,众说纷纭。据傅柏翠、江华、萧克等回忆:在随后召开的红四军七大上,有什么意见都可以讲。代表们对几位领导人提出很多意见,有些意见是中肯的,但有些意见偏激夸大。④ 尤其是错误思潮被扩散,如时任红四军政治部秘书长的江华回忆:"在这场争论中军内存在的单纯军事观点、流寇思想、极端民主化和军阀主义残余等非无产阶级思想有所抬头。"⑤

---

① 萧克:《关于红四军党的"七大"》,萧克:《朱毛红军侧记》,中共中央党校出版社1993年版,第90页。

② 中共中央文献研究室编:《朱德年谱》新编本(上),中央文献出版社2006年版,第148页。

③ 《红四军第七次代表大会决议案》(1929年6月22日),转引自中共中央文献研究室编:《朱德传》,人民出版社、中央文献出版社1993年版,第178页。

④ 《陈毅传》,当代中国出版社1991年版,第102页。

⑤ 江华:《关于红军建设问题的一场争论》,《党的文献》1989年第5期。

第三，削弱了红四军的领导和工作。红四军以"朱毛红军"而闻名，"毛在政治上强，军事上朱强。"①他们俩的紧密协作、配合，造就了这支全国最大的红军。但领导人之间的分歧则一度严重地影响了这支部队的建设，比如1929年10月18日，朱德在给福建省委转中央的信中，反映：红四军在七大后，"同志政治水平虽有长进，但还是低落得很。"由于毛泽东离开部队，陈毅赴上海中央开会，各级干部不健全，"负责同志更觉困难。"②陈毅在给中央的报告中也提到红军内部组织、领导力量、政治水平等，是"每况愈下的形势"。1930年1月6日红四军前委给中央的报告中，总结说："四军（1929年）八九十三个月中前委机关不健全，毛同志地方养病，陈毅同志去中央，前委只余朱德同志一人，因此，应付不开，政策上发现许多错误，党及红军组织皆松懈。"甚至红四军出击闽中和冒进东江中连遭挫折，也与此相关。中共中央也认为毛泽东的离去，影响了红四军的"中心的政治领导"③。

这些现象说明，这场分歧和争论，对红四军产生的影响是很大的，如果不及时解决，将会导致红四军陷入严重的危机之中。

积极思想斗争是红四军内部争论消除的重要原因

但是，历史的实际是红四军内部的争论很快消除了，并且从此走上了健康发展的道路；特别具有深远历史意义的是，在解决争论的过程中，形成了深刻影响中国共产党建设和人民军队建设的纲领性文件——古田会议决议。由严重分歧、争论到思想认识的高度统一，这是历史性的跨越，这种巨大的变化是怎样实现的呢？

首先，源自红四军领导人崇高的政治信仰和坚强的党性。红四军主要领导人之间发生的争论，虽然存在意见分歧，原因有不同经历、工作方式、性

---

① 中共中央文献研究室编：《朱德年谱》新编本（上），中央文献出版社2006年版，第157页。

② 中共中央文献研究室编：《朱德年谱》新编本（上），中央文献出版社2006年版，第162页。

③ 转引自中共中央文献研究室编：《毛泽东传》（1893—1949），中央文献出版社1996年版，第207页。

格等因素,甚至出现感情色彩很浓的语言(应该说,争论中的态度和方式影响了争论的升级),但主要是认识问题,是在军队中如何工作的问题,是对如何开展工作的不同认识的争论,分歧的焦点是认识的差距。毛泽东从一开始就清醒地认识到了这一点,他在给林彪的信中说:"四军党内显然有一种建立于农民、游民、小资产阶级之上的不正确的思想,这种思想是不利于党的团结和革命的前途的,是有离开无产阶级革命立场的危险。我们必须和这种思想(主要是思想问题,其余是小节)奋斗,去克服这种思想,以求红军彻底改造。"①陈毅主持的红四军七大决议也认为:发生争论的主要原因是四军党员"背景复杂所产生的不统一的思想的歧异"。也就是说,争论双方的政治立场、政治目标是一致的,加强和发展红四军、努力实践党的任务、发展革命的理念是共同的,分歧是在这些大的共同点之下的具体方面的认识差别。

如果说得再具体一点,红四军领导人争论中涉及的问题很多,当时红四军中存在着各种不正确观点,如单纯军事观点、流寇思想和军阀主义残余,极端民主化及其引发出的非组织观点、绝对平均主义,等等,但争论的焦点是军事与政治的关系问题。而在军事与政治的关系问题上,红四军主要领导人虽然存在认识差距,但也有共同之点,比如对于党自八七会议以来要求加强红军政治工作的认识是共同的,毛泽东在进军井冈山和开辟井冈山根据地过程中就此有一系列的创新,影响深远;朱德、陈毅也曾领导南昌起义军余部进行了"赣南三整",颇有成效。概括地说,他们在军事与政治关系分歧中,不是要不要政治工作的问题,而是如何加强政治工作、把政治工作重视到什么程度、放在什么地位的问题。比如,"党的绝对领导"是否就是"党管理一切"? 军队以打仗为主还是建设根据地为主? 党内军内的民主以什么方式去实现? 是在这些方面,双方存在认识差距。

正因为出发点是一致的,共同点是主要的,因此在彼此之间发生争论后,红四军主要领导人以为党负责的高度的政治觉悟、大局观念和责任感,为了红军和革命发展,努力促进分歧的消弭。毛泽东在红四军七大上受到许多批评,

---

① 毛泽东:《给林彪的信》(1929年6月14日),《毛泽东文集》第一卷,人民出版社1996年版,第74页。

前委书记职务落选,并有"毛同志予以严重警告"的处分,但他在会上的最后发言中仍从红军的发展着想,建议加强部队的政治工作:现在还是要根据我们历来的实际斗争中间的经验,加强这个政治领导,加强党对红军的领导,军队要做群众工作,要打仗,要筹款。① 朱德在与毛泽东发生争论后,仍与陈毅赶到毛泽东所在的上杭蛟洋,举行前委紧急会议,讨论应对国民党三省会剿的对策。红四军八大时,朱德致信毛泽东请他参加,会后根据会议决议签发请毛泽东回红四军主持工作的信件。当发现自己错了后,"他承认过去的争论,他是错的。"②陈毅主持的红四军七大未能"从政治上指出正确路线"(中共中央"九月来信"语),但他的出发点是顾全大局,是想调和朱、毛之间的争论,消除分歧,结束争论,加强团结,以利革命;他向中共中央政治局如实、详细汇报了关于红四军全面情况及朱德、毛泽东直接争论的情况,为中央的正确决策和制定"九月来信"提供了条件;在获知毛泽东对他在红四军七大上的折中主义不满,称为"陈毅主义"后,陈毅表示:毛泽东所说的"陈毅主义"是非无产阶级的东西,他自己也要和同志们一起打倒这个"陈毅主义";并不止一次地表示:自己在主持前委工作期间有缺点错误,七大没有开好,需要公开检讨的话,"这个检讨我来做"③。

红四军主要领导人的争论,本质上是追求真理、捍卫真理之争,是为更好地开展工作之争,而他们共同的政治目标和政治追求,忠诚于党和革命事业的胸怀,为彼此之间消除分歧提供了坚实的政治基础和必要的前提条件。

其次,开展积极的思想斗争。争论的过程就是思想斗争的过程。毛泽东敏锐地认识到红四军中存在各种非无产阶级的思想,宣称为了"有利于党的团结和革命的前进",决心"向一切有害的思想、习惯、制度奋斗"④,为此他积

---

① 《陈毅在中央老同志座谈会上的发言》(1971年9月29日和10月4日),转引自中共中央文献研究室编:《毛泽东传(1893—1949)》,中央文献出版社1996年版,第203页。

② 《涂振农在第一军团及赣西南、闽西巡视工作情况报告》(1930年9、10月间),转引自中共中央文献研究室编:《毛泽东传(1893—1949)》,中央文献出版社1996年版,第208页。

③ 《陈毅传》,当代中国出版社1991年版,第112—113页。

④ 毛泽东:《给林彪的信》(1929年6月14日),《毛泽东文集》第一卷,人民出版社1996年版,第64页。

极与不同意见斗争,倡言"凡有障碍腐旧思想之铲除和红军之改造的,必须毫不犹豫地反对之,这是同志们今后奋斗的目标"①。并不惜以辞职、离开他创建的红四军而抗争。在红四军七大上,他遭受了挫折:提出的通过总结过去斗争经验来统一认识、解决红军建设中存在的主要问题的建议没有被接受,受到许多批评,但他对批评的态度是:如果对我有好处,我会考虑,不正确的,将来自然会证明他这个不正确。②红四军八大时,要他参加,而他表示反对敷衍调和、模棱两可的"陈毅主义",并表示:红四军党内是非不解决,不能随便回来,红四军党内是非不解决,我不能够随便回来。③但后来还是赶了回来。从争论发生起,毛泽东坚持进行积极的思想斗争,谋求解决争论的是非问题,把红军建设引向正轨。朱德置身于这场争论,在白砂会议、给林彪信中和红四军七大上,多次申述的内容,也是力图辨析一些观点,澄清认识。如对"党管一切"的异议,是认为这个提法欠妥:因为所谓管理,是"经过无产阶级组织的各级机关(苏维埃)起核心作用去管理一切",而不是"党管一切","如果真要实行此口号,必然使党脱离群众"④。尽管在有些问题的认识上存在误区,但他的出发点和目的是明确的——向他认为不正确的观点提出不同意见。

许多论著都指出,红四军七大解决争论的条件不成熟,七大没有解决争论的主要问题,虽然陈毅在会上力图弥合分歧,对朱、毛"各打五十大板",但"打板子"实际上就是思想斗争。七大决议对朱德、毛泽东、林彪、刘安恭都有许多批评,对许多争论的问题作出评判,实际上就是对各种思想认识的辨析和总结(当然,囿于当时的认识,存在正确和不正确两种情况)。毫无疑问,这都是思想斗争的表现。

需要强调的是,在红四军的这个思想斗争的过程中,自我批评、自我思想

---

① 毛泽东:《给林彪的信》(1929年6月14日),《毛泽东文集》第一卷,人民出版社1996年版,第74页。

② 《陈毅在中央老同志座谈会上的发言》(1971年9月29日和10月4日),转引自中共中央文献研究室编:《毛泽东传(1893—1949)》,中央文献出版社1996年版,第203页。

③ 《陈毅在中央老同志座谈会上的发言》(1971年9月29日和10月4日),转引自中共中央文献研究室编:《毛泽东传(1893—1949)》,中央文献出版社1996年版,第204页。

④ 转引自韩荣璋、陈朝响、陈立旭:《毛泽东与古田会议》,福建人民出版社1995年版,第76页。

斗争的情况是非常突出的。在争论过程中,红四军主要领导人都有反思,并逐渐认识到了自己存在的错误。如陈毅在红四军七大后,很快就认识到红四军七大决议案是个折中的产物,"并没有把问题彻底解决了。"并声言自己也要和同志们一起打倒这个"陈毅主义"。朱德在红四军七大后,也很快发现红四军七大没有解决问题,于是召开八大试图纠正错误,虽然未获成功,但思想认识发生变化的脉络是清楚的。及至认识到错误后,"很坦白地表示,他对中央的指示,无条件地接受。他承认过去的争论,他是错的。"①毛泽东也有自我批评,"承认工作方式和态度的不对,并且找出了错误的原因。过去军政关系的不甚好,是做政治的和做军事的人对立了,缺乏积极的政治领导的精神。同时要说到四军党内虽有争论,但都是站在党的立场上,在党的会议上公开讨论,虽有不同的意见,但没有什么派别的组织,只是同志间个人的争论,而不是形成了那一派和这一派的争论。"②主要领导人勇于自我批评,自我否定,是红四军分歧消弭的重要原因。

概括地说,红四军中发生的争论,是批评和自我批评的过程,是思想交锋的过程。而后来达成和解和统一,是批评与自我批评取得的积极成果。

再次,中共中央的明确指示。中共中央的"九月来信",对解决红四军内部争论中的作用非常大,而"九月来信"实际上是上下级思想互动的产物。主要体现在两个方面:第一,红四军实践经验对中共中央领导人认识的推动。人民军队初建之时,中共中央就明确提出了政治建军的方针:新的革命军队"要有极广泛的政治工作及党代表制度"③,但在具体实行的组织形式方面是不清楚的,而毛泽东"支部建在连上"的创举解决了这个问题,中共中央作为经验介绍给了其他各革命根据地。如周恩来 1929 年 3 月 17 日在给湘鄂西前委的指示信中,指出:"在朱毛军队中,党的组织是以连为单位,每连建立一个支部,连以下分小组,连以上有营委、团委等组织。因为连都有组织,所以在平日

① 《涂振农在第一军团及赣西南、闽西巡视工作情况报告》(1930 年 9、10 月间),《毛泽东传》(1893—1949)上,中央文献出版社 1996 年版,第 208 页。

② 《涂振农在第一军团及赣西南、闽西巡视工作情况报告》(1930 年 9、10 月间),《毛泽东传》(1893—1949)上,中央文献出版社 1996 年版,第 208 页。

③ 《中国共产党的政治任务与策略的决议案》(1927 年 8 月 21 日),中央档案馆编:《中共中央文件选集》第 3 册,中共中央党校出版社 1989 年版,第 340 页。

及作战时,都有党的指导和帮助。据朱毛处来人说,这样组织,感觉还好。将来你们部队建党时,这个经验可以备你们参考。"①1929 年 8 月,中共中央在听取陈毅的汇报后,肯定红四军的建军经验可"贡献各地红军"②。

特别是 1929 年 4 月,毛泽东在红四军前委起草的给中共中央的复信中,对中共中央发出给毛泽东、朱德的指示信(通称"二月来信"),提出许多批评,说"中央此信对客观形势及主观力量都太悲观了";批评现在党的领导缺乏积极口号积极精神:"我们感觉党在从前犯了盲动主义极大的错误,现时却在一些地方颇有取消主义的倾向了……群众是广大而且革命的,党却袖手不去领导。"指出:"中央要求我们将队伍分得很小,散向农村中,朱毛离开大的队伍,隐匿大的目标,目的在于保存红军和发动群众。这是一种理想。"并从红军不是本地人、分开则领导机关不健全、容易被敌人各个击破和愈是恶劣环境领导者愈须坚强奋斗等方面,说明红军不能分散,领导者不能轻易离开。复信批评那种把坚持无产阶级领导权同发挥农民的革命主力军作用对立起来的观点,写道:"半殖民地中国的革命,只有农民斗争得不到工人的领导而失败,没有农民斗争的发展超过工人的势力而不利于革命本身的。"③应该说,这是对上级——中央尖锐的批评,但从后来的情况看,中共中央不以为忤,反而在很大程度上接受了:一是,周恩来在收到毛泽东的复信后,承认"二月来信"中让红军分散等"是有些毛病"④;在六届二中全会上,周恩来明确指出:"一定要像朱、毛下井冈山后,有了集中的组织,有了大规模的行动,这才有全国意义,这样方能算是红军。"⑤实际上否决了"二月来信"的相关内容。二是,肯定和维护毛泽东、朱德在红四军的领导地位。三是,在 6 月 15 日把毛泽东复信中总

---

① 《关于湘鄂西苏区发展的几个问题》(1929 年 3 月 17 日),《周恩来军事文集》第一卷,人民出版社 1997 年版,第 77 页。

② 《中共中央关于目前主要任务与策略给红四军前委的指示信》(1929 年 12 月 10 日)。转引自王建强:《红军由党代表制度转向政治委员制度的变化——兼论红四军政治委员制度的由来》,《中共党史研究》2005 年第 6 期。

③ 《红军第四军前委给中央的信》(1929 年 4 月 5 日),中央档案馆编:《中共中央文件选集》第 5 册,中共中央党校出版社 1990 年版,第 673—674 页。

④ 中共中央文献研究室编:《周恩来年谱》(1893—1949),人民出版社、中央文献出版社 1989 年版,第 161 页。

⑤ 中共中央文献研究室编:《朱德年谱》新编本(上),中央文献出版社 2006 年版,第 152 页。

结的红四军经验介绍给贺龙和湘鄂西前委:"据朱毛几年战争所得战术的经验是'分兵以发动群众,集中以应付敌人,敌追我退,敌驻我扰,敌疲我打,敌退我追,固定一区域以作一时根据,用波浪式的推进政策,强敌跟踪用盘旋式的打圈子政策,很短的时期很好的方法发展群众',据他们说,这种战术如打网要随时打开又要随时收拢,打开以争取群众,收拢以应付敌人,这些经验很可以作你们的参考。"①四是,在"九月来信"指出"先有农村红军,后有城市政权,这是中国革命的特征,这是中国经济基础的产物";规定红军的基本任务是:"一、发动群众斗争,实行土地革命,建立苏维埃政权;二、实行游击战争,武装农民,并扩大本身组织;三、扩大游击区域及政治影响于全国。"②这个认识在很大程度上基于对红四军斗争历史的总结。

总之,红四军的斗争实践和毛泽东的创新,丰富和加深了中共中央的认识,为中共中央指导中国革命提供了实践的依据,同时也为中共中央正确处理红四军的争论创造了条件。

第二,中共中央指示对红四军领导人思想的深刻触动。

中共中央"九月来信"对红四军的争论,作出了正确的评判。

一是,对红四军争论中的重大问题作了明确的解答。关于前委权限问题,强调:"党的一切权力集中于前委指导机关,这是正确的,绝不能动摇。不能机械地引用'家长制'这个名词来削弱指导机关的权力,来做极端民主化的掩护。前委对于一切问题毫无疑义应先决定后交下级讨论,绝不能先征求下级同意或者不作决定俟下级发表意见后再定办法。"关于错误倾向问题,指出:"红军中右倾思想,如取消观念、分家观念、离队观念与缩小团体倾向、极端民主化、红军脱离生产即不能存在等观念,都非常错误。""前委要加强指导机关的威信与一切非无产阶级意识作坚决的斗争。"关于党与军事组织的关系问题,明确规定:党的组织系统不变,"前委下面不需要成立军委。"关于红军与根据地建立问题,指出红军承担三大任务,红军不单纯是作战的武装,也是建

---

① 中共中央文献研究室编:《朱德年谱》新编本(上),中央文献出版社 2006 年版,第150 页。

② 《中央给红军第四军前委的指示信——关于军阀混战的形势与红军的任务》(1929年 9 月 28 日),中央档案馆编:《中共中央文件选集》第 5 册,中共中央党校出版社 1990 年版,第 477 页。

立苏维埃政权及扩大政治影响于全国的重要力量。关于朱德、毛泽东的去留问题,要求"前委应纠正朱毛两同志的错误,要恢复朱毛两同志在群众中的信仰","朱毛两同志仍留前委工作。经过前委会议,朱毛两同志诚恳接受中央指示后,毛同志应仍为前委书记,并须使红军全体同志了解而接受。"①

二是,指出了红四军七大的错误。批评前委在处理朱、毛意见分歧问题上,"没有引导群众注意对外斗争,自己不先提办法,而交下级自由讨论,客观上有放任内部斗争关门闹纠纷的精神";"没有从政治上指出正确路线,使同志们得到一个政治领导来判别谁是谁非,只是在组织来回答一些个人问题";"削弱了前委的权力,客观上助长极端民主化的发展";"对朱毛问题没有顾及他们在政治上责任之重要,公开提到群众中没有指导的任意批评,使朱毛两同志在群众中的信仰发生影响";"一般同志对朱毛的批评大半是一些唯心的推测,……这样不但不能解决纠纷而且只有使纠纷加重。"②

三是,指出了朱毛在"工作方法的错误"。指出朱德、毛泽东"两同志常采取对立的形式去相互争论","常离开政治立场互相怀疑猜测,这是最不好的现象。两同志的工作方法亦常常犯有主观的或不公开的毛病,望两同志及前委要注意纠正这些影响到工作上的严重错误。"③

中共中央"九月来信"辨析了红四军争论的相关问题,对各个当事人的错误提出批评,既使用了中央的权威,又进行了积极的思想斗争,说理充分,因此极大地触动了红四军主要领导人。首先是在上海的陈毅,在与中央领导人周恩来、李立三的多次讨论后,陈毅对一些重大问题的认识大幅度提升,甚至在多年后还感触颇深地回忆说,到上海党中央两个月,等于上了两个月的训练

---

① 《中央给红军第四军前委的指示信——关于军阀混战的形势与红军的任务》(1929年9月28日),中央档案馆编:《中共中央文件选集》第5册,中共中央党校出版社1990年版,第486—487、489页。

② 《中央给红军第四军前委的指示信——关于军阀混战的形势与红军的任务》(1929年9月28日),中央档案馆编:《中共中央文件选集》第5册,中共中央党校出版社1990年版,第488页。

③ 《中央给红军第四军前委的指示信——关于军阀混战的形势与红军的任务》(1929年9月28日),中央档案馆编:《中共中央文件选集》第5册,中共中央党校出版社1990年版,第489页。

班。① 朱德坚决拥护中央的指示，根据《朱德年谱》记载，红四军前委在 10 月 22 日（陈毅返回红四军的当晚）、10 月 22 日上杭官庄、11 月 23 日长汀会议上，三次致信毛泽东请他返回红四军主持前委工作。② 毛泽东在收到中央"九月来信"和朱德、陈毅的信后，尽释前嫌，虽然身体尚未痊愈，但还是迅速于 11 月 26 日来到前委所在地汀州，表示接受中央的指示，包括对他工作方式的批评；并说他在红四军八大时因身体不好，情绪不佳，写了一些伤感的话。毛泽东、朱德、陈毅之间的隔阂消除了。11 月 28 日，毛泽东给中央写报告说：我病已好，与四军会合，"遵照中央指示，在前委工作"，"四军党内的团结，在中央正确指导下，完全不成问题。"③一场激烈的争论在积极思想斗争下结束了。

古田会议的巨大成功是积极思想斗争的结晶

1929 年红四军中的"朱毛之争"，是一场剧烈的思想碰撞。八七会议后，中国共产党开始了武装革命的伟大征程，开始大规模创建新型的人民军队。但是，对于时处幼年的中国共产党来说，建设新型人民军队是一项全新的、前所未遇的工作，毫无经验，也缺乏起码的条件，充满了困难和挑战，党是在非常困难的条件下开始建军的。

作为党在秋收起义部队和红四军的主要领导人，毛泽东在率军开赴井冈山和开辟井冈山根据地过程中，积极探索如何建设和巩固人民军队的问题，提出和实施了一系列通过政治工作加强人民军队建设的措施与制度，使党对军队的政治工作真正建立起来了，揭示了党如何建军的方向，因此具有开拓性和深远的历史意义。

但是，应该看到，毛泽东的这些探索是初步的，整个制度体系没有完全形成，因此实行过程中容易甚至必然出现偏向和问题。特别是这些探索颇多创新，它既和北伐时期的国民革命军不一样，也和苏联红军的制度不一样，是对

---

① 《陈毅传》，当代中国出版社 1991 年版，第 107 页。

② 中共中央文献研究室编：《朱德年谱》新编本（上），中央文献出版社 2006 年版，第 163、165—166 页。

③ 《毛泽东给中共中央的信》（1929 年 11 月 28 日），转引自中共中央文献研究室编：《毛泽东传》（1893—1949），中央文献出版社 1996 年版，第 207 页。

中国传统军队模式的否定,是对旧军事制度、旧思想观念的挑战,甚至可以说是全面性颠覆,令时人非常新奇,甚至觉得怪异。作为一个创新,作为一种新事物、新观念、新制度要被普遍认可、接受、信服,获得支持,进而成为一种人们奉行的规范和常态,需要发生思想观念的大幅度转变,需要与传统的、旧的思想观念的决裂,这就要经过一个过程——磨合的过程、思想斗争的过程,并且这个过程必然是曲折的甚至是一个痛苦的过程。但它是人们认识升华的一个规律,是唯物主义认识论的基本原理。1929 年红四军党内的"朱毛之争",实际上就是这样的一个过程,是对毛泽东探索和创新建军思想的认识和接受的过程。在一定意义上,发生思想碰撞是必然的,也是必要的。

然而,这场思想碰撞,意义却是深远的。它提升了红四军主要领导人关于政治建军的思想认识,在新的基础上实现了思想的统一,决定了红四军九大的成功,并以此产生了具有深远历史意义的伟大文件——古田会议决议。而就红四军来说,经过这一番争论,军队建设实现了历史性的飞跃。朱德曾在古田会议后就此指出:"此一月的光阴易过,红军在表面上对于政局没有惊人的动作,但对于今后斗争,却建立了基础。"①而据时为中共中央派驻红四军的工作人员陈定郏报告:"九大的影响,深入在四军同志的脑中,的确九大是四军党第一幕重要历史。"②一场争论而产生如此巨大成果,实属罕见,从认识论的角度考察,它充分彰显了积极思想斗争的重大作用。因此在一定意义上可以说,古田会议的巨大成功是积极思想斗争的结晶。

---

① 《红四军前委关于回东江损失的原因及占领长汀后的工作情况》(1930 年 1 月 6 日),载《中共中央文件选集》第 6 册,此报告为朱德代表前委起草。参见黄少群:《毛泽东与红军——从井冈山到古田》,新华出版社 1998 年版,第 232 页。

② 《红四军部队情况报告》(1929 年 7 月—1930 年 4 月),中国人民解放军政治学院党史教研室选编:《中共党史教学参考资料》第 14 册,第 258 页。

毛泽东对延安时期党的组织建设的重大贡献

内容提要：延安时期中国共产党的组织建设取得了巨大的成就，毛泽东对此作出了重大的贡献。他拨乱反正，勇于创新，他切合国情的重大突破和正确的决策，为党的组织建设开拓了道路、指明了方向。

延安时期是中国共产党领导的新民主主义革命在全国蓬勃发展、不断从胜利走向更大的胜利，并为最终的胜利打下了坚实基础的历史转折时期，也是党在组织建设上取得巨大成就、成为对中国和世界产生重大影响的大党。党在组织建设的巨大成就，保证了党的政治路线和各项方针政策的贯彻执行，强有力地推进了革命的发展。党的组织建设，对中国革命的胜利发展起了决定性的作用。

延安时期党组织建设的巨大成就，是与毛泽东的正确领导紧密联系在一起的。毛泽东明确把党的建设喻为"伟大工程"，为这一"工程"的实施和完成，他精心设计、严密筹划，切合国情在一系列问题上作出了重大的突破，他的及时指导和正确的决策，为党的组织建设开拓了道路、指明了方向。他为延安时期党的组织建设作出了重大的贡献。

大量发展党员，建设全国性的大党

中国共产党的建立，使中国革命的面目焕然一新。经过大革命、土地革命，党产生了全国性的政治影响。但是，由于王明"左"倾路线的推行，红军长征到达陕北时，全国大部分地区的党组织被破坏，党员只剩有四五万人，而且集中在军队中。党组织的这种状况与党复兴革命，特别是与轰轰烈烈的抗日战争在全国蓬勃兴起,中国革命进入了一个崭新阶段的大局,是很不适应的,它严重地影响着党进行伟大的抗日战争,影响着革命的发展,影响着党的"改造中国"的目标的实现。

针对党的组织力量薄弱、落后与政治影响的状况,毛泽东在领导进行推动国内和平、进行抗日战争的同时,及时地向全党提出了建设一个全国性大党的任务。1937年5月,他在中国共产党全国代表会议上指出:"指导伟大的革命,要有伟大的党,要有许多最好的干部。在一个四亿五千万人的中国里面,进行历史上空前的大革命,如果领导者是一个狭隘的小团体是不行的,党内仅有一些猥琐不识大体、没有远见、没有能力的领袖和干部也是不行的。中国共产党早就是一个大政党,经过反动时期的损失它依然是一个大政党,它有了许多好的领袖和干部,但是还不够。我们党的组织要向全国发展,要自觉地造就成万数的干部,要有几百个最好的群众领袖。……党依靠着这些人而联系党员和群众,依靠着这些人对于群众的坚强领导而达到打倒敌人之目的。"①10月,他在《目前抗战形势与党的任务报告提纲》中,专题强调了"建立全中国的强固的共产党"的问题,提出要"从苏区与红军的党走向建立全中国的党",把"发展党与巩固党,建立各地的领导机关"作为一项战略任务明确地向全党提了出来。为了有力地推动党的组织建设,1938年2月28日,毛泽东在中共中央政治局会议上,提出要大大发展中共党员,建议中央对这个问题作出新的决议。根据毛泽东的提议,1938年3月15日中共中央作出了《关于大量发展党员的决议》,要求全党大力开展扩大党的组织的工作。这个决议,使党的组织建设进入一个良好发展的新阶段。

与此同时,毛泽东大力推动各地组织建设工作的进程,他屡屡向党在各地的领导人指示:要大大发展共产党。如:1938年3月24日在致朱德、彭德怀等电中,指出:在冀晋豫全区"大大发展党,建立和健全各级党的领导机关"②。4月21日致电朱德、彭德怀、刘伯承、徐向前、邓小平等:"党在河北、山东平原地区:要发展党员,建立党的各级组织。"③10月5日又指示中共冀热边区委:

① 《毛泽东选集》第一卷,人民出版社1991年版,第277页。
② 《毛泽东年谱》(1893—1949)中卷,人民出版社、中央文献出版社1993年版,第58页。
③ 《毛泽东年谱》(1893—1949)中卷,人民出版社、中央文献出版社1993年版,第65页。

"大量的发展党,吸收进步分子入党。"①1939年4月19日,在中央书记处会议讨论组织部工作时,毛泽东再一次强调:今后组织部要使党有一条正确的组织路线,要使延安的工作走向全国性的工作。②

但是,王明"左"倾路线的影响和共产国际的某些决定严重地阻碍着党的组织发展工作,其影响组织建设的主要障碍是"左"倾关门主义的"唯成分"论。毛泽东和党中央大力破除它的束缚。1935年12月瓦窑堡会议在确定党的政治路线转变的同时,提出组织建设必须与此相适应,大力发展党的力量,并对工农之外的其他成分的先进分子入党的问题作出了决定。瓦窑堡会议决议指出:"中国共产党是中国无产阶级的先锋队。他应该大量吸收先进的工人雇农入党,造成党内的工人骨干。同时中国共产党又是全民族的先锋队,因此一切愿意为着共产党的主张而奋斗的人,不问他们的阶级出身如何,都可以加入共产党。一切在民族革命与土地革命中的英勇战士,都应该吸收入党,担负党在各方面的工作。"并具体提出:"能否为党所提出的主张而坚决奋斗,是党吸收新党员的主要标准。社会成分是应该注意的,但不是主要的标准。应该使党变为一个共产主义的熔炉,把许多愿意为共产党主张而奋斗的新党员,锻炼成为有最高阶级觉悟的布尔什维克的战士。"决议通过的当天,毛泽东即与周恩来指示各方面负责人:"凡属同意党的纲领政策而工作中表现积极的分子,不念其社会关系如何,均应广泛地吸收入党,尤其是陕甘支队及二十五军经过长征斗争的指战员,应更宽广地吸收入党。"③虽然中央的这个决议不久被共产国际所否决。但是,由于其基本精神是符合中国实际的,是适应中国革命历史性变化的实际和党领导进行中国革命的需要,因此毛泽东和党中央在实际上坚持了这样的政策。后来,毛泽东在中国共产党七大上,将这个问题讲得非常清楚:"出身和入党是两件事情。""共产党里当然还有别的成分,有别的阶级如农民、小资产阶级出身的人,有别的阶级出身的知识分子。但出身是一回事,进党又是一回事,出身是非无产阶级,进党后是无产阶级,他的思想、他的行为要变成无产阶级的。共产党是要革命的,革命就要组织队伍,组

---

① 《刘少奇年谱》(1898—1969)上卷,中央文献出版社1996年版,第240页。

② 《毛泽东年谱》(1893—1949)中卷,人民出版社、中央文献出版社1993年版,第119页。

③ 《毛泽东年谱》(1893—1949)上卷,人民出版社、中央文献出版社1993年版,第500页。

织队伍主要是组织农民,还有其他阶级,包括小资产阶级、自由资产阶级,有时还有大资产阶级,甚至地主。"①

具体而言,当时,党在组织发展问题上需要突破的问题主要有两个,一是如何对待知识分子中的先进分子,一是如何对待要求进步的国民党党员。在这两个问题的解决上,毛泽东都有重要的贡献。

针对着"左"倾路线在知识分子问题上的错误政策,毛泽东积极予以纠正。1937年4月24日,他在中央政治局会议上说:党在全国发展中,知识分子的成分是要占一个数目的。② 抗战全面爆发后,1938年、1939年、1940年他连续三次指示延安抗大、八路军总部、中原局和抗日根据地领导人,要求尽量招收青年学生、知识分子及半知识分子,不分男女、信仰、党派、阶级,只要稍微有点抗日积极性的,一概招收,来者不拒。并说:"不限名额,多多益善。""吸收革命知识分子加以教育成为我们的干部,意义实大。"③1939年11月中旬、下旬,毛泽东两次在政治局会议上提议,大批吸收知识分子。他强调说,现在我们要大用知识分子,过去十年内战时期对知识分子的态度是不正确的。12月1日,他为党中央起草了《中共中央关于吸收知识分子的决定》,决定指出:"在长期的和残酷的民族解放战争中,在建立新中国的伟大斗争中,共产党必须善于吸收知识分子,……没有知识分子的参加,革命的胜利是不可能的。"④至此,自大革命后出现的忽略、排斥知识分子的"左"倾思潮在党的政策得以根除,党明确了在知识分子入党问题上的政策。

如何对待国民党中要求进步、要求加入中国共产党的先进分子,是一个最为复杂的问题。国民党是代表大地主大资产阶级利益的政党,它坚持一党专政,执行狂烈的反共政策,是中国共产党在政治上的主要对手。但由于它曾有革命的历史,并且是当时中国的执政党和第一大党,因此有不少怀有为国为民愿望的人加入了国民党。其中一些人在认识了国民党的本性后,觉悟了,那么

---

① 《毛泽东在七大的报告和讲话集》,中央文献出版社1995年版,第107、120页。

② 《毛泽东年谱》(1893—1949)上卷,人民出版社、中央文献出版社1993年版,第671页。

③ 《毛泽东年谱》(1893—1949)中卷,人民出版社、中央文献出版社1993年版,第98页。

④ 《毛泽东选集》第二卷,人民出版社1991年版,第618页。

对他们要求加入中国共产党的申请应如何对待呢？1938年8月,遇到这样问题的柳夷写信向毛泽东反映,毛泽东在复信中明确表示:如果你的表现够上入党资格仅仅过去加入与脱离国民党一点无人证明,是确实的,而你在延又有九月之久,并无其他不能入党的问题存在,我以为是可以入党的。此后此类问题大量出现,为了解决这个问题,1941年11月22日中共中央讨论通过了《中央关于抗日根据地内国民党员加入共产党的决定》,指出:"国民党是一个成分复杂的大政党,其中大体可分为反共分子、中间分子与进步分子三类。同时在过去的反共分子与中间分子中,也有由于经验和思想的进步,转而信仰共产主义者。因此不区别反共分子、中间分子与进步分子,一概接收入党,是错误的。同时怀疑每个要求入党的国民党员为反共分子,一律拒绝入党,也是错误的。"根据这样的分析,决定规定:"对于因职业关系,或集中受训而被迫加入国民党者,如果现在确愿为共产主义而奋斗,要求加入共产党并坦白声明他加入国民党的一切经过,而又具备入党条件时,可以照一般新党员入党手续接收入党。""对于曾在国民党党部服务,预闻机密,负有政治责任,现在抛弃他原有政治立场,坦白声明他过去在国民党内一切工作经过,并确愿为共产主义奋斗而要求入党者,经过审察和证明之后认为具备入党条件者,可以吸收入党。"针对国民党的具体情况,中央的决定具体指出:"国民党内有许多派别(例如CC、复兴、土CC、土复兴及各种地方派别),这些派别常常依靠政治势力或其他办法,强迫他人入党。因此一般国民党员,常常是某一小组织的党员。因此党接收国民党员入党时,除严格拒绝反共分子乘机混入外;不因为他加入过某一小组织而拒绝其入党,但必须详细考察他加入某一小组织的经过,和现在工作上思想上的进步程度。""国民党员已经加入了共产党后(不论是否加入过国民党的小组织),只要他是忠实的共产党员,则不能因为他过去的政治生活而加以歧视,应与一般共产党员有同样的权利义务,得到同样的信任。"①

这两个问题的正确解决,在中国共产党组织建设上是有十分重大意义的。抗战爆发时,全国党员只有四五万人,构成也以农民为多,文化水准偏低,很不适应蓬勃发展的革命形势的需要。党在这两个问题上的政策突破,既适应了

---

① 《中共中央文件选集》第13册,中共中央党校出版社1991年版,第236—238页。

当时许多追求进步人士的政治需要,又扩大了党的组织力量(到1938年底,党员发展到50万人;到1939年,党在华北敌后的中级干部中,85%是抗战爆发后入党的新干部,其中85%是知识分子),从而适应了党领导进行伟大的抗日战争的需要。如果进行更长远的历史考察,这两个政策的历史意义就更加凸显:中国新民主主义革命和新中国的许多重要领导人,就是在党的这两个政策出台后参加中国共产党、走上为党的事业奋斗征程的,而他们的参加和奋斗,对推动中国革命和新中国的建设进程的作用,历史已经做出了结论,是无须细说的。

正确解决党内各种问题,增进全党的团结统一

毛泽东对党的团结极为重视,他说:"只有经过共产党的团结,才能达到全阶级和全民族的团结,只有经过全阶级和全民族的团结,才能战胜敌人,完成民族和民主革命的任务。"在中国革命的各部分主要力量汇集一起之时,在出现张国焘分裂党和红军问题之后,毛泽东尤其注重和致力于党的团结统一问题。他向全党反复指出:中央内部的团结统一,党内的团结一致是我们战胜敌人的必要条件和先决条件。① 为了确实实现党的团结和密切党的团结,毛泽东采取了许多的措施。

第一,积极解决党内的冤假错案问题。当时,党在组织建设中存在的一个严重问题是历史上遗留下来的冤假错案问题。"左"、右倾错误统治全党特别是王明"左"倾统治时期,在组织上厉行宗派主义、惩办主义,凡对他们错误主张提出不同意见或执行不力的同志都遭到残酷斗争、无情打击,制造了大量的冤假错案;在根据地的"肃反"斗争中也出现了扩大化有的是严重扩大化的问题。因此,打击和伤害了许多的同志。对此,毛泽东明确提出,对历史上处理干部问题中的错误决定,"应予平反。"

在长征刚刚到达陕北、获悉西北革命的主要领导人刘志丹等被捕后,毛泽东和张闻天等立即下令:"停止逮捕,停止审查,停止杀人,一切听候中央来解

---

① 《毛泽东年谱》(1893—1949)上卷,人民出版社、中央文献出版社1993年版,第586页;《毛泽东文集》第二卷,人民出版社1993年版,第60页。

决！"①派人接管了西北政治保卫局，并在其后为刘志丹等平了反（1943年整风运动中对此案进行了彻底的清理）。在徐海东汇报红二十五军中还有从鄂豫皖"肃反"带来的三百多名"反革命嫌疑"没有作结论时，毛泽东指示：他们长征都走过来了，这是最好的历史证明，应该统统释放；党员、团员要一律恢复组织生活，干部要分配工作。这些果断措施，挽救了西北革命根据地，挽救了一大批忠贞的革命骨干，维护了几支红军之间的团结。

中央苏区在组织问题上的宗派主义错误，后果严重。遵义会议后，党中央在事实上已经对其中的一些错误进行了纠正。到延安后，在1936年9月的中央政治局会议上和六届六中全会上，毛泽东两次对此提出严厉批评，指出：对"罗明路线"、对萧劲光等人的处理是错误的；对瞿秋白、何叔衡等的处罚"皆不妥当"；对周以粟、余泽鸿在政治上组织上打击是不对的，对邓小平的打击"亦应取消"；对陈毅、曾山、张鼎丞等所受的批评、处罚"皆应取消"；罗明路线除个别人外，被处罚者应"宣告无罪"。② 这样，就比较彻底地消除了宗派主义组织路线对他们的伤害。

1939年2月8日，在约见湘赣苏区王首道、张启龙、谭余保等时，毛泽东说，在六届六中全会上，忘了把张启龙等人的问题讲一下，过去湘赣省委对你们的处分是错误的。凡是过去搞错了的，都应平反昭雪，恢复名誉，你们提出一个名单来。其后，明确解决了湘赣苏区被错误打击的同志的问题。

延安整风运动是一次马克思主义的教育运动和思想解放运动，实际上也是一次清理党内积案的运动。通过对党在各个历史时期重大问题的回顾和检讨，通过召开各个根据地历史的座谈会，比较系统地总结了党中央和各个方面、各个系统的历史，分清了历史是非，为其中被错误处置的同志申述了公道。1945年，集中了全党意见、经过毛泽东反复修改而被扩大的六届七中全会通过的《关于若干历史问题的决议》，对党的历史上的重大问题作了结论，对一些同志作出实事求是的评价，并郑重地宣布：对于一切被错误路线所错误地处罚了的同志，应该根据情形，撤销这种处分或其错误部分。一切经过调查研究

---

① 李维汉：《回忆与研究》上册，中共党史出版社1986年版，第371页。

② 《毛泽东年谱》（1893—1949）上卷，人民出版社、中央文献出版社1993年版，第580页；毛泽东在中共六届六中全会上的发言记录，1938年11月6日，转引自《毛泽东传》（1893—1949）下，中央文献出版社1996年版，第520页。

确系因错误处理而被诬害的同志,应该得到昭雪,恢复党籍,并受到同志的纪念。① 由此,比较系统、比较彻底地为遵义会议以前被诬害的同志平了反。

此外,对延安时期发生的一些错误处置,毛泽东也及时给予了平反。如对许世友等的"企图拖枪逃跑未遂"案。1937 年春,延安抗大在清算"国焘路线"斗争中,曾经发生把矛头指向四方面军在学的干部的错误。许世友等对此十分气愤,曾拟议回鄂豫皖或川陕边打游击。抗大校部获知后即把他们抓了起来,后来以"企图拖枪逃跑未遂"罪分别判处许世友等人六个月至一年半的徒刑。毛泽东获知后进行了调查,并找他们谈话,向他们宣布:抗大的"三条"和说的那些话,不代表中央的意见,你们愿意工作的,马上可以分配;想学习的,可进抗大的下一期。接着,就全部释放了他们。在纠正抗大的错误处置中实际上为他们平了反。② 再如对审干、"抢救运动"中出现的错案。1943 年,根据康生错误的情况汇报,中央对敌情作出过分严重的估计,决定大规模地进行审干运动,肃清暗藏在党内的反革命。结果发生严重的偏差,尤其是康生 7 月 5 日在中央直属机关大会上作了危言耸听的"抢救失足者"的报告后,出现了相当普遍地大搞"逼供信"的过火斗争,造成大批冤假错案。毛泽东在审干运动之初,就提出了"首长负责,自己动手,领导骨干与广大群众相结合,一般号召与个别指导相结合,调查研究,分清是非轻重,争取失足者,培养干部,教育群众"的审干方针,又发出"一个不杀大部不抓,是此次反特务斗争中必须坚持的政策"的指示,当发现运动扩大化后,就决定立即停止"抢救运动",并对被"抢救者"进行甄别,纠正错误。他要求对搞错的同志"均应平反,取消特务帽子,而按其情况作出适当结论"③。其后,他主动承担责任,多次向受到错误伤害的同志"脱帽鞠躬""赔礼道歉"。对于一些个人受到的不公正待遇,在获知和接到申诉后,也是一一提供帮助,争取得到合理的解决。在他的帮助下,一大批人的问题得到了纠正。

这些冤假错案的解决,使一大批受到伤害的同志得以从苦恼中解脱出来,化解了他们心中的怨愤,焕发了他们的政治青春;体现了党的实事求是的思想

---

① 《毛泽东选集》第三卷,人民出版社 1993 年版,第 987 页。
② 《李先念传》,中央文献出版社 1999 年版,第 310—311 页。
③ 《毛泽东年谱》(1893—1949)中卷,人民出版社、中央文献出版社 1993 年版,第 492 页。

路线,为党保护了一大批干部,进一步增强了他们和群众对党的向心力和凝聚力;同时也消融了一些同志之间的芥蒂,重新实现了他们之间的团结。

第二,正确对待犯过错误的人,争取与他们一起工作。王明第三次"左"倾错误对党和革命事业带来了极其严重的危害,抗战全面爆发后其右倾错误又给毛泽东的正确领导造成很大的干扰,在党内造成了很大的混乱,对一些地区和部门党的工作造成很大的损害。但在六届六中全会纠正王明右倾错误后,毛泽东对他采取了温和的同志式的帮助态度。在为全会所作的结论中,毛泽东说:王明已表示"完全同意各报告","他是主要的负责同志之一,我们应原谅之。"①因此,王明在会后继续担任中央政治局委员、中央书记处书记和中央统战部部长、中央南方工作委员会主任、中央妇女运动委员会主任、延安女子大学校长等重要职务。当王明在 1941 年九月政治局会议上再次向毛泽东的正确领导发起挑战并遭到失败后,毛泽东仍对其十分宽容,建议任弼时、王稼祥在政治局会议上不要讲共产国际领导人对王明的批评,把会议对王明右倾错误的结论交给王明并征求他的意见,目的仍是希望他认识错误、改正错误,为党工作。张国焘在长征途中拒绝执行中央的北上方针,另立中央,分裂党、分裂红军,给党和革命造成巨大的损失。毛泽东一方面坚决批评张国焘的错误,但另一方面又对他给予出路。1937 年 3 月,毛泽东在中共中央政治局讨论张国焘错误时指出:张国焘路线毫无疑义是全部错误的。我们欢迎他们转变,这是中央的干部政策。……我们应该用诚恳的态度要求张国焘转变,抛弃他的错误,今后应从头干起。② 会后,仍安排张国焘担任陕甘宁边区政府副主席、中共中央军委副主席等职务,直至张国焘叛逃投降国民党。对于中央苏区整过自己、犯有"左"倾错误的领导人,毛泽东坚持团结的态度,他明确指出,博古、罗迈只要承认错误"则无问题"。③ 团结他们,使博古、罗迈等后来为党做了许多重要的工作。凯丰在遵义会议时坚持"左"倾错误,反对毛泽东的

---

① 毛泽东在中共六届六中全会上的结论记录,1938 年 11 月 5 日,转引自《毛泽东传》(1893—1949)下,中央文献出版社 1996 年版,第 520 页。

② 《毛泽东年谱》(1893—1949)上卷,人民出版社、中央文献出版社 1993 年版,第 665—666 页。

③ 毛泽东在中共六届六中全会上的发言记录,1938 年 11 月 6 日;转引自《毛泽东传》(1893—1949)下,中央文献出版社 1996 年版,第 520 页。

正确路线,但他后来认识了错误,毛泽东团结他一起工作。他在延安时期曾担任中央宣传部部长、整风运动中中央总学委委员等重要职务,著名的延安文艺座谈会就是毛泽东与凯丰联名召开的。当时,一些曾在推行王明"左"倾路线和张国焘分裂主义错误中犯了比较严重错误的同志,有很大的思想包袱,毛泽东在与他们谈话中既安慰他们,帮助他们分析犯错误的原因,又劝诫他们,吸取教训,放下包袱,努力工作,他的态度对这些同志后来的工作和进步产生了深刻的影响。

后来,毛泽东把这作为一条经验,在党的七大上加以总结。他说:"要练习和那些曾经同我闹过纠纷、有过原则分歧、打击过我及开除过我的党籍的人合作。我们在要求他认识错误、改正错误这个原则下去同他团结、合作。""党内要尽可能地团结。我们的原则是什么?就是尽可能地团结更多的人在我们的纲领下,争取他们和我们的团结、合作。"①对此,邓小平给予了很高的评价:"要把犯错误的同志团结起来,特别是在困难的时候,毛泽东同志正确处理党内问题的政策,使大家团结起来了,渡过了最困难的时刻……毛泽东同志对于犯错误的同志是采取团结的态度。'从团结的愿望出发,经过批评或者斗争,在新的基础上达到新的团结'这个思想,就是毛泽东同志在那个时候形成的。这项工作花了十年的时间,使犯错误的同志真正了解他们的错误,他们的积极性被调动起来,党更加团结起来了。"②

第三,妥善处理各种关系,增进各方面的团结。

红军长征的胜利和抗日战争的广泛开展,使党的力量实现了空前规模的重组和大发展,由此也产生了许多需要调整的关系。鉴于历史的经验,促进党和革命力量的团结,毛泽东反复向各地党组织和领导人强调了正确处理各种关系的问题。他指出,要处理好几种关系,即外来党员与本地党员的关系,军队与地方党的关系,老干部与新干部的关系,正规军与游击队的关系,党与群众的关系,进步势力与中间势力的关系,并要求外来党员、老干部、军队等方面的同志在处理各种关系上承担更大的责任和发挥更积极的作用。为使这方面的工作有章可循,他还特别指示有关方面制定明确规定处理上述关系的原则。

---

① 《毛泽东在七大的报告和讲话集》,中央文献出版社 1995 年版,第 166—167 页。
② 《邓小平文选》第一卷,人民出版社 1994 年版,第 339 页。

毛泽东的指示和这些原则的制定，为党正确地妥善处理革命阵营和根据地内部的各种关系、增进各个方面的团结，提供了保障。当时，毛泽东曾对个别忽略和强调自己的困难而损害相关方面关系的现象，提出严厉的批评。1943年，在毛泽东的倡导下，延安掀起了轰轰烈烈的拥军爱民、拥政爱民运动，并从此经久不衰，成为密切军民、军政关系的重要纽带。

延安时期，在协调党内、革命内部关系方面的大事件，主要有两个：第一个是处理红四方面军同志的问题。本来，中央对四方面军的政策是十分明确的，即四方面军是党的部队，四方面军的干部是党的干部，张国焘的错误与四方面军广大指战员是两回事，"四方面军犯过错误的同志应与张国焘有区别。"[1]但是，在清算张国焘分裂主义错误时，曾出现了把矛头指向四方面军干部，发生批判面过宽、打击面过大的错误。毛泽东发现后立即采取措施进行纠正。如原四方面军第三十军政治委员李先念在西路军失败回到延安后，总政治部曾决定他到八路军一二九师当营长，毛泽东获知后找李先念谈话，说：这太不公平了。安排李先念到人地两熟的新四军第四支队当参谋长（后途经河南时改任中共豫鄂边区党委军事部长）。在发觉存在对四方面军干部不一视同仁的情况后，毛泽东专门就此讲话，指出：三个方面军都是一尺，不是一方面军是一尺，四方面军是九寸，四方面军就抬不起头，只有九寸，矮一寸。第二个是光荣历史。因为张国焘犯了错误，四方面军的光荣历史是不是就抛掉了？没有，抛不掉的。跟一、二方面军有一样的光荣历史。[2] 毛泽东的这些话，充分表现了他作为伟大革命领袖的深刻洞察力和博大襟怀，对四方面军出来的干部是极大的安慰，他们认为毛泽东讲得很公道。为彻底避免和解决歧视四方面军的现象，1942年7月，中共中央专门发出《关于对待原四方面军干部态度问题之指示》，要求"对原四方面军的干部的信任与工作分配，应当和其他干部一视同仁"，"消除一切因过去历史关系、来历关系、地域关系而产生的任何微小的隔阂。"[3]

二是关于山头主义问题。延安整风中提出这个问题，七大选举中就是否

① 毛泽东在中共六届六中全会上的发言记录，1938年11月6日；转引自《毛泽东传》（1893—1949）下，中央文献出版社1996年版，第520页。

② 《李先念传》，中央文献出版社1999年版，第318页。

③ 《中共中央文件选集》第13册，中共中央党校出版社1991年版，第406—407页。

照顾山头出现两种截然不同的观点,颇有争论。毛泽东对此进行了很好的说服,他指出:中国革命有许多山头,有许多部分,内战时期,有苏区、白区,在苏区之内又有这个部分那个部分。内战之后是八年抗战,抗战时期也有山头,就是说有许多抗日根据地,白区也有很多块,北方有,南方也有。这就是中国革命的实际,没有这些就没有中国革命。所以这是好事情,不是坏事情。坏的是山头主义、宗派主义,而不是山头。"一定要认识山头。……照顾也一定要照顾,认识了以后才能照顾,照顾就能够逐步缩小,然后才能消灭。所以消灭山头,就要认识山头,照顾山头,缩小山头,这是一个辩证关系。"毛泽东说,要照顾山头,要在政策上和组织上反映这一点,顾及到这一点,就使我们党能够反映各方面的革命力量。① 毛泽东的解释和说服,为七大代表所接受,平息了争论,既为把七大开成团结的大会、胜利的大会创造了条件,又为正确处理党内各个方面的关系指明了方向,对增进党内的团结产生了积极的意义。

加强干部队伍建设

遵义会议后,在毛泽东为代表的党中央的领导下,中国革命进入一个新的时期,风起云涌的抗日救亡运动和轰轰烈烈的抗日战争,给中国共产党提供了一个前所未有的广阔活动空间和推进中国革命胜利向前发展的历史机遇,但是,党的干部队伍远不能满足形势发展的需要,到处需要干部,干部恐慌的现象十分普遍,成为制约革命发展的一大因素。对此,毛泽东高瞻远瞩,有着十分清醒的认识,1937 年在时局发生转折前夕,就告诫全党:"要作为一种任务,在全党和全国发现许多新的干部和领袖。②"在六届六中全会上,他再次强调了干部队伍建设的问题,并把之提到了更高的战略地位:"政治路线决定之后,干部就是决定的因素。因此,有计划地培养大批的新干部,就是我们的战斗任务。"③为此,他花费了大量心血,着力解决这个问题。

第一,大力加强对干部的教育、培养与提高。大量的新干部从哪儿来呢?毛泽东采取的一个重要措施就是开办各类学校来培养干部。延安时期,毛泽东

① 《毛泽东在七大的报告和讲话集》,中央文献出版社 1995 年版,第 167、169 页。
② 《毛泽东选集》第一卷,人民出版社 1991 年版,第 277 页。
③ 《毛泽东选集》第二卷,人民出版社 1991 年版,第 526 页。

亲自领导开办的学校有中国人民抗日军政大学、陕北公学、青年干部训练班、鲁迅艺术学院、马列学院、中共中央党校、中国女子大学等。他不仅对这些学校的任务、办学方针等关键问题,经常给予及时的指导,并为这些学校制定教育方针、题写校训;而且还经常为这些学校讲课,如对抗大,他后来回忆说:"那时我可讲得多,三天一小讲,五天一大讲。"他经常接见学员,关心他们的学习,告诫他们:要好好学习,认真总结抗战几年来各方面的工作经验。……没有大量的真正精通马克思列宁主义革命理论的干部,要完成无产阶级革命是不可能的。① 这个措施非常成功,到 1938 年六届六中全会召开时,这些院校已经培养了几十万干部,其中共产党员有 25 万人之多,大大缓解了党的干部恐慌问题。

与此同时,毛泽东十分重视在职干部的学习、提高。鉴于王明教条主义的危害和弥漫党内的状况,鉴于全党马克思主义修养的整体欠缺,早在 1936 年 8 月,毛泽东就指示彭德怀:利用战争空隙对干部特别是高级干部实施特别的教育计划,"为将来计,高级干部教育占了特别重要地位。"②此后,毛泽东在中央政治局会议上多次强调:"应特别注意干部教育。"在六届六中全会的政治报告中,毛泽东提出"来一个全党的学习竞赛",并把学习提到关系党的根本目标的战略高度,"学习理论是胜利的条件。"③为进一步推动和加强全党的学习,毛泽东向中央书记处提议设立干部教育部,并进一步提议:不妨碍工作和战斗前提下,应使在职干部的学习成为运动。在 1939 年 5 月 20 日中共中央干部教育部召开的学习运动动员会上,他指出:"共产党要领导几千万几万万人的革命,假使没有学问,是不成的。"号召全党:"大家都要学到底,把全党办成一个大学校。"④在延安的在职干部学习蔚然成风后,他仍继续关注和强调这个问题,直至 1943 年,他还是强调:教育,"目前重点应放在干部教育上","干部教育是第一"⑤。

毛泽东特别关注中高级干部尤其是高级干部的学习,之所以如此,他认

---

① 《毛泽东年谱》(1893—1949)中卷,人民出版社、中央文献出版社 1993 年版,第 249 页。

② 《毛泽东年谱》(1893—1949)上卷,人民出版社、中央文献出版社 1993 年版,第 565 页。

③ 《中共中央文件选集》第 11 册,中共中央党校出版社 1991 年版,第 657—658 页。

④ 《毛泽东年谱》(1893—1949)中卷,人民出版社、中央文献出版社 1993 年版,第 125 页。

⑤ 《毛泽东文集》第三卷,人民出版社 1996 年版,第 2、12 页。

为：一是犯思想病(教条主义思维模式)最顽固的是这些干部中的人；二是"只要把他们教育好了，下级干部的进步就快了"①。他告诫高级干部："一切皆在变化中，不应该用顽固的形式主义的观点，而应该用活泼的辩证法的观点，去注意一切变化。"因此必须学习，"有用的是用马克思主义观点研究具体环境与具体策略，用点苦功。"②

对于工农干部的学习，毛泽东也非常重视。他指出："切实地鼓励工农干部加紧学习，提高他们的文化水平，使工农干部的知识分子化和知识分子的工农群众化，同时实现起来。"③

同时，他自己身体力行，组织新哲学研究会、抗日战争研究小组等，发愤读书，学习马列主义著作，研究哲学、军事、战略理论等。

根据中央的决定，在毛泽东的部署和带动下，延安时期形成了干部学习的高潮。著名的整风运动，就是全党的一次深刻的学习运动。贯穿整风运动的主线是学习，通过学习马列主义的著作、学习党的文件、学习领导人的讲话，联系历史、联系现实、联系个人，经过研究、讨论和反思，使全党特别是中高级干部受到深刻的教育，提高了把马列主义与中国实际相结合的认识和自觉性。

通过学习、通过整风，提高了一大批干部的文化水平和理论修养，使他们在长期革命实践中积累的经验得到升华，从而培养了一大批治党治国治军的政治家、军事家和革命的骨干力量。

第二，提倡和实行德才兼备、任人唯贤的干部路线。第三次"左"倾错误时期的宗派主义倾向，极大地伤害了党的一大批干部，造成严重的后果，毛泽东对此刻骨铭心，在纠正其错误的同时，明确地提出了"任人唯贤"的干部路线。1938 年 9 月他在六届六中全会上指出："共产党的干部政策，应是以坚决地执行党的路线，服从党的纪律，和群众有密切的联系，有独立的工作能力，积极肯干，不谋私利为标准，这就是'任人唯贤'的路线。"④

---

① 《毛泽东年谱》(1893—1949)中卷，人民出版社、中央文献出版社 1993 年版，第 425、391 页。

② 《毛泽东年谱》(1893—1949)中卷，人民出版社、中央文献出版社 1993 年版，第 198 页。

③ 《毛泽东选集》第二卷，人民出版社 1991 年版，第 619 页。

④ 《毛泽东选集》第二卷，人民出版社 1991 年版，第 527 页。

　　为了把这个干部路线落到实处,毛泽东还把它具体化。一是提出了"才德兼备"的选用干部的标准,"才"指知识水平和工作能力,"德"指政治品质和精神风貌。他说:"中国共产党是在一个几万万人的大民族中领导伟大革命斗争的党,没有多数才德兼备的领导干部,是不能完成其历史任务的。"①二是指出了识别干部的方法,即对干部要进行全面的了解和客观的分析,"不但要看干部的一时一事,而且要看干部的全部历史和全部工作。"②

　　在党的组织建设史上,毛泽东是第一个明确提出任人唯贤的干部路线的。在整个延安时期,他曾反复强调了这一识别和任用干部的标准,这个干部路线得到了比较坚决的贯彻执行。联系新民主主义革命胜利的历史,我们完全可以得出这样的结论:这个干部路线对把党建设成为伟大的党、对中国革命的胜利产生了巨大的作用,对我们今天和今后党的建设也有着深刻的现实意义。

完善和实行民主集中制的组织原则

　　民主集中制是中国共产党的根本的组织制度,但是由于中国特殊的社会历史条件,党在按照民主集中制原则进行组织建设过程中,遇到来自封建主义、小资产阶级自由散漫性、宗派主义、山头主义等许多方面的干扰,因此在很长的时期内没有得到很好的实行。党遭到的两次严重失败,与党的民主集中制原则遭到破坏是紧密联系在一起的。长征到达延安后,毛泽东总结党的历史经验和教训,深刻地论述了民主集中制对党的组织建设的极端重要性。

　　第一,依靠民主集中制调动全党的积极性,实现建设伟大的党的任务。1937年5月3日,他在为中国共产党全国代表会议所作的报告中,指出:要建立一个指导伟大革命的伟大的党,"党内民主是必要的。要党有力量,依靠实行党的民主集中制去发动全党的积极性。……用民主制的实行,发挥全党的积极性。用发挥全党的积极性,锻炼出大批的干部,肃清宗派观念的残余,团结全党像钢铁一样。"③六届六中全会上,他又指出:"扩大党内民主,应看作是巩固党和发展党的必要步骤,是使党在伟大斗争中生动活泼,胜任愉快,生长

----

① 《毛泽东选集》第二卷,人民出版社1991年版,第526页。
② 《毛泽东选集》第二卷,人民出版社1991年版,第527页。
③ 《毛泽东选集》第一卷,人民出版社1991年版,第278页。

新的力量,突破战争难关的一个重要武器。"①

第二,依靠民主集中制维护党的团结和统一。1937年4月24日,他在中央政治局会议上说:"每一个组织上的错误,总是由于思想上的差误,组织上的一致与思想上的一致是不能分离的。要在思想上保持一致,就要在组织上扩大民主,慎重作组织上的结论。"②因此,他在提出"为党内的团结一致而斗争"的任务时,强调必须"严肃党的纪律,坚决遵守民主集中制的组织原则"③。此后,毛泽东反复强调了民主集中制对实现党内团结的重要作用,如1945年在党的七大上,他多次讲了这个问题。他说:"要团结就要有民主,没有民主,没有批评与自我批评,不把意见搞清楚是不可能团结的。"④"我们要把我们党的一切力量在民主集中制的组织和纪律的原则之下,坚强地团结起来。"⑤

在强调和要求实行民主集中制的同时,毛泽东还注重在制度上保障民主集中制的实行。鉴于党的历史上民主集中制遭到破坏的现象,特别是针对张国焘的分裂主义和抗战初期王明严重破坏党的组织原则和违犯党的纪律的情况,1938年9月,毛泽东向中共中央政治局提议,在即将召开的六届六中全会上通过一个中央工作规则。会议采纳了毛泽东的建议,决定成立了由刘少奇等人组成的中央规则起草委员会。经过他们的准备,六届六中全会讨论通过了《关于中央委员会工作规则与纪律的决定》《关于各级党委暂行组织机构的决定》《关于各级党部工作规则与纪律的决定》。1943年3月,中共中央政治局通过了《中共中央关于中央机构调整及精简的决定》,进一步明确了中央政治局和中央书记处的工作职责,规定:在两次中央全会之间,中央政治局担负领导整个党的工作,有权决定一切重大问题,凡重大的思想、政治军事、政策和组织问题必须在政治局会议上讨论通过。书记处是根据政治局决定的方针处理日常工作的办事机关,它在组织上服从政治局,但在政治局方针下有权处理和决定一切日常性质的问题。虽然,在军情紧急的战争环境里,党在各方面的

---

① 《毛泽东选集》第二卷,人民出版社1991年版,第529页。

② 《毛泽东年谱》(1893—1949)上卷,人民出版社、中央文献出版社1993年版,第671页。

③ 《毛泽东文集》第二卷,人民出版社1993年版,第59—61页。

④ 《毛泽东在七大的报告和讲话集》,中央文献出版社1995年版,第145页。

⑤ 《毛泽东选集》第三卷,人民出版社1991年版,第1097页。

制度建设是不健全的，但是，这些决定和规则，对于完善党的民主集中制和规范党的领导机关、领导人的工作程序，产生了积极的作用。毛泽东为此所做的努力，是十分有价值的，必须给予充分肯定。

这里，有一个问题需要辨正。在1943年3月中央政治局的决定中，有"书记处会议所讨论的问题，主席有最后决定权"的规定。有人因此而认为毛泽东从此有了决定党的一切的大权，实际这是一种误解。因为：一是，"决定"所规定的是，毛泽东作为主席而具有"最后决定权"的是"书记处会议所讨论的问题"，而书记处是根据中央政治局所决定的方针处理日常工作的办事机关，一切重大问题必须由政治局会议讨论通过。即这个"最后决定权"并没有决定党的一切的权力；二是，这个"最后决定权"是中央调整和精简中央机构后成立的书记处主席所拥有的，1945年党的七大召开后选出了新的中央委员会，成立了新的中央书记处。随着新的中央书记处的成立，这个原来书记处主席的职权即应随之消失。并且在七大召开前的1944年5月21日，扩大的中共六届七中全会召开后，决定全会期间有主席团处理日常工作，中央书记处停止行使职权，应该说这个"最后决定权"也因此停止了。因此可以说，这个"最后决定权"的有效时间是一年零两个多月，且毛泽东没有使用过。

在工作实践中，毛泽东在整个延安时期是模范遵循民主集中制原则的。党的重大方针、政策的制定和重大问题的解决对策，都是经过中央政治局会议和中央书记处会议研究、讨论作出的，有时是反复讨论、反复研究才作出的。对于不同意见，毛泽东是尊重的、谨慎的、认真对待的；在处理全国性的重要问题时，他总是尽可能地征询和听取中央有关同志、各地方和各部门同志的意见，许多指示、决定就是经过这种征询意见之后才发布的。如果地方或部门组织由于具体情况对中央发出的指示不能照样执行，毛泽东和中央也往往同意按照实际情况加以变通，并比较注意尊重地方独立处理问题的权力。当时，党的许多大的决策，就是由各方面同志提出而被中央采纳的。比如，恢复八路军的政治委员制度，是时任八路军旅长的黄克诚建议的，为中央军委所采纳。中央解决皖南事变的方针，是时任中原局书记的刘少奇提出的。全面内战爆发后，中央制定的"先在内线打几个胜仗，再转至外线"的战略计划，是根据粟裕的建议和苏中战争的实践而修改原来的计划作出的，粟裕后来回忆说："回忆这段历史，使我更加深刻地体会到毛泽东同志高瞻远瞩，审时度势，依据战争的客观规律来指导战争的军事思想和指挥艺术。"①通观这一时期党的历史，这样的事例是很多的。

民主集中制的实行，形成了良好的党内气氛，领导善于纳谏，下级就勇于提出建议，集思广益，结果决策正确；上下交融，增进了全党的团结；由此而促进了党的建设，推进了革命的发展。延安时期毛泽东强调和坚持民主集中制原则的成功经验，是永远值得记取的。

简短的结语

在毛泽东的领导下，延安时期党的组织建设取得了巨大的成就。第一，形成了正确的坚强的党的领导核心。遵义会议组成了以毛泽东为代表的新的党中央，延安时期，经过一系列的组织建设举措，特别是经过毛泽东领导的整风运动，这个领导核心得到进一步的加强，最终在党的七大上形成了党的第一代正确领导集体。正如邓小平所指出的："我们党的领导集体，是从遵义会议开始逐步形成的，也就是毛刘周朱和任弼时同志。"②这个坚强的领导集体，保障了党的伟大目标的实现，使中国社会发生了历史性的巨变。第二，完成了建设一个伟大的全国性的大党的任务。把党由一个人数不多、组织规模有限的党建设成为一个人数众多、组织遍及全国和充满政治活力、成熟的大党，成为一个将决定中国前途和命运、在世界产生广泛影响的大党，成为能够领导中国人民建立新中国和建设新中国的大党。第三，培养和造就了一大批无产阶级革命家和以百万计的无产阶级先进战士，使之成为团结和领导中国人民进行中国新民主主义革命和社会主义建设的中坚力量。第四，总结、创造了一系列党的组织建设的宝贵经验，如团结和争取犯错误的同志；正确对待要求进步的非工农成分的知识分子入党的问题；加强教育，在党的熔炉里进一步提高党员的政治思想水平；确立"任人唯贤"的干部路线；采取整风的形式建设党；厉行民主集中制；等等。这些经验，不仅在当时而且在以后都对党的组织建设产生了十分深刻的、意义深远的作用。

---

① 《粟裕战争回忆录》，解放军出版社1988年版，第385页。
② 《邓小平文选》第三卷，人民出版社1993年版，第309页。

　　而贯穿延安时期毛泽东组织建设举措的,是毛泽东坚持实事求是、与时俱进的思想路线。他遵循马列主义的原理,根据中国的社会实际、革命实践,大胆突破,勇于创新,制定和实行了切合党的实际的组织建设的政策、原则,从而保障了党的组织建设的顺利进行和健康发展,使党的组织建设取得了历史性的辉煌成就。

　　毛泽东的伟绩永载史册,而他在延安时期党的组织建设上的重大贡献,给我们留下了宝贵的财富,对我们搞好党的组织建设有着长远的、深刻的启迪意义。

中国共产党抗日游击战研究

内容提要：对中共抗日游击战的地位和作用，过去曾有比较广泛的研究，但在近年有关抗日战争史的研究和评论中，出现对其忽略，甚至低估的现象，因此就形成了如何认识和评价中共抗日游击战的问题；另外，关于中共抗日游击战方针的内涵、演变及其原因，该方针与国民党的关系等，还存在值得深入研究的空间。有鉴于此，笔者围绕这些问题，尝试进行一些学理上的探讨。

中国的抗日战争是在敌强我弱、力量悬殊的情况下进行的，如何在这种情势下达到消灭和削弱敌人、保存并发展自己，坚持并夺取的抗日战争胜利，是关系中国抗日战争前途和中华民族命运的关键问题，是一个考验智慧、能力和意志的巨大难题。具体到中国共产党，遇到的困难就更多。在抗战爆发之初，中共只有几万军队，装备极其简陋，又是深入到日军占领区——周遭都是敌人的境况中战斗，敌人之强悍、环境之险恶、条件之艰苦、物资之匮乏、斗争之复杂和激烈，是远超红军时期的，也是抗战时期中国其他军队不曾遇到的。但就是在这样的情势下，中国共产党人运用游击战争方针破解了这个如何抗战的重大难题，通过游击战争开辟一个广大的敌后战场，长期抗击和消耗日军，并在游击战争中坚持下来、获得巨大发展。被共产党人发挥得淋漓尽致的游击战，牵制、消耗和消灭了庞大的日军，破坏了它的战略计划，成为致其于死命的主要战场之一。敌后游击战争是中国抗日战争独特的风景线，它是人类战争史上的一个奇迹，是中共中央正确的战略决策、中国共产党人高昂革命精神的结晶，其对中国抗日战争的进行和胜利，作用巨大。美国军事评论家威尔纳1945年的评论，颇能说明当时世界对中国共产党敌后战场的认识：中国充满了游击队，"没有一个地方的游击战能够担当游击战在中国将要而且能够担负的战略任务。"①

一

全面抗战爆发后,中共中央提出了独立自主山地游击战的作战方针。1937年8月1日,毛泽东和张闻天致电时在陕西云阳出席红军前敌总指挥部召开的红军高级干部会议的周恩来等,向会议指出:依据当前敌我情况,红军抗日的作战原则是,"在整个战略方针下执行独立自主的分散作战的游击战争,而不是阵地战,也不是集中作战,因此不能在战役战术上受束缚。只有如此才能发挥红军的特长,给日寇相当打击。"②8月4日,中共中央在向国民政府提交的对整个国防问题的建议中,又具体提出了红军担负游击战的意见:"正规战与游击战相配合,游击战以红军与其他适宜部队及人民武装担任之,在整个战略部署下给予独立自主的指挥权。""担任游击战之部队,依地形条件及战况之发展,适当使用其兵力。为适应游击战性质,原则上应分开使用,而不是集中使用。"8月18日,中共中央在关于与国民党谈判的训令中,明确提出:"红军充任战略的游击支队","在总的战略方针下,执行独立自主的游击战争,发挥红军特长。"

与此同时,毛泽东在中共党内反复阐述了这个方针。8月9日,他在中共中央召集的各单位负责人参加的会议上,指出:红军应当实行独立自主的指挥与分散的游击战争。必须保持独立自主的指挥,才能发挥红军的长处,集团作战是不行的。10日,又指示红军驻山西办事处的彭雪枫,应向各方面着重说明红军"只宜于在总的战略下进行独立自主的指挥,不宜于以战役战术上的集中指挥去束缚它,致失去其长处"。8月17日,就与阎锡山商议红军开赴山西抗日问题,给朱德、周恩来、叶剑英的电报中,指出红军"在独立自主的指挥与游击战山地战原则下受阎百川(阎锡山字'百川')节制,速通知阎"③。

---

① 威尔纳:《日本大陆战略危机》,《解放日报》1945年7月18日。

② 中共中央文献研究室编:《毛泽东年谱》(1893—1949)中卷,人民出版社、中央文献出版社1993年版,第8页。本节其他引文,皆出自《毛泽东年谱》(1893—1949)中卷,分别是第9、13页。

③ 本节引文出自《毛泽东年谱》(1893—1949)中卷,分别是第12—13页。

8月22日,在陕北洛川召开的中共中央政治局会议上,毛泽东在所作军事问题的报告中,关于红军的基本任务,他提出了五条:"(一)创造根据地;(二)钳制与消灭敌人;(三)配合友军作战(战略支援任务);(四)保存与扩大红军;(五)争取民族革命战争领导权。"并且说明:前四条是要实现的,后一条是要争取的。他着重谈了红军的战略方针:"独立自主的山地游击战争(包括有利条件下消灭敌人兵团与在平原发展游击战争,但着重于山地)。"这种独立自主是在统一战略下的"相对的独立自主"。游击战争的作战原则是:"分散以发动群众,集中以消灭敌人,打得赢就打,打不赢就走。"①

随后,毛泽东进一步阐述了"独立自主的山地游击战争"方针的内涵:(一)依照情况使用兵力的自由;(二)红军有发动群众创造根据地,组织义勇军之自由,地方政权与邻近友军不得干涉;(三)南京只作战略规定,红军有执行此战略之一切自由;(四)坚持依傍山地与不打硬仗的原则。② 他的这一解释,将独立自主的山地游击战战略方针具体化了。

其后,根据战争形势的发展,中共不断发展完善独立自主游击战的方针。显著特点有二:

一是突破"山地"的地域范围。最初提出这一方针时,突出的是"山地游击战",这是因为主要战场是山西省。山西是八路军对日作战的前线,八路军要坚持持久抗战,首先必须充分利用山西的有利地形条件,用游击战争控制山西,建立根据地,站稳脚跟,以此为依托逐步向外发展。在能够有效控制山西之前,八路军不宜于也没有足够力量向平原地区发展。其次,山西是日军华北作战的中央线,也是中国抗战的重要战场。八路军出师抗战,首先面临的是如何配合山西国民党正面战场粉碎日军进攻,保住山西,屏障河北平原,阻止日军南侵。这就决定了当时中共中央在关于华北抗战的战略思考中,只能把如何以山西为中心开辟抗日游击战争根据地为主要课题。因此,"独立自主的山地游击战"中强调了游击战"着重于山地"的内容。但对于在平原地区发展游击战争,中共中央实际上已经有所考虑,早在洛川会议上,毛泽东就提到过"在平原发展游击战争"的问题。1937年9月25日,毛泽东在给周恩来等的

① 金冲及主编:《毛泽东传》(1893—1949)上,中央文献出版社1996年版,第463页。
② 《毛泽东文集》第二卷,人民出版社1993年版,第23页。

电报中又指出:"整个华北工作,应以游击战争为唯一方向。""要设想在敌整个占领华北后,我们能坚持广泛有力的游击战争。"①游击战的部署范围突破山西地域,遍及整个华北地区,则游击战术的运用也就一定要突破"山地"的特殊地理了。从1938年起,根据抗日作战的经验和发展抗日斗争的战略需要,中共中央开始重点筹划如何在华北广大平原地区进一步发展游击战问题。这年年初,毛泽东根据晋察冀军区关于冀中平原敌情的报告,指示该军区,要设法在平汉路和津浦路之间的河北、山东平原地区开展游击战争,建立根据地。2月15日,毛泽东在给朱德等的电报中,指示一一五师分三步向河北、山东等地进军。4月21日,中共中央正式发出了发展平原游击战争的指示:"党与八路军部队在河北、山东平原地区应坚决采取尽量广泛发展游击战争的方针,尽量发动最广大的群众走上公开的武装斗争。""应即在河北、山东划分若干游击分区,并在军区成立游击司令部,有计划地有系统地去普遍发展游击战争。"②

二是关于打运动战的问题。洛川会议上,毛泽东在阐述独立自主山地游击战方针时,已经关注到运动战的问题,所以该方针"包括有利条件下消灭敌人兵团",即包含运动战的内容,但在当时强调的是"游击战"。八路军在山西的抗日实践,丰富了毛泽东的战略思想。他根据平型关战斗的经验,在1937年9月29日进一步提出八路军的作战方针:"根本方针是争取群众,组织群众的游击队。在这个总方针下,实行有条件的集中作战。"③不久,他把之概括为"独立自主的游击战和运动战"④。1938年5月,在总结华北十个月的抗战后,毛泽东在《论持久战》中,将中共抗日武装的作战方针概括为:"基本的是游击战,但不放松有利条件下的运动战。"⑤

无疑,中共中央关于抗日游击战方针的这些完善,与全面抗战爆发之时相

---

① 中共中央文献研究室编:《毛泽东年谱》(1893—1949)中卷,人民出版社、中央文献出版社1993年版,第24页。

② 《毛泽东军事文集》第2卷,军事科学出版社、中央文献出版社1993年版,第219页。

③ 中共中央文献研究室编:《毛泽东年谱》(1893—1949)中卷,人民出版社、中央文献出版社1993年版,第26页。

④ 《毛泽东选集》第二卷,人民出版社1991年版,第378页。

⑤ 《毛泽东选集》第二卷,人民出版社1991年版,第500页。

比,表述更全面,认识更深入,更适应中共敌后抗日斗争的实际。

二

中共中央提出和强调其抗日武装执行独立自主的游击战争,是基于中国抗日战争中的敌、我、友三方面的实际情况,为贯彻执行党的全面抗战路线而提出的。

第一,可以扬长避短,充分发挥中共领导的抗日力量的作用。中共领导的抗日武装,经过长期革命战争特别是长征和南方三年游击战争的考验,政治素质好,但数量太少(全面抗战之初,八路军和新四军共约五六万人),武器装备很差。而迎战的是庞大的、装备精良的日本侵略军,是一个具有先进武器装备的凶恶的敌人。如果以自己的单薄力量和劣势装备与强大的敌人正面对垒,即使全部集中起来打正规战,也不可能对日本侵略军构成很大的威胁,反而会严重削弱自己,从而严重地影响中国的抗日战争,甚至使之难以坚持下去。而中国抗日战争的现实是:日本侵略军恃强侵占了中国许多地方,兵力不敷,只能占据城市和交通线(即通常说的"点"和"线"),广大的日本占领区(即沦陷区)有开展游击战争的条件;恰巧中国共产党领导的抗日武装具有长期游击战争的经验,擅长游击战,在敌后游击战中大有用武之地。因此,正如毛泽东指出的:只有实行游击战的方针,"才能发挥红军的特长,给日寇相当打击",中共武装力量"只宜于在总的战略下进行独立自主的指挥,不宜于以战役战术上的集中指挥去束缚它,致失去其长处"。也就是说,实行游击战的方针,是以己之长击敌之短,是充分发挥中共抗日武装力量作用,有效打击和消耗日军、推进中国抗日战争不断发展的正确战略战术。

第二,实现坚持全国抗战和实行全面抗战路线的主要途径。中国的抗日战争由敌后战场和正面战场构成,两个战场互相配合、互相依存。国民党军是中共抗日武装的友军,它担负着正面战场的作战,虽然国民党军拥有二百余万,广大将士充满抗战爱国热情,但装备和训练差,内部问题很多,作战能力不强。因此,在正面战场抗日斗争过程中,中共抗日武装需要很好地配合它,而如前所述,敌后游击战争恰是中共抗日武装配合正面战场的主要的、得力的和有效的方式。

尤其是,中国抗日战争的坚持、发展和胜利,必须发挥中国具有的潜在的优势。而中国抗日战争的最大的、潜在的优势,就是动员和组织全国人民,举全国之力进行这场民族解放战争,在人民战争的过程中赢得这场战争的胜利,此即中国共产党全面抗战路线的基本点。而"独立自主的游击战争",恰是在第二次国共合作历史条件下,中共发挥人民军队政治优势和军事优势的最好的作战形式,也是把全面开展联系付诸实施的重要途径。中共游击战的要诀之一,就是游击队"纪律好,且善于做群众工作,能与人民打成一片,随时随地能得到群众之掩护与帮助"[①]。"没有群众基础的游击战是不能长期存在的。"[②]通过游击战打击日本侵略军,掩护人民群众,能够兴奋人民群众的抗日斗志,增进人民群众对中共抗日主张的认识和对抗日游击队的亲近感情,从而达到动员和团结人民群众,和人民群众紧密结合在一起,军民协力抗日的局面。事实上,敌后战场就是这样开辟和发展的,活跃在敌后的中共抗日力量,通过大规模的、普遍的游击战,广泛地、深入地把人民群众动员和组织起来,实行军民结合、军政统一,创造和建设抗日根据地,壮大抗日力量,从而坚持敌后抗战,发展敌后抗战,使敌后抗日战场成为中国抗日战争的主要战场之一和最活跃的战场。敌后抗日根据地波澜壮阔的、全民积极参加抗日斗争,是贯彻执行中共全面抗战路线的结果,其中游击战争的作用是十分凸显的。

抗日战争的历史已经证明,独立自主的游击战争,是中国共产党领导的人民军队坚持抗日民族统一战线,坚持持久抗战的唯一正确的方针。

第三,有效开展抗日游击战的需要和恰当处理国共合作关系的重要方式。毛泽东指出:游击战争的作战原则是:"分散以发动群众,集中以消灭敌人,打得赢就打,打不赢就走。"[③]也就是说,游击战争必须是视情况而定,要灵活机动,因此必须赋予其自由活动的便利,否则不但难有打击敌人的好的战果,而且保存自己甚至自身生存也是问题。从实行游击战争的战术角度去考量,必须是"独立自主"的,因为这是有效开展抗日游击战的需要。更重要的是,当时虽然实现了国共合作,但国共合作之间的许多问题没有解决,

---

① 彭雪枫:《给范长江先生的信》(一九三七年十月五日),《彭雪枫军事文选》,解放军出版社 1997 年版,第 44 页。

② 《关于游击战争(抗战论文选辑)》,《群众周刊》1938 年第 9 期,第 161 页。

③ 金冲及主编:《毛泽东传》(1893—1949)上,中央文献出版社 1996 年版,第 463 页。

国共在抗日的政治、军事战略等方面的分歧很多,这些问题都牵涉中国抗日大局,需要正确对待。而"独立自主"的游击战争的方针,既包含在政治上坚持中共对军队的绝对领导,也包含中共武装在作战中根据实际情况灵活行动与自主指挥,特别是确定了国共军队分担不同的抗日任务。如此一来,中共抗日武装实行独立自主的游击战争,在敌后开展抗日斗争,就可以避免与国民党军队在作战中的一些矛盾,有利于中国的抗日大局,有利于抗日民族统一战线的维护(虽然抗战相持阶段国共矛盾丛生,但还是应该看到两个战场的互相配合作用,还是应该看到双方军队分处不同战场、承担不同抗日任务对避免矛盾的作用)。

第四,针对中共抗日武装的实力状况特别是武器装备的实际情况的选择。中共抗日武装的装备很差,"八路军开赴抗日前线时,过黄河东进的三万多部队只有一万多支枪,一些战士还扛着长矛,而每支枪平均又只有三十发子弹。"①和八路军比较,经历三年游击战争的新四军的装备就更差。正因如此,八路军开赴山西抗日前线后连续进行的平型关伏击战、雁门关伏击战、夜袭阳明堡机场和长生口、马山村、七亘村、黄崖底、广阳、户封村伏击战等,新四军在长江南北的一系列作战,都有一个共同点:近距离接触敌人,在一阵射击和手榴弹袭击后,迅速冲入敌人之中,展开肉搏,消灭敌人。八路军、新四军之所以反复使用这种战术,就是由其极差的装备决定的。这种严重短缺的武器和装备,根本无法进行正面的防御和进攻作战,只能利用地形地貌,从侧面或后方突袭的方式打击敌人。所谓伏击战,实际上就是游击战。而这种武器弹药严重短缺的情况,并非只存在于抗战初期,而是一直存在、长期困扰着中共武装,制约着八路军、新四军的作战的。朱德1945年就此指出:"几年来在解放区战场,我们最困难的,是部队装备和各种军用器材问题。"②八路军、新四军的枪械、弹药的主要来源,一是战场缴获(由于日军极为凶悍,即使被包围也往往会顽抗到最后一枪一弹,只有打伪军时缴枪缴子弹才多一些);二是兴建的一些兵工厂的生产(子弹主要是靠拾回的弹壳复装,其质量很差,只有手榴弹、地雷能依靠自产保障),但远远不能满足需要。而游击战是"在不固定的战线

---

① 徐焰:《帷幄春秋》,国防大学出版社2007年版,第195页。

② 中共中央文献编辑委员会编辑:《朱德选集》,人民出版社1983年版,第172页。

上，进行袭击、扰击、截击和破坏的战斗，以达到吸引、牵制、分散、迷惑、迟滞、扰乱、疲惫、削弱和打击敌人的目的"①。对于严重武器短缺的中共武装，因此只好选择游击战这种最佳的作战方式。朱德对此有非常清楚的说明："我们用兵的主张，可概括为：有什么枪打什么仗，对什么敌人打什么仗，在什么时间地点打什么时间地点的仗。第一句话是根据部队武器装备，第二句话是根据敌情，第三句话是根据时间地形各种条件，这就是实事求是的唯物主义的用兵新法。这几句话有很深的意义，古今中外，不知有若干军事家在这里栽过筋斗的。……当我们由内战进入抗战时，面对着的敌人是日本军队，我们便不固执内战的经验，而是加以必要的改变和提高，充分研究敌情来下决心，来决定战法。"②

需要强调的是，中共中央提出的独立自主的山地游击战的作战方针，当时得到了国民党的同意。1937年8月中旬，应国民党之邀，在南京参加国防会议的周恩来、朱德、叶剑英，根据中共中央8月18日的训令，与蒋介石、何应钦、白崇禧、黄绍竑等反复商谈八路军的作战方针，他们最终同意八路军充任战略游击支队，执行侧面战，担任扰乱和钳制敌人并消灭一部的任务。③

时任国民党第二战区司令长官的阎锡山也赞赏中共的游击战术。此时，在山西担负联络工作的彭雪枫在中共中央的报告中说："阎向我密谈，将来津浦败退，平汉败退，甚至晋军败退，八路军是否南下或采取适当战略？继称，我不赞成南渡黄河之议，特请转述毛朱彭三先生，万一上述不利形势到来时：以八路军会合晋绥一个集团军在五台山脉周围建立根据地。五台山纵横二百里，周围六百里，共二十六个口子，民众二十余万，配合晋绥及八路(军)其他部分定可与敌周旋，那时则请中央军守太原及太行山脉，我们则以主力位于五台山。因该山形势复杂，如光有三五百土匪入山，即增加许多麻烦。如毛、朱先生同意，希及早告我，以便预先存买粮食、衣服、弹药之种种准备。言下态度

---

① 《关于军事问题答记者问》（1938年2月），《周恩来军事文选》第二卷，人民出版社1997年版，第107页。

② 中共中央文献编辑委员会编辑：《朱德选集》，人民出版社1983年版，第168页。

③ 中共中央文献研究室编：《周恩来年谱》（1898—1949），人民出版社、中央文献出版社1989年版，第377页。

颇为郑重诚恳。"①因此,该年9月中旬,周恩来和阎锡山就八路军在山西作战的商谈非常顺利,双方商定:"(一)红军独立自主地进行游击运动战,以太行山脉及太行山北端为根据地。(二)察省境由我、阎做晋北绥远合作。"②9月22日,双方进一步就八路军在山西开展游击战争和作战区域商定:八路军在山西开展游击战争,在兵力使用上他们不加干涉;至于游击的区域,在山西境内要同阎锡山商量,但在敌占区可自行作主。③ 正因如此,所以1937年10月毛泽东向八路军将领解释说:此方针在京与蒋(介石)、何(应钦)决定,周(恩来)、彭(德怀)又在晋与阎(锡山)当面决定,基本不应动摇此方针。④

华北沦陷后,蒋介石同意八路军在敌后打游击战。1945年周恩来就此指出:"武汉时期,他答应要我们到华北、山东去发展游击战争。徐向前同志带一一五师到山东去,还得到了他的同意。"⑤

三

中共抗日游击战方针,一经实行就取得了显著的效果。八路军开赴山西抗日前线后,迅速于9月25日取得平型关战斗的胜利,消灭日军一千余人,这是抗战以来中国军队获得的第一个大胜仗,因此轰动国内外。蒋介石曾就此两次致电朱德、彭德怀嘉奖,称赞说:"有日一战,歼寇如麻,足证官兵用命,指挥得宜。捷报南来,良深嘉慰,尚希益励所部,继续努力,是为至盼。""接诵捷报无任欣慰,着即传谕嘉奖。"⑥继而,在配合忻口会战的过程中,八路军连续取得雁门关伏击战、夜袭阳明堡机场和长生口、马山村、七亘村、黄崖底、广阳、

---

① 《与阎商谈八路军指挥和部署问题》(一九三七年九月十八日),彭雪枫:《彭雪枫军事文选》,解放军出版社1997年版,第42—43页。

② 《与阎锡山谈判情形和作战建议》(1937年9月13日),《周恩来军事文选》第二卷,人民出版社1997年版,第14页。

③ 金冲及主编:《周恩来传》(二),中央文献出版社2008年版,第458页。

④ 中共中央文献研究室编:《毛泽东年谱》(1893—1949)中卷,人民出版社、中央文献出版社1993年版,第30页。

⑤ 周恩来:《论统一战线》(1945年4月30日),中共中央文献编辑委员会编:《周恩来选集》上,人民出版社2004年版,第198页。

⑥ 《第十八集团军平型关战役电文选编》,中国第二历史档案馆藏。

户封村伏击战的胜利。八路军作战一百余次,歼灭日军一万一千余人,毁伤敌机二十余架,击毁敌汽车、坦克、装甲车四百余辆,有力地支援了正面作战的国民党军。率部参加忻口会战的国民党军长何柱国在致蒋介石的密电中称:"窃以晋北方面中路突入之敌已受挫折,我林(彪)师在广灵、灵丘、平型关、沙河镇等处将敌背后截断,宁武、朔县、岱岳及其以北地区有贺(龙)师宋(时轮)支队及职军屡次迂回截击,敌人已大感恐慌。"蒋介石也对八路军的游击战赞誉有加,在 10 月 22 日给何柱国的复电中,说"所见极是,八路军已发挥机动效能"。① 他致电朱德、彭德怀:"贵部林师及张旅,屡建奇功,强寇迭遭重创,深堪嘉慰。"②何应钦日后在"1937 年对日作战的总结"中,写道:忻口战役中,"我朱德部在敌后方袭击,迭次予敌重创。"③

　　1937 年 11 月 8 日,太原失守,国民党军向晋南、晋西撤退,其在华北的正规作战结束。毛泽东立即指示八路军:"发挥进一步的独立自主原则,坚持华北游击战争,同日寇力争山西全省的大多数乡村,使之化为游击根据地"从而"克服危机,实现全面抗战之新局面"。并具体指示:"应在统一战线基本原则下,放手发动群众,废除苛杂,减租减息,收编溃军,购买枪支,筹集军饷,实行自给,扩大部队,打击汉奸,谅纳左翼,进一步发挥独立自主精神","准备坚持长期的游击战争为宜。"④八路军根据毛泽东的战略部署,转入敌后,发动群众,大规模的敌后游击战争由此而兴。八路军一一五师一部迅速开辟了晋察冀根据地,至 1938 年 1 月晋察冀行政委员会成立,这是中国共产党在敌后建立的第一个抗日民主政权。随后,八路军相继建立晋西北、晋东南、晋西南敌后抗日根据地。1938 年 4 月,中共中央发出开展平原游击战争的指示,八路

　　① 《何柱国致蒋介石密电》(1937 年 10 月 17 日),《蒋介石致何柱国致蒋介石密电稿》(1937 年 10 月 22 日),中国第二历史档案馆编:《抗日战争正面战场》(上),凤凰出版传媒集团出版社 2005 年版,第 563 页。

　　② 电文中的"林师",指林彪为师长的八路军第一一五师;"张旅",指张宗逊为旅长的八路军第一二〇师第三五八旅。《民国档案》1985 年第 2 期,第 34 页。

　　③ 何应钦:《八年抗战之经过》,沈云龙主编:《近代中国史料丛刊》787,(台湾)文海出版社,第 12 页。

　　④ 中共中央文献研究室编:《毛泽东年谱》(1893—1949)中卷,人民出版社、中央文献出版社 1993 年版,第 36、38 页;中共中央文献研究室编:《朱德年谱》(1886—1976)新编本中,中共中央文献出版社 2006 年版,第 710 页。

军据此大规模分兵,挺进冀中、冀南、山东及大青山地区,帮助当地抗日武装建立、巩固和扩大抗日根据地。战斗至 1940 年 7 月,相继建立晋察冀、晋西北、晋冀豫、冀鲁豫、冀中、冀南、鲁西(含湖西)、鲁中、鲁南、滨海、胶东、清河、冀鲁边等抗日根据地,把游击战扩大到整个华北。在三年的抗日作战中,八路军进行大小战斗九千余次,毙伤日军 13 万人,击毙日军"名将之花"阿部中将及其他将佐十余人,曾收复县城 150 座。

1938 年 4 月,新四军刚刚集结,就在当月下旬派出先遣支队挺进苏南敌后。5 月之后,除第三支队坚持皖南江防的抗日阵地外,第一、第二、第四支队和中共河南省委组建的新四军游击支队迅速深入敌后,开展游击战。至 1938 年年底,初步建立了苏南、皖南和皖中抗日根据地。根据中共中央"发展华中"的战略要求,1939 年起,新四军执行"向南巩固,向东作战,向北发展"的战略方针,在八路军的配合、支持下,大规模展开于南京、上海、武汉、徐州、开封外围,直接威胁日军的统治中心地区,至 1940 年年底,共对日、伪军作战 2700 次,毙伤俘敌 5.5 万人;在华中建立了皖东、豫皖苏、皖东北、苏北等抗日根据地,扩大了苏南、皖中根据地,沟通了华北与华中抗日根据地的联系。

1938 年 10 月广州沦陷后,经香港八路军办事处和中共广东省委部署,中共党组织领导开展了东江抗日武装斗争。12 月,惠(阳)宝(安)人民抗日游击总队成立;1939 年 1 月,东(莞)宝(安)惠(阳)边人民抗日游击大队成立,分别在当地开展游击战争。1940 年 9 月,这两支武装合编为广东人民抗日游击队,开辟了以大岭山和阳台山为中心的抗日根据地。同时期,长期在海南坚持斗争的琼崖游击队,抗日斗争颇为活跃。华南的敌后抗日斗争蓬勃发展。

与此同时,中共领导的东北抗日斗争发展到鼎盛阶段。举国抗日的形势激励了东北抗日联军的斗志,为了配合全国抗战,他们主动出击,积极牵制与打击日伪军。先后取得了奇袭日军正在修筑中的通(化)辑(安)铁路老岭隧道工程;重创伪军景索清旅,歼其三百余人;袭击宝清县凉水泉子伪警察所、桦川县孟家岗伏击战、奇袭聚宝山警察署、五道岗伏击战等战斗的胜利。此时,东北抗日联军总兵力达到三万多人,游击区也由四十余县扩大到七十余县,有的游击区已经连接成片,形成了东南满、吉东和北满三个大游击区,并建立了二十余块游击根据地。东北抗联的斗争环境非常艰苦,他们的英勇抗日,牵制和消耗了大量日军。据日本陆军公布的数字,1931 年九一八至 1937 年 9 月,日本关东军死伤 17.82 万人(不包括伪军)。① 而抗联将领周保中估计,在东北十四年抗日战争中,日军伤亡不下 25 万人。②

这样,中国共产党领导的抗日游击战争,就形成一个遍及全国、纵贯南北、大量牵制和消耗日军的敌后战场。

四

敌后战场是在战略防御阶段后逐步形成的,得到了正面战场的掩护,而它在形成过程中的作战同时给予正面战场强有力的战略支援。比如在武汉失守前,日军向华北抗日根据地的进攻,使用千人以上兵力者有十余次,使用万人以上兵力者有五次。时任国民政府军事委员会政治部部长的陈诚,在分析台儿庄战役胜利原因时就强调了华北游击战的作用:"此盖因我国自采用游击战以来,各处围歼其小部,袭击其后方,即如山西境内,我方有二十万之游击队,遂使敌五师团之众只能据守同蒲路沿线,不能远离铁路一步。其他平汉线及江北、江南、浙西各战场均自顾不暇,遑言抽调以远水救近火乎?"③日军大量兵力用于和敌后八路军的作战,自然就削减了其对正面战场的攻击力,八路军敌后游击战之功效由此可见一斑。

众所周知,日军在占领武汉之后,因战线太长、兵力不足而停止战略进攻。而其中一个主要的原因是八路军、新四军在敌后大规模的游击战,搅得其占领区颇不安宁,因此需要大量分兵把守,并用前线兵力回填,结果造成进攻的兵力不足。也就是说,敌后广泛的游击战是日军停止战略进攻的一个主要原因。事实证明了这一点。1938 年 12 月 2 日,日军大本营命令:"华北方面军司令官应负责确保已占领的华北地区的安定,特别应首先设法迅速恢复河北省北

---

① 据日本陆军省 1936 年 3 月 18 日公布的 1931 年九一八至 1935 年末,日军的伤亡数量:战死 4200 人,伤病者 17.13 万人,又据日本关东军参谋部统计,1936 年至 1937 年 9 月,日军死伤 2662 人。两项相加,六年来,日本关东军死伤 17.82 万人。中共黑龙江省委党史研究室:《东北十四年抗战与抗日联军——纪念中国抗日战争胜利 65 周年》,《世纪桥》2010 年第 16 期。

② 中共黑龙江省委党史研究室:《东北十四年抗战与抗日联军——纪念中国抗日战争胜利 65 周年》,《世纪桥》2010 年第 16 期。

③ 陈诚:《台儿庄歼敌战》,《半月文摘》第二卷第三期(1938 年 4 月 25 日出版)。

部、山东省、山西省北部及蒙疆等重要地区的治安,确保主要交通线。"①为此,日军大本营从各方面抽调兵力,加强华北方面军,使其由 1938 年 7 月的 2 个军(第一军、驻蒙军)、7 个师团、4 个旅团,增加到 1939 年 5 月上旬的 3 个军(增加第十二军)、15 个师团、9 个旅团、1 个骑兵集团。② 1940 年在遭受八路军百团大战的沉重打击后,日军被迫又向华北增加 2 个师团。

由此,在抗日战争进入相持阶段后,随着敌后战场的形成,其在中国抗日战争中的作用越来越大,逐渐成为中国抗日的一个主战场。

第一,牵制和消耗大量日军的兵力。敌后十分广泛和活跃的游击战,给日本侵略军形成巨大的威胁。1939 年 12 月初,日本华北方面军情报主任会议认为:"共产党势力渗透到了华北全境,就连北平周围,共产党组织也深入到了通县、黄村(大兴)县的民众之中。在山东方面,共产党势力的扩张更为剧烈。山西、河北的共产党军队,以前的行动目的是扰乱我后方,消耗我战力,牵制我兵力,乘机进行游击战争。最近他们接受的任务,规模既大而且行动积极。"1941 年 1 月 18 日,由日本天皇批准的《对华长期作战指导计划》,规定:"作战以维持治安与占领地区的肃正为主要目的。"陆军大臣东条英机同参谋总长杉山元商定的日本对华战略基本方向,也把"彻底肃正华北治安"列为"当前对华作战纲要"的第一项内容。③ 由此在 1941 年后,日军在华北连续五次实行"治安强化运动"。而日军华北方面军 1941 年初制定的当年肃正计划及其注意事项,明确把作战对象规定为:"肃正的重点,仍然在于剿共。"④实际上,日军早在 1938 年就开始不断"扫荡"华北抗日根据地,其之所以在 1941 年后连续实行"治安强化运动",就是因为其之前的"治安肃正"即"扫荡"没有产生作用,敌后游击战对其打击之大、威胁太深,使之惊恐不安,因此要"治安强化",要加强对华北抗日军民的进攻。

为了防范敌后军民的抗日斗争、维持其统治秩序,日军被迫大量调用军队于占领区。比如 1942 年,日军用于华北、华中的兵力有 55 万余人,其中用于

---

① [日]防卫厅战史室:《中国事变陆军作战》(2),朝云新闻社 1976 年版,第 389 页。

② [日]防卫厅战史室:《中国事变陆军作战》(2),朝云新闻社 1976 年版,第 212、388—389 页。

③ [日]防卫厅战史室:《华北治安战》(1),朝云新闻社 1968 年版,第 453 页。

④ [日]防卫厅战史室:《华北治安战》(1),朝云新闻社 1968 年版,第 467 页。

巩固占领区的约有 33.2 万人。据统计,敌后战场抗击侵华日军的比例,1938年是 58.8%,1939 年是 62%,1940 年是 58%,1941 年是 75%,1942 年是 63%。这 5 年中,还一直抗击着全部伪军。1943 年抗击侵华日军的 58%,伪军的90%;1944 年抗击侵华日军的 64%,伪军的 95%;1945 年则抗击侵华日军的69%,伪军的 95%。虽然战时军队流动性很大,其战略意图也很复杂,这些统计中也可能存在误差,但相持阶段之后,经常有超过半数的侵华日军被牵制到敌后战场上,应该是确定的。

第二,迫使日军动用庞大的兵力"扫荡"。由于面临抗日武装的巨大威胁,日军就频繁动用重兵疯狂"扫荡"敌后抗日根据地。比如日军对华北抗日根据地的"扫荡",在 1939 年至 1940 年的两年中,出动主力千人以上的大规模"扫荡"达 109 次,使用总兵力在 50 万人以上;1941 年和 1942 年的"扫荡"更甚,一次使用兵力在千人以上至万人的达 132 次,万人以上至 7 万人的 27 次,总计使用兵力达 83.9 万余人;1943 年和 1944 年的"扫荡",千人以上者 177次,使用兵力 66 万多人,其中万人以上的大"扫荡"22 次,使用兵力 29.7 万余人。日军屡屡动用重兵频繁"扫荡"说明,敌后战场使之头疼和恐惧,而敌后军民在与日军不断的斗争中,在承受了巨大的危险、牺牲和损失的同时,给日本侵略军造成重大的伤亡,使其消耗巨大。

第三,沉重打击了日本"以战养战"的战略。日本国内资源匮乏,战略物资主要依靠进口,因此经不起长期战争的消耗。在其"速战速决"企图破产后,掠夺占领区物资,成为其维持战争的主要手段。而敌后军民频繁的游击战,破袭日军交通线、攻拔日军据点、破坏日军设施、扰乱日军统治秩序等,在给日军造成重大杀伤和消耗的同时,有力地打击了其"以战养战"的战略。如百团大战破坏日军控制的铁路 474 公里、公路 2600 余公里、桥梁 213 座。①拔除了交通线上及其两侧大批日伪军据点 293 个,平毁了许多封锁沟、墙。破袭的重点——正太路,遭到彻底的毁坏。1940 年 10 月 15 日,日军华北方面军在向日本陆军省的《破坏修复情况》报告中说:"石太线被破坏之广泛及其规模之大,远非其他地方可比,敌人采用爆炸、焚烧、破坏等方法,企图对桥梁、

---

① 袁旭:《百团大战》,新华出版社 1991 年版,第 47 页。一般著作都称百团大战破坏公路 3044 里。

轨道、通信网、火车站设施等重要技术设备，予以彻底摧毁。在进行破坏时，隐秘伪装得极为巧妙。"①国民政府军令部也判断："正太线自经我军破坏，估计该路长期不能通车者当在三分之二以上。平汉、同蒲两路亦破坏多处，短期当难恢复交通。沧石、石德、邯济、平辽各路与白晋公路等亦均大部破坏，现仍继续破坏中。"②百团大战破坏日军控制的煤矿五所，特别是严重破坏了日军的燃料基地井陉煤矿，使之在很长时间不能出煤。日军独立混成第八旅参谋团泉可畏翁回忆说："井陉煤是炼钢用煤，当时为供应满洲鞍山制铁所的重要原料。井陉三矿井中最重要的新矿井损害最大，至少半年以上不能出煤。"③正因如此，日军华北方面军承认："这次奇袭完全出乎我军意料之外，损失重大，恢复建设需要相当时间与大量资金。"④百团大战还沉重地打击了日本占领区的经济，百团大战"使平、津、太原、石家庄等大城市人民大为兴奋，影响伪币大跌价"⑤。

应重视敌后游击战在打击日本"以战养战"战略方面的重大作用，在一定程度上，它对日军的打击、削弱和消耗更沉重。

第四，敌后战场对正面战场形成有力的支持。不能否认国民党抗战的功绩，正面战场国民党军的抗日行动，无论成败均是对着民族敌人的，应当肯定。但是，在相持阶段之后，由于国民党军队固有的问题越来越突出，如蒋介石所批评的："上层官兵不知奋发补进，而且弛懈偷安"，士气低落，军队"真是一天不如一天"，"敌人来了，不能抵抗，敌人退了，不能追击。几次战斗，毫无俘获。"⑥国民党军作战的积极性较之战略防御阶段大为减弱，对日作战主要呈

---

① 中国人民革命军事博物馆《百团大战历史文献资料选编》编审组编：《百团大战历史文献资料选编》，解放军出版社1991年版，第602页。

② 《军令部关于第二战区有关部队作战战报（摘录）》（1940年9月20日），中国人民革命军事博物馆《百团大战历史文献资料选编》编审组编：《百团大战历史文献资料选编》，解放军出版社1991年版，第240页。

③ 中国人民革命军事博物馆《百团大战历史文献资料选编》编审组编：《百团大战历史文献资料选编》，解放军出版社1991年版，第602页。

④ 彭德怀传记组：《彭德怀全传》二，中国大百科全书出版社2009年版，第473页。

⑤ 《晋冀豫区党委关于开展沿线工作之补充意见》（1941年），转引自彭德怀传记组：《彭德怀全传》二，中国大百科全书出版社2009年版，第476页。

⑥ 蒋介石：《柳州军事会议闭幕训词》（1940年4月25日），《第三次南岳军事会议训词》（1941年10月22日），《国军入缅作战经过和决心与我军对世界战局演变应有之认识与准备》（1942年5月3日）。

现出敌攻我防、敌退我守的态势。较之正面战场,敌后军民主动作战的积极性很高,游击战十分活跃,使日军防不胜防,穷于应对,不断增兵防守,其主战场的作用就非常突出。敌后战场和正面战场是互相支持的,敌后游击战牵制、消耗大量的日军,就大大减轻了正面战场的压力,形成对正面战场的重大支持。

日本帝国主义是因为长期深陷中国战场、被严重削弱而遭遇灭顶之灾的,敌后战场无疑就是致其死命的一个主要因素。

需要说明的是,中国共产党是在极端困难、严重缺少必需资源的情况下,开辟敌后战场的。仅靠几万人的军队,仅有极其简陋的武器,就建立一个和强大的敌人抗衡并相持到最后的战场,这是一个战争奇迹,震惊世界的奇迹。早在抗战时期,美国记者就看到了这一点:"共产党从光秃贫清的山区出发,在一个从满洲到长江流域的巨大弧形范围内,建立了巩固的根据地。在现代战争或现代政治中,很少有其他政治事业可以与中国共产党所创造的奇迹相比。"①了解了这个奇迹,就更能体会到中共游击战方针的正确性和敌后战场的历史作用,更加明确中国共产党对中国抗日战争的巨大贡献。

---

① [美]西奥多·怀特、安娜·雅各布:《中国的惊雷》,解放军出版社 1985 年版,第216 页。

延安整风与马克思主义中国化

内容提要：在马克思主义中国化的过程中，延安整风运动具有里程碑的地位。延安整风是中国共产党实施马克思主义中国化的重大举措，它极大地推进了中国共产党马克思主义中国化的进程，极大地推进了中国革命的进程。延安整风清楚地告诉我们，马克思主义中国化是中国革命胜利的必由之路，马克思主义中国化是永久的、常新的课题，全党和每个党员特别是党的领导干部必须努力致力于这个关系中国社会发展前途和命运的事业。

新民主主义革命的胜利深刻地改变了中国和世界，从根本上说，这一划时代的伟大胜利是中国共产党人把马克思主义中国化的结果。而在马克思主义中国化的过程中，延安整风运动具有里程碑的地位。延安整风运动极大地促进了马克思主义中国化的进程，使中国共产党实现了历史性的飞跃，对党的建设和中国革命产生了巨大的、深远的影响。回顾延安整风运动，对于新时期我们加深对马克思主义中国化意义的认识、推进马克思主义中国化的进程是非常有裨益的。

遵义会议前党在马克思主义
中国化问题上的实践和教训

中国共产党革命奋斗的历史，就是不断把马克思主义中国化的历史。而在延安整风运动前，总体上呈现两种情况：一种情况是把马克思主义与中国实际相结合，运用马克思主义解决中国革命的实际问题。如党的二大制定了中国革命的最高纲领和最低纲领，三大确定统一战线的方针，作出与国民党实行合作决策;四大提出并强调了无产阶级领导权问题和工农联盟问题等,从而促进了革命的发展,掀起轰轰烈烈的大革命。大革命失败后,党的八七会议制定了土地革命和武装反抗国民党的方针(六大坚持和强调了这些方针),使革命在遭受严重挫折后得以复兴。另一种情况则是教条主义地对待马克思主义,把马克思主义教条化、共产国际决议和苏联经验神圣化,不顾中国实际照搬照抄。大革命后期,斯大林套用俄国1905年革命、1917年二月革命和十月革命的模式,提出中国革命"三阶段"理论。这个理论认为将中国革命划分为"全民族联合战线的革命""资产阶级民主革命"和"苏维埃革命"三个阶段,"全民族联合战线的革命"阶段的革命力量包括工人、农民、小资产阶级、民族资产阶级四个阶级;蒋介石是民族资产阶级的代表,汪精卫是小资产阶级的代表;蒋介石背叛革命标志着民族资产阶级退出革命,革命进入第二阶段。党的领导人和苏联顾问、共产国际代表机械地照搬斯大林的这个理论,由于民族资产阶级具有革命性,因此对蒋介石大力扶持和迁就,在对蒋介石为代表的国民党新右派的斗争中,多次退让。因为小资产阶级是革命的同盟军,因此,必须拉住汪精卫,并为拉住汪精卫而一味对之妥协迁就理论上的失误,是党在大革命后期犯右倾错误的一个重要原因,结果使大革命遭到惨重失败。土地革命时期,教条主义越来越严重。共产国际代表罗明纳兹"无间断革命"的理论,是中共一度犯下"左"倾盲动错误产生的直接原因;斯大林的第三时期理论①和共产国际关于"中国进到了深刻的全国危机底时期"②的指示,是李立三的"左"倾冒险错误形成的理论根源。王明"左"倾错误更是以教条主义为特征的,临时中央领导人博古当时信守"凡是马恩列斯的话必须遵守,凡是共产国际的指示必须执行"。因此,毛泽东评论说:"过去的王明路线实际上就是斯大林路线。"③盲从斯大林和共产国际的指示与照搬苏联革命经验的做法,是

---

① "第三时期"理论把第一次世界大战后的国际政治形势划分为三个时期:1917年至1923年时资本主义制度陷于严重危机、无产阶级采取直接革命行动的第一时期;1923年至1928年是资本主义经济"复兴"和资本主义制度渐趋稳定、无产阶级进行自卫斗争的第二时期;1928年后将进入第三时期,资本主义内部矛盾愈演愈烈,将发生帝国主义国家之间的战争、帝国主义反对苏联的战争和反对帝国主义的民族解放战争。

② 《共产国际执委给中共中央关于国民党改组派和中共任务问题的信》,1929年10月26日。

③ 《毛泽东外交文选》,中央文献出版社、世界知识出版社1995年版,第253页。

土地革命时期三次"左"倾错误的通病,结果给党和革命造成严重损失。尤其是第三次"左"倾错误,把教条主义发展到登峰造极的地步,造成第五次反"围剿"的严重失败,使革命陷入极大的危机之中。

这一系列惨重的挫折,究其根本原因,是思想路线存在错误。正如1941年毛泽东分析指出的:土地革命时期,"一部分同志曾在这个伟大斗争中跌下了或跌下过机会主义的泥坑,这仍然是因为他们不去虚心领会过去的经验,对于中国的历史状况和社会状况、中国革命的特点、中国革命的规律不了解,对于马克思列宁主义的理论和中国革命的实践没有统一的理解而来的。"①

遵义会议前革命两次胜利两次失败的事实,说明了马克思主义中国化对中国革命、对中国共产党的极端重要性,说明是否实现马克思主义中国化,关系中国革命的成败,关系中国共产党的前途和命运。

延安整风是中国共产党实施马克思主义中国化的重大举措

对于党内存在的教条主义及其危害,毛泽东很早就深刻地感受到了。1930年他在《反对本本主义》一文中指出:"中国革命斗争的胜利要靠中国同志了解中国情况","离开实际调查就要产生唯心的阶级估量和唯心的工作指导,那末,它的结果,不是机会主义,便是盲动主义"。并说不调查研究闭着眼睛瞎说"是共产党员的耻辱",连着用了四个感叹号:"要不得!要不得!注重调查!反对瞎说!"②此后的斗争实践特别是第五次反"围剿"的失败,更加深了他对教条主义危害的认识,也更增强了他反对教条主义的信念。遵义会议后,以毛泽东为代表的中共中央把马克思主义与中国实际相结合,制定了一系列正确的方针政策和策略,开创了大好的革命局面。与此同时,毛泽东花费很大的精力清除教条主义对党的影响。

首先,毛泽东进行了大量的理论工作。他在《论反对日本帝国主义的策

---

① 毛泽东:《〈共产党人〉发刊词》(1939年10月4日),《毛泽东选集》第二卷,人民出版社1991年版,第611页。

② 《毛泽东选集》第一卷,人民出版社1991年版,第109、112、115页。

略》中总结党进行政治斗争的经验,指出"左"倾错误的思想根源是认为"《圣经》上载了的才是对的"的教条主义和主张革命的力量要纯粹又纯粹、革命的道路要笔直又笔直的形而上学思想。在《中国革命的战略问题》中突出地提出"如何研究战争"的问题,并从研究战争的方法论,强调研究战争"应该着眼其特点和着眼其发展,反对战争问题上的机械论"。在《实践论》《矛盾论》中,从哲学的高度阐述马克思主义的世界观和方法论,以扫清党内教条主义为主要目标,对中国革命的基本经验进行了系统的哲学总结。《论持久战》《中国革命和中国共产党》《新民主主义论》等一系列著作,无不贯穿了批判教条主义、阐明马克思主义与中国革命实际相结合的思想。

其次,在党的六届六中全会明确提出了"使马克思主义在中国具体化"的战略任务。毛泽东在会上强调指出:"不应当只是学习马克思列宁主义的词句,而应当把它当成革命的科学来学习。""马克思主义必须和我国的具体特点相结合并通过一定的民族形式才能实现。马克思列宁主义的伟大力量,就在于它是和各个国家具体的革命实践相联系的。对于中国共产党来说,就是要学会把马克思列宁主义的理论应用于中国的具体的环境。……离开中国特点来谈马克思主义,只是抽象的空洞的马克思主义。因此,使马克思主义在中国具体化,使之在其每一表现中带着必须有的中国的特性,即是说,按照中国的特点去应用它,成为全党亟待了解并亟须解决的问题。"他并指出:"在这个问题上,我们队伍中存在着一些严重的错误,是应该认真地克服的。"①随之在中央成立干部教育部,大力加强党的思想建设,努力在全党树立把马列主义与中国实际相结合、实事求是的思想路线。

应该强调的是,毛泽东的上述论述,许多都是在党的会议上、作为一项战略任务提出的,而六届六中全会关于马克思主义中国化的号召,更是对全党的要求和工作部署。可见,毛泽东对主观主义及其危害的估计之重,反对主观主义的力度之大、迫切性之强烈。

但是,到1941年前后,毛泽东发觉这些努力并未取得很大的成效。他认为教条主义"粗枝大叶,不求甚解,自以为是,主观主义,形式主义的作风,仍然在党内严重地存在着。……还不了解系统的周密的社会调查,是决定政策

---

① 《毛泽东选集》第二卷,人民出版社1991年版,第533—534页。

的基础"①。党内存在着不注重研究现状、"闭塞眼睛捉麻雀",不注重研究历史、"言必称希腊","为了单纯的学习"、不注重马克思列宁主义的应用的"极坏的作风"。他特别对当时党的教育现状和思想状况提出尖锐的批评:"在学校的教育中,在在职干部的教育中,教哲学的不引导学生研究中国革命的逻辑,教经济学的不引导学生研究中国的经济,教政治学的不引导学生研究中国革命的策略,教军事学的不引导学生研究适合中国特点的战略和战术,诸如此类。其结果,谬种流传,误人不浅。"②

1941年1月发生的皖南事变,使新四军遭受惨重的损失。而就党内原因而言,毛泽东认为:事件发生的根本原因,是"有同志没有把普遍真理的马列主义与中国革命的具体实际联系起来","没有了解中国革命的实际,没有了解经过十年反共的蒋介石"③。他并由此加深了对苏维埃后期的"左"倾错误和全面抗战初期右倾错误的认识,他指出,"左"和右看似两个极端,实际"两极相通",都根源于一个思想方法,即不了解中国具体实际或不能揭示中国革命的客观规律的主观主义。④

土地革命时期教条主义导致"左"倾错误,使革命遭受严重失败的教训,使毛泽东对教条主义有刻骨铭心的记忆。1936年他就指出:苏维埃运动后期的主观主义推行的结果是,"丧失了除陕甘宁边区以外的一切革命根据地,使红军由三十万人降到了几万人,使中国共产党由三十万党员降到了几万党员,而在国民党区域的党组织几乎全部丧失。总之,是受了一次极大的历史性的惩罚。"⑤因此,他把反对教条主义的斗争,提高到关系中国革命的成败的战略高度。整风运动中,毛泽东一再强调:主观主义,要亡党亡国亡头。⑥ 主观主义"这种作风,拿了律己,则害了自己;拿了教人,则害了别人;拿了指导革命,

① 《中央关于调查研究的决定》,《中共中央文件选集》第13册,中共中央党校出版社1991年版,第173页。
② 毛泽东:《改造我们的学习》(1941年5月19日),《毛泽东选集》第三卷,人民出版社1991年版,第798页。
③ 《毛泽东传》(1893—1949)下,中央文献出版社1996年版,第627页。
④ 《胡乔木回忆毛泽东》,人民出版社1994年版,第192页。
⑤ 《毛泽东选集》第一卷,人民出版社1991年版,第187页。
⑥ 中国延安精神研究会:《延安整风五十周年——纪念延安整风五十周年文集》,党建读物出版社1995年版,第192页。

则害了革命。总之,这种反科学的反马克思列宁主义的主观主义的方法,是共产党的大敌,是工人阶级的大敌,是人民的大敌,是民族的大敌,是党性不纯的一种表现,大敌当前,我们有打倒它的必要,只有打倒了主观主义,马克思列宁主义的真理才会抬头,党性才会巩固,革命才会胜利。"①"马克思列宁主义之箭,必须用了去射中国革命之的。这个问题不讲明白,我们党的理论水平永远不会提高,中国革命也永远不会胜利。"②

这种一方面认识到教条主义的极大危害性,而另一方面又发觉克服教条主义的努力没有取得成效的情况,引发了毛泽东强烈的反对教条主义的迫切性,把它视为党的根本性的建设、关系中国革命成败的根本性问题。1943 年 6 月 6 日,毛泽东在致彭德怀电报中指出:如能搞好整风,"就算是了不起的成绩,我党的百年大计即已奠定。"③正是基于这样的战略思考,毛泽东和中共中央发动并花费很大的精力进行了延安整风。

毛泽东认为,仅靠过去的方式,解决不了教条主义的问题:"凡此主观主义与宗派主义的思想与行动,如不来一个彻底的认真的深刻的斗争,便不能加以克服,便不能争取革命的胜利。而要进行斗争,加以克服,非有一个全党的动员是不会有多大效力的。"④整风运动就是在这样的历史背景下决策和发动的,教条主义在历史上的深痛教训,特别是现实中的严重危害,是推动和引发毛泽东发动延安整风运动的基本原因。

毛泽东发动延安整风运动是要整王明吗?

多年来,人们论及延安整风时,强调王明为代表的教条主义的危害,强调延安整风清除王明为代表的教条主义的作用,因此给人一种影响:毛泽东为反对王明而发动整风运动。有人由此认为,整风运动是整王明;更有甚者认为毛

① 《毛泽东选集》第三卷,人民出版社 1991 年版,第 800 页。
② 《毛泽东选集》第三卷,人民出版社 1991 年版,第 820 页。
③ 《毛泽东年谱》(1893—1949)中卷,人民出版社、中央文献出版社 1993 年版,第 444 页。
④ 《毛泽东年谱》(1893—1949)中卷,人民出版社、中央文献出版社 1993 年版,第 358 页。

泽东发动延安整风是防止王明对他的权力的威胁,是权力之争。实际上,这些都是误解。

第一,说毛泽东要整王明的理由是不成立的。一是,毛泽东与王明没有重大的历史隔阂。由于处在严重的战争环境里,由于党长期处在地下活动,由于交通、通讯的严重阻隔,1931 年 1 月六届四中全会王明进入中央领导核心的经过,同年 10 月王明出国担任中共驻共产国际的情况,远在江西革命根据地的毛泽东并不清楚。1931 年后毛泽东在中央苏区受到打击、排斥的遭遇,毛泽东目睹"左"倾领导人一步步把革命带入严重灾难的错误,都来自博古临时中央。毛泽东亲身感受到、了解到的,是博古临时中央的活动和错误,遭受的打击直接来自博古等人。因此,如果说个人的恩怨,毛泽东的意见主要集中在博古等人身上。而王明与临时中央的关系,毛泽东在很长时间里,特别是在整风运动以前是不清楚的。因此,毛泽东与王明没有重大历史过节,对王明理应没有严重的反感。

二是,六届六中全会后的很长一段时间里,毛泽东与王明的关系不紧张。抗战全面爆发后,王明回国,提出和推行右倾主张,给党的事业造成很大危害,对毛泽东的领导造成很大损害。但是,王明在六届六中全会上表示尊重毛泽东是党的领袖。他说,对毛泽东在会议上的报告"我都同意";全党必须统一团结在中央和毛泽东同志的周围,"譬如北辰而众星拱之。"会后,王明表面上表现得对毛泽东十分崇拜、敬仰,在报告、讲演和文章中,称毛泽东是"中共领袖",是"我们最敬爱的同志","以毛泽东同志为首的中共中央",等等。对王明,毛泽东采取与人为善、宽容和同志式帮助的态度。在六届六中全会上,针对对王明的议论,毛泽东说:王明在全会上已表示"完全同意各报告","王明在部分问题中说得有些不足或过多一点,这是在发言中难免的。这些问题已弄清楚了。王明在党的历史上有大功,对统一战线的提出有大的努力,工作甚积极,他是主要的负责同志之一,我们应原谅之。"①因此,六届六中全会并没有把王明从党中央的领导岗位中拿开。会后,他仍担任中央政治局委员、中央书记处书记。由于周恩来常驻国统区,朱德、刘少奇、项英、彭德怀等在抗日根据地,任弼时担任驻共产国际代表,因此,在延安经常出席的政治局会议的就

① 《毛泽东传》(1893—1949)下,中央文献出版社 1996 年版,第 520 页。

是毛泽东、张闻天、王明、康生、陈云、博古、邓发、凯丰等；十二月政治局会议上，王明和康生、陈云增补为中央书记处成员，由毛泽东、张闻天与他们三人组成中央书记处。这两个决定党的党政军大政方针和处理中央日常工作的机构，即最重要的领导机构，王明都参加了，他是参与中央决策的。

同时，王明担任中央统战部部长、中央南方工作委员会主任、中央妇女运动委员会主任、中国女子大学校长等许多职务。通常说的王明在延安很活跃，经常向延安各界作报告，发表演讲，在《新中华报》《中国妇女》《解放》《共产党人》等报纸杂志发表文章，"王明的理论"在延安名噪一时，就是这个时期。

六届六中全会确立了毛泽东的领导地位，而此时期王明在党内的地位和活跃，说明毛泽东对他是看重的，他们之间关系是正常的。

三是，延安时期，毛泽东十分重视党的团结，正确对待犯过错误的人，争取与他们一起工作。他向全党反复指出：中央内部的团结统一，党内的团结一致是我们战胜敌人的必要条件和先决条件。[①] 张国焘在长征途中拒绝执行中央的北上方针，另立中央，分裂党、分裂红军，给党和革命造成巨大的损失，同时开除毛泽东、周恩来、博古、洛甫的"中央委员和党籍，并下令通缉"。但是，毛泽东一方面坚决批评张国焘的错误，另一方面又对他给予出路。1937 年 3 月，他在中央政治局讨论张国焘错误时指出：张国焘路线毫无疑义是全部错误的。我们欢迎他们转变，这是中央的干部政策。……我们应该用诚恳的态度要求张国焘转变，抛弃他的错误，今后应从头干起。[②] 会后，仍安排张国焘担任陕甘宁边区政府副主席、代主席、中共中央军委副主席等职务，直至张国焘叛逃投降国民党。对于中央苏区整过自己、犯有"左"倾错误的领导人，毛泽东明确指出，博古、罗迈只要承认错误"则无问题"[③]，坚持团结他们，使博古、罗迈等后来为党做了许多重要的工作。凯丰遵义会议时坚持"左"倾错误，但他后来认识了错误，毛泽东团结他一起工作。他在延安时期曾担任中央宣传部部长、整风运动中央总学委委员等重要职务，著名的延安文艺座谈会就是毛

---

① 《毛泽东年谱》(1893—1949)上卷，人民出版社、中央文献出版社 1993 年版，第586 页；《毛泽东文集》第二卷，人民出版社 1993 年版，第 60 页。

② 《毛泽东年谱》(1893—1949)上卷，人民出版社、中央文献出版社 1993 年版，第665—666 页。

③ 《毛泽东传》(1893—1949)下，中央文献出版社 1996 年版，第 520 页。

泽东与凯丰联名召开的。对于王明，毛泽东持相同的态度，一方面推动他认识错误，另一方面则注意团结他一道工作。

邓小平曾对此给予很高的评价："毛泽东同志对于犯错误的同志是采取团结的态度。'从团结的愿望出发，经过批评或者斗争，在新的基础上达到新的团结'这个思想，就是毛泽东同志在那个时候形成的。这项工作花了十年的时间，使犯错误的同志真正了解他们的错误，他们的积极性被调动起来，党更加团结起来了。"①

第二，毛泽东为防范王明夺权而发动整风的说法更无根据。一是，其时毛泽东已经是党的领袖。1938年，共产国际已经明确指示，中国共产党的领导要以毛泽东为首。据此，六届六中全会明确了毛泽东的领导地位，毛泽东的领导地位已经确立。二是，这一时期共产国际和中国共产党内都一致支持毛泽东的领导。1938年、1940年，共产国际两次形成决议，肯定中共中央的政治路线是正确的，都明确肯定了毛泽东的领导。1938年王稼祥，1940年周恩来、任弼时回国后，都向毛泽东和中央政治局讲了。毛泽东对共产国际的这一态度是清楚的。与此同时，斗争实践证明了毛泽东的领导，毛泽东在全党的威望空前提高，中国共产党内特别是领导层甚至包括王明在内，都认可毛泽东的领导。三是，王明此时构不成对毛泽东领导的严重威胁。共产国际领导人对王明有一系列尖锐的批评，他们明确向王稼祥、周恩来、任弼时谈了，而他们回国后，都向毛泽东讲了。如1941年10月8日任弼时在中央书记处会议上说："我与恩来在莫（斯科）时，季米特洛夫与我们谈话说到王明一些缺点，要我们告诉毛泽东帮助王明改正，我们回来只对毛说过，对王明也没有说，因为感觉不好对他说。"②甚至1937年1月王明回国时季米特洛夫告诫王明不要企图担任党的领袖，即使党内推举他当总书记，他也不要当的话，毛泽东也不会不知道。因为原来与王明关系密切的康生就是因为听到了共产国际领导人的指示，而改变态度转而支持毛泽东的。像这样重要的话，转向后的康生应该是会告诉毛泽东的。总之，毛泽东是清楚地知道共产国际对王明的基本态度的。而在党内，王明的威望有限，许多人并不了解

---

① 《邓小平文选》第一卷，人民出版社1989年版，第339页。
② 《任弼时传》（修订本），中央文献出版社2004年版，第573页。

他,还有一些人对他有意见。因此,如果从毛泽东的角度考察,说毛泽东担心王明对他的领导构成威胁,与王明发生权力之争,因此发动针对王明的整风运动,于情于理讲不通。

第三,王明是在延安整风的过程中(时间是1943年)被列为教条主义的主要代表和整风的主要目标的。

如前所述,毛泽东发动延安整风的目的是清除教条主义,虽然在这个过程中必然涉及人,但主要是论事,而且在涉及人问题上,开始并没有触及王明。

1941年9月的政治局扩大会议(延至10月中旬),揭开了中央领导层整风的序幕。会议主要议题是讨论党在土地革命战争后期的路线问题,批判主观主义和宗派主义。会上趋于一致的认识是1931年九一八事变后至1935年1月遵义会议前中央的政治路线是错误的,受到直接冲击的是临时中央领导人——张闻天、博古、王稼祥等。而对六届四中全会的认识分歧很大,除王明肯定四中全会的路线是正确的外,也有同志认为四中全会决议基本正确,大多数发言没有完全否定四中全会。因此,会议之初,并没有冲击到王明。事实说明,毛泽东发动延安整风之初,并不是针对王明的。

1941年9月会议的后期,触及了王明,并且是王明自己挑起事端的。该年10月初,共产国际执委会主席季米特洛夫发来一封电报,就中共准备如何援助苏联的卫国战争、如何改善国共关系等问题,向中共中央提出质询,含有批评的意味。王明得知后,在10月7日晚与毛泽东等的谈话中和第二天的中央书记处工作会议上,对毛泽东的领导和党的一系列方针、政策提出批评,认为党的黄金时代是抗战之初的武汉时期,1937年12月会议前和1938年10月六届六中全会后这两头的政策皆是错误的。他态度激烈,表示决心与中央争论到底,到共产国际去打官司。

针对王明提出的问题,毛泽东提议并得到中央书记处其他同志赞同,决定停止讨论苏维埃后期的错误问题,而集中讨论抗战以来中央的政治路线问题。但王明在受到中央书记处其他同志一致批评,并了解共产国际领导人对自己有许多尖锐批评后,偃旗息鼓,并突然生病,不能出席政治局会议。于是10月13日中央政治局会议决定,由于王明生病,停止讨论预定的关于抗战以来党的路线问题,而关于王明在武汉时期工作中的错误,同意毛泽东10月8日中央书记处会议的结论:"王明在武汉时期政治上组织上都有原则的错误,但不是路线错误。"①对这个结论,王明表态同意,他向前去看他的任弼时说:关于武汉时期的错误,他"同意毛主席十月八日结论"②。

但是,王明言不由衷。此后,他玩弄两面手法,在公开场合表示承认错误,在私下则继续宣传中央的路线有错误,向一些领导人挑拨离间,为自己鸣冤叫屈,同时向共产国际领导人告毛泽东的状。

1943年春,刘少奇从华中回到延安,王明认为刘少奇新回中央,就把1941年夏秋间对毛泽东的意见告诉了刘少奇,要刘少奇主持公道。刘少奇认为这是原则问题,立即提议并随后提到政治局会议上讨论。

如上所述,毛泽东在1941年9月政治局会议后,对王明是宽容的。但在获知王明在背后的小动作后,对其两面派手法非常不满。同时,毛泽东渐渐提升了对王明错误的性质和危害的认识,认为王明是党内主观主义、教条主义和宗派主义的代表人物,不把王明搞臭,教条主义和宗派主义还可能死灰复燃。1943年7月13日,毛泽东在中央政治局会议讨论国民党企图进攻陕甘宁边区、发动第三次反共高潮事件时,指出:王明在抗战初期的错误是投降主义的错误。他说:"抗战以来,我党内部有部分同志没有阶级立场,对大地主大资产阶级的国民党对我进攻,对我大后方党员的屠杀等没有表示义愤,这是右倾机会主义思想。国民党打共、捉共、杀共、骂共、钻共,我们不表示坚决反抗,还不是投降主义?代表人物就是王明同志。他曾认为中央路线是错误的,认为对国民党要团结不要斗争,认为他是马列主义,实际上王明是假马列主义。""我们党内要把历史问题弄清楚,同志们准备意见,要进行讨论。"③8月30日,毛泽东在政治局会议上再次对王明的错误提出批评。

根据毛泽东的提议,1943年9月中央政治局扩大会议,对抗战初期党的政治路线展开讨论。与会者一致认为王明的错误是路线错误,是"新陈独秀主义"。并由此考察1931年六届四中全会至遵义会议前党的政治路线,揭发王明与第三次"左"倾冒险主义错误的关系,认定"教条主义宗派最主要的是王明"。

至此,王明被点名批评,成为延安整风的主要目标。

① 《毛泽东传》(1893—1949)下,中央文献出版社1996年版,第633—634页。
② 《任弼时传》(修订本),中央文献出版社2004年版,第575页。
③ 《胡乔木回忆毛泽东》,人民出版社1994年版,第283页。

系统考察王明在延安整风运动中被作为教条主义代表的历史过程,同样可以清楚地看到毛泽东发动整风的真正原因:延安整风运动的目标是清除对中国革命和中国共产党危害甚深的教条主义,进一步落实六届六中全会提出的马克思主义中国化的战略任务。

延安整风对推进马克思主义中国化进程的作用

延安整风遍及全党,历时数年,人力、精力投入巨大,在推进马克思主义中国化方面,其成效十分显著。

第一,全党实现思想大解放。由于共产国际强调的高度集中和绝对服从的领导体制,由于经过"左"倾路线长期的强力推行,特别是第三次"左"倾的残酷斗争、无情打击的宗派主义、惩办主义做法,党内形成了把马克思主义教条化、共产国际决议和苏联经验神圣化,生搬硬套的浓厚风气。邓小平后来曾总结指出:"过去我们满脑袋框框。"①这种框框严重地禁锢人们的思维和活动。比如,1937年11月,王明回国后,在中央政治局会议上对抗战以来党的方针、政策提出许多批评,提出"一切经过抗日民族统一战线,一切服从抗日民族统一战线"的右倾主张。但由于王明宣称他传达的是共产国际的指示,而共产国际当时在中国共产党内有很高的威望,一时许多与会者受到蒙骗。在十二月会议上,不少人根据王明的观点进行了"自我批评",承认过去有"狭隘观念"和"不策略的地方"。毛泽东在会上的处境十分困难,他后来说:"十二月会议上有老实人受欺骗","我是孤立的。"

延安整风运动通过回顾和总结党的历史,通过正反两方面的对比,痛批教条主义,打破了党内对苏联经验和对共产国际的迷信,打破了党内存在的"唯书""唯上"的思维模式,把全党从教条主义的束缚中解放出来。因此,周恩来在整风运动后期就指出:"党内思想从来没有像今天这样解放。这是毛泽东同志领导整风学习的结果,是思想上很大的进步。"②而制约思想框框的打破,自然就迎来了思想解放,广大干部和群众的创造性、能动性和积极性得到充分

① 《邓小平文选》第三卷,人民出版社1993年版,第261页。
② 《周恩来选集》(上),人民出版社1980年版,第157页。

的发挥,党内民主由此发展,革命事业生机盎然,从而极大地推进了中国革命的发展。

第二,延安整风运动端正了党的思想路线,在全党特别是党的高中级干部中倡导了理论联系实际、实事求是的思想路线。毛泽东在发动延安整风时强调:反对主观主义以整顿学风,是"一个非常重要的问题",是"第一个重要的问题"。所谓学风,就是"领导机关、全体干部、全体党员的思想方法问题,是我们对待马克思列宁主义的态度问题,是全党同志的各种工作态度问题"①。也就是说,打破主观主义的束缚,在全党确立实事求是的思想路线,是延安整风的第一个目标和最主要的目的。整风运动有破有立,又破又立,在破除教条主义者"《圣经》上载了的才是对的"的教条主义思维后,强劲地在全党弘扬了理论联系实际、马列主义与中国实际相结合的思想和风气,并在许多人思想上产生和留下了深刻的影响。许多参加过延安整风的老革命家对此都有深刻的感受。整风时在中央党校学习并参加中央学习组学习讨论的薄一波回忆说:"通过这次系统的、生动实际的马克思主义理论学习,我们提高了执行中央正确路线的自觉性。""在延安的学习体会最深的,还是毛主席关于实事求是的论述。……几十年来它一直成为指导我们工作的极其重要的原则。"②当时是一般干部的柯华回忆说:"特别是在1942年的整风运动中,我们的思想、作风得到更进一步的提高、改造和升华。毛泽东同志在这次运动中发表的《整顿党的作风》一文中强调'要发展马克思列宁主义实事求是的精神',以及他一贯强调的'要理论联系实际',强调'调查研究','没有调查就没有发言权'等等,对我们一生的影响是极为深刻的。"③诸如此类的回忆很多,它充分说明了延安整风的影响和功效。

第三,提高了全党的马列主义水平,在毛泽东思想的基础上达到了统一。延安整风实际上也是一场对马列主义的学习和教育运动。1942年4月3日,中宣部关于全党开展整风学习的决定,规定了学习的22个文件,并且要求各同志必须逐件精读,逐件写笔记,然后逐件或几件合并开小组会讨论,各机关、

① 《毛泽东选集》第三卷,人民出版社1991年版,第813页。
② 薄一波:《七十年奋斗与思考》上卷《战争岁月》,中共党史出版社1996年版,第365、379页。
③ 柯华:《秦川,你走早了》,《炎黄春秋》2004年第1期。

学校"要深入地研究,热烈地讨论,先把这些文件的精神与实质领会贯通,作为自己的武器。在阅读与讨论中,每人都要深思熟虑,反省自己的工作及思想,反省自己的全部历史"。这是一次全党范围空前规模的学习,无论对于工农干部,还是青年知识分子,此前都没有这样深入地学习过马克思主义和革命理论。杨尚昆的话很有代表性,他说:延安整风中,"在这段时间内,我确实读了不少书,马列的和毛主席的不必说,少奇同志的《论共产党员的修养》,陈云同志的《怎样做一个共产党员》也是必读的。""整风对我来说确实有很大收获,那是从来没有经历过的。"①

通过延安整风,毛泽东思想成为全党团结统一的重要思想基础。延安整风运动使全党明确了必须使马克思列宁主义与中国革命的实践相结合的道理,也使党认识到中国化的马克思主义——毛泽东思想的形成及其伟大作用。党的六届七中全会通过的《关于若干历史问题的决议》,充分肯定了以毛泽东为代表的中国共产党人把马克思列宁主义的普遍真理与中国革命实践相结合的方向和路线,实际上把毛泽东思想确定为党的指导思想。《决议》指出:"党在奋斗的过程中产生了自己的领袖毛泽东同志。毛泽东同志代表中国无产阶级和中国人民,将人类最高智慧——马克思列宁主义的科学理论,创造性应用于中国这样的以农民为主要群众、以反帝反封建为直接任务而又地广人众、情况极复杂、斗争极困难的半殖民地半封建的大国,光辉地发展了列宁、斯大林关于殖民地半殖民地问题的学说和斯大林关于中国革命的学说。""毛泽东同志所代表的我们党和全国人民的奋斗方向是完全正确的。"并预见"以毛泽东为代表的马克思列宁主义的思想更普遍更深入地掌握干部、党员和人民群众的结果,必将给党和中国革命带来伟大的进步和不可战胜的力量。"②毛泽东所代表的方向、毛泽东所代表的思想是什么呢?实际就是毛泽东一贯坚持和积极倡导的把马克思列宁主义与中国实际相结合的思想路线和由此路线而产生的毛泽东思想的科学体系。

六届七中全会之后,紧接着召开的党的第七次全国代表大会,进一步明确了毛泽东思想在全党的指导地位,党的七大通过的党章和刘少奇在党的七大

---

① 《杨尚昆回忆录》,中央文献出版社 2001 年版,第 208、212 页。
② 《毛泽东选集》第三卷,人民出版社 1991 年版,第 952、998—999 页。

所作的关于修改党章的报告中明确指出:毛泽东思想就是马克思列宁主义的理论与中国革命的实践之统一的思想,就是中国化的马克思主义。中国共产党以毛泽东思想作为一切工作的指针。

毛泽东思想是以毛泽东为代表的中国共产党人在中国革命斗争的实践中不断探索和创新而形成的,而全党对它的历史地位的认识则是通过延安整风而达到的。毛泽东思想指导地位的确立,反映了全党对马克思主义中国化这一规律的深刻认识,是党在思想理论上成熟的一个重要表现,它成为党在中国革命艰难曲折的道路上团结奋斗的重要思想基础,成为凝聚全党意志的重要精神支柱。正因如此,杨尚昆指出:如果没有延安整风,"全党思想统一不了,七大可能开不成功,以后中国革命的发展也不会那么快取得胜利。"①

第四,极大地推进了中国革命的进程。延安整风在确立实事求是思想路线的同时,深化了全党对毛泽东的新民主主义理论的认识,深化了对党的路线、方针、政策和策略的认识,并使之成为开展工作的政治、思想依据。因此,毛泽东后来评论说:"对于当时的民主革命应当怎么办,党的总路线和各项具体政策应当怎么定,这些问题,都是在那个时期,特别是在延安整风以后,才得到完全解决的。"②

延安整风使广大党员的党性得到很大的提高。延安整风中的一个最重要的内容就是用干部的四条标准来检查自己。四条标准是:忠诚于党,联系群众,有独立工作能力,服从纪律。并要求每个干部在自我检查中肯定正确的方面,批判不正确的方面,分析根源,提出改进办法。结果提高了党性,而党性的提高就使党员的先锋模范作用和干部的骨干作用得到充分的发挥,党的先进性得到充分的发挥。

全党思想的高度统一和空前的团结,党性的空前提高,就凝聚了全党的智慧和力量,形成了巨大的合力,成为战胜敌人、战胜困难的巨大力量,就使党的路线、方针和决策落到了实处,正确的决策变成了全党的自觉的行动,因此推进了革命,取得了辉煌的胜利。

对于延安整风对中国共产党的巨大作用,中国共产党的敌人蒋介石也看

---

① 《杨尚昆回忆录》,中央文献出版社 2001 年版,第 215 页。
② 《毛泽东文集》第八卷,人民出版社 1999 年版,第 298—299 页。

到了。1947年9月14日,蒋介石在国民党六届四中全会暨党团联席会议上说:现在共产党力量增强,"大半是由于他这个整风运动而发生的。"整风运动使中共养成了"科学的精神和科学的办事方法",并"运用于组织、宣传、训练与作战","逐渐打破其过去空疏迂阔的形式主义,使一般干部养成了注重客观,实事求是的精神",这可以说是共产党训练"最大的成功"。他公开向国民党高级干部提出了研究延安整风运动以改造国民党的任务。① 这个出自敌人之口的评价,应该是正确评判延安整风作用的一个注脚。

第五,延安整风运用整风形式来解决党内矛盾的方法,是无产阶级政党建设史上的一个创举,对马克思主义建党学说是一个重要贡献。

针对党内错误思想和倾向在一定范围内泛滥滋长并危害党的状况,毛泽东发动延安整风运动,用相对集中的时间,采用学习、对照、检查、批评与自我批评的办法,解决党内的矛盾。在这个过程中,坚持了"惩前毖后,治病救人"的方针,即从团结的愿望出发,经过批评和斗争,在新的基础上达到新的团结,使党通过思想上的一致,达到政治上和组织上的团结。这一方针是根据党内矛盾的性质,总结王明"左"倾错误实行"残酷斗争,无情打击"的经验教训后提出的。实践证明,这个方针是党内斗争唯一正确的方针。

延安整风运动用历史决议的形式总结历史经验,也是一个创举。《关于若干历史问题的决议》是延安整风的重要成果。这个决议经过任弼时、胡乔木、张闻天和毛泽东(前后七次修改)等多次修改,在高级干部直至中央委员会全体会议多次讨论而形成。集中集体的智慧用历史决议的形式总结历史经验,在整个国际共产主义运动历史上是绝无仅有的。

延安整风运用整风形式来解决党内矛盾的方法,符合中国国情和中国共产党党情,有别于苏联共产党"清党"的做法,在当时是一个崭新的创造,是国际共产主义运动中党的建设的一大创举。

值得注意的是,目前存在一种由于新中国成立之初的个人崇拜和一定程度的"家长制"造成严重错误而责难延安整风,甚至否定延安整风的观点。实际这是不正确的。延安整风和毛泽东思想对中国共产党和中国革命的巨大作用,已经为历史所证明,是谁都不能否认的,甚至中国共产党的敌人蒋介石也

① 王续添:《延安整风运动对国民党的影响》,《抗日战争研究》1993年第2期。

不否认。也就是说,对于中国共产党和中国革命而言,延安整风和延安整风树立毛泽东思想的指导地位是必要的、正确的,是适合历史发展需要的,其积极作用和历史功绩是巨大的,是不容否定的。而虽然伴随延安整风出现了对毛泽东个人崇拜的萌芽,如1943年3月中央政治局决定的毛泽东在中央书记处会议"有最后决定权";如在宣传毛泽东思想时,突出毛泽东个人的作用;如出现一些对毛泽东不符合实际的过度颂扬;等等。但不能因此而责难延安整风,因为:第一,实际上,中国共产党内崇拜的现象由来已久。党创立和大革命时期的一段时间里,事实上存在对陈独秀的崇拜;而对列宁、斯大林、共产国际的崇拜更是长期存在着。造成这种现象的原因,一是,中国共产党的理论准备不足,党员的马列主义水平普遍比较低,分析、识别的能力不高,独立思考的意识不够。二是,实际上是中国社会意识和传统文化的一种必然反映。中国经历了漫长的封建社会,封建主义的东西渗透社会的各个角落,在每个人身上打下深深的烙印。唯书唯上、崇拜英雄而忽略群体、丧失自我意识——这种具有长久历史而又时常发挥作用的旧思维、旧传统,深深地植根于中国社会和文化之中。作为在这块土地上成长的共产党人,虽然思想发生了巨大的飞跃,但身上历史的、社会的烙印仍然存在着,并不时会自觉不自觉地释放和体现出来。也就是说,个人崇拜现象的出现有它一定的历史必然性,即使没有整风运动,而随着党的事业的发展和革命的不断胜利,随着毛泽东正确领导创造的辉煌业绩,个人崇拜的现象也会出现。第二,这些个人崇拜现象在当时并没有产生多少消极影响。毛泽东对自己的认识是十分清醒的,他在"七大工作方针"讲话中说:"大家都犯过错误,我也有错误。错误人人皆有,各人大小不同。"(关于若干历史问题的)"决议案把好事都挂在我的账上,所以我对此要发表点意见,写成代表者,那还可以,如果只有我一个人,那就不成其为党了。"他又说:"在二十多年的工作中,无论在军事、政治各方面,或在党务工作方面,我都犯了许多错误。这些东西都没有写上去,不写并不是否定它。"① 应该说,党内出现的对他的个人崇拜现象,既不是毛泽东的本意,也不是他的追求,更不是他发动延安整风的目的,同时对他当时并没有产生多少影响,在整风以后,在领

① 毛泽东:《中国共产党第七次全国代表大会的工作方针》,1945年4月21日。《毛泽东在七大的报告和讲话集》,中央文献出版社1995年版,第13—14页。

导夺取抗日战争胜利和新民主主义革命在全国胜利的过程中,毛泽东一再强调注意避免犯过去犯过的错误,十分谨慎,实行集体领导,民主决策。第三,新中国成立后出现的个人崇拜及其消极影响,就其思想根源而言,实际上是没有与时俱进地对待革命胜利后的新形势和新问题,没有随着时势和任务的变化、没有随着党情和国情的变化而加强党的建设,归根结底也就是没有坚持延安整风倡导和强调的实事求是原则。它从另一个方面说明了实事求是的重要性。应该看到,大凡任何举措,总是包含积极因素和消极因素两个方面。评判它,只能从它在当时的主要作用和具体作用去衡量。如果它在当时是适应形势发展需要的,积极作用是主要的,而消极因素是隐含的、潜在的、影响甚小的,则这个举措就是合理的、正当的、正确的,应该给予肯定。评价延安整风,理应也是如此。

几 点 思 考

第一,马克思主义中国化是关系中国革命和建设事业成败的决定性因素。

延安整风在全党确立了实事求是的思想路线,把马克思列宁主义与中国革命实际相结合,从而极大地推进了马克思主义中国化的进程,产生了巨大的作用。

实事求是思想路线形成的过程,实际上就是实现党内民主的过程。延安整风使全党确立了实事求是的思想路线,实际上就为实现党内民主创造了条件,而实事求是、党内民主,也为科学决策打下了基础,因为只有民主决策才能科学决策。

延安整风后,举凡党的重大方针、政策的制定和重大问题的解决对策,都是经过中央政治局会议和中央书记处会议研究、讨论作出的,有的是征询和听取中央有关同志、各地方和各部门同志的意见反复讨论、反复研究才形成的。如日本投降后具有全国战略意义的"向北发展,向南防御"的方针,是刘少奇根据全国军事形势、争夺东北战略意义和党内许多同志的建议而提出,经与在重庆谈判的毛泽东、周恩来等讨论而确定的。全面内战爆发后,中央制定的"先在内线打几个胜仗,再转至外线"的战略计划,是根据粟裕的建议和苏中战争的实践修改原来的计划而形成的。为打破国民党军对中原解放区的围攻,中央军委曾计划由粟裕率三个纵队打到江南去,迫敌从中原撤军回救,并要粟裕"熟筹见复"。后根据粟裕的建议,经与陈毅、刘伯承等交换意见,1948年5月城南庄中央书记处扩大会议决定采纳粟裕的意见,华东野战军的三个纵队暂不渡江,集中兵力把国民党主力消灭在长江以北。

毛泽东、周恩来、任弼时留在陕北指挥全国解放战争,刘少奇、朱德、董必武等组成中央工作委员会前往华北进行中央委托的工作,这是解放战争时期党中央的一个重大战略决策,它是在清涧县枣林沟中央书记处会议上作出的。十二月会议后,毛泽东针对当时解放战争和土改运动中的问题起草了一个党内指示(草案),名曰《中央一月决定》,并征求刘少奇等的意见,准备下发。但后来毛泽东决定采用任弼时关于《土地改革中几个问题》的讲话。毛泽东电告刘少奇说:"我们决定发表弼时同志的一篇讲演,不发表一月决定草案,因为弼时同志的讲演比一月决定充实得多。"①"军事民主"在解放战争时期广泛推广,对人民解放军的胜利进军产生了极其重要的作用。而这个克敌制胜的重要方法,是毛泽东总结朱德在指导石家庄战役中的做法而形成的。

三大战役更是民主决策的典型。辽沈战役的作战计划是中央军委与东北野战军领导人反复讨论、几经周折后确定的。淮海战役是根据粟裕建议而发动的;而在战役打响前的一个多月中,毛泽东和中央军委同华东、中原野战军的指挥员反复磋商,从多种方案中比较选择,根据不断变化的形势,及时进行调整部署,从而使之形成空前规模的大战役。平津战役的作战方案中,缓攻太原的决策是吸纳了东北野战军的建议,而放弃塘沽打天津的作战部署,是根据前线指挥员的意见而修改原订计划形成的。

因此,党在延安整风后再也没有出现重大失误。从此,中国共产党领导的革命胜利发展,取得了抗日战争和新民主主义革命在全国的胜利。这已经为历史所证明。

邓小平指出:"毛泽东思想的基本点就是实事求是,就是把马列主义的普遍原理同中国革命的具体实践相结合。……毛泽东同志所以伟大,能把中国

---

① 《毛泽东年谱》(1893—1949)下卷,人民出版社、中央文献出版社1993年版,第295页。

革命引导到胜利,归根到底,就是靠这个。"①邓小平的话清楚地告诉我们,毛泽东思想是马克思主义普遍原理与中国革命实际相结合的产物,实事求是是毛泽东用以指导整个中国革命的世界观和方法论。中国新民主主义革命的胜利靠这个,社会主义改造的成功靠这个,社会主义建设中的重大成就也是靠这个,而其中的失误和挫折则是由于违背了实事求是的原则。

1956 年,毛泽东总结说:"民主革命时期,我们吃了大亏之后才成功地实现了这种结合,取得了新民主主义革命的胜利。"②这样的"大亏",使党和国家付出了沉重的代价。因此,能否实事求是,实行马克思主义中国化是我们事业发展和前进的决定性因素。我们应该汲取党的历史经验和教训,努力实现马克思主义的中国化。

第二,马克思主义中国化是永久的、常新的课题。

延安整风极大地推进了马克思主义中国化的进程,产生了巨大的作用。在整风过程中,毛泽东明确提出了实事求是的思想路线,解决了党的思想路线问题。他在领导进行中国革命和探索社会主义建设道路的过程中长期坚持了这个原则,取得了巨大的成就,创造了宝贵的经验。但在他的晚年,逐渐背离了这个原则,结果造成很大的失误,留下了沉痛的教训。

再比如,延安整风成效显著,但是,作为一场全党的大规模的运动,整风运动也存在一些不足,最突出的问题是发生了一个"抢救运动"。"抢救运动"是对敌情严重估计失误的结果。当时,康生制造了"王实味案""五人反党集团""张克勤案""红旗党案"等冤假错案,这些案子特别是"红旗党"假案,影响了党中央对特务渗入和破坏的严重程度的估计,加重了对反特务斗争迫切性的认识。1943 年 4 月 3 日,中共中央在《关于继续开展整风运动的决定》中,指出"自抗日民族统一战线成立与我党大量发展党员以来,日寇与国民党大规模地施行其特务政策,我党各地党政军民学机关中,已被他们打入大批内奸分子,其方法非常巧妙,其数量至足惊人"。规定整风的主要斗争目标,"是纠正干部中的非无产阶级思想(封建阶级思想、资产阶级思想、小资产阶级思想)

---

① 邓小平:《高举毛泽东思想旗帜,坚持实事求是的原则》,1978 年 9 月 16 日,《邓小平文选》,人民出版社 1994 年版,第 126 页。

② 吴冷西:《忆毛主席》,新华出版社 1995 年版,第 9 页。

与肃清党内暗藏的反革命分子。前一种是革命队伍中无产阶级思想与非无产阶级思想的斗争,后一种是革命与反革命的斗争。"1943 年 7 月,为粉碎国民党掀起的第三次反共高潮,中共中央将肃清内奸、特务作为反击国民党进攻的一项主要对策,决定"加紧进行清查特务奸细的普遍突击运动与反特务的宣传教育工作",由此形成了"抢救运动"。由于缺乏调查研究、采用群众运动的方式,在十余天内,单在延安地区就骇人听闻地揪出"特务分子"一千四百多人。整风运动强调反对主观主义,而"抢救运动"毫无疑问就是主观主义的产物。抢救运动的严重失误,说明了实事求是的艰难性,说明坚持实事求是的重要性。

历史事实说明,一次思想解放运动,即使最好的像延安整风这样的思想解放运动,也不可能完全、彻底解决思想问题。马克思主义中国化不是一个时期的任务,不是一劳永逸的,而是需要不断进行、常说常新的过程。

延安整风明确了毛泽东思想的历史地位,它在当时是必要的,产生了积极的作用,但是,同时产生了对毛泽东个人崇拜的萌芽,虽然它不是毛泽东的本意。后来,在毛泽东思想指导下,中国革命取得了震撼世界的伟大胜利,毛泽东的领导才能和丰功伟绩为全党和全国人民所敬仰,于是,原来存在的、仅只是崇拜的萌芽,就越来越发展,最终成为个人崇拜。结果,促成了个人专断,成为毛泽东晚年犯错误的一个重要原因,背离延安整风树立毛泽东思想指导地位的初衷。事实说明,随着时间的推移,情况的变化,如果不能正确地对待和适应变化的情况,并随之而变化和调整,则正确的东西会变得不那么正确,甚至消极的因素会越来越严重,直至抵消正确的因素,转化的正确的反面。因此,坚持实事求是一个动态的过程,马克思主义中国化是一个永不停歇的过程。唯物辩证法告诉我们,事物总是不断发展变化的,人们的认识也需要随着事物的发展变化而不断地发展变化,否则正确的认识就会转向它的反面。坚持实事求是,实现马克思主义中国化不是一个阶段、一个时期的事情,而是贯穿始终,需要常做常新的一个大课题。

第三,实现马克思主义中国化,必须正确处理"唯书""唯上"和"唯实"的关系。

新民主主义革命时期,教条主义者的基本特点是"唯书""唯上",而不"唯实"的,其悲剧的根源就在于此。毛泽东的成功就是正确地处理了"书""上"

和"实"的关系,学习理论,不囿成规,独立思考,勇于探索。但是,"书""上"和"实"的关系又是很难处理的,"书"和"上"的权威性、制约性和功利性,往往是许多理论修养欠缺者、为人民服务意识不强者和图省事者的首选或最终选择,"唯实"则往往要冒很大的风险,要有很大的付出,甚至个人利益的很大牺牲。在今天,"唯书"似乎不是很大的问题,但"唯上"却是非常突出的现象。如何在"上"和"实"之间达到统一,形成和谐,是实行实事求是的一道难题。今天似乎人人都知道"唯实"的重要和必要,但真正实行却难以做到,主要的症结恐怕就在"上"和"实"关系的处理上。

1940 年,毛泽东在《新民主主义论》里语重心长地指出:"科学的态度是'实事求是'。'自以为是'和'好为人师'那样狂妄的态度是决不能解决问题的。我们民族的灾难深重极了,唯有科学的态度和负责的精神,能够引导民族到解放之路。"①毛泽东的话实际上指明了实现马克思主义中国化的努力方向、实事求是的努力方向。科学的态度必须是实事求是,而要做到对党对人民负责任,不但必须实事求是,而且要敢于实事求是。只要具备科学的态度和负责任的精神,就一定能够做到实事求是,把马列主义的基本原理同中国革命和建设的具体实际相结合。这实际是检验每个领导干部的党性、能力的关键所在。而实事求是,就必能推进马克思主义中国化的进程,推进社会主义现代化的进程,实现中华民族的伟大复兴。

---

① 《毛泽东选集》第二卷,人民出版社 1991 年版,第 663 页。

抗日根据地勤政廉政述论

内容提要:虽然频繁遭受强敌进攻和疯狂破坏,条件极其艰难困苦,但中国共产党领导的抗日根据地始终屹立并不断发展。这是一个奇迹,构成这个奇迹的因素很多,而其一个基本点就是党在抗日根据地的勤政、廉政建设。勤政、廉政建设,形成了抗日根据地励精图治的良好政治局面,形成了党政军民同心协力、共同奋斗的巨大力量,从而战胜了常人难以战胜的困难,使偏僻落后的抗日根据地成为敌后抗战的坚强支柱和战略基地,成为中国"民主政治的模范区"和"民主共和国的标本",并对后来的中国政治走向产生了深刻的影响。

中国共产党领导的抗日根据地大都地处偏僻,自然环境恶劣,经济、文化非常落后(只有华中抗日根据地的个别地区情况较好)。并且,陕甘宁边区长期处在国民党封锁之中,敌后抗日根据地频繁遭受日军"扫荡"和破坏。党之所以能够在这些极其艰苦的地方和非常险恶的环境中扎根、坚持抗战,是和根据地官员的奋斗紧密联系在一起的。他们艰苦奋斗、廉洁奉公,认真贯彻落实党的执政理念和各项政策,通过创造性的工作,实现了党与人民群众的紧密结合,开创了与人民群众同心同德、齐心协力奋斗的祥和政治局面,极大地推动了抗日根据地的建设和抗日斗争的发展。党在抗日根据地的勤政廉政经验,在今天仍有现实意义和借鉴价值。

勤　政

全面抗战爆发后,为了适应新的政治形势和实现党建设模范抗日根据地的目标,毛泽东对根据地的干部提出了明确的要求。1937 年 10 月,他在《目前抗战形势与党的任务报告提纲》中指出:"要使我们的干部不但能治党,而且能治国,要懂得向全中国与全世界人民讲话,并为他们做事,要有远大的眼光与政治家的风度。""共产党员在各级政府中应该成为坚决勇敢、刻苦耐劳、急功好义、礼义廉耻的模范。"①1938 年 10 月 14 日,他在六届六中全会的报告中再次强调指出:"共产党员在政府工作中,应该是十分廉洁、不用私人、多做工作、少取报酬的模范。共产党员在民众运动中,应该是民众的朋友,而不是民众的上司,是诲人不倦的教师,而不是官僚主义的政客。共产党员无论何时何地都不应以个人利益放在第一位,而应以个人利益服从于民族的和人民群众的利益。因此,自私自利,消极怠工,贪污腐化,风头主义等等,是最可鄙的;而大公无私,积极努力,克己奉公,埋头苦干的精神,才是可尊敬的。共产党员应和党外一切先进分子协同一致,为着团结全国人民克服各种不良现象而努力。"②概言之,毛泽东要求党的干部奋发图强、勤政为民。这是很高的要求,但又是达到党的目标的基本条件。

抗日根据地的官员按照中共中央的要求,在恶劣的环境中冒险犯难,忠实执行党的方针政策,勤奋、忘我地工作,克服无数艰难险阻,创造许多奇迹,以模范的行动践行了所担负的职责。

第一,忠于职守,认真履行职责,努力有效地贯彻党的方针和政策。抗日根据地的绝大多数官员是在革命战争年代成长起来的,具有崇高的政治信仰和救国救民的强烈抱负,因此充满革命精神、奉献精神,在履行职责中甘于清贫、勇于奉献、廉洁奉公,为践行党的主义和政策而不懈奋斗。

陕甘宁边区相对而言属于后方,但各级政府官员早出晚归,终年忙碌,没有节假日和上班下班的概念。比如边区政府主席林伯渠虽然年事已高,但勤奋工作,经常深入一线,了解群众疾苦,著名民主人士续范亭诗赞他的亲民作风说:"人人争识林老头,亲切有如家人父。灯前细谈几件事,米面油盐棉花布。"③延安五老之一、先后担任中共中央宣传部副部长和延安自然科学研究院院长的徐特立也是勤政的典范,他"少骑公马多徒步,不要随从来照护,携

---

① 《毛泽东文集》第二卷,人民出版社 1993 年版,第 54、60 页。
② 《毛泽东选集》第二卷,人民出版社 1991 年版,第 522 页。
③ 《续范亭诗集》,山西人民出版社 1980 年版,第 93 页。

带两个冷馍馍,一天开会好几处"①。时任延安县县委书记的王丕年回忆说:"当时的县委机关十几名干部,住在五、六孔窑洞里,平时都到区、乡工作,只留一位秘书看家。……每到一村,放下行李就开会,调查研究,检查工作,解决问题。一天三顿吃派饭,派到谁家就到谁家吃,群众吃什么,干部就跟着吃什么,和群众同吃同住,有些干部早晨起来还帮助群众扫院子、挑水。"②食盐外销是陕甘宁边区的主要财源,占边区对外贸易额的60%以上(1940年达90%以上)。因此盐业生产在20世纪40年代是陕甘宁边区政府的一项重要工作。为此,三边专员罗成德亲自带队下湖打盐,华池县县长李丕福等许多县的书记、县长和区委书记、区长经常带队赶牲口运盐。

在著名的大生产运动中,毛泽东、周恩来、朱德、任弼时等中央领导带头垂范,陕甘宁边区的官员也是身体力行。比如环县县长陈玉山、合水县县长王仕俊、庆阳县县长苏耀亮等一批县长都到区、乡领导开荒和督促生产。1942年11月,西北局召开高干会奖励的绥德警备区司令员兼政治委员、八路军三五九旅旅长王震,中共关中地委书记兼专员习仲勋,陕甘宁边区保安司令部副司令员王世泰,陇东分区专员马锡五,中共陇东地委书记马文瑞等22人,都是因工作呕心沥血、业绩卓越而获得殊荣的。正是基于这种情况,林伯渠在边区第二届参议会的政府工作报告中总结说:"我们的工作人员大部是一些不知疲倦的人民的忠仆,他们念念不忘的,只是抗战与人民的整个利益。因为他们有全体人民作后盾,他们在一切困难面前都有着充分的信心和勇气,也有着高度的工作热忱。"③勤恳工作,全身心致力于贯彻党的方针政策和群众事务,是陕甘宁边区绝大多数干部的基本特点。

敌后抗日民主政府基本上是"马背上的政府",是在与日军频繁"扫荡"的作战空隙中开展工作的。虽然抗日民主政府经常处在动荡和迁徙中,居无定所,但官员到哪里政府就到了哪里,工作就在哪里部署和开展,普遍的情况是官员一落脚就展开工作。在严酷的战争环境中,军情紧急、任务繁重,根据地

---

① 《续范亭诗集》,山西人民出版社1980年版,第93页。

② 王丕年:《让延安精神永放光芒——回忆在延安县工作的十年》,延安市政协文史与学习委员会编:《延安文史》第9辑,第371页。

③ 陕西省档案馆、陕西省社会科学院:《陕甘宁边区政府文件选编》第4辑,档案出版社1987年版,第263—264页。

的官员经常冒着危险,甚至穿梭于枪林弹雨中夜以继日地工作。比如,先后担任冀南行政公署主任和晋冀鲁豫边区政府主席的杨秀峰,曾是北京的大学教授,抗战爆发后遵循党的指示,投入敌后抗日斗争,为冀西、冀南根据地的开辟和发展殚精竭虑,冒险犯难,并坚持敌后抗战八年,作出了重大的贡献。皖中行政公署主任吕惠生足迹遍及根据地各县,政绩斐然,尤其是为修筑大型水利工程——黄丝滩长江大堤呕心沥血,民望极高(黄丝滩大堤被命名为“惠生堤”),但他仍觉得做得不够,在日记中写道:“我深深知道,我是很不够格来担任这样一个名义和职务,党和首长们对于我总算是特殊又特殊,我若不加紧报以工作,我也是没有心肝……因此,三更灯火五更鸡,累断命根也不迟疑了。生命在此:干罢!鞠躬尽瘁,死而后已。”①

综合言之,抗日根据地的绝大多数官员是以无私奉献的心态、为党和人民“做事”的心态,而不是以“做官”的心态对待工作。因此他们不计职务、地位、名誉和私利,职责上不分分内分外,职务上能上能下,工作上敢于负责,顾全大局,密切配合,踏实工作。恪尽职守,勤奋工作,是抗日根据地干部的普遍特点。正是他们的辛勤工作,强劲地向人民群众传达了党的各项方针政策,在人民群众中树立了党的良好形象,极大地推动了抗日根据地的各项工作。

第二,深入群众中间,服务于群众。1940年1月16日,毛泽东在陕甘宁边区第二届农工展览会开幕式的讲话中,指出:“政府的人如不同老百姓结合,事情就办不好。有两种政府,一种只知道刮刮刮,另一种则帮老百姓的忙——边区政府就是这种帮忙政府。”②实际上不仅陕甘宁边区政府,党领导的敌后抗日民主政府也都是“帮老百姓的忙”的政府。根据地官员都清楚地知道人民群众的伟大作用,因此牢记并努力实践党的宗旨,努力为人民服务。他们工作的最大特点就是深入群众,密切联系群众,切实为群众办事。林伯渠明确向陕甘宁边区的干部指出:“边区政府各厅处院的工作以什么为对象?就是以边区一百五十万人民为对象,了解他们的生产和生活情况,为他们并依靠他们做好事。真理的标准是革命的实践,这个实践就是帮助人民把事

---

① 《皖江人民的领袖吕惠生》,《江淮晨报》2005年8月16日。

② 中共中央文献研究室编:《毛泽东年谱》(1893—1949)中卷,人民出版社、中央文献出版社1993年版,第159—160页。

情办好。"①他经常外出巡查,并不通知下级政府也不要他们接待,而是直接深入基层,走家串户,访贫问苦。老百姓与他接触后曾感叹地说:"这就是我们的主席!"边区政府秘书长李维汉事务繁忙,但仍挤出时间到基层去调查,著名的南区合作社的经验②,就是他调查发现并总结推广的。1943年接任绥德地委书记的习仲勋,被毛泽东称赞说:"他是群众领袖,是一个从群众中走出来的群众领袖。"他在几个月内走遍全区六个县几十个乡镇,自勉并倡导各级干部"为(绥德)五十二万群众服务","把屁股端端地坐在老百姓这一面。"正因如此,1942年党组织对他的鉴定写道:"他很懂得群众的情绪、习惯和需要。他是站在群众观点和群众立场来解决群众的问题,总是把群众的事情看做是自己的事情,而又设身处地地替他们设想,设想怎样才是对的,尤其设想怎样对群众有好处,而没有丝毫的主观主义气味。"③1942年,毛泽东给受到表彰的陕甘宁边区干部的题词,大都和密切联系群众联系在一起。如给马文瑞的题词为"密切联系群众",给华池县县长李培福的题词为"面向群众",给延安县县长刘秉温的题词为"善于领导群众",给清涧县县长黄静波的题词为"坚决执行党的路线",给富县县长罗成德的题词为"不怕困难",给环县县长陈玉山的题词为"模范县级干部"等。这既是对他们的勉励,又是对他们工作实际情况的反映。

对于敌后抗战来说,最可靠的力量源泉是人民群众,是"人山"的支持和掩护,因此抗日根据地的干部最大的顾虑是背离群众,"不怕战争失利,最怕战争失去了民心! 失掉民众,这是万劫不复的。"④因此施政就特别注意和党的宗旨与人民群众的利益紧密结合,争取得到群众的认可和满意。彭真在谈到晋察冀

① 西北五省区编纂领导小组、中央档案馆编:《陕甘宁边区抗日民主根据地》(回忆录卷),中共党史资料出版社1990年版,第485—486页。

② 延安南区合作社成立于1936年12月。1937年3月刘建章任主任,在他的领导下,南区合作社逐渐发展成为经营生产、消费、运输、信用的综合性合作社。1942年春,在抗日根据地最困难时期,南区合作社积极开展了为群众服务的社会事业,比如代交公粮、包运公盐、代交人民的各种负担、优军优抗、代政府发放农贷、征收牲口税、安置难民等。它把政府、合作社及人民三者的利益密切结合起来,成为沟通政府与人民经济的桥梁。

③ 《习仲勋传》编委会:《习仲勋传》上卷,中央文献出版社2008年版,第320页。

④ 周恩来:《目前抗战危机与坚持华北抗战的任务》,中共中央文献编辑委员会编:《周恩来选集》上卷,人民出版社1980年版,第82页。

边区的工作时就说:"政府对于各种重大事项,都以各种形式发动民众讨论,民众经过行政会议,或其他自己的组织系统,可以自由向政府提出他们的意见,要求政府实行某些善政,或取消某些弊政,并可以得到满意的实际的回答。"①1942年到1943年,冀西、豫北、晋东南严重的旱灾、虫灾、水灾交替发生,日军乘机疯狂抢掠和破坏,几十万灾民濒临饥饿和死亡边缘。晋冀鲁豫边区政府提出"不饿死一个人"的口号,通过减免灾区负担、对敌粮食斗争、开展社会救济、实行以工代赈和军民生产自救等措施,领导根据地人民战胜了这场严重灾害。

"雷击打死毛泽东事件"的处理突出地表现了党在抗战时期勤政为民的执政理念和作风。1941年6月3日下午,陕甘宁边区政府会议室遭到雷击,与会的延川县代县长李彩云被电击致死。一个农民拴在礼堂边的一头驴也被雷击而死。这个农民便借此发泄不满说,老天爷不睁眼,咋不打死毛泽东? 保卫部门把他抓起来,当作反革命事件来追查。毛泽东知道后予以制止并指示放人,他认为农民不满另有原因。结果调查,发现是因为公粮太多、农民因负担大增而产生不满。毛泽东因此"反省一下研究研究政策"②,决定减少当年的公粮征收任务,并决定为减轻农民负担实行自己动手、生产自救的方针,从而掀起轰轰烈烈的大生产运动。

第三,通过各项发动、宣传、组织群众的工作,引领群众落实党的政策。抗日根据地地域偏僻,经济、文化落后,在八路军、新四军进入之前甚至根据地开辟之初,农民对政治相当冷漠。为此,根据地的干部为实施党的全面抗战路线和施政,大力进行"唤醒民众""发动民众"和组织民众的工作,焕发农民的政治热情和抗日积极性。抗战时期曾任中共冀热边特委书记、冀热行署主任和冀热辽军区司令员的李运昌,在回忆冀东抗日根据地时说:发动民众,除通过各种渠道广泛宣传党的方针政策外,还靠行动,即"工作时一方面利用我们干部好作风的影响,另一方面打特务,除土匪,改造坏人二流子,以这些具体活动争取最广泛阶层的社会同情,为工作创造最好的条件"③。实际上敌后抗日

---

① 彭真:《论晋察冀边区抗日根据地政权》,《解放》第55期(1938年10月30日)。

② 毛泽东:《在中国共产党第七次全国代表大会上的口头政治报告》(1945年4月24日),《毛泽东文集》第三卷,人民出版社1996年版,第338页。

③ 转引自朱德新:《从冷漠到投入:冀东抗日根据地农民的政治参与》,《中共党史研究》2011年第1期。

根据地的开辟和施政,基本都是这样的方式,一方面靠党的抗日利民惠民的政策,另一方面靠干部的好作风。而就实际效果而言,后者即干部的工作尤为重要,因为党的方针政策是抽象的、理论化的,而干部的行动是具体的、客观的,它把党的方针政策具体化、形象化,更容易使缺少文化、对政治和外界事物了解甚少的农民接受,从而引领农民沿着党的方针政策前进。比如陕甘宁边区棉花的大规模种植。当年,陕甘宁的许多地方不种植棉花,所需布匹由关中等地销入。1939年后,国民党封锁陕甘宁边区,生活必需品如布匹、棉花等都禁止运入边区,造成陕甘宁边区棉花与布匹价格飞涨。为解决这一突出的困难,边区政府号召种植棉花。延川县长辛兰亭,带着干粮奔走全县8个区20多个乡,走村串户宣传、动员群众种植棉花。结果使延川县的棉花种植面积从1939年的1000亩,扩大到1942年的2.7万多亩,总产量由1.2万斤增加到近33万斤,增长了27倍。并且延川的种棉经验经过宣传、推广,深刻促进了陕北地区棉花的种植。著名的"马锡五审判方式"也是一个典型。马锡五当时是陕甘宁边区陇东分区专员兼高等法院陇东分庭庭长,他在审判工作中,简便诉讼手续,法、情、理结合,通过解释法律政策、征求群众意见、判决或调解纠纷并对当事人作说服教育,正确地解决了许多疑难案件(因此被群众誉为"马青天"),同时也宣传并使人民群众知晓了根据地的法律法规。

第四,进行具有战略意义的开发性的建设。在抗日战争、军事斗争第一的历史条件下,抗日民主政府在全力动员和组织群众、发展生产、支援战争的过程中,统筹兼顾,把抗日战争的紧急需求和从长远发展的战略利益有机衔接,既突击完成现实斗争中的急迫任务,又努力为抗日根据地的长远发展着力。避免甚至没有短期行为、积极谋求长远发展,营建新型的社会,是党在抗日根据地执政的又一突出特点。比如,针对根据地极其落后的教育文化状况,党大规模开办学校、冬学、扫盲活动,通过多种方式传播文化知识和先进的思想、观念,提高人民群众的文化水平。1937年10月24日,陕甘宁边区政府宣布对学龄儿童实施普及免费义务的教育。为避免学龄儿童失学,陕甘宁边区政府特别规定:"有疾病或特殊原因,不能入学者,其家长得向当地县政府请求准许缓学,有瘤疾者得免学",抗属子女及贫苦子女无力入学者,当地县政府得酌量采取优待措施,对高级小学生供给部分或全部伙食。并规定:经说服而家

长仍不送儿童入学者,给予处罚(视贫富处以 50 元至 5 元的罚款或 5 日以上
10 日以下的农役),"经处罚后仍须限期入学,其再有违抗者,得拘留其家长至
儿童入学后释放之。"①在党的有力措施下,陕甘宁边区的小学由 1937 年春的
320 所发展到 1938 年的 890 所,以后逐年增加,到 1945 年上半年为 1377 所
(学生 34004 人)。② 同时,中等学校由三所增加到 11 所,并且创办了延安大
学等。抗战期间晋察冀边区共有 6 所大学(河北抗战学院、华北联大、抗大二
分校、白求恩卫生学校、冀中"五一"学院、冀东建国学院)、11 所中学、18 所师
范学校和 1 所农中,小学则达到 23347 所之多。各抗日根据地还针对民众大
都不识字的现象,大规模举办大众文化教育,其最普遍的形式为识字组和冬
学。据不完全统计,1939 年陕甘宁边区有识字组 3852 个、学员 24107 人,夜
校 535 所、学员 8086 人,半日校 202 所、学员 3323 人,冬学 643 所、学员 17750
人。1941 年,冬学达 659 所,学员猛增到 20915 人。③ 晋察冀边区 1938 年开
始冬学运动,其北岳区当年就有冬学 3966 所、学员 181794 人,1939 年增加到
5379 所、学员 390495 人,1940 年则迅猛发展到 8373 所、学员达到 520808
人。④ 通过这些教育形式,1941 年,陕甘宁边区有一半青壮年认识了一些字,
晋察冀的冀中区认得 120 字以上者达到 13 万人,其中认得 400—600 字者有
21000 余人,识字 600—l000 的有 17000 余人。其他抗日根据地也取得了类似
的成就。

再如大兴水利建设。1937 年的《陕甘宁边区经济建设实施计划》就明确
提出了发展水利的政策。1940 年,边区政府通过资助和群众集资的方式,修
建了北起裴庄、南至枣园,全长 6 公里的水渠,解决了周边 5 个村庄 1400 亩地
的灌溉问题(因造福群众而被群众称之为"幸福渠")。由于力度很大,所以仅
在 1943 年,陕甘宁边区就修建水地 13647.6 亩。敌后抗日根据地也大兴水
利,如晋察冀边区"抗战八年间共修旧渠 2798 条,开新渠 3961 条,加上挖井、
开河、修坝等,使改善了灌溉条件的农田达 213 万多亩,增产的粮食约在百万

---

① 陕西省档案馆、陕西省社会科学院:《陕甘宁边区政府文件选编》第 2 辑,档案出版
社 1987 年版,第 548—550 页。

② 宋金寿:《抗日战争时期的陕甘宁边区》,北京出版社 1985 年版,第 630 页。

③ 陈桂生:《中国革命根据地教育史稿》第 2 卷上册(铅印稿,1987 年),第 142 页。

④ 陈桂生:《中国革命根据地教育史稿》第 2 卷上册(铅印稿,1987 年),第 49 页。

石以上"①。山东抗日根据地 1944 年打井 13031 眼,疏通河流 1199 里,开渠 20 条(长 63 里),筑堤 17 处。晋冀鲁豫边区政府针对涉县缺水和经常遭遇旱 灾的情形,进行了开凿漳南大渠的建设。该工程施工难度很大,需在悬崖峭壁 上施工,开凿几公里长的隧洞,还要削去一个山头。经过军民艰苦奋战,1944 年 4 月,全长 13.5 公里的漳南大渠竣工通水。从此,清漳河南岸八村的 1500 多亩土地变成水浇地,千余户受益。

黄丝滩大堤退建工程,是党在抗战时期兴修水利的典型事例。黄丝滩大 堤是位于安徽无为的长江江堤,保障皖中 7 县 300 余万人口、400 余万亩良田 的安全,素有"一线单堤、七邑生命"之称。明末以来大堤曾出险 96 次,历代 统治者虽然也曾多次修堤,但未能解决问题。抗战时期,由于战乱和年久失 修,该坝外滩崩岸严重、干堤岌岌危殆。于是,1943 年皖中行署决定实施黄丝 滩江坝的退建工程。实际上其时正是皖江抗日根据地最为艰难的一年,抗日 军民反日军"扫荡"的作战达 189 次。但就是在这样严重的军事斗争的形势 下,皖中行署实施了这一大型水利工程。新堤全长 15 华里,共投入民工 121 万人次,用工 1100 余万个,完成土方 40.4 万方。值得注意的是,该工程有两 个特点:一是充分考虑农民利益,施工利用冬季农闲时间;采用"少压农田,拉 直堤线,退建新堤"的方案;二是,该工程设计科学,施工严密,根本性解决了 灾患。黄丝滩工程的竣工报告:"新堤(走向)已几乎与江水(流向)平行,堤身 不再受江水冲击。新堤较以往任何一次筑堤都坚实,因此以后或可不再退 建。"该堤后来果然没有再出险。除了黄丝滩大堤,皖中抗日根据地还进行了 无为县三闸(季家闸、陈家闸、黄树闸)的改建、重建及和县境内新桥闸的 修建。

党还在抗日根据地进行了医疗卫生建设、破除迷信、移风易俗等推进根据 地建设的工作。

在激烈的战争环境下,党大规模实施的这些与战争没有直接关系、历史上 从未做过的建设,充分体现了党的宗旨和执政理念,表露了抗日根据地政府勤 政为民的风采。

为了树立和保持政府和官员的勤政作风,抗日民主政府采取了多种方法。

---

① 史敬堂等:《中国农业合作化运动史料》(上册),三联书店 1962 年版,第 350 页。

一是,参议会监督政府的工作。如 1942 年 9 月晋冀鲁豫边区临时参议会第二次大会对政府的质询案达 178 件,晋冀鲁豫边区政府主席杨秀峰亲自答复,并认为:这些质询和批评"使我们更多地了解了下面工作情况,更能深入解决问题,执行法令,纠正偏向,端正作风,我们非常高兴,当诚恳地接受责备与赞成,努力去作,克服缺点"①。1941 年 11 月,林伯渠在陕甘宁边区第二届参议会开幕词中,向参议员提出三点希望:希望尽量反映各个角落人民的意见、要求与呼声;希望坦率地指出政府工作的缺点;希望给政府指出今后的大政方针。② 而参议会确实对政府工作提出不少批评,林伯渠对此感到高兴,称赞说:"大家的事,要大家负责才能办好。无论对什么事,有什么意见,都可以说,也应该说。发生分歧,也是民主政治中的健康现象,常常还是正确决定问题的先导。希望大家把这种好作风坚持下去,发扬光大。"毛泽东十分赞成这种监督,说:"议论和批评对我们总是有帮助的。不符合事实的,可以借鉴。凡是对的意见,我们都要研究解决。"

二是,发动群众监督干部和政府。比如将民主选举同"发动人民彻底检查政府工作"结合起来,在选举中,让老百姓褒贬干部、评论政府的工作,罢免或选择干部。这种监督是非常有效的,如在 1941 年陕甘宁边区的第二次普选运动中,一些平时工作渎职或不称职的干部被淘汰,有的县的淘汰率达到50%—70%;而一些坚决为人民服务的干部获得群众的好评和拥护,连选连任。比如在延安县的乡选中,连任者 133 人,新选者 185 人;安定县(今子长县)70%的乡市政府人员是新选的;绥德县乡干部落选者达 100 人之多。再如认真对待群众的检举、告发。在民主的政治环境里生活,群众不怕官员,敢于和官员讲道理。当感觉官员治理不公时,便上诉上级机关。陕甘宁边区曾有不少人到延安直接面见毛主席、边区政府林伯渠主席,为的就是争取自己的权利。因此当时干部中流传着这样的话:"陕北老百姓厉害,爱告状,爱打官司,受不得半点冤屈。"而党和政府对老百姓的检举控告认真对待,从不推诿。比如 1943 年,清涧县折家坪区农民冯振刚向边区政府控告县长白鹏飞办事不公、贪污腐化,边区政府派人调查后,对白鹏飞做了处理,并由林伯渠亲自向冯

---

① 《杨秀峰文存》,人民法院出版社 1997 年版,第 366 页。
② 《解放日报》1941 年 11 月 19 日。

振刚做了答复。林伯渠主政陕甘宁边区时期,共接到137件检举控告材料,他每件都给予了回复。

三是强力开展反对官僚主义、个人主义、本位主义的活动。抗日民主政府通过学习、会议、讲话等多种途径,强烈地向各级政府人员宣示:政府的权力是人民给的,它只有为人民服务的义务,而不能有任何其他的特权,倡导政府人员树立以全心全意为人民服务为宗旨,坚持和发扬认真负责、克己奉公、廉洁勤俭、艰苦奋斗的作风。陕甘宁边区政府在贯彻精兵简政政策和整风运动中,全盘检查政府工作,痛批官僚主义的种种现象,并配合以组织措施等加以克服。山东省战时行政委员会明确要求广大干部坚持"三个反对和三个树立":反对官僚主义的忘本意识,树立为广大群众办事的群众观念和战争观念;反对官僚主义的统治权威思想,树立新民主主义的民主平等思想;反对个人主义、本位主义,树立集体主义的整体观念。针对一些干部官僚主义、欺压百姓以及"反奸清算"中多得经济利益的现象,1942年太行区在干部中反"新贵",1943年反"特殊化"、反"蜕化"斗争。

这些措施,对根据地官员产生了强有力的约束作用,推动了勤政为民政风的形成和保持。

在党的领导下和各级干部的努力下,抗日根据地形成了良好的勤政环境。广大根据地官员的认真履行职责,勤勤恳恳工作,成为党在根据地执政成功、实现毛泽东提出的把抗日根据地政府建设成为老百姓服务的"帮忙政府"的主要途径。

廉　　政

"组织廉洁政府"是党在抗日根据地执政的一个主要目标。1937年8月,洛川会议通过的体现党的全面抗战路线的《抗日救国十大纲领》,就明确提出"铲除贪官污吏,建立廉洁政府"的方针。为此,毛泽东告诫全党,要警惕"国民党对共产党干部所施行的升官发财酒色逸乐的引诱",要注意防止"一部分党员对过去艰苦斗争的生活不愿继续的情绪"[①]。据此,1939年1月陕甘宁

---

① 《毛泽东选集》第二卷,人民出版社1991年版,第392页。

边区第一届参议会通过的《战时施政纲领》,明确规定:"厉行廉洁政治,肃清贪污腐化。"1941 年 5 月 1 日颁发的《陕甘宁边区施政纲领》更强调:"厉行廉洁政治,严惩公务人员贪污行为,禁止任何公务人员假公济私之行为,共产党员有犯法者从重治罪。"晋察冀、晋冀鲁豫、晋绥、山东和华中抗日民主政府的施政纲领都明确列有"彻底实现民主政治,建立廉洁政府"的规定。

需要强调的是,抗日根据地实行了"共产党员有犯法者从重治罪"的原则。这是根据毛泽东建议而写入《陕甘宁边区施政纲领》的。按照陕甘宁边区政府的解释,这一原则也适用于非共产党员的公务人员。从一般意义上看,这一规定有失平等,但恰是对执政党官员"从重治罪"的"不平等",才有利于保障真正实现在法律面前人人平等的原则。特别是,这一原则彰显了党的先进性和为民执政的信念,表明了党严惩犯法、加强廉政建设的指导思想。《陕甘宁边区施政纲领》是敌后抗日根据地制定《施政纲领》的蓝本,因此这一原则普遍存在各个抗日根据地,成为党在抗日根据地执政的一大特点。它对执政党党员的严格约束,有利于预防职务犯罪,也增强人民群众对党和政府的认同感,对抗日根据地的廉政建设产生重大影响。在今天仍非常有价值。

为了实现廉政建设,抗日民主政权制定了一系列廉政法规和条例,作为强制性的行为规范。

第一,对各级领导人的生活标准做出严格的规定。抗日民主政权官员的工作是繁重、紧张的,甚至超负荷的,但生活条件是非常艰苦的。当时没有工资,只发很少的津贴,并规定收入不得超过普通工人工资水平。当时,国民党的县长一般月薪在 180 元以上(东南一些省的县长月薪达到 200 元以上),而陕甘宁边区的县长每月津贴仅为 2.5 元,边区政府主席每月最高的津贴也只有 5 元。县政府每月办公费平均在 20 至 30 元之间。在晋察冀,"边区政府主席每月生活费只有十八元,各县行政工作人员生活费普通〔遍〕都在十元左右,一切个人的应酬、膳食、衣服且均为自备,而许多廉洁的县长还节约其生活费之一部〈分〉捐助于抗战或群众团体。"①在晋冀豫,"当一个县长,在山西五区是四十元,三区是二十元,冀西的尤为刻〔艰〕苦,在最初建立县政府的时候,他们没有化〔花〕过一块钱。后来算有了五元一角的月薪,最近因经济困

---

① 彭真:《论晋察冀边区抗日根据地政权》,《解放》第 55 期(1938 年 10 月 30 日)。

难,连这五元钱又要取消了。"①抗日根据地的官员是在险恶的战争环境中,过着清贫的生活,冒着随时流血牺牲的危险而忘我工作。但正因如此,抗日根据地干部深得民心。

第二,制定严惩贪污腐败的规定。早在土地革命战争时期,党就制定了严厉的惩治贪污腐败的法令。抗日战争时期,中共中央和各抗日根据地继续沿袭了土地革命战争时期的做法。1938 年 8 月 15 日,陕甘宁边区政府公布《惩治贪污暂行条例》,详细列举了贪污罪的十条表现,规定对犯有这些罪行者要做严厉的惩治:(一)贪污 500 元以上者,处死刑或 5 年以上之有期徒刑;(二)贪污 300 元以上 500 元以下者,处 3 年以上 5 年以下之有期徒刑;(三)贪污 100 元以上 300 元以下者,处 1 年以上至 3 年以下之有期徒刑;(四)贪污 100 元以下者,处 1 年以下之有期徒刑或苦役。同时要追缴其贪污所得之财物,无法追缴时得没收犯罪人财产抵偿。敌后抗日民主政府援用该条例,先后制定了类似的严惩贪腐的法规。有些根据地的条例更严厉,如《晋冀鲁豫边区惩治贪污暂行办法》和《淮北苏皖边区惩治贪污暂行条例》规定:凡贪污 500 元以上者处死刑,不满 50 元者处 6 个月以下徒刑或劳役。各级政府人员发生贪污事件依法惩处时,其直接上级须受连带处分;知情不报者,按情节轻重以渎职罪论处。这些严厉的惩治法规,有力地遏制了腐败现象的蔓延。

第三,制定了一系列关于干部管理的法规条例。如陕甘宁边区制定《各级干部任免暂行条例》《各级政府管理暂行通则》《各级政府干部奖惩暂行条例》《政纪总则草案》《政务人员公约》等。规定:政务人员要"公正廉洁,奉公守法",强调:"这是我们政务人员应有的品格,要在品行道德上成为模范,为民表率。要知法守法,不滥用职权,不假公济私,不要私情,不贪污,不受贿,不赌博,不腐化,不堕落。"②具体规定了各级干部的选拔标准:必须拥护并忠实于边区施政纲领,必须具有相应的德才资望,并关心群众利益,积极负责和廉洁奉公。不符合这些条件者,均不得选拔为干部;在职干部有反对或违背施政纲领、危害群众利益和贪污腐化、营私舞弊等情况者,也立即停止任用。如果发现有

① 克寒:《坚持华北抗战枢纽的晋冀豫抗日根据地》,《群众》第 3 卷第 2 期(1939 年 5 月 28 日)。

② 陕西省档案馆、陕西省社会科学院:《陕甘宁边区政府文件选编》第 7 辑,档案出版社 1986 年版,第 224 页。

生活腐化、损公肥私、挥霍浪费、徇私舞弊、贪赃枉法者,即予以警告、记过、降级、撤职查办等处分,情节严重、触犯刑律的,送司法机关依法惩治。晋察冀边区颁布《关于执行政权干部任免考核奖惩办法的指示》等;《苏中区各级公务人员任免暂行条例》《盐阜区司法任免奖惩待遇条例》等。这些法规条例,把廉洁奉公的要求贯穿于干部任免、管理、培训、考绩奖惩之中,把干部管理纳入了正常轨道。通过制度约束和强化管理,推动干部素质提高,增加政府机构的效率和活力,同时也堵塞漏洞,减少贪污腐化分子的可乘之机。这些公约,实际上形成了一种廉洁自律的氛围,对官员产生了很大的思想和行为的约束力。

第四,重视人民群众对干部的控告。《陕甘宁边区施政纲领》规定:"人民则有用无论何种方式,控告公务人员非法行为之权利。"1942年6月,陕甘宁边区政府发布《关于派公正干部切实调查群众控告案件》的命令,要求各专署及各县政府一定要负责、一定要派公正的人去切实调查,中间不能有丝毫袒护或敷衍了事的情形,"若是调查或者呈复不确实,将来一经本府查出,只有依靠政务人员惩戒办法给以一定的处分。"1943年4月,边区政府颁布的《陕甘宁边区政纪总则草案》再次明确规定:"各下级政府或政务人员,如接得人民向上级政府控告的诉状,须随时负责转呈上级政府,不得有任何阻难,亦不得置之不理",如有违背,"即认为违反行政纪律,依其轻重的程度议处。"1945年9月,边区政府在《各县政府对人民控告干部的案件应及时认真负责处理》的命令中,又一次强调"人民敢于向政府控告,则是好的现象",强调"以后凡遇此种控告,不论是由本府交办的或人民直接呈诉的,你们必须认真负责地、实事求是地切实查明,公平处理,切不可敷衍了事,更不可有偏袒政务人员的行为"。敌后各抗日民主政府也有"放手发动群众,检查政府工作和人员"的规定。为了切实实现和加强群众监督,抗日民主政府还采取了许多措施,如各级工农检查部都吸收一些非脱产的工农分子参加;在各地悬挂控告箱,以便于群众揭发;组织突击队,对政府机关和企事业单位进行突击检查;在报纸杂志上开设"警钟""突击队""自我批评"等专栏,集中火力抨击各种腐败现象等。各级参议会还派干部到群众中召开座谈会、调查会,征求群众意见。由于采取有效措施,群众控告权得以实现,这就使政府工作人员自上而下的守法精神与人民群众自下而上的民主监督相结合,从而为彻底消除腐败现象、密切农村干群关系奠定了深厚基础。

需要强调的是,这些制度得到了坚决的实施。因此,严肃法纪是党在抗日根据地执政的又一显著特点。陕甘宁边区在1937年至1938年两年间,审理政府公务人员贪污腐化案180起。如1938年2月,盐池县县长曹某,因贪污159元被撤职查办;4月,安塞县第四、第六两区区长贪污没收的烟土也被撤职严办。1940年7月,华池县白马区区委书记崔凤鸣,贪污100元即被逮捕。悦乐乡乡长王崇洁贪污了70余元,也受到严肃处理。甘泉县某县长曾挪用公款边币220元,被严令交还。陕甘宁边区税务局总务科长冯维贤因私藏烟土被送交法院审判。据1939—1941年6月陕甘宁边区20个县的材料统计,在由司法机关审理的主要刑事案件中,有关贪污的刑事犯罪案件占全部刑事案件的5.16%。①

特别是对历史上有贡献、资格很老、与领导熟悉的干部的犯罪,也严格治罪,毫不宽恕。黄克功是参加过井冈山斗争和长征的高级干部,但在他因恋爱不成而枪杀陕北公学女学员刘茜后,陕甘宁边区高等法院依法判处他死刑。黄克功曾致信毛泽东请求宽赦,毛泽东写信给高等法院审判长雷经天,阐明党的政策和边区法制的严肃性和平等性:"他犯了不容赦免的大罪,以一个共产党员红军干部而有如此卑鄙的,残忍的,失掉党的立场的,失掉革命立场的,失掉人的立场的行为,如为赦免,便无以教育党,无以教育红军,无以教育革命者,并无以教育做一个普通的人。""共产党员与红军,对于自己的党员与红军成员不能不执行比一般平民更加严格的纪律。……他之处死,是他自己行为决定的。"②这一案件的处理在党内外震动很大,既有效教育了广大党员干部遵纪守法,又树立了共产党法纪严明的社会形象。

肖玉璧案是党严肃法纪的又一例子。肖玉璧是红军英雄,全身伤疤90多处。长期艰苦的斗争生活,严重地损伤了他的身体,他骨瘦如柴,住进医院。到医院视察的毛泽东对他十分关心,当即把特批给自己的每天半斤牛奶转送给肖玉璧。但肖玉璧在担任清涧县张家畔税务分局局长期间,利用职权贪污公款3000余元。边区政府依法判处肖玉璧死刑,他写信给毛泽东,要求看在他过去作战有功的情分上,让他上前线,战死在战场上。毛泽东明确表态依法

---

① 《中国革命法制史》(上),中国社会科学出版社1987年版,第337页。
② 《毛泽东书信选集》,人民出版社1983年版,第110页。

惩处,1941年年底肖玉璧被执行枪决。延安《解放日报》随后就此发表评论:"在'廉洁政治'的地面上,不容许有一个'肖玉璧'式的莠草生长!有了,就拔掉它!"再如参加过中央苏区五次反"围剿"和长征、在平型关战役中荣立战功的某团政委刘振球,因贪污公款500余元而被开除党籍并依法处置。陕甘宁边区还先后惩处了警备五团供给处主任王华亭、西北联合商店主任刘润华、警一团副官主任刘善安、三五九旅骑兵大队长王鸿荣、三五九旅骑兵大队政治委员黄炜、边府建设厅第四科副科长曹世华等。

敌后抗日根据地也坚决惩处贪腐。如1940年6月至12月,经晋西北行署核准判处死刑的重大贪污犯,就有岚县区长王之桢等8人。① 苏中四分区税务第四分局主任邢爱身贪污4000余元、某部特务营长李桂成贪污1000元,均被执行枪决。② 在苏中三分区1942年6月至7月的两个月中就有4个干部由于贪污被依法判处和执行死刑。③

严惩贪腐,极大地促进了廉政建设。陕甘宁边区1939年查处贪污案360件,1940年查处644件,到1941年上半年即下降为153件。太行区的贪污案件,1943年达606起,1844年为232起,1945年为238起。

有一种说法,认为在革命战争年代物资匮乏,所以贪腐少。实际上此说颇难成立。虽然贪腐的规模、数量可能因时势而不同,但贪腐在任何时期、任何条件下都可能发生。革命战争非常艰苦,但官员和拥有某些条件者仍可能侵占超过规定的物资,仍可能贪污腐败。事实上,抗日根据地也曾出现不少的贪腐现象,如贪污、挪用公款、伪造单据、私卖公粮、盗卖子弹、包庇走私、偷税漏税、索取贿赂、公款吃喝、携款潜逃、用公款与商人合股做生意等。贪腐之所以没有泛滥,根据地之所以风清气正,是因为党没有放纵贪腐,是从严治党、从严执政的结果。严肃的、不打任何折扣的法纪,产生了极大的震慑作用,有效地遏制了贪腐现象,保障了党和人民的利益,养成抗日根据地良好的政治秩序和社会秩序。

---

① 《抗战日报》1941年1月15日。

② 江苏省财政厅等合编:《华中抗日根据地财经史料选编(江苏部分)》第一卷,档案出版社1984年版,第548页。

③ 江苏省财政厅等合编:《华中抗日根据地财经史料选编(江苏部分)》第一卷,档案出版社1984年版,第548页。

勤政、廉政的积极影响

第一，形成励精图治的政治局面。全面抗战伊始，中共中央就明确提出了在抗日根据地执政的目标：保持陕甘宁边区为"抗日的先进地区、全国民主化的推动机和新中国的雏形"①；敌后新创建的抗日政权要明显区别于以前的旧政权，"以完全新的姿态在人们面前出现"②，"我们要在那里做出一个好的模范，影响全国。"③通过抗日民主政权广大官员的艰辛工作，党的政治理念在抗日根据地付诸实践；他们的勤政，在帮助群众、服务群众过程中，增加了党、政府和人民群众的关系；他们的廉政，表现了高尚的道德情操，维护了社会的公平公正，在根据地树立了清正廉洁的正气，纯洁了干部队伍，增强了党的凝聚力、战斗力和人民群众的信任度，从而把抗日根据地的政权建设成为迥然不同于以往旧政权，并且荡涤了旧政权、旧社会乌烟瘴气习气，扶助群众、推动社会进步的新型政府，在抗日根据地形成政风勤廉——人民拥戴——政风益佳——事业鼎盛的良性循环，形成抗日根据地励精图治的局面和趋势。

抗日根据地因此成为一片净土："一没有贪官污吏，二没有土豪劣绅，三没有赌博，四没有娼妓，五没有小老婆，六没有叫化〔花〕子，七没有结党营私之徒，八没有萎靡不良之气，九没有人吃摩擦饭，十没有人发国难财。"④这"十没有"，与当时的国民党政府贪污成风、寡廉鲜耻的腐败现象形成强烈对比。正如毛泽东所指出的："艰苦奋斗，以身作则，工作之外，还要生产，奖励廉洁，禁绝贪污，这是中国解放区的特色之一。"

这种良好的政治局面和精神状态，强劲地推动着根据地进一步发展，结果把抗日根据地建设成为充满生机、代表中国社会发展方向的新社会，在有力地支持敌后抗日战争的同时，为党夺取新民主主义革命的完全胜利奠定了坚实的基础。

---

① 《毛泽东文集》第二卷，人民出版社1993年版，第54页。

② 中共中央文献研究室编：《毛泽东年谱》(1893—1949)中卷，人民出版社、中央文献出版社1993年版，第88页。

③ 《毛泽东文集》第二卷，人民出版社1993年版，第57页。

④ 《毛泽东选集》第三卷，人民出版社1991年版，第1048页。

第二，密切了党、政府与人民群众的关系。胡乔木曾指出，农民是无产阶级的同盟军，但并不等于农民自然地就追随共产党革命，人民对党的拥护和参加革命，是共产党人大量艰苦、细致工作的结果。抗日根据地人民群众追从党的情况，基本也是如此实现的。抗战前，除陕甘宁边区外，党在敌后抗日根据地区域的影响比较薄弱，广大老百姓对党的了解不多。真正使抗日根据地人民群众认同党、拥戴党，是在抗日战争时期党治理和建设根据地中实现的，实际经历了一个复杂的、艰苦工作的过程。而在其中，抗日根据地官员的作用很大，因为他们直接和长期接触老百姓，对老百姓的影响大而深。而他们的勤政廉政，把官员身份"平民化"、人民化，从根本上颠覆了人民群众旧的对政府和官员的认识，并形成一种崭新的官民关系。比如冀西根据地的一些"县长们常常一个人到行政统辖下的各村庄里散步，坐下与老百姓谈天，对民众做政治工作。谈了好久，老百姓才慢慢地知道对方，'吓！还是县长！'但是他们也知道现在的县长与以前贪污腐化的县长，及目前专吸白面的为日寇做走狗的县长不同了，他是属于群众的，得到广泛的群众的喜爱与拥护。"①在陕甘宁边区，林伯渠在参议会报告说："有些绅士经过我们县长几次'说情婉拒'，'进贿峻拒'之后而感叹起来（如陇东）。有些劳动人民见我们生活太苦，说：'你们如〔为〕何不派点款，难道你们最低生活我们都不能负担吗？'（如绥德）有些外来参观者，实地看见了这些情况，才恍然说：'天下竟有这样的官！'"②1942年夏天，延安县县长刘秉温组织全县的一些劳动力，帮助遭受水灾的川口村村民昼夜补种荞麦，他自己也连着帮助干了十几天。结果荞麦大丰收，村民深情地称赞他说："多亏了咱们的好县长。"延长县县长焦生炳在整天劳动之后，晚上还要挑一担粪回去，老百姓非常感慨："自古以来没见过县长担粪，今天县长也担起粪来了。"诸如此类的事例，在抗日根据地不胜枚举。

抗日根据地官员的亲民形象与公仆本色，拉近了人民群众和官员的距离，塑造了党和抗日民主政府的光辉形象，对人民群众产生巨大的感召力和认同感，赢得人民群众的拥戴、支持，党由此得到巨大的、取之不竭的力量源泉。邓小平曾用简洁的语言概括了这一点："为什么过去很困难的局面我们都能度

---

① 玲君：《冀西的抗日政权》，《新华日报》（华北版）1939年4月5日。

② 陕西省档案馆、陕西省社会科学院：《陕甘宁边区政府文件》第3辑，档案出版社1986年版，第173页。

过？根本的问题是我们的干部、党员同人民群众一块苦。"①

第三，极大地提高了党的声誉。官员的勤政廉政，保障了党在抗日根据地执政的成功，因此令中外瞩目，赞誉不断。比如著名民主人士李公朴在考察晋察冀抗日根据地后感慨地说："'廉洁政府'这一称誉对边区政府来说，这并不是一般的客套上的誉词，而是一个没有丝毫折扣的事实。"②著名华侨陈嘉庚1940年访问延安后，评论说："所见所闻，不论政治与军事，大出我意外。军事则与民众合作，联络一气，同甘共苦，推诚相待。至政治方面，其领袖及一般公务员，勤俭诚朴，公忠耐苦，以身作则，纪律严明，秩序井然。优待学生，慎选党员，民生安定。其他兴利除弊，都积极推行。""余观感之下，衷心无限兴奋，喜慰无可言喻，认为别有天地，如拨云雾而见青天。前此忧虑建国未有其人，兹始觉悟其人乃素蒙恶名之共产党人物，由是断定国民党政府必败，延安共产党必胜。"③美国记者1944年评价说："在七年中，延安政府已在世界上一个最贫穷和落后的地区上建立了文明与繁荣的生活。"④"整个抗战时期该党用英明的领导，……使人民脱离古老的苦难。"⑤作为美国官方代表进驻延安的美军观察组认为陕甘宁边区是中国一个崭新、和谐的社会，说："这里不存在铺张粉饰和礼节俗套，没有乞丐，也没有令人绝望的贫困现象，人们的衣着和生活都很俭朴，人民之间的关系是坦诚、直率和友好的。这里也没有贴身保镖、宪兵和重庆官僚阶层的哗众取宠的夸夸其谈。"⑥1946年，美国的《先驱论坛报》记者斯蒂尔访问延安后深有感触地说："我体味到共产党常常说的为人民服务，在延安所亲见的各种具体事实，我认为这是货真价实的。"⑦甚至持反共立场的青年党领导人左舜生在1945年访问延安后，评论说："我承认他们在那里苦干，关于组织训练，他们十分注意；生活安排，也有一套办法；像延安那样一个贫瘠之区，他们居然能够胼手胝足创造出许多为生活所必需的东西，也算难

---

① 《邓小平文选》第二卷，人民出版社1994年版，第217页。

② 李公朴：《华北敌后——晋察冀》，三联书店1979年版，第112页。

③ 秦立海：《谈陕甘宁边区的党风廉政建设》，《党史文汇》2011年第6期。

④ 《国际观察家对中国政治的评论》，新智识书店1946年版，第9页。

⑤ ［美］白修德、贾安娜：《中国的惊雷》，新华出版社1988年版，第356—357页。

⑥ 靳铭：《延安精神：党员干部的必修课》，《光明日报》2011年7月2日。

⑦ 张香山、孙铭：《外国记者看延安》，中国社会科学院新闻研究所、中国报刊史研究室编：《延安文萃》下，北京出版社1984年版，第811页。

得。""他们的党员和公务员的生活,相当和老百姓接近,因此他们没有脱离群众。"①

这些身份不同、政治立场各异的评价和相关报道,把抗日根据地的真实情况展现在中国人民和全世界面前,引起国内外的极大关注。其共同点是充分肯定党对抗日根据地的治理,赞誉抗日根据地的美好景象,从而强劲地扩大了党的影响,在党走向全国、走向世界、走向胜利的过程中发挥了重大作用。

第四,培育了一大批优秀的干部和优良的政风。抗日根据地艰苦卓绝的执政环境,锻炼和造就了大量政治、军事、经济、文化等领域的干部,他们成为党后来执政的骨干力量。特别是在抗日根据地形成的优良的政风,随着中国革命的胜利,得以延续到新中国,并被发扬光大,深刻地影响着新中国的党、政府和人民群众的关系。

---

① 左舜生:《近卅年见闻杂记》,傅国涌:《1945 年的延安见闻:一个"陋"字》,傅国涌博客,2011-06-16。

简论八路军宣传工作的历史作用

内容提要：抗日战争时期，八路军在与日本侵略军殊死搏斗的同时，进行了大量发动、组织群众和推进抗日战争的宣传工作。八路军的宣传工作，别有特点，卓有成效，在动员和组织人民群众奋起抗日、瓦解日军、配合敌后抗日斗争、推进全国抗日运动发展等方面发挥了重要的作用。八路军的宣传活动是在非常复杂、难度很大的情况下进行的，它在宣传工作方面创造的经验，对今天颇有借鉴意义。

抗日战争时期，八路军在与民族敌人浴血奋战的过程中，开展了声势浩大的宣传工作。八路军的宣传直面现实，形式多样，贴近群众，贴近抗战，在动员和组织人民群众奋起抗日、配合敌后抗日斗争、推进全国抗日运动发展等方面发挥了重要作用，卓有成效，影响深远。但学术界对此的研究，相当薄弱。本文试就此作一些探讨，见教于方家。

一

抗日战争全面爆发后，中共中央把发动人民、实行全面抗战路线作为夺取抗日战争胜利的根本途径。1937 年 8 月，中共中央洛川政治局扩大会议制定了体现党的全面抗战路线的《抗日救国十大纲领》，指出："本党今天所提出的抗日救国十大纲领，即是争取抗战最后胜利的具体的道路。"其后，毛泽东在《论持久战》中明确强调了发动民众对夺取抗日战争胜利的极端重要性："兵民是胜利之本"，"这个政治上动员军民的问题，实在太重要了。我们之所以不惜反反复复地说道这一点，实在是没有这一点就没有胜利。没有许多别的必要的东西固然也没有胜利,然而这是胜利的最基本的条件。"而人民群众的动员、群众抗日运动的形成,有赖生动、活泼而触动心灵的宣传。只有思想觉悟的提高,民族意识、民主意识的提高,抗日理念的形成,才能认同党的抗日主张,跟随党参与到伟大的抗日斗争中来,才能达到发动群众、组织群众的目的,因此宣传工作是党发动和组织人民群众抗日的重要途径,正因如此,中共中央把宣传工作列为全党的一项战略任务。洛川会议明确规定:"共产党员及其所领导的民众与武装力量,应该使自己成为全国抗战的核心,应该用极大的力量发展抗日的群众运动。不放松一刻工夫一个机会去宣传群众、组织群众、武装群众,只要真能组织千百万群众进入抗日民族统一战线,抗日战争的胜利是无疑的。"①

而八路军的宣传是中国共产党在抗战时期宣传工作的主要组成部分。第一,八路军是中国共产党抗日宣传的主要"媒介"。抗日战争全面爆发后,八路军迅速开赴抗日前线,在配合国民党保卫山西的过程中,在敌后实施战略展开、开辟敌后抗日根据地的过程中,通过各种方式特别是用实际行动宣传了中国共产党的抗日路线、方针、政策,产生了巨大的宣传效果。其后,八路军在坚持华北敌后抗日艰苦卓绝的斗争中,在巩固和扩大抗日根据地的过程中,进一步开展了广泛的抗日宣传,形式多样并逐渐形成完善的体系,把党的一系列抗日主张、政策深入地传播到抗日根据地的人民群众中去,成为动员、组织人民群众,不断激发人民群众抗日热情、努力夺取抗日战争胜利的重要精神来源。

第二,八路军是国内外各种势力格外关注的一个焦点。八路军是由中国共产党领导的工农红军的主力改编而来的,是中国共产党领导的主要抗日武装之一,是第二次国共合作时期长期被国民党"认可"的抗日军队。在当时历史条件下,中国社会普遍把八路军视作中国共产党的具体化身,把八路军作为了解中国共产党的政治主张、抗日意志和具体政策以及政治目标的主要窗口,八路军的活动具体体现了中国共产党的主张和追求,在很大程度上代表了中国共产党的形象。特别是在抗战初期,这种认知非常突出。因此有美国记者史沫特莱、美国作家斯特朗到华北抗日前线,采访八路军总部,写出《中国在

---

① 中央档案馆:《中共中央文件选集》第 11 册,中央党校出版社 1991 年版,第 321—322 页。

反击》《人类的五分之一》等书,介绍中国共产党领导八路军和华北军民进行的伟大抗日游击战争;有意大利医生白求恩、印度医生柯棣华、德国记者希伯等到敌后参加八路军的抗战;有美国驻华大使馆海军武官埃文斯·卡尔逊上尉的两次历时六个多月、行程八千里的华北敌后之行;有1944年的中外记者团的西北之行(其中数位外国记者曾深入华北敌后考察)。英国记者贝特兰在1937年12月就明确说:八路军的情况"是很多人关心的"①。这种备受中外瞩目的现象,把八路军推到一个十分显著的地位,它的战斗、训练、组织及其各种活动、重大举措都被关注,既引人注目,又被大量宣传。因此,八路军的宣传和对它的宣传,成为中国共产党在抗战时期宣传工作的一个重要方面。

第三,八路军的社会影响大,宣传效果大。主要体现在两个方面。一是,八路军在各地设立了许多办事处。国共合作建立后,根据与国民党达成的协议,党先后在西安、上海、南京、武汉、桂林等地设立了八路军办事处,甚至领导南方各省工作的中共中央长江局、南方局也主要以八路军办事处的名义活动。这些以八路军办事处名义设立和开展工作的机构,自然在大后方扩大了八路军的影响。二是,八路军战绩辉煌。战争环境中,军事斗争居于决定性的地位,战绩具有举足轻重的影响力,人们对一支军队的评价与它的活动特别是战绩是紧密联系在一起的。战绩最引人瞩目,最具感染力和说服力,是对军队的最好宣传。哪支军队战绩辉煌,哪支军队的社会影响就大,其宣传效应也就明显。抗日战争时期,八路军取得了一系列震惊国内外的战绩,如平型关大捷、雁门关伏击战、七亘村重叠伏击战、夜袭阳明堡日军机场,如黄崖底、广阳、户封村伏击战,如创建和发展晋察冀、晋绥、晋冀豫、冀鲁豫、山东等抗日根据地的一系列作战,如针对国际法西斯气焰猖獗和国内正面战场形势低迷的状况,为了粉碎日军的"囚笼政策",克服国民党投降危险,振奋全国的抗日斗志而在华北发动的威震中外的百团大战,如在战胜严重困难时期粉碎日本侵略军的艰苦卓绝的反"扫荡"作战,如在局部反攻中把日本侵略军挤压到"点""线"之间,形成巨大包围圈的大规模进攻战。辉煌的战绩是对中国共产党和八路军的最大、最真实和最强劲的宣传,把中国共产党抗战路线、方针、政策的正确性和为中华民族的独立与解放英勇奋斗、忠贞不渝抗日到底的精神,把八

① 《毛泽东选集》第二卷,人民出版社1991年版,第378页。

路军努力贯彻党的指示、坚持在抗日第一线与民族敌人浴血奋战的形象,广泛地、深入地传播到亿万人民的心目中,产生了震撼无数人心灵的宣传效果。

在考察八路军宣传工作的地位时,有一种特殊的现象应特别给予关注,即八路军"被宣传"的状况。在当时的历史条件下,八路军对外宣传的条件是有限的,但由于八路军在中国抗日战争中的重大作用,因此形成了广泛的"被宣传"的现象。主要表现在两个方面:一是通过大量的战绩报道,二是通过新闻记者等的反复采访和报道,使八路军广为人知,并把它在敌后英勇奋战的事迹传播到了全国和世界。这是一种被动的宣传,是由受八路军事迹强烈感染而由他人替代八路军的一种宣传,但它实质上构成了八路军的宣传,成为八路军在当时历史条件下的一种特殊的宣传方式,是八路军宣传活动的重要组成部分。

二

八路军的工作和宣传活动对敌后抗战和全国抗战产生了重要的作用。

第一,有力地配合了敌后抗日游击战争和抗日根据地的开辟与巩固。1937 年 11 月太原失守后,毛泽东根据国民党军向晋南、晋西撤退,其在华北的正规作战结束的形势,连电指示八路军领导人:八路军的任务是"发挥进一步的独立自主原则,坚持华北游击战争,同日寇力争山西全省的大多数乡村,使之化为游击根据地",从而"克服危机,实现全面抗战之新局面"①。据此,八路军在华北实施战略展开,大规模分兵,深入各地开展敌后游击战争,建立敌后抗日根据地。八路军在华北的抗日斗争进入一个新的阶段。历史证明,中共中央的这个战略部署,具有伟大的历史意义,为中国抗日战争的坚持、发展和最后胜利奠定了基础。而八路军的宣传工作,对之进行紧密的配合,为这个伟大战略部署的实现作出了应有的贡献。

开辟敌后抗日根据地的过程,就是发动和组织敌后人民群众的过程,就是宣传群众、教育群众、促进群众思想认识提高、奋起抗日的过程,就是向群众宣

---

① 中共中央文献研究室编:《毛泽东年谱》(1893—1949)中卷,人民出版社、中央文献出版社 1993 年版,第 36 页;中共中央文献研究室编:《朱德年谱》(1886—1976)新编本中,中共中央文献出版社 2006 年版,第 710 页。

传日本帝国主义野蛮侵略造成严重的民族危机,只有组织起来抗日救国才能挽救民族危难的过程。为此,1937年10月29日,八路军总政治部专门发出《关于地方工作的指示》,要求"动员整个部队的指战员用高度的热情进行地方工作,创造抗日的根据地,做到人人能做宣传工作,每个干部时刻不忘创造根据地的任务,为完成每一动员计划而斗争"①。据此,八路军在分兵发动群众、建立抗日根据地的过程中,首先进行了普遍的宣传群众的工作。

八路军宣传群众的工作对敌后群众抗日运动的发动和发展,作用是非常突出的。以下几个具体事例清楚地说明了这一点。抗战时期担任根据地村干部的赵永安回忆说:"其实我最初没有意识到抗日的意义,但是后来我听了八路军的宣讲,就开始从心底觉得誓死也不能当亡国奴。"②抗日老八路韩银山回忆说:"国民党中央军南撤不久,共产党、八路军来到我的家乡,他们大力宣传共产党的抗日主张,唤起民众的抗日情绪,教育群众坚持抗战,破除迷信,自己解放自己。同时,对贫下中农实行减租减息,并恢复学校上课,建立民主新政权(村委会),设立武装委员会、妇女救国会、青年救国会,还建立了儿童团等组织。我的家乡抗日烽火熊熊燃烧起来。"③王鸿胪回忆说:"八路军在我的家乡江苏省沭阳县阴平地区有相当大的影响。"当时他和一些青年收集了一支国民党军溃退时遗留的武器,但不知如何抗日,"就在这时候,我们村又来了一支军队,这就是八路军陇海南进支队三团,由汤树红任团长。这支部队开展抗日宣传,点燃了当地的抗日烽火。我们说,两支军队都帮了大忙,前者送来了枪炮,后者送来了抗日思想。"④华北敌后抗日根据地基本上就是这样在八路军的艰辛工作下建立的,民众的发动、抗日局面的开辟,抗日民主政权的建立,都与八路军大规模的宣传工作紧密地联系在一起。甚至到1944年,在开辟豫湘桂战役后新沦陷区的工作中,八路军仍采取了这样的通过宣传而发

---

① 转引自《中国人民解放军政治工作史》,解放军政治学院出版社1984年版,第188页。

② 张元智:《村庄里的抗战故事——记抗战村干部赵永安》,清华大学新闻网,http://news.tsinghua.edu.cn,2005-08-25。

③ 韩银山:《敌后抗战亲历记》,清华大学新闻网:http://news.tsinghua.edu.cn,2005-08-30。

④ 王鸿胪:《建立抗日队伍——八路军陇海南进支队三团四营创建记》,中国老战士网:2008—7—0716:40。

动群众的方式。担负开辟豫西敌后抗日根据地任务的八路军团长闵学胜回忆说:"那时部队的宣传群众、动员群众的工作搞得比较活跃。部队中广泛建立了做群众工作的宣传组,走到哪里就宣传、动员到哪里,有时大会宣传,有时个别教育,有时走村串户,有时召集士绅开会,很快就帮助一些地方建立了民主政权和地方武装。我们还非常重视教育部队执行三大纪律八项注意,以自己的模范行动来影响群众。"①

在巩固敌后抗日根据地的斗争中,八路军的宣传活动也发挥了重要的作用。正如朱德1940年指出的:"我们则首先经过部队的宣传部门,并取得抗日政权和群众团体的配合,出版了大批的报纸、书籍和相当多的宣传品,在部队中还发动每一个战士进行宣传工作。我们宣传的中心内容是坚持抗战,坚持团结,指出新民主主义的中国的前途。结果,虽然我们因技术和各种条件的限制,在宣传手段上远不及日本帝国主义,但是,我们拥有真理,同广大群众有密切的联系,使群众从自己的切身经验中认识到我们正确,所以群众是拥护我们的。"②比如八路军的戏剧宣传,作用就非常突出。著名的"第十八集团军西北战地服务团"(简称"西战团"),1937年10月奔赴山西抗日前线,随八路军总部行动,在六个月里行程三千余里,途经十六个县市,六十多个村庄,演出百余场,在发动敌后抗战方面发挥了重要作用。1938年11月,"西战团"再次进入敌后抗日根据地,在晋察冀边区开展宣传活动一直到1944年4月。在长达五年多的时间里,创作六十多部剧本,如话剧《程贵之家》《模范公民》《慰劳》,歌剧《团结就是力量》《八路军和孩子》,独幕剧《把眼光放远点》《慰劳》《哈那寇》等,创作歌曲和搜集改编民歌约四百首,并组织演唱了冼星海的《黄河大合唱》,很受群众欢迎,在调动群众抗日积极性、宣传党和抗日民主政府的政策方面,功绩卓著。另外,晋察冀军区还成立了抗敌剧社,各军分区有战线、七月、冲锋、火线、回民支队抗战剧社等。一二〇师的战斗剧社、一二九师的先锋剧社,都非常著名。活跃在山东根据地的有一一五师战士剧社、胶东军区国防剧社、抗大一分校文工团等,活跃在晋冀豫抗

① 闵学胜:《挺进豫西,创建抗日根据地——回顾豫西抗日武装斗争历史片断》,崤函网:WWW.xhw.gov.cn,2007年7月11日。
② 朱德:《三年来华北宣传战中的艺术工作》(1940年7月24日),中共中央文献编辑委员会:《朱德选集》,人民出版社1983年版,第72页。

日根据地的八路军太行山剧团等。戏剧演出，为广大群众喜闻乐见，内容又直面现实，所以虽然艺术性有时差些，但宣传效果非常明显。曾在八路军第三纵队政治部工作的王林回忆说："我在政治部负责宣传队和火线剧社的工作。宣传队和剧社实际上是一班人马。这一段，我根据中心任务的要求，写了一些小型的剧本。这些剧本是比较粗糙的，常常是今天晚上写，明天自己还得上台演出，因为台词熟，还得当主角。可是，这些戏敏感地反映了那一时期的斗争实际，对现实发生作用很直接，群众反映还是异常强烈的。"① 由此可窥八路军宣传工作成功之一斑。

第二，在瓦解日伪军工作中发挥了重要的作用。瓦解敌军是中国共产党领导的革命武装政治工作的一个基本原则，抗战时期党仍坚持并强调了这个原则的运用。1937 年 9 月 25 日，朱德、彭德怀发布《中国红军告日本士兵书》，宣传八路军宽待俘虏的政策，号召日本士兵倒转枪口向着日本军阀开战，与八路军携手奋斗。② 10 月 25 日，毛泽东在与英国记者贝特兰谈话中，再次宣示了党的瓦解敌军和宽待俘虏的原则，指出："我们的胜利不但是依靠我军的作战，而且依靠敌军的瓦解"，强调这是八路军"极其重要和极其显著的东西"之一，毛泽东并提出了改造、争取日本俘虏为中国抗战服务的问题。③ 同一天，朱德、彭德怀向八路军发出关于对日俘政策的命令，规定：对被俘日军不许杀掉，并优待之；自动过来者，确保其生命安全；火线负伤者医治之；愿归故乡者，发给路费。④ 八路军总政治部在同月下发的《关于确定抗战之政治工作方针及组织案》中规定："为着削弱与瓦解敌人的力量，必须加强日军和伪军中政治工作。在日军士兵中，应站在反对日本帝国主义以侵略政策来牺牲日本贫民大众的立场，去瓦解日本军队，破坏其军事工业，交通工具。对于伪军，估计其士兵与下级军官是被迫而去投日军，应以民族利益的立场，去瓦解

---

① 刘绳：《记下一个伟大时代的风习——访作家王林同志》，《滹沱河畔》1981 年第 2 期。

② 中共中央文献研究室编：《朱德年谱》（新编本）中，中央文献出版社 2006 年版，第 675 页。

③ 毛泽东：《和英国记者贝特兰的谈话》（1937 年 10 月 25 日），《毛泽东选集》第二卷，人民出版社 1991 年版，第 379、381 页。

④ 中共中央文献研究室编：《朱德年谱》（新编本）中，中央文献出版社 2006 年版，第 702 页。

和争取,组织暴动以响应我军进击。"①1941 年 12 月,中共中央军委和总政治部在《关于太平洋战争爆发后对敌伪及对敌占区人民的宣传与工作指示》,更加强调了对敌伪的政治攻势,提出:"对敌伪以政治攻势为主,以游击战争为辅。"②据此,八路军的宣传工作大力配合瓦解敌军的工作,不断对敌伪发起政治攻势、宣传攻势。在宣传内容上,初期主要向日军宣传八路军的俘虏政策、抗日战争的正义性、揭露日本统治阶级发动侵华战争的罪恶目的,以激发日本士兵产生厌战反战情绪;太平洋战争爆发后,主要向之宣传战争形势对日本极为不利,日本必败无疑等,促使日军产生悲观情绪。在对伪军宣传方面,主要致力于启发民族觉悟,扩大日伪矛盾,如提出"中国人不打中国人""中华好男儿,要打鬼子兵""拖枪过来一律优待"等等。

八路军的宣传攻势颇有声势,如1941 年 8 月 1 日,八路军一二九师发动对敌闪击宣传战,出动 59 个武装宣传队携带传单、报纸约 50 万份,到敌占区散发。再比如组织大量武装宣传队、武装工作团(武装部队、宣传和敌工人员与地方党政干部组成),深入到敌占区或敌伪据点周围进行宣传。著名的敌后武工队就是在武装宣传队的基础上发展起来的,而中共中央赋予敌后武工队的第一项任务就是"开展对敌伪的宣传战,收复人心"③。

这些大规模的宣传活动,有效地配合了整个瓦解敌军的工作。比如在一部分日本士兵从"日本鬼子"变成"日本八路"的过程中,虽然其因素是多方面的,比如八路军的英勇抗日的斗志,八路军对他们的优待等,而宣传则是他们走上反战道路的一个关键环节,宣传使其思想开了窍。首批参加八路军的前田光繁就是如此转变的。他被俘后,八路军一二九师政治部敌工科科长张香山反复给他讲解八路军的俘虏政策,讲日本军国主义的侵略本质,讲八路军抗战的决心,讲最后的胜利一定属于中国,等等。前田光繁回忆说:"我不再恐

① 中国人民解放军政治学院政治工作研究室编:《军队政治工作历史资料》第四册,中国人民解放军政治学院出版社 1982 年版,第 47 页。

② 转引自《中国人民解放军政治工作史》,解放军政治学院出版社 1984 年版,第 261 页。

③ 敌后武工队共有五项任务,其他四项是:(2)与地方党政联系,开展敌占区群众工作,组织革命两面派村庄,发展敌后秘密武装;(3)进行敌伪组织工作(主要是下层);(4)铲除汉奸;(5)掩护交通与经济斗争。中共中央:《关于武工队工作的指示》(1945 年 1 月 25 日),《军队政治工作历史资料》第八册,解放军政治学院 1982 年版,第 278 页。

慌担心,反而觉得八路军是世界上最好的军队。回想那段岁月,我和张香山先生一个炕头睡了十天,谈了十天。"由此而思想转变,参加了八路军。直至晚年,他确信当年的选择是正确的:"当年我参加八路,这条路是走对了,我很幸运,我感谢八路军,下辈子还想参加八路军。"①和前田光繁一同参加八路军的小林武夫、冈田义雄也经历了这样的思想转变的历程。1939 年 11 月 7 日,觉醒了的前田等七个日本人,发起成立了日本人反战组织"觉醒联盟"。其后"觉醒联盟"相继成立了太行支部、太岳支部、晋东南支部、冀南支部、山东支部、冀鲁豫支部等。1942 年 8 月,各地"觉醒联盟"统一改称"反战同盟"。据1944 年统计,觉醒联盟和反战同盟的盟员达 223 人,支部数达到 13 个。② 八路军的宣传攻势引起日军将领的极大恐慌,日军师团长桑木在部队长会议上说:"长期的事变,使士兵均懈怠志气,不守纪律,更发生许多幻想,在共产党赤化魔手之下,愈加繁盛,而对我官兵宣传反战与阶级斗争,使部队内部发生许多的不安现象。"③

而八路军对敌军的宣传攻势因为这些"日本八路"的加入,更加强劲。参加八路军的日本反战人员的主要工作是对日军的宣传,向日军发动宣传战、思想战,具体就是书写传单和慰问袋,给日军中的熟识者写信,使用电话和扩音器在阵前对日军直接喊话,唱思乡、思亲或反战歌曲等。由于他们熟悉日军的情况,语言相通,并以亲身经历做示范,所以更容易打动日军,在瓦解日军士气,激发日本士兵思乡、厌战情绪等方面效果更明显。前田光繁就认为:"由于我们参加八路军,使得八路军对日本军队的宣传在质量上有一定程度的提高。"日军指挥官对此感到头痛:"最近共产军企图瓦解皇军,实施各种的反战宣传,特别是优待俘虏,在听取皇军机密事项后,放还归队,并利用俘虏的宣传以影响皇军,实为皇军之大患。"④

---

① 殷占堂:《前田光繁:第一个"日本八路"故地重游忆当年》,《环球人物》2006 年第 2 期。

② [日]香川孝志、前田光繁著,赵安博、吴从勇译:《八路军内日本兵》,解放军出版社 1985 年版,第 156 页。

③ 转引自谭政:《对敌工作的当前任务》,《八路军军政杂志》第 2 卷第 6 期,1940 年 6 月 25 日。

④ 谭政:《对敌工作的当前任务》,《八路军军政杂志》第 2 卷第 6 期,1940 年 6 月 25 日。

　　值得提出的是,参加八路军的许多日本反战人士为抗日宣传献身了。如反战同盟山东支部副支部长、鲁中支部支部长金野博,解放联盟冀鲁豫地区协议会副会长宫川英男等,截至 1944 年 4 月,解放区反战组织中牺牲的日本兵约有 30 人。[①] 反战同盟清河支部副支部长铃木一宏,在对日本军队进行反战宣传时被捕,临刑还高呼"中国共产党万岁""日本共产党万岁"的口号。[②]

　　八路军的宣传工作有力地促使了日本俘虏的觉醒,而觉醒的日本反战人士发展了八路军的对敌宣传,这就是八路军对日宣传攻势的重大成果。

　　八路军对伪军的宣传攻势也颇有成效。在抗日斗争过程中,在对死硬的汉奸坚决打击的同时,八路军非常重视对伪军和伪政权人员的政治引导,争取他们迷途知返,如张贴传单,书写标语,邮寄报纸,动员家属劝导,夜间在伪军驻地喊话,对俘虏教育后放回,发送警告信等,这些活动曾产生较大的影响,许多伪军心理发生动摇。"他们(伪军)很多人要我们报纸看,要求与我们联络。"从七七事变到 1939 年 10 月,八路军争取伪军反正 25 次,1938 年至 1941 年有 32293 名伪军反正。其后,1942 年有 9131 人,1943 年有 12829 人,1944 年有 18596 人,1945 年 1 月至 5 月有 40412 人,6 月至 10 月有 69005 人反正。[③] 并且产生了大量"两面政权"和暗中倾向八路军并提供一些方便的伪军政人员。

　　第三,在国内外极大地提高了中国共产党和八路军的威望。中国共产党在抗日战争时期走向全国、走向世界,这是党的正确的政治路线和模范的抗日行动的必然结果。而八路军的宣传活动配合了党的整个宣传工作,在向国内外宣传中国共产党抗日主张和辉煌战绩方面作出了重要贡献。

　　首先,八路军的抗日业绩在大后方得到广泛传播。八路军英勇奋斗、连打胜仗、开辟敌后抗日大好局面的壮举,振奋人心,因此为国内外的新闻所瞩目。每当八路军战绩公布,国内外的许多通讯社、报纸、电台竞相报道。在大后方,除《新华日报》大量报道八路军不断取得胜利的战绩外,《大公报》《新民报》

---

　　① 〔日〕香川孝志、前田光繁著,赵安博、吴从勇译:《八路军内日本兵》,解放军出版社 1985 年版,第 156 页。

　　② 《日人反战同盟山东支部拥护成立"解放同盟"》,《解放日报》1944 年 3 月 6 日。

　　③ 军事科学院军事历史研究部:《中国人民解放军战史》第二卷(抗日战争时期),军事科学出版社 1992 年版,附件:战绩统计表。

《国民公报》《新蜀报》《商务日报》《世报》《新中国日报》,以及湖南《力报》,衡阳《大刚报》《浙江潮》《妇女战线》《东南战线》《抗建论坛》《战时生活》等都有很多报道,甚至国民党的《中央日报》在一个时期里也有报道。阎锡山控制的民革通讯社把王震三五九旅等部在上下细腰涧歼敌 700 人,杨成武指挥的部队在易县大龙华歼敌 350 多人、生俘敌西陵警备队长等 11 人,一二○师在灵寿县陈庄歼敌 1000 多人的胜利,以及边区其他胜利消息,都给予了报道。比如百团大战期间,重庆《大公报》多次作了报道,其社评多所称颂。湖南《力报》赞扬说:"担应华北出击的主力部队在装备方面及军事技术训练方面都不及一般部队,但是他们终能以劣势装备在敌人统治比较巩固的华北予敌重创",是因为"这个部队具有长期的战斗经验,高度的民族觉悟与政治教育,提高官兵的政治认识,发挥最大的积极性"①。

特别需要提出的是,在抗战初期的一段时间里,蒋介石及国民党大员曾对八路军的战绩多有赞扬。如一一五师平型关大捷后,蒋介石两次致电朱德,称赞八路军"25 日一战,歼敌如麻,足证官兵用命,深堪嘉慰"。"接诵捷报,无任欣慰,着即传谕嘉奖。"一二○师在 1938 年 11 月取得邵家庄、张家湾战斗胜利,蒋介石"传令嘉奖";1939 年 4 月齐会战斗歼灭日军 700 余人,贺龙在战斗中中毒,蒋介石致电嘉奖:"贺师长杀敌致果,奋不顾身,殊堪嘉奖;除(宣传)成绩外,希转电勉慰为要。"陈庄歼灭战后,蒋介石又有电贺,并给贺龙写信,对八路军一二○师转战冀中英勇作战备致嘉奖。② 一二九师夜袭阳明堡后,国民政府军事委员会传令嘉奖,并奖两万元。黄土岭战斗消灭日军 900 余人,击毙日军"山地战专家",即将就任天皇侍从武官的阿部规秀中将,日本国内一片哀鸣之声。蒋介石就此发来电报言:"足见我官兵杀敌英勇,殊堪奖慰。"③

百团大战捷报传出,蒋介石致电朱德和彭德怀大加赞扬:"贵部窥此良机,断然出击,予敌甚大打击,特电嘉奖,除电饬其他各战区积极出击以策应贵部外,仍希速饬所部积极行动,勿予敌喘息机会,彻底断绝其交通为要。"④

---

①　《力报》1940 年 9 月 12 日。

②　李烈主编:《贺龙年谱》,人民出版社 1996 年版,第 275、291、302、307 页。

③　《彭德怀未经中央批准发动百团大战》,凤凰网,2010 年 8 月 18 日。

④　《百团大战历史文献资料选编》,解放军出版社 1991 年版,第 224 页。

国民党的许多大员如何应钦、程潜、卫立煌等及社会各方人士也对八路军的重大胜利多有贺电。比如平型关战斗后,"我们捷报发至全国,连日各省祝捷电甚多。"①杨虎城、龙云、马鸿逵、孙蔚如,国民党许多省、市党部,武汉行营,开封绥靖公署,浙江、福建等省政府,上海《大公报》、上海职业救国会、浙江抗日救国会等都有祝捷电。百团大战,贺电纷纭,如第二战区副司令长官卫立煌曾连发两电致贺,表示敬佩:"查顽敌陆续增兵,企图扫荡华北,截断我西北之国际交通,兄等抽调劲旅,事以迎头痛击,粉碎其阴谋毒计,至深佩慰。"②

这些对八路军胜利消息的大量报道,把八路军在敌后英勇奋战的事迹传播到全国各地;而时为中国最高军事统帅与中央政府的嘉奖,也在客观上加深了大后方民众对中国共产党和八路军坚决抗日情况的了解,从而在广大人民群众中树立了中国共产党和八路军的崇高形象。同时,八路军大量抗日战绩的宣传,也对全国人民的抗日斗志是极大的鼓励,比如百团大战之时,正值正面战场枣宜会战失利,宜昌沦陷、重庆震动,所以百团大战重创日军的消息广泛传开后,"后方的同胞们为此感奋到流泪。"③第二战区副司令长官卫立煌的贺电也清楚地指出了这一点:"贵部发动百团大战,不惟予敌寇以致命打击,且与友军以精神上之鼓舞。"④(应该说明的是,虽然后来国民党严密封锁陕甘宁边区和敌后抗日根据地,但八路军和敌后抗日军民浴血奋战的消息仍通过各种途径传播到了大后方。)

其次,外国新闻记者等的采访报道。据统计,从1937年卢沟桥事变到1939年9月第二次世界大战爆发,外国记者、学者官员等有20批近百人次访问陕甘宁边区和敌后抗日根据地。其中,著名的有英国《每日先驱报》记者詹姆斯·贝特兰,美国《法兰克福日报》记者艾格尼斯·史沫特莱,美国合众社记者王公达和杰克·贝尔登,美联社记者霍尔多·汉森,美国记者埃德加·斯诺,英国记者杰·布鲁斯,奥地利记者汉斯·希伯,美国海军上尉埃文斯·卡尔逊、柯乐满、雅德、傅路德、雷克难等世界学联代表团,有美国传教士和瑞士

① 中共中央文献研究室编:《毛泽东年谱》(1893—1949)中卷,人民出版社、中央文献出版社1993年版,第25页。
② 《百团大战历史文献资料选编》,解放军出版社1991年版,第147页。
③ 1940年9月19日《新华日报》社论援引重庆某晚报语。
④ 《百团大战历史文献资料选编》,解放军出版社1991年版,第147页。

作家组成的西北游击队后援代表团，燕京大学英籍教授林迈可和班威廉、美籍教授乔治·泰勒、英籍教授拉尔夫·拉普伍德，加拿大医生诺尔曼·白求恩、护士尤恩，印度援华医疗队医生爱德华、卓克华、柯棣华、巴苏华、木克华，奥地利医生罗生特等。1944 年，又有"中外记者西北参观团"访问延安，其中有 6 名外国记者：美国《基督教科学箴言报》的斯坦因、《纽约时报》的爱泼斯坦、天主教《信号》杂志的夏南汗神甫、英国《泰晤士报》的福尔曼、路透社的武道、苏联塔斯社的普罗岑科，并且他们中的数人深入到晋绥抗日根据地采访。

　　这些外国来访者撰写了大量考察报道，在国内外发表。如贝特兰在山西前线实地考察和采访三个月，在 1939 年出版了介绍八路军英勇抗日的事迹的《华北前线》一书，在世界上产生了广泛的影响。霍尔多·汉森也在 1939 年出版了《人道主义的努力：中国战争纪事》。卡尔逊和贝尔登也相继分别撰写了《中国的双星》《中国震撼世界》。1944 年外国记者在访问延安和敌后抗日根据地后，同样撰写了大量报道（据统计，福尔曼、爱泼斯坦、斯坦因在延安拍发的电讯达 100 多篇），客观地向世界人民介绍了在延安和敌后抗日根据地的见闻和观感。如《中国共产主义军队是强大的》《中国共产党人与富人协商》《大丰收使延安丰衣足食》《延安——一个在三种时间上的中国仙境》《毛泽东朱德会见记》《8600 万人民随着他的道路前进》《这就是毛泽东——中国共产党的领袖》等。甚至与国民党关系密切的武道也发表《我从陕北回来》一文，称赞延安政治民主、八路军在敌后英勇抗战。1945 年，福尔曼和斯坦因分别出版了《来自红色中国的报道》和《红色中国的挑战》；1946 年，怀特与贾安娜合著出版了《来自中国的惊雷》；1947 年，爱泼斯坦出版了《中国未完成的革命》；班威廉夫妇把自己在解放区的两年生活写成《新西行漫记》。这些著作和报道在向世界介绍中国共产党的政治主张、陕甘宁边区和敌后抗日根据地的建设的同时，以很大的篇幅介绍了八路军和敌后根据地人民的抗日业绩，扩大了八路军的国际影响。比如卡尔逊有大量称赞八路军的语言："我相信，这是世界上最严于自律和自制的一支军队。我所见到的是料想不到的事实，是我终生难忘的阅历。"①"日军推进的速度很快，与此同时，红军也神速地深入

---

① 史沫特莱：《中国在反击》，湖南人民出版社 1987 年版，第 224 页。

敌占区开展消耗战,不断扩大自己的势力范围。"①"对八路军内幕生活的简短调查揭示了中国抗日战争中新的潜力。依我看,对日本的现代战争机器的挑战,这里就是答案。"②他由此判断:"我开始看到席卷这个国家的团结和民族主义的强有力的精神,能转变成令人生畏的抵抗方式。或许北方的领导者正在做了。用中国人的积极性和创造力去抵消日本人在火力和机械化装备方面的优势。如果是这样而又成功了,就将改变这场战争的整个面貌。"③贝特兰在考察八路军英勇抗日的事迹后,得出的结论是:"世界上任何军队,如要对抗苏醒中的中国的全部力量,必遭失败。"由赞美八路军而赞美其领导者中国共产党,由肯定八路军而对中国的抗日战争颇有信心,这样的评论无疑扩大了中国共产党和八路军的世界影响。

这些外国记者和学者本是慕名到抗日根据地访问,是八路军宣传活动的结果,而他们采访、考察的报道和著作,进一步宣传了中国共产党和八路军,可谓八路军宣传活动的扩大和深化。

这里,特别应该强调美国驻华大使馆海军武官埃文斯·卡尔逊上尉、英籍教授林迈克和班威廉的作用。卡尔逊将他的考察写成秘密报告,递送罗斯福总统,在报告中赞扬八路军,呼吁援助八路军,"作为证据,他给总统寄去了共产党缴获的一些日军文件、一本日记和一件皮军衣。"并且毫无保留地把他的所见所闻介绍给在武汉的外国记者,结果在外国记者中"引起巨大震动","他在游击区体验到的,才是唯一的真正的'善'。他毫不怀疑地相信,依靠中国共产党人的力量,新的、更加美好的世界可以建设成功。他不惜以最美好的言辞来赞扬他亲眼见到的共产党地区的政治组织和军事组织,对那些兴致勃勃地倾听他的发言的记者们满怀热情地说明情况。"④林迈可在 1938 年和 1939 年,两次闯过日军封锁线,到晋察冀边区和晋东南八路军总部访问,太平洋战争爆发后,他和班威廉在晋察冀抗日根据地工作到 1944 年 3 月。他俩耳闻目睹敌后根据地军民在极其艰险的条件下英勇抗战的种种情形,将他们的所见所闻写成秘密报告,通过英国大使馆送交英国政府。应该说,他们的报告对英、美政府

---

① 斯诺:《复始之旅》,《斯诺文集》第 1 卷,新华出版社 1984 年版,第 237 页。
② 卡尔逊:《中国的双星》,新华出版社 1987 年版,第 109 页。
③ 卡尔逊:《中国的双星》,新华出版社 1987 年版,第 30 页。
④ 王安娜:《中国——我的第二故乡》,三联书店 1980 年版,第 218—219 页。

产生了很大的影响,实际上是向两国政府宣传了中国共产党和八路军。

三

对于八路军在抗战时期的宣传工作,还强调几点肤浅的认识。

第一,八路军的宣传工作在中国共产党抗战时期宣传工作中居于十分重要的地位。中国共产党在抗战时期的宣传工作,成效十分显著,影响至大至深。而八路军其时在中国共产党领导的抗日斗争中的地位和发挥的作用,决定了八路军宣传工作在中国共产党抗战时期宣传工作中的重要地位。抗日战争是一场敌我力量悬殊的战争,中国共产党领导的八路军、新四军,在很长时间里人数少,装备极差,但要与庞大的装备精良的日军进行殊死的战斗,坚持敌后战场,就必须创造可资利用和有益与敌周旋的条件。有鉴于此,早在抗日战争全面爆发之时,中共中央洛川政治局扩大会议就明确指出:中国共产党在抗战爆发后的中心任务是"动员一切力量争取抗战的胜利。""动员一切力量"任务的完成,其中一个重要的方面就是强有力的宣传工作。正因如此,毛泽东1938年10月在党的六届六中全会上强调:"必须动员报纸、刊物……及其他一切可能力量,向前线官兵、后方守备部队、沦陷区人民、全国民众,作广大之宣传鼓动,用以达到全国一致继续抗战之目的。"把宣传工作提到关系抗日战争全局的重要地位,即突出政治工作,通过强有力的宣传工作,通过充分挖掘中华民族的潜力,通过对广大人民群众的发动和组织,通过提高敌后抗日军民的觉悟和斗志,来弥补力量、装备等方面的劣势和严重不足,坚持抗战并争取胜利。也就是说,宣传工作对于中国抗战极具重要性。纵观八路军的宣传工作及其一系列活动,它认真地贯彻落实了中共中央关于宣传工作的部署,在华北敌后抗日根据地普遍、长期开展,并多有创造性。可以说,八路军在敌后战场的军事斗争和胜利,华北敌后抗日根据地的开辟、巩固和扩大,都与八路军的广泛的、卓有成效的宣传紧密联系在一起,中国共产党在抗战时期获得的巨大声誉也与之紧密相连。

第二,如果按照抗战时期的具体历史去考察,就能更加深入地了解八路军宣传工作的成效。因为与土地革命时期相比较,抗战时期宣传群众的工作难度是比较大的。一是,华北敌后抗日根据地大都地处偏僻的山区,经济和文化十分落后,所以许多民众的现代意识、国家意识在抗战爆发之时是相当薄弱的;二是,抗日战争时期是激烈的战争环境,严峻的战争形势,战争造成的破坏和带来的危险,战争的异常激烈、紧张和艰苦,都会对宣传工作产生很大的影响,八路军的宣传工作和活动是在非常困难和充满挑战的情况下进行的,是非常艰难、非常简陋的;三是,为适应抗日战争和第二次国共合作形势的需要,党在抗战时期的土地政策由土地改革变为减租减息,给农民带来的看得见的利益较土地革命时期少很多,这无疑更增加了对敌后人民群众宣传的难度。八路军的宣传工作就是在这样的历史条件下进行的,是在艰难中开展和取得成效的,这就更彰显了八路军宣传工作的卓越性。

第三,八路军卓有成效的宣传工作,其历史作用和影响,不仅限于抗战时期,对解放战争及其后来都产生了深远的影响。其在抗日战争时期那样艰苦、复杂条件下的实践和探索,其经验在今天仍有很强的借鉴意义。

天皇裕仁和九一八事变

内容提要：九一八事变是日本帝国主义大规模侵略中国的开端。事变是一些狂热侵华分子蓄谋制造的，但它的恶性演变却是日本统治者放纵和支持的结果。作为日本最高统治者的裕仁天皇，对九一八事变的演变起了决定性的作用，事变的不断恶性发展和他的态度与决定紧密地联系在一起。剖析裕仁天皇在九一八事变中的活动和表现，可以清楚地展现出他的战争责任和反人类的本来面目，对于深化这段历史研究是有意义的。

九一八事变是日本帝国主义大规模侵略中国的开端，是世界反法西斯战争的开端。它的发生和恶性演变，给中国人民造成严重的民族危机和巨大的灾难，也深刻影响了日本国内政治走向，日本军国主义势力因此迅速膨胀并最终将日本引向法西斯战争的深渊。而作为日本最高统治者的裕仁天皇，在九一八事变的演变过程中起了决定性的作用，事变的不断恶性发展和他的态度与决定紧密地联系在一起。国内外学者对裕仁天皇的战争责任多有论述[①]，其中不少内容涉及九一八事变。但关于他和九一八事变的研究尚不深入，本文在以往研究的基础上做一些细化的探讨。

纵容关东军制造九一八事变

1931 年 9 月 18 日晚 10 时 10 分左右，日本关东军自行爆炸沈阳北郊柳条

---

① 日本历史学家井上清、美国历史学家吴天威等都指出裕仁天皇的战争责任。赫伯特·比史斯的《真相：裕仁天皇与侵华战争》（新华出版社 2004 年版）、程永明的《裕仁天皇传》（天津社会科学院出版社 2004 年版）等，对裕仁天皇和九一八事变的关系有大量的论述。

湖附近的南满铁路,反诬是中国东北军所为,随即大举进攻沈阳城,是为震惊中外的九一八事变。

　　裕仁天皇迅速知道发生了九一八事变,因为在 9 月 19 日,裕仁天皇的侍从武官长奈良武次和日本内阁首相若槻礼次郎、陆相南次郎相继向他报告了此事。同时,裕仁完全清楚事变的真相。一是,当时日本驻沈阳总领事林久治郎在九一八事变爆发时,即发密电给外务大臣币原喜重郎,告知"此次事变完全是军部策划的行动"①。他回忆说:"自事变爆发之始,我随时随地都将事态报告给东京"②,他在报告中反复申说九一八事变是"军部阴谋",并先后陈述了"军部的一切越轨行动"。若槻内阁将之屡屡上奏,因此裕仁天皇对事变的情形和脉络应该是非常清楚的。二是,关东军蓄谋在中国东北制造事端,这在当时的日本政界广为人知。③ 裕仁也屡有所闻④,因此在内大臣牧野和元老西园寺的催促下,先后于 9 月 10 日和 11 日召见海相安保清种和陆相南次郎,询问他们"是否听到社会上关于军纪有各种批评?"提出了约束军队的告诫。⑤三是,关东军的军事行动证明其是有预谋的。其一天之内就占领沈阳、长春,四五天内占领东北近 30 个城市、控制 12 条铁路,攻占辽宁、吉林的大部分地区,并相继设立了统治机构。如此迅速的军事进程和完整的侵略部署,没有事先充分的筹划和精细的准备是不可能的。当时的局外人都看出了其端倪,如当时的美国国务卿史汀生指出:"很明显,日军是带着预想的战略目标进行了

---

① 〔日〕中田整一:《溥仪的另一种真相——秘藏日本的伪满皇宫最高机密》,上海人民出版社 2009 年版,第 19 页。

② 〔日〕林久治郎著,王也平译:《"九·一八"事变——奉天总领事林久郎遗稿》,辽宁教育出版社 1987 年版,第 131 页。

③ 甚至一般日本官佐都知道关东军将在中国东北制造事端,如 7 月间,鹿儿岛驻军少佐大队长吉冈对溥仪之弟溥杰说:"满洲不久或许要发生点什么事情,……请令兄多多保重,他不是没有希望的。"(中国人民政治协商会议吉林委员会文史资料研究委员会编:《吉林文史资料选辑》第 7 辑——《从戊戌变法到"九一八"事变东北大事记》,1985 年版,第 294 页)

④ 1931 年 9 月 15 日,日本驻沈阳总领事林久治郎报告外相币原喜重郎:"关东军正在集结军队,提取弹药器材,有于近期采取军事行动之势。"信夫清三郎:《日本外交史》下册,商务印书馆 1992 年版,第 554 页。币原随即报告了裕仁天皇。张效林译:《远东国际军事法庭判决书》,五十年代出版社 1953 年版,第 57 页。

⑤ 据西园寺公望回忆:裕仁天皇明确告诫南次郎:"驻满蒙军队的行动要特别慎重。"西园寺公望:《西园寺公和政局》第二卷,岩波书店 1959 年版,第 36 页。

精心准备之后,才主动发动这场大范围的侵略扩张活动的。"①作为了解底细的日本天皇则更应该清楚其内情了。四是,裕仁在九一八事变后已经获知真相。1932 年 9 月 8 日,他在皇宫接见九一八事变时的关东军司令、日本谓之"满洲国建国之父"的本庄繁时,问道:"听说满洲事变是部分人的阴谋,实际如何?"本庄繁回答:"我后来也风闻是部分军人和民间人士策划的阴谋,但关东军与卑职当时断然没有制造阴谋。"②从他们的对话可知,裕仁知道九一八事变是日本人的阴谋,而本庄繁的回答证实了此事。

总之,大凡正常的人,都能根据事实明辨九一八事变的真相。而作为日本最高统治者和了解底细的裕仁天皇,他能对关东军蓄谋制造事端、发动对中国侵略的阴谋,对九一八事变发生的真实根源、对事变的是非曲直,是不清楚的吗?

无论从哪个角度看,关东军制造的九一八事变都是非常严重的事件。第一,这是悍然向中国发动的大规模的侵略战争。关东军在炸毁柳条湖附近的一段铁路后,立即发动对沈阳、长春等城市的进攻,并于 19 日晨 6 时 30 分占领沈阳城,19 日下午 5 时 30 分占领长春。随后几天内,安东(今丹东)、海城、营口、辽阳、鞍山、铁岭、本溪、抚顺、四平、吉林等二十多座城市被日本占领,至 9 月底,辽宁(除辽西)、吉林两省沦陷。这不是所谓"事变"所能形容和概括的,这是大规模的对中国的侵略,是在国家之间发动战争,性质非常严重。第二,日军的侵略行动将引发严重的国际交涉。其大规模的侵略,不但引发中日关系的严重危机,而且明显违背了日本政府签署的《九国公约》和《非战公约》,打破了华盛顿会议形成的世界格局,成为影响当时世界秩序的重大事件,将引发一系列国际问题。第三,对天皇权力与尊严形成严重的挑战和侵犯。当时实行的《大日本帝国宪法》规定:"天皇统帅陆海军",天皇直接行使统帅军队的权力,政府和议会均不得干预天皇对军队的统帅权③,并且规定:

---

① [美]亨利·史汀生、麦克乔治·邦迪:《平时与战时的积极服务》(H.L.Stimson, M. Bundy.*On Active Service in Peace and War*),纽约,1948 年,第 227 页。转引自刘笑盈:《眺望珍珠港:美日从合作走向战争的历史透视》,北京广播学院出版社 2002 年版,第 150 页。

② NHK 采访组等:《日本昭和史的最后证人——张学良》,辽宁大学出版社 1993 年 1 月第 1 版,第 79 页。

③ 井上清:《天皇的战争责任》,商务印书馆 1983 年版,第 13、15 页。

"天皇神圣不可侵犯。"但是,关东军蓄意制造九一八事变,未经天皇批准就大规模地动用军队,而且是发动对外战争,这是对天皇权力和尊严的极大蔑视。九一八事变后,9月21日下午,驻朝鲜日军司令官林铣十郎擅自命令部队越过中朝边界,参与侵略中国东北。这又是对天皇权力的极大侵犯。第四,是对裕仁天皇对陆军训诫的公开抗拒。十天前,裕仁天皇刚刚召见陆相和海相,告诫军队不得妄动,但关东军对他的训诫置若罔闻,公然滋事生非;事变发生后,裕仁天皇曾要求并批准了内阁"不扩大事态"的方针,但关东军却无视天皇和政府的指示,继续大肆进犯东北各地,这些都表现为对裕仁天皇权威的挑战。在日本举国尊崇皇权的体制下,这是非常严重、不能容忍的事件。

按照正常的思维度,裕仁天皇对此应有明确的严肃的处理。从避免战争、维系日本国际信誉的角度考虑,应该制止九一八事变的恶性发展;从维护天皇的权威和保持政府威信与军队纪律的角度,应对九一八事变的制造者和驻朝日军的越境行动,提出处罚。

但是,裕仁天皇对这个日本"空前的一大紧急事件"(日本驻沈阳总领事林久治郎语),基本态度是默认和纵容关东军的行动。他曾表示赞同并批准了内阁"不扩大事态"的方针,但对关东军侵略中国东北的行动没有谴责,对违背其"圣意"和内阁"不扩大事态"方针的持续侵略行径,没有任何阻止的表示;对其后日本内阁会议通过承认驻朝日军进入东北的既成事实并增拨出兵经费的决定,他不仅不表示反对,而且完全认可;尤其是对高级军官的擅权妄为、违宪冒犯的行为,没有批评,更无追究和处罚的意见。这明显是对关东军和驻朝日军肆意侵略中国行为的放纵。

关于裕仁对九一八事变制造者的态度,有一则史料值得关注。九一八事变主谋之一的石原莞尔在东京审判中作证说:1928年他被派往中国东北任高级参谋,为参谋本部制订征服满洲的计划。行前,他从天皇那里得到了"必要时动用军队"的敕令。① 石原莞尔的这段话说明,九一八事变的制造者和裕仁天皇之间有默契。虽然目前没有更多的资料证明石原莞尔的话,但联系事实则可看出其可信之处。一是,1928年,关东军的河本大作等主谋炸死了张作

---

① [美]戴维·贝尔加米尼:《日本天皇的阴谋》上册,商务印书馆1984年版,第501页。

霖,首相田中义一最初曾拟严厉处置河本大作,后因内阁有人反对遂决定对之不了了之。裕仁天皇因田中义一在处理河本大作问题上前后说法不一,厉声责问田中义一有违前言,命令他辞职,结果导致田中内阁垮台。而九一八事变较之处置河本大作之事,性质和问题严重得多,对裕仁天皇冒犯的程度也严重得多。因为田中义一的问题仅涉及处分一个陆军大佐,而九一八事变制造者是擅自调动军队发动对外战争,明目张胆地不听从裕仁的指令。而且1908年制定的日本陆军刑法又明确地严厉地规定:"指挥官对外国无故开战处死刑";"指挥官无理由越权时或将军队擅自推进时处死刑、无期徒刑或七年以上监禁"①。但裕仁对九一八事变制造者竟然宽大到不闻不问的程度,这与其以往的做法大相径庭。二是,九一八事变的主谋石原莞尔、板垣征四郎等无一人受到处罚,相反不久都升官晋衔了;关东军司令官本庄繁和擅自下来军队越境的驻朝鲜司令官林铣十郎非但没有处分,而且受到天皇的非常赞赏。本庄繁于1932年7月底调任军事参议官,在他返回东京的当天,裕仁接见并"赐予之敕语",对本庄繁在九一八事变及其之后侵略中国的表现大加称赞:"卿作为关东军司令在异国神速应变,果断行事,以寡敌众,使皇军的威信名扬中外。朕今亲聆复命,并深念卿之功勋和将士之忠烈,特嘉奖之。"②为此,裕仁授予本庄繁金鵄(1945年授予日本军人的勋章)一级勋章和一等旭日大授章,后来让之担任最接近天皇并为其最信任的职务——侍从武官长。林铣十郎在九一八事变后不久晋升陆军大将(1932年4月11日),后任斋藤实、冈田启介内阁陆军大臣,1937年2月更是受命组织内阁。从另一个角度看,日本军纪素称严苛,而在如此军纪之下,石原莞尔、板垣征四郎敢于擅权妄为制造大规模侵略中国的九一八事变,关东军司令官本庄繁不经批准敢于擅自下令关东军大举向东北各地进攻,驻朝鲜司令官林铣十郎敢于违背军纪擅自下令所部越境侵略东北,如此胆大妄为、侵犯裕仁天皇的举动,如果没有一种心照不宣的默契、甚或存在秘密约定,他们敢于冒如此的风险吗? 裕仁能对这些严重违宪、违制军官如此宽容吗? 裕仁极其怪异、颇不合情理的处置,似乎在一定程度上印证了石原莞尔的话符合基本事实。

---

① 江口圭一:大系《日本历史》14卷,小学馆1989年版,第195页。
② 本庄繁:《本庄日记》,原书房1979年版,第71页。转引自高培:《本庄繁与九一八事变》,《抗日战争研究》1991年第2期,第74页。

裕仁天皇对关东军制造九一八事变及其大肆侵略中国的这种放纵态度，实际上鼓舞了关东军的侵略野心，助长了他们的侵略气焰，从而使事变延续、扩大，给中国人民造成巨大的灾难，也把日本人民一步步带入了巨大的灾难之中，并最终演变成其统治的严重危机。

批准扩大对中国的侵略

1931年11月间，受到裕仁天皇纵容的日本关东军兵分两路向东北纵深地区发动了旨在占领全东北的进攻。

九一八事变后，东北边防军司令长官公署迁驻锦州。为实现对东北的整个占领，1931年10月2日，关东军首脑会议制订了攻打锦州的计划。裕仁天皇批准了关东军的这个计划，他向参谋本部的次长二宫治重说："如果张学良在锦州附近重新集结部队，事件扩大不可避免，必要的话，余可同意事件扩大。"①随之10月8日，关东军调集大批飞机对锦州实施轰炸。11月17日，日军兵分三路从沈阳、通辽、营口向锦州进犯。因遭到抗日义勇军和东北军的迎头痛击，日本参谋本部下令暂停对锦州的作战。随后，日军向锦州地区大量增兵，计有第二、第二〇师团，第三十八、第三十九混成旅团和第八旅团等，共四万余人，其中大部分是增派进入中国东北的。需要强调的是，日军大量增兵东北系经过裕仁同意而调动的。在进一步准备后，12月27日，关东军再度进攻锦州。1932年1月3日，日军侵占了锦州。

1931年11月4日，日军和张海鹏伪军向驻守嫩江桥的中国驻军发动进攻，黑龙江省政府代理主席马占山率部与日军血战，是为著名的江桥抗战。战至11月19日，日军占领黑龙江省城齐齐哈尔（至1932年2月5日，哈尔滨沦陷）。日军的进攻，得到天皇的批准，并批准增调混成第四旅团和三个飞行队至黑龙江省参战。

特别是，在日军侵占锦州和黑龙江省大部后，裕仁天皇全盘接受了关东军侵略中国东北的主张和行动，以最高统帅的身份对之侵占东三省大片土地的

① ［美］赫伯特·比史斯著，王丽萍、孙盛萍译：《真相：裕仁天皇与侵华战争》，新华出版社2004年版，第68页。

"功绩"进行了确认和表彰。1931年10月18日,裕仁被侍从武官带圣旨到沈阳纪念九一八事变爆发一周月。1932年1月8日,即日军占领锦州后的第五天,他发出嘉奖关东军"忠烈"的敕语:"曩者满洲事变勃发,关东军将士基于自卫之必要,果断神速,以寡克众,迅速完成芟伐,此后,凌艰苦,冒祁寒,荡伐各地蜂起之匪贼,完成警备任务,或在嫩江、齐齐哈尔地方,或在辽西、锦州地方,冒冰雪,勇战力斗,拔除祸根,宣扬皇军威武于中外。朕深嘉奖其忠烈。尔将士等其各坚忍自重,以确立东亚和平之基础,有厚望焉!"①在这个敕语中,他不顾基本事实,歪曲真相,把关东军的侵略行动美化为出于"自卫的必要",称赞关东军侵略中国东北"果断神速","迅速完成芟伐";并特别提出日军在"嫩江和齐齐哈尔地区"与"辽西锦州地区"扩大侵略的作战,予以高度赞赏;尤其是勉励关东军的暴虐的侵略行动:"朕希望汝等将士更加坚忍自重,以巩固东洋和平之基础,报答朕信赖之恩。"

其后,裕仁在侵略中国问题上,和日本军部表现了高度的一致。

日军的扩大侵略,引发国际上对日本政府提出许多批评和谴责。10月24日,国联理事会决议,敦促日本于11月16日以前撤兵至南满铁路区域以内。11月27日,日军向锦州的进犯在国际上引起了强烈的反响,尤其是美国从维护在华利益的考虑出发,向日本提出了严重抗议。12月10日,国联理事会通过《关于解决满洲问题决议案》,决定派遣代表团前往东北调查。

为转移国际视线,1932年1月10日,板垣给日本驻上海公使馆武官助理田中隆吉少将发出如下电报:"满洲事变按预定计划发展,但中央有人因列强反对仍持怀疑态度,请利用当前中日间紧张局面进行你策划之事变,使列强目光转向上海。"②田中隆吉就和川岛芳子雇佣杀手在上海袭击日本和尚,造成一死两伤的事件,日军由此发动了进攻上海的侵略战争。

裕仁天皇全力支持日军进攻上海的侵略行动。一是,批准日本海军大量向上海增兵。1931年1月23、24日,从日本本土增派的"大井"号轻巡洋舰、第十五驱逐队、吴港特别陆战队以及"能登吕"号特务舰(水上飞机母舰)驶抵上海;26日又派遣第一水雷战队(下辖三个驱逐队)驶向上海。这些军队的调

---

① 《现代史资料·7·满洲事变》,三铃书房1965年版,第337页。转引自程永明:《裕仁天皇传》上,天津社会科学院出版社2004年版,第100—101页。

② 转引自程永明:《裕仁天皇传》上,天津社会科学院出版社2004年版,第105页。

动和派遣,是裕仁天皇批准侵略上海的确凿证据。二是,2月2日,裕仁天皇违反宫廷任命官员的惯例,在未和首相推荐人西园寺商量的情况下,任命皇后的堂兄伏见宫博恭王为海军军令部总长。此前,他已在1931年12月任命祖叔闲院宫载仁亲王为陆军参谋总长。至此他把陆海两军的作战事宜完全控制在皇室成员手中,特别是在上海战事初起之时的这项任命,其寓意是深刻的,实际上使他进一步操控了上海战事。三是,一·二八事变后,驻上海日军舰队司令盐泽幸一指挥的进攻遭到中国守军的顽强抗击,数次进攻以失败告终。裕仁因此对盐泽幸一非常不满,亲自指责,并将其免职。在继任的日军第三舰队司令官野村吉三郎中将也告失败后,天皇裕仁发出增兵敕令,陆军参谋总长闲院宫载仁据此急令陆军第九师团(1月初裕仁曾检阅该师团)火速增援上海。2月下旬,接替野村指挥的第9师团长植田谦吉发动的两次总攻,均被中国军队击退。于是日本犬养毅内阁决定向上海增派两个师团,组成"上海派遣军",任命原田中内阁的陆相、军事参议官白川义则大将为司令官。裕仁天皇批准了内阁的上奏,并接见白川义则给予指示。四是,上海停战后,天皇裕仁向上海派遣军大加褒奖:"派往上海方面之陆、海军将兵,齐心协力,以寡克众,使皇军的威武扬于海内外,朕深嘉其忠烈。"①这个敕语,肯定了日军对中国上海的侵略,助长了日军侵略的气焰。

　　裕仁天皇在1946年口述的《昭和天皇独白录》中,把约束上海战事夸耀为他"和平"的业绩:"在上海将战区做某种程度的限制,以防止事件的扩大,这是白川(义则)大将的功劳。3月3日实现了停火。但这并不是依据参谋本部的奉敕命令,而是因为我已特地命令白川不得扩大事端。"②裕仁天皇确实曾指示白川说:"在将中国第十九路军从上海击退之后,不要长追不舍,希望在3月3日国际联盟大会召开之前能够停战。"③但裕仁天皇之所以如此,一是,日军进犯上海的目的是转移国际视线,配合其侵占东北阴谋的实施,其在上海地区的大打,一定程度上实现了其预想的计划。二是,日军在上海遭到中国守军的顽强抵抗,以至四易主帅、连吃败仗,其日本陆海军战死769名、负伤

---

　　① 《朝日新闻》,1932年3月16日。转引自程永明:《裕仁天皇传》上,天津社会科学院出版社2004年版,第110页。

　　② 《裕仁天皇独白录》(上),《世界史研究动态》1991年第8期。

　　③ 转引自程永明:《裕仁天皇传》上,天津社会科学院出版社2004年版,第109页。

2322名,伤亡合计3091名,占参战人员的17%,伤亡惨重,再战不利。三是,引起了西方列强的一再警告和干涉,国际联盟宣布在3月3日召开会议讨论中日战争问题,日本统治者想在国联会议前停止上海战事,以便争取国联会议上的主动。如前所述,裕仁天皇的同意、批准和支持是日军在上海大打的基本条件,绝不能把所谓上海停战视为裕仁天皇的功绩,更不是其"爱好和平"的标志。

支持炮制"满洲国"和侵略华北

日军制造九一八事变的直接结果,是把东北从中国的版图中割裂出去。

九一八事变之初,关东军内部主张吞并东北的论调颇甚,但碍于形势,最后于1931年9月22日炮制了一个"目前形势下更易收到实效"的《满蒙问题解决方案》,决定在中国东北成立傀儡政权。其主要内容是:"第一,方针。建立由我国支持,领土包括东北四省及蒙古、以宣统皇帝为元首的中国政权,成为满蒙各民族的乐土。第二,要领。一、根据新政权的委托,国防和外交由日本帝国掌管。交通、通讯的主要部分也加以管理。关于其他内政,由新政权自行处理。二、关于元首及我帝国在国防和外交等方面所需要的经费,由新政权负担。三、为负责维持地方治安,大致起用下列人员为'镇守使':熙洽(吉林地方)、张海鹏(洮索地方)、汤玉麟(热河地方)、于芷山(东边道地方)、张景惠(哈尔滨地方)。"[①]

据此,日本关东军从1931年至1932年,在辽宁、吉林、黑龙江三省网罗汉奸,建立伪政权组织。与此同时,根据《满蒙问题解决方案》中选择"宣统皇帝"为傀儡的决定,土肥原到天津对清朝逊帝溥仪软硬兼施,并通过制造骚乱的办法,将其挟持到了东北,做建立伪政权的准备。

在中国东北建立伪政权,明目张胆割裂中国的版图,这是震惊世界的疯狂

---

① 复旦大学历史系日本史组编译:《日本帝国主义对外侵略史料选编1931—1945》,上海人民出版社1975年版,第17—18页。石原莞尔曾对此感到伤心和无可奈何:"意见本为9月19日的满蒙占领意见。但陆军中央部根本对此不屑一顾,而且建川少将也完全不同意。我知道这个意见是无论如何也不能实现了,吞下万斛泪水,退让至满蒙独立方案,作为最后底线,但我相信良机终会到来,满蒙国土论也一定能实现"。

之举。但裕仁天皇对日本军部、关东军和日本政府在中国东北建立傀儡政权的计划和行动，完全采取赞同的态度。1932年年初，携带建立伪政权方案回国的板垣征四郎，向裕仁汇报了关东军拟定成立"满蒙中央政府"的具体方案；前陆相、时任军事参议官的南次郎在奉派"视察"中国东北后，向裕仁天皇建议组建傀儡政权。裕仁天皇对他们的报告和方案不仅没有异议，而且深表赞同。

在得到裕仁的认可后，1932年1月6日，日本政府制定了《满洲问题处理方针纲要》，提出："满蒙应当从中国主权下分离出来，作为一个独立政权统治的地区，并逐渐形成为一个国家。"并明确规定：这个国家的政治、经济、国防、交通、通信等受日本控制，由日本人参与这个国家中央和地方的行政。这个"纲要"确认了关东军建立傀儡政权的方案，成为日本侵略者占领和统治东北的基本方针。

1932年3月9日，日本侵略者在长春成立"满洲国"，以溥仪为所谓"执政"。6月16日，裕仁天皇下达敕令，明确规定关东军有保护"满洲国"之任务。9月15日，日本政府宣布承认"满洲国"，与之签订了《日满议定书》。

日本建立伪满洲国，严重破坏中国的主权和领土完整，是对中国人民的极大侵害。同时，它打破了第一次世界大战后华盛顿会议形成的世界格局，是对美国、英国等世界大国的严重挑衅；它要独占中国东北，实际损害了美英等国的利益，因此引起美英等西方国家的很大不满。经过中国驻外使节的努力，1933年2月21日，国际联盟特别大会以42票支持、日本1票反对、泰国1票弃权的表决结果，通过了维护中国对东北的主权、否定"满洲国"傀儡政权的《最终报告书》。[①] 为保持其侵略成果，日本政府根据军部的要求，提出退出国际联盟。对此，天皇裕仁予以批准，并发表诏书，欺骗日本国民说退出国联是正当的："值此满洲国新兴之际，帝国尊重其独立，促使其健全发展，以除东亚之祸根，奠定保卫世界和平之基础。然不幸，联盟所见与此相悖，朕乃令政府

---

① 中国社会科学院近代史研究所译：《顾维钧回忆录》第2分册，中华书局1985年版，第172—173页。《最终报告书》具体内容是：日军在九一八事变后的行动并非出于"自卫"，"满洲国"也非满洲人民独立运动的结果，提议：（一）满洲主权既系属诸中国；（二）日军进驻南满铁路区域之军队，应予撤退；（三）国联会员国对"满洲现行制度"无论在法律上或事实上，均不予承认。

慎重审议,遂使之采取退出国际联盟之措施。"①裕仁长期惧怕西方国家干涉或制裁,但在维护侵略得利上,他不惜冒和西方大国决裂的危险。

与此同时,日军发动了侵略华北的战争。1933 年 1 月 3 日,关东军第八师团在飞机大炮的掩护下,占领了东北通往华北的咽喉——山海关。2 月 23 日,日军以热河为"满洲国"一部分和履行"日满条约"的借口②,举兵 10 万余人大举进攻热河。至 3 月中旬,热河全省沦陷。日军侵略热河,得到了裕仁天皇的首肯和批准。据时任关东军副参谋长的冈村宁次回忆:1933 年 3 月 24 日,他奉命回国向天皇报告热河作战的情况,天皇"颇为热心地听取了我的上奏"③。和以往嘉奖侵略行动的做法一样,4 月 15 日,裕仁天皇向侵占热河的日军颁赐了赞赏的敕语:"于热河方面作战之关东军将兵,冒风雪逾艰险,长驱迅进以寡敌众,得以宣扬皇军之威望于中外,朕深嘉其忠烈。惟世界形势不容顷刻苟且,汝等将兵应宜养其锐力,朕深有厚望焉。"④

日军正如其给国民政府的通牒说的那样,在进攻热河过程中按照计划把战火推向了长城一线,中国军队由此进行了长城抗战。但日军凭借武力,于 4 月 17 日占领了滦东地区。5 月 2 日,裕仁天皇批准了参谋本部、陆军省和关东军商定的"沿长城作战","以迫降为主,内变策应为从"的作战方案。据此关东军司令部下达了入侵关内的作战命令,至 5 月中旬,先后占领唐山、密云、三河、遵化、蓟县等地。5 月 31 日,国民政府被迫与日本缔结《塘沽协定》,事实上承认了日本侵占东三省和热河,并承认冀东为"非武装区",整个华北被

---

① 〔日〕祢津正志著,李玉、吕永和译,马斌校:《天皇裕仁和他的时代》,世界知识出版社 1988 年版,第 82 页。

② 日本政府在给国民政府关于热河的通牒中称:"(1)热河省内张学良军及其他反满军队之存在,不但与满洲国之主权抵触,且与热河省治安之恢复,不能两立。故此次满洲国实行肃清该省内之匪贼及兵匪余党。日军乃在日满议定书之关系上,应与该国军队协力之立场。而满洲国常向上述张学良军等要求撤回关内,未能容纳其要求。故因实行上述热河省肃清事业之结果,而引起与满洲国军协力之我军与张学良军及其他反满军队之冲突,此乃因张学良军等留驻热河省内不得已而出此。其责任,应由不接受上述满洲国要求之中国方面负担之。(2)……惟张学良军及其他反满军队,如坚欲出于积极的行动,则难保战局不及于华北方面。若因此发生任何事态,其责任悉在中国方面。"中国社会科学院近代史研究所译:《顾维钧回忆录》第 2 分册,中华书局 1985 年版,第 180—181 页。

③ 稻叶正夫:《冈村宁次回忆录》,中华书局 1981 年版,第 441 页。

④ 转引自程永明:《裕仁天皇传》上,天津社会科学院出版社 2004 年版,第 112 页。

置于日军的监视和控制之下。

《塘沽协定》签订后,裕仁天皇亲临东京的靖国神社向阵亡将士的亡灵"报捷",这充分表现了其赞赏日军侵略中国的内心世界。

简短的结语

考察裕仁天皇在九一八事变后的活动,可以得出以下结论。

第一,九一八事变的恶性发展和裕仁天皇的决定密切相关。

日军在侵略中国过程中,屡屡采取"以下克上"的方式。九一八事变就是日军"以下克上"的开端和典型事例,其之所以得以成功,与裕仁天皇的容忍、默许、赞同紧密地联系在一起。关东军制造九一八事变后,如果裕仁天皇有明确的、坚决的制止和责任追究,事态完全是可以控制和化解的。而他的默认和纵容激励了关东军的侵略野心和战争步伐,使侵略战争不断扩大,也使日军"以下克上"得以恶性发展。

需要强调的是,九一八事变后日军扩大对中国的侵略,许多行动是得到裕仁天皇同意、认可和批准的。裕仁天皇对日军九一八事变后侵略中国的行动,一直持认同和赞助的立场。他的这种立场和态度,是日军一系列侵略中国阴谋得逞、侵略中国战争不断扩大的基本的、根本的原因。

第二,裕仁天皇完全拥有统领军队和掌控日本政局的真正权力。日本投降后,裕仁天皇竭力把自己塑造成一个坚决实行"君主立宪制",是一个对日本政府和军方的战争决策无可奈何的局外人,日本军国主义者也极力为裕仁天皇的战争责任(实际上是战犯)开脱,把他说成驾驭不了嚣张军人胡作非为,是一个无所作为的空架子。实际上,绝非如此,九一八事变以来裕仁的表现戳穿了其假象。

比如,裕仁天皇很顺利地任命其皇族亲属担任完全服从于他、号令整个日本陆海军的参谋本部参谋总长和军令部部长,紧紧把军队指挥权掌握在自己手中。比如,在第一次进攻锦州时,参谋总长金谷范三根据他授予的权限,指示关东军撤回了进攻锦州的部队;他所谓约束上海战事给"上海派遣军"白川义则大将的指示,白川遵循了。再如,在1933年4月,因担心进攻深入滦东地区出现危险,裕仁天皇指示日军后撤,4月19日,他召见陆军参谋次长真崎甚三郎,质问道:"关东军还没有从滦河一线撤退吗?"真崎立即向关东军参谋长小矶国昭发出密电,表示"如不立即撤退,将奉敕令下达撤退命令"①。于是,关东军司令部在4月20日下令关东军从滦东撤回长城沿线。还如,九一八事变后,当若槻内阁的"不扩大"方针和军部发生矛盾时,他偏袒军方,迫使若槻内阁同意支出事件所花费用;他决定放弃政党内阁,他可以选择首相人选,他否决了平沼骐一郎的组阁。

历史事实说明,裕仁天皇并非没有实权,并非不能统御军队和政府,他是大权在握的。

所谓裕仁奉行"君主立宪制"之说,是不值一驳的。当时实行的《大日本帝国宪法》规定:"万世一系的天皇统治大日本帝国","天皇作为国家元首,总揽统治权。"国务大臣的职责是"辅弼"天皇,"对其负责",因此国家治权掌握在天皇手中。关于军队统帅权,其宪法不仅规定"天皇统帅陆海军","有关军队的用兵、作战指挥权,即统帅权属于天皇";而且规定政府和议会均不得干预天皇对军队的统帅权②,因此,日本军队的大权完全掌握在天皇手中。当时虽然天皇之下有内阁,但军国大权掌握在天皇之手。正如裕仁天皇时期曾三次出任日本首相、熟谙日本政治运行情况的近卫文麿所言:"日本的宪法,以天皇亲政为前提,……尤其在军队统帅权的问题上,政府完全没有发言权,可以控制政府和军队双方的,只有陛下一人。"③日本当时的政制并非普遍意义上的"君主立宪制",裕仁天皇也非真正遵循"君主立宪制"之君主。

第三,裕仁天皇侵略中国的决定以扩张疆土、维护侵略成果为出发点。他也曾对日军的侵略表示担心和犹豫,在九一八事变后,曾"告诫参谋总长(金谷)不要扩大行动",但当关东军抗命行动、攫取中国东北大量土地时,他为侵略轻易得手而窃喜,改变原来的"不扩大事态"的态度,也不计较对他的冒犯,并特别称赞关东军的侵略行为。他曾对进攻锦州表示犹豫,下达"不攻击锦州的方针"和"尊重国际间信义"指示,但在关东军要求和维护侵略利益的心理指导下,不久就批准了扩大侵略的行动;他对侵入热河之举感到不安,曾设置"条件是不越过万里长城进入关内"的限定,但最后批准了热河作战和侵略

① 程永明:《裕仁天皇传》上,天津社会科学院出版社2004年版,第113页。
② 井上清:《天皇的战争责任》,商务印书馆1983年版,第13—15页。
③ 转引自王俊彦:《日本战犯审判秘闻》,中国华侨出版社1995年版,第132页。

冀东的行动。①

他的担心和顾虑，主要之点有二，一是不能成功，或者损失已得利益。比如九一八事变爆发时所谓"不扩大"的主要原因，是担心侵略战争扩大而得不到好处；对进攻热河的忧虑是害怕功亏一篑，引发国际干涉而丧失侵略东北的成果："迄今为止在满洲的顺利推进已经十分幸运，今后若出现功亏一篑之事，将令人感到遗憾。热河方面要特别谨慎处置。"②二是，担心美英等大国干涉，这是裕仁天皇的最大顾虑。他清楚地知道日本对西方经济的依赖，知道美英大国在世界事务中的作用，因此担心扩大侵略战争导致和美英大国的冲突，遭受国际经济制裁。1931年他在批准日军扩大侵略后，因西方国家抗议对锦州的进攻，他不安地"要侍从武官长询陆海军大臣，是否有遭到经济封锁，或与列国为敌开战的心理准备，是否做好基础准备"③。随后授权参谋总长下令中止了第一次进攻锦州的作战。其后，他约束上海作战范围的指示，命令侵入滦东的日军后撤等，都主要出于这个原因。特别是热河作战的顾虑和限定日军不得越过长城的指示，主要就是担心和美英等国冲突，他后来解释说，之所以批准在东北扩大侵略，是"因为满洲是乡村，即使出了事也算不了什么；如果发生在天津、北京，必然遭到英美的强烈干涉，彼此之间有发生冲突的危险。"④但当感觉西方大国不会采取强硬措施，外交局面不会变得很严峻或者可以欺骗舆论、搪塞国际责难时，便马上放弃前议，批准、同意了日军的侵略计划与行动。

而对于既得侵略成果，裕仁天皇是绝不放弃的。在决定退出国联时，他也曾犹豫过，但在保护侵略果实思想支配下，裕仁天皇最后还是批准了内阁退出国际联盟的决定。

实际上，在侵略中国问题上，裕仁天皇和其军政要员的思想是一致的，只

---

① 本段关于裕仁天皇的引文，转引自［美］赫伯特·比史斯著，王丽萍、孙盛萍译：《真相：裕仁天皇与侵华战争》，新华出版社2004年版，第166、172、180页。

② ［美］赫伯特·比史斯著，王丽萍、孙盛萍译：《真相：裕仁天皇与侵华战争》，新华出版社2004年版，第179页。

③ ［美］赫伯特·比史斯著，王丽萍、孙盛萍译：《真相：裕仁天皇与侵华战争》，新华出版社2004年版，第169页。

④ 《裕仁天皇独白录》（上），《世界史研究动态》1991年第8期。

要能侵略成功、抢劫得利,他就同意和批准军队去干。因此,虽然他曾有约束和克制日军行动的言论,但在日军阴谋得逞和利益诱惑下很快就放弃了。正是在这种思想指导下,他容忍军队冒犯他的权威、容许"以下克上"现象的发生,默许、支持、赞颂、鼓励日军在中国的侵略计划和行动。并且在大肆侵略中国过程中,其侵略野心日益膨胀,放任日军胡作非为。也正是在这种迷恋侵略、唯侵略是图的思想指导下,他把日本引入了疯狂侵略并图谋灭亡中国的战争中,把日本引上和人类文明与正义为敌的法西斯道路,并最终走向了可耻的失败。

中国共产党在延安时期的外交活动

内容提要：本文试图说明三个观点：（1）延安时期是中国共产党实行真正外交的开端，中共开创了前所未有的外交工作新局面，有力地配合了当时的革命斗争，并对新中国的外交工作产生了深刻的影响。（2）中共在处理与苏联、共产国际的关系时，采取了既尊重又自主的方式，既维护了与苏联、共产国际的关系，又维护了中国革命的利益；那种过分强调独立自主或强调抗战后期与苏联关系的冷淡的观点，都是不准确的。（3）抗战后期，中共注重打开与美国的关系，并取得了一定的成效，但并没有放弃与苏联保持亲密关系的意图。

抗日战争时期是中国共产党走向兴盛、走向胜利的历史大转折时期，也是走向世界、实行真正外交的开端时期。根据当时的国际国内形势，党确定了建立反日统一战线的外交方针，开展了积极的、多种形式的外交活动，既密切配合了国内的抗日斗争和反对国民党顽固派反共活动的斗争，又扩大了党的国际影响，积累了外交经验，锻炼和培养了一批外交骨干，为新中国的外交打下了良好的基础。

中国共产党在战时的外交方针

在遵义会议之前，中国共产党的对外交往局限在非常小的范围内。由于在客观上，革命根据地受到国民党的包围、封锁和不断的军事进攻，在国统区的党组织由于国民党的残酷镇压而处于地下秘密工作的状态；在主观上，党内连续出现三次"左"倾错误领导，强调无产阶级与资本主义国家的阶级矛盾，强调帝国主义的反共反人民性，在外交问题上非常僵硬，过分强调斗争、不讲策略,执行了一系列"左"的政策,因此虽然党曾多次制定过外交政策,在中华苏维埃共和国中央政府设有外交部,但实际上只与社会主义的苏联有来往,并且这种来往大都是通过共产国际进行的,而共产国际与中国共产党存在着上下级的隶属关系,因此从严格意义上讲,并不是真正的外交活动。

遵义会议后,随着党的政治路线的转变,党在外交方面也提出了新的策略。1935 年 12 月召开的瓦窑堡会议,在分析日本侵略中国引起国际关系发生重大的变化后,明确提出党应当"执行灵活的外交政策",即"同一切和日本帝国主义及其走狗卖国贼相反对的国家,党派,甚至个人,进行必要的谅解,妥协,建立国交,订立同盟条约的关系"①。随之,党对外交工作给予了极大的重视,努力开创外交的新局面。1936 年 7 月,美国记者埃德加·斯诺对陕北根据地的采访,就是党改变外交政策的产物。

在这年春天,美国记者埃德加·斯诺到上海拜访宋庆龄,请宋庆龄设法帮助他到陕北苏区去访问,并提出许多具体的采访问题。中共中央获悉后,同意他的请求。并于 5 月 19 日召开政治局常委会议专门研究此事,针对斯诺提出的问题,讨论制定了"对外邦如何态度——外国新闻记者之答复"。6 月中旬,斯诺到达西安,后在张学良东北军的帮助下于 7 月 9 日进入苏区,同行者有美国人乔治·海德姆医生(即马海德,美籍黎巴嫩人,也是经宋庆龄介绍的)。毛泽东在百忙中抽出大量时间与之交谈,详细地介绍中国共产党的斗争历史和方针政策。

毛泽东在与斯诺的第一次谈话中,首先介绍的就是苏维埃政府的对外政策。毛泽东告诉斯诺:"在讨论政策问题时,我必须请你经常记住,中国人民今天面对的根本问题是同日本帝国主义的斗争。我们苏维埃的对外政策肯定受到这一斗争的制约。"在说明苏维埃政府希望建立一个国际反日统一战线的理由时,毛泽东强调"日本帝国主义不仅是中国的敌人,同时也是要求和平的世界各国人民的敌人,特别是和太平洋有利害关系的各国,即美、英、法、苏等国的人民的敌人",因为"日本侵略不仅威胁中国,而且也威胁世界和平,尤其是太平洋的和平","日本的侵略不仅是中国的问题,而且是应由太平洋地

① 《中央关于目前政治形势与党的任务的决议》(1935 年 12 月 25 日),《中共中央文件选集》第 10 册,中共中央党校出版社 1991 年版,第 617 页。

区所有国家来对付的问题"。毛泽东表明"我们至少期望各友好国家不要帮助日本帝国主义,至少采取中立的立场。我们希望它们积极地援助中国抵抗侵略和征服"①。

张闻天、周恩来、博古等也和斯诺有多次谈话,斯诺采访了许多红军将领,参观了多支红军部队。1936 年 10 月中旬,斯诺结束了三个月的采访,返回北平。连续在一些报刊发表他在西北的所见所闻。1937 年 10 月出版轰动世界的"真正具有重要历史和政治意义的著作"——《红星照耀中国》(即《西行漫记》),中国共产党的真实情况因此而传遍世界,为党打开外交局面提供了良好的契机。通过新闻记者而突破国民党的封锁,打开与世界的联系,这是中国共产党在当时历史条件下为开拓外交新局面所采取的一个重要的、成功的措施,其影响十分深远。

抗日战争的全面爆发,带动国内和国际形势发生了重大的变化,给中国共产党的对外交往提供了前所未有的机遇和广阔的空间。一是,国共实现了第二次合作,中国共产党由此可以在国统区公开进行活动。当时,国民党与四十多个国家有外交关系,有三十多个国家在华设有使馆。中国共产党可以公开活动,就有了与国际社会进行接触的条件和可能;二是,日本的疯狂侵华和中国的抗日战争,是当时一件震撼世界的大事,引起国际社会的普遍关注。而中国共产党领导八路军、新四军在敌后带有传奇色彩的抗日斗争和辉煌的战绩,颇令国际社会重视,越来越多的人想深入地了解中国共产党,希望与中国共产党建立联系。三是,自 1936 年斯诺访问延安后,有许多外国记者和中国问题专家相继访问过延安,他们对中国共产党情况的介绍,在世界形成了一股"中国共产党热",这既为世界人士认识中共、又为中国共产党与国际社会建立联系打下了基础。

以毛泽东为代表的中共中央洞察日本帝国主义企图灭亡中国的本质,也看到德、意、日法西斯肆行侵略引起世界政治形势的变化,中国抗日战争对世界政治形势的深远影响,国际社会尤其是美、英、苏等大国对中国抗日战争的作用,抗日战争爆发后所出现的外交机遇,认识到:"我在外交上大有活动余

---

① 毛泽东:《和美国记者斯诺的谈话》,《毛泽东文集》第一卷,人民出版社 1993 年版,第 390—391 页。

地",并在此基础上确认"外交政策的积极化"是战胜日本帝国主义的一个重要因素,由此形成了党的对外政策。就是在这样的历史条件下,中国共产党开始了真正意义上的外交。

1937年7月23日,毛泽东在论述反对日本进攻的方针、办法和前途时,明确提出中国应该实行"抗日的外交":不能给日本帝国主义者以任何利益和便利,相反,没收其财产,废除其债权,肃清其走狗,驱逐其侦探;立刻和苏联订立军事政治同盟,紧密地联合这个最可靠最有力量最能够帮助中国抗日的国家;争取英、美、法同情我们抗日,在不丧失领土主权的条件下争取他们的援助。战胜日寇主要依靠自己的力量,但外援是不可少的,孤立政策是有利于敌人的。① 8月25日,经中共中央政治局会议通过的宣传鼓动提纲进一步指出:"在不丧失领土主权的范围内,和一切反对日本侵略主义的国家订立反侵略的同盟及抗日的军事互助协定。拥护国际和平阵线,反对德日意侵略阵线。联合朝鲜和日本国内的工农人民反对日本帝国主义。"②在这里,中共中央清楚地阐明了党的外交方针:第一,要抗日到底,以抗日作为中国外交的基本出发点。第二,要在自力更生的基础上积极争取外援:战胜日寇主要依靠自己的力量,但外援是不可少的,孤立政策是有利于敌人的。第三,以侵略、非侵略的标准相区分,将世界上的国家分为德日意侵略阵线和国际和平阵线两大部分,明确表示要拥护国际和平阵线,反对德日意侵略阵线。第四,争取外援的前提是,在不丧失领土主权的范围内。第五,苏联是中国抗日的最可靠的盟友,要紧密地联合苏联。

此后,虽然党曾一度对英美的政策发生过变化,但从整体上看,这些方针贯穿了党在抗战时期的整个外交活动,党由此开始了真正意义上的外交。

由于除苏联外,中共与其他国家基本没有交往,为贯彻抗日的外交方针,党大力开展对外交往。其途径主要有:

一是邀请外国记者、军人、作家、传教士等到延安和敌后抗日根据地访问。据统计,从1937年卢沟桥事变到1939年9月第二次世界大战爆发,国际友人

---

① 毛泽东:《反对日本进攻的方针、办法和前途》(1937年7月23日),《毛泽东选集》第二卷,人民出版社1991年版,第347页。

② 毛泽东:《为动员一切力量争取抗战胜利而斗争》(1937年8月25日),《毛泽东选集》第二卷,人民出版社1991年版,第355—356页。

有二十批近百人次访问陕甘宁边区和敌后抗日根据地。其中，著名的有英国《每日先驱报》记者詹姆斯·贝特兰，美国《法兰克福日报》记者艾格尼斯·史沫特莱，美国合众社记者王公达和杰克·贝尔登，美联社记者霍尔多·汉森，美国记者埃德加·斯诺，英国记者杰·布鲁斯，奥地利记者汉斯·希伯，美国海军上尉埃文斯·卡尔逊，柯乐满、雅德、傅路德、雷克难等世界学联代表团，有美国传教士和瑞士作家组成的西北游击队后援代表团，燕京大学英籍教授林迈可、美籍教授乔治·泰勒、英籍教授拉尔夫·拉普伍德，加拿大医生诺尔曼·白求恩、护士尤恩，印度援华医疗队医生爱德华、卓克华、柯棣华、巴苏华、木克华，奥地利医生罗生特等。1944 年，又有"中外记者西北参观团"访问延安。其中有六名外国记者：美联社、《曼彻斯特导报》《美国基督教箴言报》记者冈瑟·斯坦因，美国《时代》杂志、《纽约时报》《同盟劳工新闻》记者伊斯雷尔·爱泼斯坦，合众社、伦敦《泰晤士报》记者哈里森·福尔曼，路透社、多兰多《明星》周刊、巴尔的摩《太阳报》记者武道，美国天主教《信号》杂志、《中国通讯》记者夏南汗神甫，塔斯社记者普罗岑科。中共中央对来访者都十分重视，凡到延安者，毛泽东总抽出时间接见，并同他们中的一些人长谈。进入敌后的，朱德、彭德怀和各抗日根据地领导人也分别接见。

二是通过党在国统区的机构和八路军驻香港办事处与外国人士接触。中共中央长江局和南方局都设有在周恩来领导下的国际宣传组和对外宣传组，成员有王炳南（组长）、陈家康、龚澎、王安娜等。他们经常往访外国记者、外交官，十分活跃。各地的八路军办事处也都非常重视对外交往，如长沙八路军办事处曾与菲律宾记者战地访问团、法国《人道报》记者李蒙进行比较深入的交流。香港办事处更是党对外工作的一个窗口，曾接触并对大量的外国友人、海外侨胞进行了抗口宣传。周恩来在这方面尤为突出，除进入根据地的国际人士大都接触过外，他还会见过荷兰著名摄影家伊文斯，"工合"运动的主要倡议人和推动者艾黎，著名新闻工作者爱泼斯坦、斯特朗，日本反战人士绿川英子、鹿地亘、池田幸子，印度国大党领袖尼赫鲁，英国驻华大使卡尔，美国驻华大使高斯及参赞范宣德等使馆人员和来华军事人员。

三是通过报刊宣传。《新华日报》是党在国统区的主要宣传工具，此外，党在上海租界借用外商名义创办或利用进步人士创办的《每日译报》《导报》《译报周刊》《评论周刊》等，在香港创办和利用进步人士创办的《华商报》《华侨通讯》《国际新闻社》《香港中国通讯社》等,对党的路线、方针、政策和敌后抗战进行宣传。党还曾从延安抗大、鲁艺、陕公等学校抽调学员组成海外工作团,赴南洋开展抗日宣传活动;曾派王任叔、陆贻、董维健、胡愈之、沈兹九、金仲华等赴菲律宾、印尼、槟城、新加坡、纽约等地协助当地华侨创办抗日报刊。

四是召开东方各民族反法西斯大会。该会主要目的是推动国际反日统一战线的形成。会议于 1941 年 10 月 26—31 日在延安召开,朝鲜、日本、越南、泰国、印度、马来亚、缅甸、菲律宾、台湾、蒙古、犹太等 18 个国家和地区及中国各少数民族和海外华侨等各方面代表 130 余人参加。毛泽东、朱德等中共领导人出席会议。会议决定成立东方各民族反法西斯同盟,推选朱德为主席。会议通过了《东方各民族反法西斯代表大会宣言》《告日本人民书》《致蒋介石委员长、毛泽东同志并转国共两党与抗日将士及中国人民书》《致苏联前线将士及全体人民书》《告英美各国人民书》等。

五是用援救英、美人员的实际行动来增进与英、美的关系。太平洋战争爆发后,香港迅速沦陷,上海、北平等地的租界立即被日本占领,英美等国官员和侨民陷入困境。中共中央特就此发出指示:"英、美、日战争爆发,我党与英美反法西斯统一战线及对英美外交开始之可能与必要日益增加,因此对敌占区英美及其系统下的人士,不问其是否顽固,应多方设法欢迎并保护其到我区,或经过我区退走。"①东江游击队迅速进行了"港九大营救",共救出八十多名国际盟友;平西游击队从北平救出林迈克、班威廉等十数名英美人士。其后,敌后抗日军民又大力营救在空战中被日军击落或飞机故障而跳伞的美军飞行员(前后共营救一百多人)。这既表现了中共与英美真诚合作的愿望,又由英美人员在解放区的实地观察而将中共的真实情况带向英美诸国。

通过这些积极的、多方面的外交活动,党开创了前所未有的外交新局面。

党与苏联、共产国际的关系

中国共产党与苏联有着共同的意识形态,苏联是世界第一个社会主义国家的巨大影响,中共是共产国际一个支部的隶属关系,以及双方长期的历史渊

---

① 《中共中央抗日民主统一战线文件选编》(下),档案出版社 1986 年版,第 590 页。

缘,使中共对苏联、共产国际十分尊重、信任,充满亲近感。因此,与苏联和共产国际的关系是党对外关系的一个基本方面,中共中央对此十分重视。这种情况贯穿了整个抗战时期党的外交工作。

但是,苏联在抗日战争时期对中国共产党采取了双重的政策:一方面,它继续对中共进行指导,对国民党的反共行为表示反对,也给予中共一些支援;另一方面,它从其本国战略利益出发(前期主要是希望由中国牵制日本,使之无法北进进攻苏联;后期主要是避免因中共问题影响其与美国的关系),过分看重国民党的实力,在国共关系上片面强调与国民党的合作,并轻视和忽略中共的利益,甚至准备牺牲中共。由苏联指导的共产国际,也因此奉行了双重政策,一方面,它从1935年起改变了过去的领导方式,"一般不直接干涉各国党内组织上的事宜",并曾多次号召世界无产阶级支援中国的抗日战争,因此形成共产国际存在24年中"两头好,中间差"的后一头。另一方面,它根据苏联政府的需要来指示和要求中共。由此,苏联和共产国际形成一方面帮助、支持中共,但另一方面给中共和中国革命形成了干扰和困难的局面。

针对国内外实际,以毛泽东为核心的中共中央正确地处理了与苏联和共产国际的关系。

在整个抗战时期,党保持了与苏联、共产国际比较密切的联系。联系渠道主要有三:一是双方直接函电往来;二是通过派驻的代表(1940年3月前是中共驻共产国际代表,有王明、王稼祥、任弼时、周恩来;1942年起是苏联派驻延安的代表弗拉季米罗夫,中文名"孙平",公开的身份是共产国际驻中共中央联络员和塔斯社记者);三是中共中央南方局与苏联驻国民政府的大使馆、军事顾问等联系。中共中央经常将中国局势和中共的情况通报给共产国际和苏联领导人,并同他们进行探讨问题,交换意见,也经常得到他们的指示、建议。

党一方面坚定地认定苏联是"最可靠最有力量最能够帮助中国抗日的国家",将联合苏联列为抗日外交的最重要内容,不断呼吁和要求发展与苏联的关系,对国民党淡化、破坏与苏联关系的行为给予严厉的批评。另一方面积极在重大问题上与苏联进行配合,积极维护苏联。如苏德在1939年8月23日签订《互不侵犯条约》后,国际上一片哗然,对苏联抨击者甚多,毛泽东连续在9月1日、16日、26日向记者发表谈话,在28日撰写《苏联利益和人类利益的一致》文章,对苏联的外交措施作出积极的评价,对西方国家对苏联的攻击予以反驳。12月,又发表《斯大林是中国人民的朋友》演讲,高度赞扬斯大林,强烈表示"拥护他,拥护他的事业,拥护社会主义的胜利,拥护他给人类指示的方向,拥护自己的亲切的朋友"①。1941年6月22日苏德战争爆发后,23日,中共中央作出决定:"(1)坚持抗日民主统一战线,坚持国共合作,驱逐法西斯日本强盗出中国,即用此以援助苏联。(2)对于大中产阶级中反动分子的任何反苏反共活动,必须坚决反抗。(3)在外交上,与英美及其他国家一切反德意日法西斯统治者的人们联合起来,反对共同的敌人。"②延安和各敌后抗日根据地都召开了声讨法西斯侵苏、声援苏联人民的大会。当时,敌后抗战正处最困难的时期,中共中央一方面指示在南京、上海等地活动的情报人员,注意搜集日本的战略情报,将"日本决心南下南洋群岛,暂不北上进攻苏联"等重要情报转交斯大林③,以使苏联及时调整战略部署;另一方面在华北部署开展大规模的交通破击战,在自己很困难的情况下以此而配合苏联的卫国战争。在苏联处在困难的时期,表示了中国共产党的真诚支持。1942年10月12日,正当斯大林格勒战役紧张进行之时,毛泽东即对该战役作出高度评价,预言这是第二次世界大战的转折点(大约这是世界上第一个作出如此评价的人)。此后,毛泽东等中共领导人曾反复对"苏联红军的伟大胜利"、对"斯大林元帅的英明领导"作出很高的评价。④ 抗战后期,中共注意做争取美国、与之建立较好关系的工作,但并没有改变对苏联的基本态度,如1944年12月与赫尔利谈判时,党的领导人在估计与美国关系时认为,将来我们力量壮大了,而且有"北方"(即苏联)的加入,美国就束缚不了我们。在七大的开幕词中,毛泽东把"有全世界各国人民特别是苏联的援助"列为中国打败日本建立新中国的四个条件之一;在政治报告的"外交问题"里,毛泽东对苏联长期对中国革命的支持给予了高度的赞扬,表示:"我们认为太平洋问题的最后的彻底

---

① 毛泽东:《斯大林是中国人民的朋友》(1939年12月20日),《毛泽东选集》第二卷,人民出版社1991年版,第657页。

② 毛泽东:《关于反法西斯的国际统一战线》(1941年6月23日),《毛泽东选集》第三卷,人民出版社1991年版,第803页。

③ 方知达:《打进日伪最高层的情报战士——忆日本革命志士西里龙夫和中西功》,《大江南北》1989年第2期。

④ 毛泽东:《在庆祝十月革命节干部晚会上的讲话》,《解放日报》1943年11月7日。

的解决,没有苏联参加是不可能的。"①

　　但对苏联和共产国际不适合中国国情、有损中国革命的指示和要求,党没有盲从和迁就,而是联系实际、独立自主地进行中国革命。这主要表现在纠正王明右倾错误、拒绝苏联要求八路军进军东北等问题上。

　　全面抗战爆发后,苏联旗帜鲜明地支持中国,但它主要是从本国战略利益考虑的。在德国、日本法西斯咄咄逼人的威胁面前,为避免东西两面作战,苏联希望中国的抗战尽可能多地牵制和消耗日本,使之无法北进。它认为中共力量微弱,因此必须依靠国民党。为了实现它的这个目标,为了使中共中央能够把握住变化的形势,正确地理解和执行共产国际的战略,在1937年11月派"能在国际形势中辨明方向,有朝气"的王明回国"帮助中共中央"。12月9日至14日,王明在中央政治局会议上传达了斯大林和共产国际关于实施抗日民主统一战线的新策略和新见解,系统提出一整套右倾主张;在1938年的三月政治局会议上,王明进一步阐述了他的右倾观点。他反机械照搬法国共产党在统一战线工作中提出的"一切经过人民阵线""一切服从人民阵线"的口号,不顾中国国情和抗日民族统一战线的实际,主张"一切经过统一战线","一切服从统一战线",在处理与国民党关系问题上注重联合,对国民党的反共行径妥协退让。在组织上,王明自恃他代表共产国际,把自己凌驾在中共中央之上,擅自以中共中央名义发表文章和谈话,擅自将他主持的中共中央长江局的文件散发全党。由此对毛泽东的正确领导形成干扰,在实践中造成混乱和危害。为使共产国际明了中国抗战的情况,纠正王明的右倾错误,1938年3月,中央政治局会议决定任弼时立即去莫斯科,向共产国际报告中国抗战和国共两党关系的情况。共产国际执委会在听取任弼时的详细汇报后,确认中共的政治路线是正确的,"中共在复杂的环境和困难的条件下真正运用了马列主义。"共产国际执委会主席季米特洛夫特别指示:"应该承认毛泽东同志是中国革命实际斗争中产生出来的领袖。"中共中央"在领导机关中要在毛泽东为首的领导下解决"②。他要即将回国的王稼祥转达:"请告诉王明,不要竞争

① 毛泽东:《两个中国之命运》(1945年4月23日)、《论联合政府》(1945年4月24日),《毛泽东选集》第三卷,人民出版社1991年版,第1026、1085页。
② 转引自金冲及主编:《毛泽东传》(1893—1949)下,中央文献出版社1996年版,第514页。

了。"8月,王稼祥回国,向中央政治局传达了共产国际的指示。9月29日至11月6日,中共中央召开扩大的六届六中全会,批准了以毛泽东为首的中央政治局的路线,从组织上肯定了毛泽东在全党的领导地位。王明右倾错误对全党的干扰也随之基本被排除。

但是,苏联政府重视国民党的观念并没有改变,它不但把大量军事援助给了国民党,而且在国民党的反共活动越来越严重的时候,仍向中共强调要与国民党联合。尤其是在国民党掀起第二次反共高潮时,中共中央连续向共产国际报告了国民党加紧反共的情况,并在1940年11月4日的电文中表示:"我们现在全国加紧反对投降、反对分裂的斗争,一面对蒋介石采取缓和态度,答应把现在长江以南的新四军开往江北,一面在我取退让态度彼仍坚决进攻之时,我们拟举行自卫的反攻,打破其进剿军及封锁线,以期彻底粉碎这一进攻,制止投降,争取时局好转(有此可能)。"①但共产国际在来电中,一次次批评中共中央的政策是左倾的,说中共无论对蒋介石还是国民党,投降和分裂的危险都被夸大了。直至1941年1月4日,季米特洛夫还致电毛泽东,认为国共"破裂不是不可避免的","不该把破裂作为出发点",要求毛泽东"重新考虑目前你对这个问题的态度"②。共产国际的指示在一定程度上干扰了中共中央对日益恶化的国共关系的准确判断,影响了党处理国民党第二次反共高潮的决策。

皖南事变使中国共产党受到严重损失,也使以毛泽东为首的中共中央进一步认识到独立自主领导中国革命的必要性,以皖南事变为标志,党与苏联、共产国际的关系发生重大变化。此后,党独立自主领导中国革命的意识更加明确。

苏德战争爆发后,为防止日本可能对苏联的夹击,共产国际要求中共派遣八路军向中苏边境附近的日军采取行动,7月联共中央致电中共中央,要求八路军对北平、张家口、包头一带的日军发动进攻。由于处在敌后抗战最困难时期,中共中央答复说:"我们决心在现有条件下以最大可能帮助苏联红军的胜利",但"敌我军事技术装备悬殊太远,我人力、物力、地区、弹药日益困难"(目

---

① 《苏联与中国革命》,中央编译出版社1994年版,第464页。
② 《中共党史研究》1998年第3期,第87—88页。

前每支枪平均只有子弹二十发），因此，我军在军事上的配合作用恐不可能很大，如不顾一切牺牲地动作，则有使我们打坍、不能长期坚持根据地的可能，结果对中共或苏联都是不利的。[①] 苏联、共产国际对中共这一根据实际、从长期战略考虑的答复不满，10 月，季米特洛夫来电向中共中央提出质问；1942 年 5 月斯大林格勒战役前夕，苏联为避免日军策应德军，再次要求中共派八路军开赴南满牵制日军。由于没有条件，苏联、共产国际的要求不切实际，中共中央顶住压力，没有采取孤注一掷的行动。

这种既尊重又自主的处理方式，既维护了与苏联和共产国际的关系，又维护了中国革命的利益，创造了在国际共产主义运动中如何正确处理党际关系的经验。是抗战时期党在处理与苏联、共产国际关系上的一个显著特点。

党对英美外交政策的演变和与美国官方的关系

抗日战争全面爆发后，毛泽东和中国共产党的其他领导人曾反复指出：当前世界法西斯力量已经危害到了民主力量的生存，英、美这两个国家尤其受到东西方法西斯侵略者的危害，因此，为迎接这场挑战而统一行动就更为必要了。中国共产党提倡促使国际和平战线反对日本的侵略。这种统一和和平战线，不仅对中国目前的斗争，而且对民主力量的安全与继续存在都是十分必要的。并且还指出："对于中国来说，最重要的是英美两国的政策。"[②]为此，党努力打通与美、英等国的联系，以民间外交促官方外交的形式，进行了大量的工作，并在国际上产生了很大的影响。

但是，1939 年第二次世界大战爆发后，党曾一度放弃了与英、美建立反日统一战线的政策。其原因主要是：（一）出于对英、美"远东慕尼黑阴谋"的警惕和反对。抗日战争爆发后，英美两国不仅没有采取过重大的有利于中国的行动，相反，企图以牺牲中国而换得与日本的妥协。1938 年，日本占领广州、武汉后，英国政府立即积极展开调停活动；1939 年春，英、美曾考虑重新召开九国公约会议来结束中日战争；1939 年 4 月，英国驻华大使卡尔再次游说重

---

① 《毛泽东关于军事行动问题致周恩来电》，1941 年 7 月 15 日。
② 《毛泽东外交生涯第一幕》，吉林人民出版社 1999 年版，第 103 页。

庆,推动国民党政府向日本妥协;7月,英日签订《有田——克莱琪协定》,英国在中国问题上单方面向日本作出妥协。这些情况使中国共产党越来越感到,英美是在"纵容日本侵略中国,自己'坐山观虎斗','从中取利'。如果寄希望于这些阴谋家,同样将大上其当"①。因此,中共中央在对英美的政策上,集中地反对其绥靖政策,要求全党"用最大的力量,推动各方面共同起来……反对任何形式的东方慕尼黑"。在英日签订《有田——克莱琪协定》后,中国共产党在国内掀起了反对"东方慕尼黑"斗争的高潮。1941年5月,美日谈判,中共中央又一次发出"揭破远东慕尼黑的阴谋"的指示,掀起抨击美日谈判,谴责美国正在制造新的"远东慕尼黑"的高潮。(二)受苏联和共产国际策略急速转变的影响。1939年6月,英、法、苏组织反德统一战线的谈判破裂;9月,欧战爆发。苏联和共产国际遂放弃了建立国际反法西斯统一战线的策略,重提反对一切帝国主义的反帝统一战线策略,并认定第二次世界大战是帝国主义战争。9月10日,共产国际执委会致电中共中央,指出:已经爆发的世界大战是"帝国主义的非正义的战争",交战国的"资产阶级的罪恶都是一样的",要求各国工人阶级,尤其是共产党人不应支持战争中的任何一方。凡是违背共产国际新策略路线的共产党"应很快纠正自己的政治路线"。中共中央原则接受了共产国际的这一指示,随之改变了对英美的政策。

但是,由于当时中国正面临着反对日本侵略的战争,而不是反对英美侵略的战争;由于英美与日本还是有着很大的差别,两者之间存在尖锐的矛盾,因此,中共领导人在斗争现实面前,还是把英美与日本进行了区分。1940年12月,毛泽东在《论政策》的党内指示中指出:应在区别上建立我们的外交政策,第一是苏联和资本主义各国的区别,第二是英美和德意的区别,第三是英美的人民和英美的帝国主义政府的区别,第四是英美政策在远东慕尼黑时期和在目前的区别。并重申"我们的根本方针和国民党相反,是在坚持独立战争和自力更生的原则下尽可能地利用外援"②。1941年3月,毛泽东在致周恩来的电报中说:我们并不放弃反对帝国主义战争的宣传,但要把宣传和政策加以

---

① 《毛泽东选集》第二卷,人民出版社1991年版,第572页。
② 《毛泽东选集》第二卷,人民出版社1991年版,第765页。

区别,我们必须尽量利用两派帝国主义间的矛盾。①

　　1941 年 6 月 22 日,苏德战争爆发。当天,英国首相丘吉尔发表公开声明,表示英国将尽一切可能支持苏联反对德国法西斯、保卫自己祖国的斗争,他还呼吁其他反法西斯国家采取相同的政策。6 月 23 日,美国总统罗斯福宣布,美国将在可能的范围内全力援助苏联。苏联政府迅速地改变了政策,重新提出建立反法西斯国际统一战线的口号。于是,共产国际又重新向各国共产党发出了建立全世界反法西斯统一战线的指示。中共中央据此再次调整了对英美等国的政策。1941 年 6 月 23 日中共中央发出《关于反法西斯的国际统一战线》的指示,指出:"目前时期,一切力量须集中于反对法西斯奴役。""在外交上,同英美及其他国家一切反对德、意、日法西斯统治者的人们联合起来,反对共同的敌人。"②7 月 12 日,中共中央书记处发出在反法西斯战争中判断是非好坏标准的指示:"在目前条件下,不管是否帝国主义国家,或是否资产阶级,凡属反对法西斯德、意、日,援助苏联与中国者,都是好的,有益的,正义的;凡是援助德、意、日,反对苏联与中国者,都是坏的,有害的,非正义的。"指示还指出:"在此标准下,对于英国的对德战争,美国的援苏、援华、援英行动及可能的美国反日德战争,都不是帝国主义性质的,而是正义的,我们均应表示欢迎,均应联合一致,反对共同敌人。"③这个标准的确立,明确表示党对英美等国的政策是以抵抗法西斯侵略的共同目标为基础,这是党在认识和处理国际关系、国际事务上的一个重大的进步。

　　1941 年 12 月 9 日,日军偷袭珍珠港,太平洋战争爆发。10 日,中共中央发表了公开的《宣言》和对党内的《指示》,明确提出建立太平洋反日统一战线的主张,并强调"中国人民与中国共产党对英美的统一战线特别有重大的意义"。"中国共产党应该在各种场合与英美人士作诚恳坦白的通力合作,以增加英美抗战力量,并改进中国抗战状况。"④至此,中国共产党在抗战时期对英

　　① 《毛泽东年谱》(1893—1949)中卷,人民出版社、中央文献出版社 1993 年版,第279—280 页。

　　② 《毛泽东选集》第三卷,人民出版社 1991 年版,第 806 页。

　　③ 《中共中央文件选集》第 13 卷,中共中央党校出版社 1991 年版,第 164 页。

　　④ 《中共中央文件选集》第 13 卷,中共中央党校出版社 1991 年版,第 251—252 页。

美的外交政策,在经历了一番变动后,最终确立。

经过长期工作的积累,1944 年,党与美国的交往出现重大转折,即美军观察组进驻延安。中国共产党在敌后抗战的业绩使美国政府认识到:中共是抗击日本的一支重要力量,也是解决中国问题的一支重要力量。为获得华北、华中敌后日军的情报(军事动因),为调解国共关系、实现扶持蒋介石政府使之成为美国在亚洲代理人的战略目的(政治动因),1944 年 2 月 9 日,罗斯福致函蒋介石,提出了派遣美军代表团前往陕北以及华北工作的要求。22 日,蒋介石复函以同意去陕西、山西国民政府管辖的地区而婉拒。3 月、4 月,罗斯福又两次致电蒋介石,明确要求向延安派军事代表团观察组,蒋介石迟迟不作答复。6 月,美国副总统华莱士访华,向蒋介石出示了罗斯福第 4 次要求派美军代表团去延安的函件。无奈之下,蒋介石被迫同意,但要求降低规格,改军事代表团为军事观察组。1944 年 7 月 22 日、8 月 7 日,由中缅印战区情报官员包瑞德上校率领、由 18 人组成的美军观察组(美国方面称之为"迪克西使团")分两批到达延安,美军司令部政治顾问谢伟思和卢登也作为观察组成员来到延安,他们负责向国内提供政治报告。

美军观察组的到来,是党在抗战时期外交的一件大事,标志着党和美国政府建立了一种官方联系。8 月 15 日,《解放日报》公开了这个消息,并发表《欢迎美军观察组的战友们!》的社论("战友们"三字是毛泽东修改时所加)。8 月 18 日,中共中央发出《关于外交工作指示》,这是党的历史上第一个专门关于外交的文件。指示指出:中外记者团和美军观察组的到来,是我们在国际统一战线的开展,是我们外交工作的开始。党开展国际统一战线的主要目标是"共同抗日与民主合作"。指示要求:在和他们相处中,学习他们的长处,善于同他们合作,不排外,不惧外,不媚外。①

中共中央清楚地看到,目前美国外交的重心仍在国民党方面,对之"不应希望过高"。但对出现的合作契机十分重视,决定"放手与美军合作",②希望由此而推进与美国的关系。据此,党根据美方需要,向之提供了大量的情报

① 中央档案馆编:《中共中央文件选集》第 14 册,中共中央党校出版社 1992 年版,第573 页。

② 中共中央文献研究室编:《毛泽东年谱》(1893—1949)中卷,人民出版社、中央文献出版社 1993 年版,第 544 页。

（至抗战胜利共提交 120 多份情报）；毛泽东、周恩来、刘少奇、朱德、彭德怀、叶剑英、陈毅、聂荣臻、贺龙、罗瑞卿和林伯渠、博古等分别与包瑞德、谢伟思等交谈，并连续举行十次报告会，向观察组介绍敌后抗战情况。尤其是毛泽东在与谢伟思的谈话中，详细阐述了国共关系、党的基本政策、党与美国的关系等，意义深远。同时，党也向美方提出了应向中共提供援助的要求。

美军观察组在延安看到的一切，使他们耳目一新。他们把解放区的实情源源不断地发回国内，谢伟思在驻延安头三个月内，就写回去四十多份报告，包瑞德、卢登也写了不少报告。这些报告内容广泛而具体，包括抗日根据地内人民的生活、共产党军队的作战能力、共产党的外交政策等。他们认为中国共产党生气勃勃，抗日武装"士气很高"，共产党的领导"廉洁奉公"，"得到当地人民的完全支持"；他们认为"中国共产党人将在中国存在下去；中国的命运不是蒋介石的，而是共产党人的"。他们认为美国政府不应片面支持国民党，而应同时向八路军新四军提供援助并设法促使成立民主联合政府。① 美军观察组的报告，曾得到美国国务院中国科的深切同情，并一度对罗斯福产生了影响。

但是，美国政府的既定战略是把蒋介石同自己拴在一起，是在抗日和扶蒋需要的情况下与中共接触的，因此就很难在与中共合作方面迈出大步。而赫尔利的出现，很快就使党与美国的合作趋势逆转。1944 年 9 月，赫尔利奉罗斯福之命来华。他在处理史迪威事件后，立即介入调解国共关系。11 月 7 日，他飞抵延安，经过谈判，10 日双方达成五点协议，规定国民政府改组为联合政府，由一切抗日政党及无党派之政治团体派代表组成；军事委员会也应改组为所有抗日军队所组成的联合军事委员会。赫尔利提议毛泽东和他在协议上签名，并声称："我敬佩毛主席的宽大态度。你所希望的各种改革，我完全同意。"②但协议遭到蒋介石的反对，蒋声称他决不同意组织联合政府，除非中共交出军队和政权，方可考虑挑选一些共产党的高级军官参加国民政府军委会。赫尔利随之变卦，他轻描淡写地对周恩来说："啊，这件事已经过去了。"并诱骗中共接受国民党坚持一党专政的反建议："我们是准备帮助你们的，成

---

① 陶文钊著：《中美关系史》（修订本）第一卷，上海人民出版社 2016 年版，第 241—242 页。

② 胡乔木著：《胡乔木回忆毛泽东》，人民出版社 1994 年版，第 352 页。

百架飞机的东西等着帮助你们;但是没有这一协定,我就无法帮助你们。"①对此哄骗,中共中央坚决拒绝:"牺牲联合政府,牺牲民主原则,去几个人到重庆做官,这种廉价出卖人民的勾当,我们决不能干。"②此后,赫尔利公开采取了压共、反共的政策。他将主张与中共保持友好关系的谢伟思等调走(1945 年以通共间谍罪被逮捕),将包瑞德免职,使留在中国的美国人就都是亲蒋介石的人。1945 年 4 月,他在华盛顿举行的记者招待会上宣称:"美国政府全力支持蒋介石政府",而"不支持任何武装的政党和军阀"③。中共中央不怕压制,不怕恐吓,但采取了留有余地的做法,由《新华日报》对此提出批评,而"延安暂取不理的态度。"6 月,美国政府以通共间谍罪将谢伟思等逮捕后,中共中央决定点名批评赫尔利,毛泽东连续撰写《赫尔利与蒋介石的双簧已经破产》《评赫尔利的政策的危险》等几篇文章。但仍将赫尔利和美国政府相区分,目的是通过斗争争取可能的合作。这一政策一直持续到抗战胜利以后的马歇尔来华调停。

党在抗战时期外交活动的意义

党在抗战时期的这些广泛的外交活动,产生了积极的作用。

第一,向国际社会宣传了中国共产党及其革命和建设的业绩。进入陕甘宁边区和敌后抗日根据地的外国来访者,大都撰写了考察报道,有的甚至写了许多的报道,在国内外发表。斯诺的一系列报道,尤其是《红星照耀中国》曾被翻译成二十多种文字出版,轰动全球。其后,贝特兰在 1939 年出版了《华北前线》一书,霍尔多·汉森也在同年出版了《人道主义的努力:中国战争纪事》,卡尔逊和贝尔登也相继分别撰写了《中国的双星》《中国震撼世界》等书。卡尔逊还将他的考察写成秘密报告,递送罗斯福总统;林迈克、班威廉也多次将他们的所见所闻写成秘密报告,通过英国大使馆送交英国政府。1944 年外国记者在访问中共地区后,同样撰写了大量关于"红色中国"的报道,客观地

---

① 胡乔木著:《胡乔木回忆毛泽东》,人民出版社 1994 年版,第 355—356 页。

② 中共中央文献研究室编:《毛泽东年谱》(1893—1949)中卷,人民出版社、中央文献出版社 1993 年版,第 564 页。

③ 《新华日报》1945 年 4 月 5 日。

向世界人民介绍了在延安和敌后抗日根据地的见闻和观感。如《中国共产主义军队是强大的》《中国共产党人与富人协商》《大丰收使延安丰衣足食》《延安——一个在三种时间上的中国仙境》《毛泽东朱德会见记》《8600万人民随着他的道路前进》《这就是毛泽东——中国共产党的领袖》等。甚至与国民党关系密切的武道也发表《我从陕北回来》一文，称赞延安政治民主、八路军在敌后英勇抗战。1945年，福尔曼和斯坦因分别出版了《来自红色中国的报道》和《红色中国的挑战》；1946年，怀特出版了《来自中国的惊雷》（与贾安娜合著）；1947年，爱泼斯坦出版了《中国未完成的革命》。这些著作和报道将中共和解放区的崭新面貌展现在了世界人民的面前，向世界介绍了中共的政治主张、陕甘宁边区和敌后抗日根据地的建设、敌后军民的抗日业绩，扩大了中共的国际影响。

第二，为敌后抗日斗争争取了帮助。一些国际友人通过接触，决定留在中共领导的根据地参加抗日斗争，如白求恩、尤恩、印度援华医疗队队员、汉斯·希伯、罗生特等，白求恩、柯棣华、汉斯·希伯等并为中国人民的解放事业而英勇献身；一些访问者运用他们的知识为敌后抗日斗争献计献策，如史沫特莱等；更多的国际友人则利用他们的身份、地位和关系，为敌后抗日斗争提供帮助，如提供活动场所和掩护、帮助传递消息和购买物品（如医药等）、在国际上募捐等。

第三，有力地配合了反对国民党反共活动的斗争。利用国际因素阻止国民党的反共、分裂行为，是党在抗战时期处理国共关系时的一个重要策略。这一策略在1941年后运用得颇为成功。皖南事变前夕，周恩来向美国记者安娜·路易斯·斯特朗介绍了当时的国共关系，将许多国民党压迫中共、制造反共摩擦的材料和中共努力维护国共合作的材料交给她，嘱她在中共同意时再发表，事变发生后，斯特朗根据周恩来的通知，向新闻界公布了这些材料，并发表《中国的国共危机》一文，介绍了国共矛盾长期尖锐的原因，揭露了国民党不断进行反共活动的真相，在国际上引起重大反响。同时，南方局工作人员将皖南事变的许多材料送交外国记者和外交官，斯诺等有正义感的记者纷纷撰写报道和评论；周恩来等趋访英国大使卡尔、苏联军事总顾问崔可夫，会晤美国总统特使居里和记者白修德，说明事变真相、国民党的反共政策及其危害。从反法西斯战争的战略利益出发，英美苏都反对国民党打内战，用不同的方式向蒋介石表达了它们的要求。英国政府转告蒋介石:内战只会加强日军的进攻。苏联外交人民委员莫洛托夫拒绝出席国民党大使邵力子原定举行的宴会,苏外交次长罗佐夫斯基请邵力子转告国民党政府:"勿做使敌人快心之事。"苏驻华大使潘友新和崔可夫先后向何应钦、白崇禧提出质问,潘友新并向蒋介石表示:进攻新四军"损及贵国抗战之力量",暗示事态发展下去将导致苏联停止对华援助。美国政府要居里立即向蒋介石声明:"美国在国共纠纷未解决前,无法大量援华,中美间的经济、财政等问题不可能有任何进展。"2月8日,罗斯福致信蒋介石:中共"与国民政府相类者多,相异者少,深盼能排除异见,为抗日战争之共同目标加紧团结"。1943年国民党掀起第三次反共高潮时,党在进行军事准备的同时,展开宣传战。在重庆的董必武领导南方局人员向各报馆、各外国大使馆、各中间党派和文化人士揭露了国民党发动内战的阴谋。7月5日,史迪威急电马歇尔,蒋介石"借口纠缠到与红军的作战中,以致不能参加缅甸战役"。马歇尔立即向在美国的宋子文表示:如果中国内部爆发一场武装冲突,会给同盟国的地位和努力带来不良后果。宋子文马上致电蒋介石:"美政府严重关切双方公开冲突,此种冲突应予避免。"苏联也对此表示不满,7月14日,苏联武官拜会美国代办艾奇逊,表明"从中国与国际间关系看,国民党应意识到,在目前对共产党发动军事进攻是不能令人满意的"。英美苏的反对,为党打退第二次、第三次反共高潮提供了有利的外部条件。

第四,为新中国的外交工作打下良好的基础。这主要表现在三个方面:一是党的方针、政策和业绩、形象的广泛传播,在国际社会产生了深厚的影响,引发世界人民普遍对中共的赞赏和热情,从而为新中国发展对外关系奠定了有利的社会基础。二是党在延安时期的外交活动中创造了许多好的经验,如坚持在不丧失领土主权的范围内开展外交活动、在自力更生的基础上争取外援的原则;高度重视,适时根据形势变化调整外交政策和策略;以民间外交推动官方外交;在分析、区别的基础上制定外交政策;利用矛盾,把宣传和实际政策相区别等。尤其是在与美国政府的交往(包括赫尔利使华和马歇尔调停间的谈判、斗争)中,积累了经验。这些为后来的外交工作提供了借鉴,并为后来所汲取和坚持。三是锻炼和培养了一批外交骨干力量。参加中共中央长江局的国际宣传组、中共中央南方局的外事组和中央外事组的许多人,后来成为新中国外交阵线的重要领导人，比如曾任中共中央南方局外事组组长、中共中央外事组副组长的王炳南，后来历任中华人民共和国外交部办公厅主任、驻波兰大使、副部长和中国人民对外友好协会会长等职；曾任中央外事组联络科长、参与接待中外记者参观团和美军观察组的工作的黄华，新中国成立后长期在外交战线工作，历任外交部西欧非洲司司长，中国驻加纳、埃及、加拿大大使和首任常驻联合国及其安全理事会的代表，中华人民共和国外交部部长、国务院副总理兼外交部部长等职；在南方局外事组工作的陈家康，新中国成立后历任外交部亚洲司司长、中国驻埃及大使、也门大使等职；龚澎曾任外交部司长、部长助理等职；曾在中共南方局外事组和中央外事组工作的陈浩，新中国成立后曾任外交部办公厅副主任；曾在中央军委外事组工作、曾任中央外事组科长的凌青，新中国成立后曾任中国常驻联合国代表等职；在中共南方局工作的张颖，新中国成立后曾任外交部新闻司副司长；曾为重庆办事处外事组组员、后任中共驻南京代表团外事组副组长的章文晋，新中国成立后历任外交部第二亚洲司司长、亚洲司司长、第一亚洲司司长、欧美司司长，中国驻加拿大、美国大使和中国人民对外友好协会会长等；曾任中央军委外事组高级联络官、中央外事组研究科科长的柯柏年，在新中国成立后，历任外交部美澳司司长、驻罗马尼亚共和国和丹麦王国大使等。

太平洋战争爆发后中共和美国的合作

内容提要：抗日战争时期是中国共产党走向世界和开始真正外交的时期，而中共和美国的来往，在其整个外交活动中占主要地位。学术界对此期间双方的关系有许多论述，而关于两者的合作则相对较少。笔者拟就此作一些探索，目的是推进研究。

中共联合美国的方针的确立

抗战时期，中国共产党对美国的政策，经历了一个联合、断绝、再联合的曲折演变过程，并在太平洋战争爆发后最终确立。

1935年遵义会议后，随着党的领导和政治路线的转变，中共中央明确提出了联合美国的策略思想。同年12月召开的瓦窑堡会议，根据日本侵略中国引起国际关系发生重大变化的形势，明确提出党应"执行灵活的外交政策"，"同一切和日本帝国主义及其走狗卖国贼相反对的国家，党派，甚至个人，进行必要的谅解，妥协，建立国交，订立同盟条约的关系"。并特别指出：美国和日本是"势不两立的，太平洋战争是必然的结果"。① 随之，党在努力开创外交工作新局面的过程中，把争取美国放在一个突出的位置上。1936年7月，美国记者埃德加·斯诺对陕北根据地的采访，就是中共改变外交政策和注重对美国外交的产物。②

---

① 《中央关于目前政治形势与党的任务的决议》(1935年12月25日)，《中共中央文件选集》第10册，中共中央党校出版社1991年版，第617、598页。

② 汉密尔顿认为中共之所以选择斯诺访问陕北，是斯诺的"国籍、他的社会联系和他的独立性格"使然。约翰·汉密尔顿著：《埃德加·斯诺传》，学苑出版社1990年版，第8页。

　　毛泽东在与斯诺的第一次谈话中,首先介绍的就是中共的对外政策。他告诉斯诺:"在讨论政策问题时,我必须请你经常记住,中国人民今天面对的根本问题是同日本帝国主义的斗争。我们苏维埃的对外政策肯定受到这一斗争的制约。"他详细论述了中国共产党希望建立国际反日统一战线的方针,指出"日本帝国主义不仅是中国的敌人,同时也是要求和平的世界各国人民的敌人,特别是和太平洋有利害关系的各国,即美、英、法、苏等国的人民的敌人","日本的侵略不仅是中国的问题,而且是应由太平洋地区所有国家来对付的问题"。在谈话中,毛泽东把美国称作"反战国家",即列强中"不愿参加一场新的世界大战……不愿看到日本占领中国"的国家。他认为,美国迟早会"同中国人民结成统一战线",因为"美国的东方利益同抵抗日本帝国主义紧密联结在一起","美国将觉悟到它在太平洋的真正责任是同直接威胁美国理想和利益的日本帝国主义作斗争"。他还说:"美国人民和美国政府对中国是有远见的,形势注定美国政府要对中国和日本的未来起非常积极的作用。"毛泽东告诉斯诺,在建立起一个人民政府之后,中共将力主根据各国的战时表现来制定政策;那些曾在中国的独立和解放战争中给予援助的国家可以享有同中国亲密友好和互利的关系;在中国真正赢得独立之后,外国人将有更多的机会在中国得到合法贸易利益。①

　　全国抗战爆发后,中共明确提出了争取国际力量援助中国抗战的方针。1937年7月23日,毛泽东在论述反对日本进攻的方针、办法和前途时,明确提出中国应该实行"抗日的外交",指出:争取英、美、法同情我们抗日,在不丧失领土主权的条件下争取他们的援助;战胜日寇主要依靠自己的力量,但外援是不可少的,孤立政策是有利于敌人的。② 8月25日,经中共中央政治局会议通过的宣传鼓动提纲进一步指出:"在不丧失领土主权的范围内,和一切反对日本侵略主义的国家订立反侵略的同盟及抗日的军事互助协定。拥护国际和平阵线,反对德日意侵略阵线。"③在这里,中共中央清楚地以侵略、非侵略的

　　① 毛泽东:《和美国记者斯诺的谈话》,《毛泽东文集》第一卷,人民出版社1993年版,第390—391页。

　　② 毛泽东:《反对日本进攻的方针、办法和前途》(1937年7月23日),《毛泽东选集》第二卷,人民出版社1991年版,第347页。

　　③ 毛泽东:《为动员一切力量争取抗战胜利而斗争》(1937年8月25日),《毛泽东选集》第二卷,人民出版社1991年版,第355—356页。

标准相区分,将世界国家分为德日意侵略阵线和国际和平阵线两大部分,明确表示要争取国际和平阵线的援助。

而在此其中,中共特别注意争取美、英的援助。毛泽东等中共领导人反复指出:当前世界法西斯力量已经危害到了民主力量的生存,英、美这两个国家尤其受到东西方法西斯侵略者的危害,因此,中国共产党提倡促使国际和平战线反对日本的侵略。这种统一和和平战线,不仅对中国目前的斗争,而且对民主力量的安全与继续存在都是十分必要的。并且指出:"对于中国来说,最重要的是英美两国的政策。"①为此,党努力打通与美、英等国的联系,以民间外交促官方外交的形式,进行了大量的工作,并在国际上产生了很大的影响。

但是,1939 年第二次世界大战爆发后,中共一度放弃了与英、美建立反日统一战线的政策。其原因主要是:(一)出于对英、美"远东慕尼黑阴谋"的警惕和反对。抗日战争爆发后,英美两国不仅没有采取过重大的有利于中国的行动,相反企图以牺牲中国而换得与日本的妥协。1939 年春,英、美曾考虑重新召开九国公约会议来结束中日战争;1939 年 7 月,英日签订《有田——克莱琪协定》,英国在中国问题上单方面向日本作出妥协。这些情况使中国共产党越来越感到,英美是在"纵容日本侵略中国,自己'坐山观虎斗','从中取利'。如果寄希望于这些阴谋家,同样将大上其当"②。因此,中共中央在对英美的政策上,集中地反对其绥靖政策,要求全党"用最大的力量,推动各方面共同起来……反对任何形式的东方慕尼黑"。1941 年 2 月,美日谈判,中共中央又一次发出"揭破远东慕尼黑的阴谋"的指示,掀起抨击美日谈判、谴责美国正在制造新的"远东慕尼黑"的高潮。(二)受苏联和共产国际策略急速转变的影响。1939 年 6 月,英、法、苏组织反德统一战线的谈判破裂;9 月,欧战爆发,苏联和共产国际放弃了建立国际反法西斯统一战线的策略,重提反对一切帝国主义的反帝统一战线策略,并认定第二次世界大战是帝国主义战争。9 月 10 日,共产国际执委会致电中共中央,指出:已经爆发的世界大战是"帝国主义的非正义的战争",交战国的"资产阶级的罪恶都是一样的",要求各国工人阶级,尤其是共产党人不应支持战争中的任何一方。凡是违背共产国际新

---

① 《毛泽东外交生涯第一幕》,吉林人民出版社 1999 年版,第 103 页。
② 《毛泽东选集》第二卷,人民出版社 1991 年版,第 572 页。

策略路线的共产党"应很快纠正自己的政治路线"。中共中央原则接受了共产国际的这一指示,改变了对英美的政策。

但是,由于当时中国正面临着反对日本侵略的战争,由于美英与日本还是有着很大的差别,两者之间存在尖锐的矛盾,因此,中共领导人在斗争现实面前,还是把美英与日本进行了区分。1940年9月27日,日德意签订三国同盟条约,英美对日态度趋于强硬,并加紧对华援助。据此,毛泽东于11月6日致电在重庆的周恩来,指示"与英美作外交联络,以期制止投降"①。12月,毛泽东在《论政策》的党内指示中指出:应在区别上建立我们的外交政策,第一是苏联和资本主义各国的区别,第二是英美和德意的区别,第三是英美的人民和英美的帝国主义政府的区别,第四是英美政策在远东慕尼黑时期和在目前的区别。并重申"我们的根本方针和国民党相反,是在坚持独立战争和自力更生的原则下尽可能地利用外援"②。1941年3月,毛泽东在致周恩来的电报中说:"我们并不放弃反对帝国主义战争的宣传,但要把宣传和政策加以区别,我们必须尽量利用两派帝国主义间的矛盾。"③

1941年6月22日,苏德战争爆发。当天和第二天,英国首相丘吉尔、美国总统罗斯福相继宣布支持苏联反对德国法西斯。苏联政府迅速地改变政策,再次提出建立反法西斯国际统一战线的口号,共产国际重新向各国共产党发出了建立全世界反法西斯统一战线的指示。中共中央据此再次调整对英美等国的政策,1941年6月23日中共中央发出《关于反法西斯的国际统一战线》的指示,指出:"目前时期,一切力量须集中于反对法西斯奴役。""在外交上,同英美及其他国家一切反对德、意、日法西斯统治者的人们联合起来,反对共同的敌人。"④7月7日,中共中央在纪念抗战四周年宣言中,公开宣布了"拥护国际反法西斯阵线,促进中、苏、英、美及其他一切反法西斯的国家民族

①　《毛泽东关于不反对蒋加入英美集团及制止投降分裂致周恩来电》(1940年10月6日),中央档案馆编:《中共中央文件选集》第12册,中共中央党校出版社1991年版,第551页。其时,国民党正在掀起第二次反共高潮,中共中央当时认为国民党反共是准备投降。

②　《毛泽东选集》第二卷,人民出版社1991年版,第765页。

③　中共中央文献研究室编:《毛泽东年谱》(1893—1949)中卷,人民出版社、中央文献出版社1993年版,第279—280页。

④　《毛泽东选集》第三卷,人民出版社1991年版,第806页。

一致联合,反对德、意、日法西斯同盟"的主张。7 月 12 日,中共中央书记处发出在反法西斯战争中判断是非好坏标准的指示:"在目前条件下,不管是否帝国主义国家,或是否资产阶级,凡属反对法西斯德、意、日,援助苏联与中国者,都是好的,有益的,正义的;凡是援助德、意、日,反对苏联与中国者,都是坏的,有害的,非正义的。"指示还指出:"在此标准下,对于英国的对德战争,美国的援苏、援华、援英行动及可能的美国反日德战争,都不是帝国主义性质的,而是正义的,我们均应表示欢迎,均应联合一致,反对共同敌人。"①中共中央在苏德战争爆发后的一系列决定,确定了和美英等西方民主国家合作的立场。

从对欧洲战争是"两派帝国主义"战争的认识,到 1940 年年底"利用"美英等国和德意日矛盾,再到和反法西斯各国合作,这些认识和变化,是中国共产党抗战时期对国际形势认识的巨大变化,其影响是深远的。

1941 年 12 月 8 日,日军偷袭珍珠港,太平洋战争爆发。中共中央根据既定方针,迅速在 9 日发表了公开的《中国共产党为太平洋战争的宣言》和对党内的《关于太平洋反日统一战线的指示》,确定了建立太平洋反日统一战线的方针。中国共产党指出:"中国人民与中国共产党对英美的统一战线是有重大意义的,中英美合作集中力量消灭日本帝国主义,是中国人民解放的必要前提。日英美战争使英美政府及统治阶级,站在和中国人民反日的一条战线上,使英美政府更加关怀中国抗战之成败,国共关系之好坏,以及八路军抗战之积极。"因此,"中国共产党应该在各种场合与英美人士作诚恳坦白的通力合作,以增加英美抗战力量,并改进中国抗战状况。""向英美人士特别是其当政人物表明我们愿意与英美政府真诚合作抗日。"②随着建立太平洋反日统一战线方针的确定,中共和美英合作的立场变得十分明确。

应该指出的是,此时中共虽然把合作的主要目标确定为英美两国,但由于美国在国际反法西斯战争中的地位和对中国抗战的援助及对国民党的影响,中共对建立太平洋统一战线的外交工作是"以美国为主"的。③

---

① 《中共中央文件选集》第 13 册,中共中央党校出版社 1991 年版,第 164 页。

② 《中共中央文件选集》第 13 册,中共中央党校出版社 1991 年版,第 251—252 页。

③ 中共中央文献研究室编:《周恩来年谱》(1898—1949),人民出版社、中央文献出版社 1989 年版,第 563 页。

中共和美国合作关系的建立

一般论者都强调美军观察团进驻延安的作用,视其为中共和美国官方的正式关系的开始。但实际上,早在 1938 年 3 月和 8 月,周恩来在武汉两次会见美国海军情报官埃文斯·卡尔逊上尉,还曾会见美国驻华大使纳尔逊·詹森、驻华武官约瑟夫·史迪威和驻武汉领事约翰·戴维斯等人。1940 年冬中共中央调整对英美方针后,对美国联络的工作再度活跃起来。周恩来在皖南事变前夕先后会见美国驻华大使詹森和当时正在重庆的卡尔逊等,向他们揭露了国民党反共、内战的阴谋。事后,詹森给美国国务卿科德尔·赫尔写了报告。卡尔逊写信给美国国务院远东事务顾问、前远东司长斯坦利·霍恩贝克,要求修改单纯支持国民党的政策,把美国援助直接拨给抗日战场上的军队,而不管这些军队属于什么党派。应该说,周恩来和这些美国官员的接触,实际上具有中共和美国政府官方接触的性质。

特别是,1941 年 2 月 14 日周恩来和美国总统特使劳克林·居里的会见,在中共和美国政府关系发展上影响深远。一是,这次会见是居里首先提出的,作为负有特殊使命的美国政府的高官,他主动要求并设法通过英国驻华大使约见周恩来,并与周恩来进行长时间的、有实质内容的谈话,其真实意义和象征性都是不能低估的。二是,周恩来向居里介绍了中共的政治主张和各项政策,回答了居里提出的蒋介石有无投降倾向、新四军事变真相等有关问题,并以大量材料揭露了蒋介石的反共内战阴谋。加深了美国政府对中国共产党和国共关系的症结的了解。随后,居里代表美国政府明确向蒋介石表示了反对反共内战的声明:美国在国共纠纷未解决前,无法大量援华,中美间的经济、财政等问题不可能有任何进展。三是,居里表示美国政府赞助中国统一,反对日本,不愿内战扩大,主张政府改革。这使中共了解到美国政府的对华政策是力图控制中国以牵制日本,因此不会赞成中国内战扩大;美国支持蒋介石政权,但对他又有所不满,想施加一些压力促使蒋改革。中共中央据此判断:"英美帝国主义不愿意蒋发动内战,放松抗日"[1],认识到中共在外交方面特别是在

---

[1] 《中共中央文件选集》第 11 册,中共中央党校出版社 1991 年版,第 625 页。

对美国外交方面将有广阔的活动余地，可以大有作为。这次会见，加深了中共和美国政府的互相了解，使双方彼此了解了对方的真实意图，因而对双方关系的推进产生了重大影响。实际上，居里和周恩来的这次会见，打开了中共和美国政府交往的大门，为以后双方关系的发展打下了良好的基础。

其时，美国政府对中国抗战和中共的政治动向是颇为关注的。在太平洋战争爆发前，通过斯诺轰动世界的一系列报道和风靡西方国家的名著《红星照耀中国》，通过继斯诺之后的史沫特莱、安娜·路易斯·斯特朗、拉铁摩尔等十几人访问延安和各抗日根据地后的报道，通过美国驻中国大使馆人员和使节，如美国海军情报官埃文斯·卡尔逊和美国总统特使劳克林·居里的报告，罗斯福总统和美国政府起码了解如下几点：一是，中国共产党坚决抗日，在日本占领区建立广泛的战场，有效地打击和消耗了庞大的日军，中国共产党及其领导的抗日军民是反法西斯战争在远东前线的一支重要力量；是影响和决定中国抗战走向的决定性的力量。二是，中国共产党是中国"那个时代最富有吸引力的革命者"①，其政治主张代表中国人民的利益和愿望，享有民众的支持，并且廉洁奉公，充满朝气和活力。三是，中国的国民党政权极力压迫中国共产党，蒋介石的目的是封锁、孤立乃至消灭共产党，国共之间存在严重矛盾，不断发生冲突，有发生分裂甚至爆发内战的危险。这些信息，在很大程度上影响了美国政府的对华政策，推动着它采取谋求和中共合作的步伐。

以周恩来与居里会见为标志，中共和美国政府的交往进入一个新阶段。周恩来领导的中共中央南方局，利用身处大后方的有利条件积极开展对美国的交往。

一是，太平洋战争爆发后，周恩来根据中共中央决定，立即于1941年12月9日（或10日）致函英、美两国驻华大使，表示中共及其领导的抗日武装愿与他们的国家并肩对日作战。中共的这个表态，奠定了和美、英合作的基础。

二是，中共和美国政府的驻华机构建立了经常性的、比较畅通的联系。比如周恩来曾十多次会见罗斯福推荐给蒋介石的政治顾问欧文·拉铁摩尔；和担任中国战区参谋长、中缅印战区美军总司令、东南亚盟军司令部副司令、中

① ［美］肯尼斯·休梅克：《美国人与中国共产党人》，吉林文史出版社1989年版，第66页。

国驻印军司令、分配美国援华物资负责人等职务的约瑟夫·史迪威多次接触；与美国驻华使馆二等秘书、中缅印战区美军司令部政治顾问约翰·戴维斯，美国驻华使馆参赞约翰·文森特（即范宣德）和三等秘书约翰·谢伟思等建立密切的联系；多次接见美国情报协调局（1942年6月改名为战略情报局）派驻中国的代表费正清。董必武、叶剑英和王炳南、乔冠华等也与美国驻华人员多有交往。

三是，1942年10月，周恩来两次会见美国总统罗斯福的另一位特使温德尔·威尔基。威尔基回忆说："我就是在那里（宋子文公馆——引者注）与中国共产党领袖之一的周恩来作了一次从容不迫、单独而不受阻断的谈话。"其后又在孔祥熙举行的宴会上交谈，"他向我说明中国战时统一战线所赖以建立之妥协的性质，他承认他对于中国国内改造进度之迟缓感到焦灼。但他向我保证说，这种统一战线一直到打败日本为止，都必然会持续下去。"①和美国政府的高官接触，其外交意义是重大的。

四是，中共和美国情报机构互换情报。美国情报协调局代表费正清认为"我觉得我应当接近中共，看看他们能提供什么"②，中共中央对此十分重视，指示中共中央南方局大力与之合作："现美使馆情报处所愿交换之情报，如亦属敌伪情况及彼此抗敌战况和宣传品，可交换；在政情方面，我可供给边区游击区之民主建设和生产，彼方可告我援华实况。"③

五是，与美英等国为主的外国记者建立了广泛的联系。抗战时期重庆汇集着百余名外国记者，有合众社、塔斯社、路透社、美联社、德新社、哈瓦斯社、海通社、国际新闻社、北美联合通讯社、美国全国广播公司等著名国际新闻通讯机构；美国《时代》《生活》《读者文摘》《纽约时报》《基督教科学箴言报》《纽约先驱论坛报》、英国《每月邮报》《每日快报》《泰晤士报》《悉尼晨报》《巴黎晚报》《莫斯科世界新闻》等著名报刊都派驻有记者。针对这种情况，中共实际实行了向外国记者发布新闻的制度。担任周恩来外交秘书兼翻译、以

---

① ［美］威尔基著，刘尊棋译：《天下一家》，中外出版社1943年版，第110页。

② ［美］费正清著，陆惠勤、陈祖怀、陈维益等译：《费正清对华回忆录》，知识出版社1991年版，第315页。

③ 周恩来军事活动纪事编写组：《周恩来军事活动纪事（1918—1975）》上卷，中央文献出版社2000年版，第576页。

《新华日报》记者名义活动的龚澎，几乎每天下午都前往重庆的外国记者站，向来自世界各地的外国记者发布来自中共南方局和解放区的新闻和消息。①

这些活动，传播了中国共产党的政策、主张和抗日战绩，向国际社会展现了中国共产党抗日、民主、廉洁的真实形象和坦诚与反法西斯盟国合作的立场，影响并推动着美、英等国和中共合作的思路。同时，也把中国共产党受国民党封锁、压迫乃至阴谋消灭的境况，及其蒋介石政权独裁、腐败、失去人民拥护的情况，如实地反映在了世界人民面前。

太平洋战争爆发后，美国政府对中国的战略目标有两个：一是为实施其"先欧后亚"战略和支援太平洋战争，希望中国的抗日战争尽可能多地来牵制和消耗日本的力量；一是为实现其战后统治世界的目的，选择国民党政府为其在亚洲的代理人，为此它极力扶持蒋介石政权。基于这样的目的，美国政府根据中国共产党坚决抗日的立场和巨大作用，加深了和中共合作的思路，并希望中国团结抗日，不赞成国民党反共；对蒋介石政权独裁、腐败、反共表示不满和感到焦虑，希望国民党实行民主改革，通过政治途径解决国共分歧。美国政府的对华谋略和中国共产党的外交战略有相吻合之处，中国共产党坚持在独立自主基础上争取外援，希望作为盟国的美国政府援助敌后军民的抗日战争；为坚持抗战、团结、进步，希望对国民党有巨大影响力的美国发挥其影响，约束、干预和阻止国民党的反共行为。正是出于各自的战略需求和共同利益，中共和美国选择和实行了合作。

在此提出一点个人看法，正因中共和美国的合作是在特定历史条件下实行的，因此有其特殊性，所以没有一般意义上合作所有的签约、重大标志等，而是以经常性的接触逐渐实现的。

合作的高潮

在和美国政府联系渠道建立后，中共积极谋求推进双方的合作。从 1942

---

① 龚澎以真实可信的事实和流利的英语、缜密的思维、机智的反应，给外国记者们留下深刻的印象，他们称她是消息非常灵通而又富有吸引力的"中共外交发言人"。"龚澎魅力"曾折服许多外国记者和外交官，费正清评价说："我发现龚澎对她所认识的每一个人都产生一种驯服功能。"转引自[美]邓鹏：《费正清评传》，天地出版社 1997 年版，第 45 页。

年 6 月起,周恩来通过美国《星期六晚邮报》驻印度美军司令部随军记者埃德加·斯诺,向美国驻华使馆二等秘书、中缅印战区美军司令部政治顾问约翰·戴维斯,美国驻华使馆参赞约翰·文森特(即范宣德)和三等秘书约翰·谢伟思多次提议,并致函劳克林·居里,反复要求美国派遣代表前往抗日根据地访问,给予中共抗日军队恰当份额的美国援华物资。谢伟思和戴维斯认为派遣人员前往中共区域符合美国利益,于是多次建言美国政府,派一个观察组去延安和华北、西北敌后抗日根据地进行考察,并在延安设立美国的官方机构。此议得到美国驻华大使高斯、中缅印战区美军总司令史迪威的赞同,并得到国务院主管远东事务官员的认同,在 1944 年成为美国对华外交的一项内容。这年 2 月,罗斯福向蒋介石正式提出派遣美军代表团前往陕北以及华北工作的要求。蒋介石对此十分恐惧,认为美国此举"实则联络共党,以为牵制我中央政府之计也,其心用甚险,余惟以照理力拒而已"①。22 日,蒋介石复函以同意美军人员前去陕西、山西国民政府管辖的地区而婉拒罗斯福。3 月、4 月,罗斯福又两次致电蒋介石,明确提出向延安派军事代表团观察组,蒋介石迟迟不作答复。同年 6 月,美国副总统亨利·华莱士来华协调国共关系,他出示了罗斯福第四次要求派美军代表团去延安的函件,当面向蒋介石重申了美国政府的这一要求。在美国政府的一再要求和压力下,蒋介石被迫同意美军向延安派出观察组。② 1944 年 7 月 22 日、8 月 7 日,由中缅印战区情报官员包瑞德上校率领、由 18 人组成的美军观察组(美国方面称之为"迪克西使团")分两批到达延安,美军司令部政治顾问谢伟思和卢登也作为观察组成员来到延安,他们负责向国内提供政治报告。

美军观察组进驻延安,一则是为获得华北、华中敌后日军的情报,为其精华中的登陆中国作战预做准备(军事动因),一则是为进一步了解中共,以利其调解国共关系、实现扶持蒋介石政府使之成为美国在亚洲代理人的战略目的(政治动因)。但它为中共通过美国来约束国民党反共、争取美国援助敌后抗战创造了条件,因此是中共和美国合作的一个重大事件。

---

① 《蒋介石日记》(手稿本),原件藏于斯坦福大学胡佛研究所档案馆。

② 蒋介石对此十分不满,在日记中写道:"呜呼,二十年来共匪与俄国合以谋我,已不胜其痛苦,而今复即英美亦与共匪沆瀣一气,是世界帝国主义皆向余一人围攻矣。"(《蒋介石日记》,1944 年 7 月 6 日)

中共中央十分重视美军观察组的到来,视之为推进和美国关系的重要途径。8月18日,中共中央发出《关于外交工作指示》,这是党的历史上第一个专门关于外交的文件。指示认为美军观察组的到来,是党开展国际统一战线的重要结果,明确提出建立和加强与美军的军事合作,并争取在军事合作的基础上,形成双方更多方面的合作关系。为此,中共中央指示:"美军人员来我边区及敌后根据地,便是对我新民主中国有了初步认识后的实际接触的开始。因此,我们不应把他们的访问和观察当成普通行为,而应把这看作是我们在国际间统一战线的开展,是我们外交工作的开始","目前美英与中国共同抗日,尤以美为最密。美军人员来我边区及敌后根据地的理由,为有对敌侦查和救护行动之需要,准此可争取其逐渐扩张到对敌作战方面的合作和援助,有了军事合作的基础,随后文化合作,随后政治与经济合作就可能实现"。虽然中共中央也清楚地认识到,目前美国外交的重心仍在国民党方面,对之"不应希望过高"。但对出现的合作契机十分重视,决定"放手与美军合作,处处表示诚恳欢迎"①,从而努力推进与美国的合作。

第一,全面向美军观察组介绍中国共产党及其抗日武装的情况。毛泽东、朱德、周恩来等中共领导人投入很多时间和精力,接见美军观察组人员并回答他们的问题。毛泽东曾多次与谢伟思等谈话,详细阐述国共关系、中共的基本政策、中共与美国的关系等。② 朱德、周恩来也经常不拘形式地同美军观察组成员交谈,参加他们的一些活动并解答他们的各种问题。中共中央成立以军委秘书长杨尚昆为组长的中央军委外事组,成员有柯柏年、陈家康、凌青、黄华等,专门负责接待美军观察组的事宜。中共中央曾连续举行十次报告会,由中央军委参谋长兼八路军参谋长叶剑英、八路军副总司令彭德怀、晋察冀军区司令员兼政委聂荣臻、八路军一一五师师长林彪和一二○师师长、陕甘宁晋绥联防军司令员贺龙、新四军代军长陈毅等,分别向美军观察组介绍敌后抗日根据地的斗争,八路军和新四军的发展、序列、部署、战略战术,敌后的敌我态势等情况。陕甘宁边区政府主席林伯渠、晋冀鲁豫边区政府主席杨秀峰还分别介

---

① 中共中央文献研究室编:《毛泽东年谱》(1893—1949)中卷,人民出版社、中央文献出版社1993年版,第544页。

② 谢伟思回忆说:我在延安总共停留了四个半月,"在各种场合见到他(毛泽东)共50次,每周必有二至三次。"

绍了两个根据地各方面建设的情况。

第二，同意并协助美军观察组人员到华北敌后考察。美方要求深入华北敌后根据地进行考察，中共满足其要求，并全力给予配合。从1944年秋天起，美军观察组分三路，历时数月，深入晋绥、晋察冀等敌后根据地考察。他们历时数月，行程数千里，目睹了敌后军民的抗日斗争、党政军民关系，参观了抗日根据地的医院、地道等，并选择了一些适宜美军修建飞机场的地址，在晋绥和太行区设立了通讯电台。为配合美军观察组的考察，中共动用许多人力、物力（如第一组就配备了几十人的警卫和民夫），曾进行多次作战。通过考察，丰富和加深了美军观察组对中共和敌后战场的认识，也为他们搜集了许多有价值的情报。

第三，向美方提供了大量的情报。根据美方的要求，中共部署开展有针对性的情报搜集工作。八路军总部指派人员与美军观察组组成联合情报小组，搜集、处理有关情报。在敌后抗日根据地的各大军区和八路军各师、新四军成立专门的情报机关，其重要职能就是与美军进行情报上的合作。按照美方提交的情报清单，中共中央军委迅速向各部队和根据地下达了详细指示。并针对美军预想在山东、上海等地登陆的情况，特别指示山东军区和新四军专门搜集青岛、烟台、连云港和长江中下游军事、气候、敌海军的情报。据统计，至抗战胜利，共向美方提交120多份情报。包括中共领导下武装的兵力、训练、士气、经济状况、作战情况、控制区域的情报，以及天气情报、日军情报等。美军观察组组长包瑞德在回忆录中给予很高的评价："他们竭尽全力地帮助我们做一切事情，给我们提供了大量的各种有价值的材料，这些材料正是我们希望得到的"，"我们的每一封报告对于海军和空军肯定有其价值"①。美国驻华空军第十四航空队的情报组先后与新四军第五师、浙东纵队、东江纵队取得了联系。美国战略情报局的厄格斯上校也曾数次会见新四军第五师师长李先念，商讨情报合作事宜。

第四，大力救助美军飞行员。从1944年开始，陈纳德的美军第十四航空队加大对日军占领区目标的打击，在其过程中不断有美军飞行员失事。敌后

---

① ［美］戴维·D.包瑞德著，万高潮、卫大匡译：《美军观察组在延安》，解放军出版社1984年版，第121页。

军民大力救助遗落在敌后抗日根据地的美军飞行员,帮助他们脱险。为此,美国驻华大使高斯曾在 1944 年 8 月 20 日致信八路军总部,代表美国政府表示感谢:"接奉本年 7 月 28 日台函,得悉美第十四航空队飞行员白福利欧在正太路被迫降落,经贵部营救出险。查美国飞行人员被迫在敌占区或其附近地区降落,多赖中国军队及人民予以宝贵之协助,使其得以安全返航,继续进行对贵我两国共同敌人日寇之斗争。本国政府深为欣喜,感荷上述美国飞行人员承阁下及贵部军队之援救。本大使谨代表本国政府敬致谢忱!"①以后,中共方面坚持这样做。从 1944 年 1 月至 1945 年 7 月间,敌后军民共救助 100 多名美国飞行员脱险。

第五,愿意配合美军共同作战。当时美军计划在抗战后期进行中国沿海登陆作战,中共明确表示配合和支持。毛泽东告诉谢伟思:"美国无须担心我们不采取合作态度。我们必须合作,必须得到美国的帮助。"②1944 年 10 月和 12 月,包瑞德、戴维斯等根据驻华美军总部授权,两次到延安讨论中共配合美军登陆作战的问题,中共表明了积极合作的态度。12 月底,周恩来召集有关人员开会,拟出与美军合作的方针、原则和条件的方案。并鉴于事关重大,毛泽东、周恩来于 1945 年 1 月通过美军观察组递信给美国政府,表示愿意访问华盛顿,与美国最高当局当面讨论上述计划。与此同时,毛泽东、朱德、周恩来在和谢伟思及美国记者斯坦因谈话中,明确表示愿意将八路军和新四军置于已被提名为盟军最高司令的史迪威的领导之下,进行对日军作战。③ 史迪威就此向美国陆军参谋长马歇尔做了汇报:"他们(中共代表——引者注)转告我,愿意在我的指挥下打仗,但是不接受蒋介石任命的中国军官指挥。"④

---

① 《中国的对美政策与中美关系》,中国论文下载中心,http://www.studa.net/lishi/060116/16032956.html。

② [美]约翰·斯图尔特·谢伟思著,王益、王昭明译:《美国对华政策(1944—1945):〈美亚文件〉和美中关系史上的若干问题》,中国社会科学出版社 1989 年版,第229 页。

③ [美]艾格妮丝·史沫特莱著,梅念译:《伟大的道路:朱德的生平和时代》,三联书店 1979 年版,第 460 页;[美]约瑟夫·W.埃谢里克编著,罗清、赵仲强译:《在中国失去的机会:美国前驻华外交官约翰·S.谢伟思第二次世界大战时期的报告》,国际文化出版公司 1989 年版,第 214 页。

④ [美]巴巴拉·塔奇曼著,陆增平译:《史迪威与美国在华经验》下册,商务印书馆 1985 年版,第 702、729 页。

与此同时,中共明确要求美国提供援助,"盟军援华物资一定要公平合理分配。"①对此,美方在其和中共军事合作的计划中给予回应。如"连云港计划"(由美国将武器弹药空投给连云港附近的中国共产党部队)、"柏尔得计划"(训练共产党游击队 2.5 万人;供给步枪 10 万支、粮食服装由中共自备,武器弹药、通讯器材、运输工具由美方供应)、"麦克罗计划"(美国伞兵部队将在共产党区域着陆,中共在美军正式提供物资之前先保障这支部队的供给,美军将向中共提供适当的武器弹药和其他战争军需品)等。

这些事实清楚地表明,中共在接待美军观察组过程中,确实实行了"放手与美军合作,处处表示诚恳欢迎"的方针,对美方的要求给予了尽可能的满足,结果使美军观察组非常满意。② 把双方的合作推向了发展前景良好的境地。

中共和美国合作的逆转及其对中共的总体影响

美国战时的对华外交目标存在严重的矛盾,它既要尽力扶持蒋介石政权又希望顽固坚持独裁专制统治的蒋介石实行民主改革,但两者是相互矛盾的,前一个目标制约着后一个目标的实行;而其要联合中共抗日,但又要全盘维持反共的蒋介石的权力,又是矛盾的,如此矛盾的目标,很难顾全,循此演变,必然难以为继。特别是其对中共的合作,很大程度上是一种策略,是在抗日军事需要的情况下实行的,因此当形势变化,其登陆中国作战计划放弃、对中共军事配合的需求减少后,就必然发生改变。美国这种战略目标上的严重矛盾,又由于任命一个狂妄自大、蛮横无知的赫尔利来华参与国共事宜,结果中共和美国合作的进程很快就中断了。

1944 年 9 月,赫尔利奉罗斯福之命来华。他在处理史迪威事件后,立即

① 中共中央文献研究室编:《毛泽东年谱》(1893—1949)(中卷),人民出版社、中央文献出版社 1993 年版,第 607 页。

② 谢伟思评论说:"从来没有一个共产党社会像中国共产党在 1944 年 7 月到 1945 年 3 月这八个月期间那样对美国开放。大批美国人在他们的每一块领土上都进行了旅行,进行了多种形式的合作,探索各个方面的情况,在延安和前线每天同共产党领导人和一般工作人员亲密友好地接触并生活在一起。"[美]约翰·斯图尔特·谢伟思著,王益、王昭明译:《美国对华政策(1944—1945):〈美亚文件〉和美中关系史上的若干问题》,中国社会科学出版社 1989 年版,第 217 页。

介入调解国共关系。11 月 7 日,赫尔利飞抵延安,10 日与中共达成成立联合政府、实行民主改革等内容的《五条协定草案》,他对毛泽东说:"我敬佩毛主席的宽大态度。你所希望的各种改革,我完全同意。"①声称:"这些条约是公平合理的。"②并提议毛泽东和他在协议上签名(他是以美国政府代表身份签字作证的)。但当协议遭到蒋介石反对,赫尔利随之完全背弃了他在延安签署的《五条协定草案》,接受国民党的"三点反建议"。国民党"反建议"的核心是中共必须交枪,把部队交给国民党政府改编,然后由政府统一指挥;之后中共可以"遴选"几个高级军官参加军事委员会。赫尔利反过来诱骗中共接受国民党坚持一党专政的"反建议":"我们是准备帮助你们的,成百架飞机的东西等着帮助你们;但是没有这一协定,我就无法帮助你们。"③对此哄骗,中共中央坚决拒绝:"牺牲联合政府,牺牲民主原则,去几个人到重庆做官,这种廉价出卖人民的勾当,我们决不能干。"④此后,赫尔利反复威逼中共接受国民党的"反建议",并提出由美国、中共和国民党各出一人统帅中共军队的"补充办法"。中共多次向他申述不能国民党提案的理由,否决其"补充办法"。赫尔利随后完全倒向国民党,并申明支持蒋介石打内战:"等到对日战争结束,你那些装备精良的师团就可以轻而易举地战胜共军了。"⑤

赫尔利的作为,引起美国驻华大使馆人员的强烈不满,1945 年 2 月,乘其回国述职之机,美国大使馆临时代办乔治·艾奇逊和谢伟思等联名向美国国务院递交"中国局势"的报告,认为赫尔利的做法会使"中国的混乱将不可避免,可能爆发的灾难性的内部冲突将加速到来。……长远观点看,这种局势对美国的利益也是危险的"⑥。但其时对日战争即将结束,美国着重于战后格局的安排,赫

① 《胡乔木回忆毛泽东》,人民出版社 1994 年版,第 352 页。
② [美]戴维·D.包瑞德著,万高潮、卫大匡译:《美军观察组在延安》,解放军出版社 1984 年版,第 64 页。
③ 《胡乔木回忆毛泽东》,人民出版社 1994 年版,第 355—356 页。
④ 中共中央文献研究室编:《毛泽东年谱》(1893—1949)中卷,人民出版社、中央文献出版社 1993 年版,第 564 页。
⑤ 《赫尔利和蒋介石会谈备忘录》,1945 年 2 月 16 日。转引自沙勒:《美国十字军在中国》,第 208 页。
⑥ [美]约瑟夫·W.埃谢里克编著,罗清、赵仲强译:《在中国失去的机会:美国前驻华外交官约翰·S.谢伟思第二次世界大战时期的报告》,国际文化出版公司 1989 年版,第 361 页。

尔利的做法代表(并在一定程度上加强)了美国统治世界的战略目标,因此美国驻华使馆人员的意见未被重视。其后,赫尔利独揽驻华使馆和对中共问题的发言权,排斥、清除主张与中共保持合作的美国外交官员(谢伟思等调走,包瑞德免职,使留在中国的美国人就都是亲蒋介石的人),促使美国政府实行了无条件支持蒋介石政府的方针。1945 年 4 月 2 日,他在华盛顿举行的记者招待会上宣称:"美国政府全力支持蒋介石政府",而"不支持任何武装的政党和军阀"①,公开采取了压共、反共的政策。4 月 11 日,美国总统罗斯福去世,杜鲁门接任,美国政府的对华政策进一步逆转,扶蒋反共成为其基本的出发点。

本来,中共在赫尔利访问延安之后,对深化双方的合作颇寄期望。毛泽东接受赫尔利的建议,托他带给罗斯福总统一封信,表示了中共长期合作的愿望:"我深愿经过你的努力与成功,得使中美两大民族在击败日寇,重建世界的永久和平以及建立民主中国的事业上永远携手前进。"②但赫尔利的做法破坏了中共的努力。

对赫尔利的压制和恐吓,中共毫不畏惧,但采取了留有余地的做法,由《新华日报》对其提出批评,而"延安暂取不理的态度"。6 月,美国政府以"通共间谍罪"将谢伟思等 6 名"中国通"逮捕后,中共中央决定点名批评赫尔利,毛泽东连续为新华社撰写《赫尔利与蒋介石的双簧已经破产》《评赫尔利的政策的危险》的评论文章,指出:"以赫尔利为代表的美国对华政策的危险性,就在于它助长了国民党政府的反动,增大了中国内战的危机。"③赫尔利的所作所为,"是要牺牲中国人民的利益,进一步破坏中国人民的团结,安放下中国大规模内战的地雷,从而也破坏美国人民及其他盟国人民的反法西斯战争和战后和平共处的共同利益。"同时,中共中央决定在和美军合作方面采取收缩性的态度。指示有关部队,与美军的合作只限于供给情报、气象及地上救护,其他问题应向中央请示;不再准许美军派人到前线去,不准许其在解放区建立通讯机构,并停止供给秘密情报。④

---

① 《新华日报》,1945 年 4 月 5 日。

② 《毛泽东致罗斯福信》(1944 年 11 月 10 日),《中共中央文件选集》第 14 册,中共中央党校出版社 1991 年版,第 398 页。

③ 《毛泽东选集》第三卷,人民出版社 1991 年版,第 1111、1115 页。

④ 牛军:《从赫尔利到马歇尔——美国调处国共矛盾始末》,福建人民出版社 1988 年版,第 94—95 页。

其目的,一是防止可能的破坏活动;二是使美军体会到没有中共配合的困难,从而促使美国重新考虑其对华政策。

但是,中共通过斗争改变美国政府政策、争取可能的合作的努力没有实现。美国政府扶蒋反共的政策,导致了中共与美国合作的逆转、萎缩和终结。

然而,虽然太平洋战争爆发后的中共和美国的合作没有坚持下去,甚至其中许多也仅仅是协议,还没有变成现实,但对中共仍然是有意义的。

第一,对国民党的反共行为产生了一定的约束作用。

利用国际因素阻止国民党的反共、分裂行为,是中共抗战时期处理国共关系时的一个重要谋略。而美国政府出于其联共抗日的战略考虑,曾多次向国民党的反共行为施压,在一定程度上遏制了国民党的反共步骤。1941 年 2月,美国总统罗斯福针对国民党制造皖南事变、损毁抗日大局的行径,由劳克林·居里捎口信给蒋介石:"予自万里外观察中国之共产党员,似与我等所称之社会党员,无甚差别。彼等对于农民、妇女及日本之态度,足值吾人之赞许,故中国共党与国民政府相类者多、相异者少,深盼其能排除异见,为抗日战争之共同目标而加紧其团结。"表示了不赞成国民党反共的意见。其后美国国务院远东司司长汉密尔顿和老资格的政治顾问斯坦利·霍恩贝克在与胡适、宋子文谈话中,居里在给蒋介石关于经济、外汇、银行、交通等问题的条陈中,反复表示了美国对中国内部团结的关切,提议"尽力与共产党保持抗日联合阵线"。1942 年 10 月,威尔基离渝前又明确告知蒋介石:"在战时及在战争结束时勿与中共有严重问题之发生"。1943 年 7 月国民党掀起第三次反共高潮时,马歇尔向宋子文表示:如果中国内部爆发一场武装冲突,会给同盟国的地位和努力带来不良后果。霍恩贝克也向宋子文提起上一年他们反对反共内战的谈话,再次指出:国务院现在的态度与那时一样,"一直公开希望中国像其他地区一样,应避免内部冲突。"美国政府的态度,曾引起蒋介石、宋子文的恐慌,对中国共产党打退第二次、第三次反共高潮起了积极的作用。

美国政府在很长一段时间里,主张通过政治途径解决中共问题。1943 年开罗会议期间,罗斯福总统直接向蒋介石提议:"应该在战争还在继续进行时,与延安的共产党人组成一个联合政府。"①此后,这一主张曾是美国政府调

---

① 裘克安:《斯诺在中国》,生活·读书·新知三联书店 1982 年版,第 107 页。

解国共关系的一个主要思路。1943年后，美国驻华大使高斯"奉令敦促蒋介石与共产党签订协定，结束对共产党的封锁，使双方武装力量用来打击日本"①，蒋介石不满美国"逼使国民党与中共泯除歧见"，但迫于压力，"俾中外人士理解"②，被迫从1944年开始和中共进行马拉松式的谈判。1945年4月联合国在旧金山召开成立大会，会前国民党企图独揽与会代表团，遭到中共和各民主党派、知名人士的反对，他们要求派代表组成如美英一样容纳各方面力量的代表团。罗斯福闻讯致电蒋介石，提出："中国政府代表团中，包括中共或其他党派之代表，并无不利。事实上，如采此一做法，甚或有利可见。"并说美国、加拿大和别国也将由不同党派代表组成。在国内反对特别是美国压力下，蒋介石最后被迫同意由各方面代表组成中国的代表团。

概括地说，在1945年4月美国政府确定扶蒋反共的政策之前，曾多次对国民党的反共行动施压，它是基于它的战略利益考虑，但和中共联合美国的目标是相符的，并在一定程度上产生了作用，实际上是中共与美国合作的成功实践。

第二，展现了中国共产党的真实情况，有助于扩大中共在世界的影响和声誉。抗战进入相持阶段后，国民党的反共步骤越来越大，对中共的封锁越来越严密。而中共通过和美国政府的合作，在一定程度上打破了国民党封闭中共的企图。首先，美国政府和中共接触、派美军观察组进驻延安的举动，客观上显示了中共的重要性，起到了宣传中共的作用，令世界瞩目，从中共在国际交往的角度看，颇有意义。其次，美军观察组把解放区的实情源源不断地发回国内，谢伟思在驻延安前三个月内就写回去四十多份报告，包瑞德、卢登也写了不少报告。这些报告内容广泛而具体，包括抗日根据地内人民的生活、共产党军队的作战能力、共产党的基本政策等。他们认为中国共产党生气勃勃，抗日武装"士气很高"，共产党的领导"廉洁奉公"，"得到当地人民的完全支持"；他们认为"中国共产党人将在中国存在下去；中国的命运不是蒋介石的，而是共产党人的"③。美军观察组的报告，曾在美国国务院中国科得到广泛认可，

---

① [美]巴巴拉·塔奇曼著，陆增平译：《史迪威与美国在华经验》下册，商务印书馆1985年版，第655页。

② 吴湘相：《第二次中日战争史》下册，(台北)综合月刊社1974年版，第1035页。

③ 陶文钊著：《中美关系史》(修订本)第一卷，上海人民出版社2016年版，第241—242页。

并一度对罗斯福总统产生了影响。再次,美国政府为调解国共关系,屡次派出高官介入,如皖南事变后的总统特使劳克林·居里、1944 年前往延安的美国总统罗斯福的私人代表赫尔利、1945 年 12 月来华的美国总统杜鲁门的特使乔治·卡特利特·马歇尔(建立在中共和美国合作基础上)。这些活动,使中共和作为世界大国的美国联结在一起,事实上在国际上起到了彰显中共的作用。

第三,为中共积累了一定的外交工作的经验。抗战时期中共和美国的接触、合作,是中国共产党外交工作的真正开始。中共是在毫无基础、没有经验的条件下独立地开展与美国交往的,其过程实际上是不断探索、摸索前进的过程,曾取得不少成功,一度开创了良好的局面,但也有判断失误之处,最终没有达到目的。但这些实践,磨炼和教育了中国共产党人,为后来的外交工作提供了有益的借鉴。

军队素质、战略计划与解放战争的进程

内容提要：1946—1949 年的国共战争，结果颇具戏剧性的色彩，拥有绝对军事优势条件、执意发动内战的国民党遭受彻底的失败，实力和各方面物质条件远逊国民党、力避内战的共产党获得了全国胜利。对于国民党的军事失败，普遍认为蒋介石的指挥错误是主要原因，但实际上此说并不周全。国民党的失败并不都是甚或可以说主要不是战略、指挥的错误，其低劣的军队状况使其殚精竭虑的军事计划大都难以达成，这应该是国民党军事失败的一个主要原因。

1946—1949 年的国共战争，深刻地改变了中国，深刻地影响了世界，同时也从根本上改变和决定了国共两党的政治地位。具有讽刺意味的是，当时具有绝对军事优势、执意发动内战的国民党却是屡战屡败，遭受彻底的失败；军力和物质条件远逊国民党、力避内战的共产党获得了全国的胜利。国民党的失败，首先和集中地表现在战场上的军事失败。而关于军事失败，蒋介石的错误指挥、国民党错误的军事战略和军事计划而导致失败的观点，颇为流行，大约是破解国民党失败的一种主要观点。但是，如果仔细分析一下，此说可能并不周全和准确。

一

1945 年 8 月 15 日，日本天皇宣布投降，中国人民伟大的抗日战争取得最后胜利。抗战的胜利，为已经矛盾丛生的国共合作提供了修复的历史机遇，也对国共两党提出了严峻的考验。而两党的选择和取舍，最后决定了各自在中国大陆的政治命运。

出于消灭共产党和维护一党独裁统治的目的,国民党选择了发动内战。① 蒋介石后来说:战后,他的方针是,或者以和平谈判方式迫使中国共产党"放弃武装,改走合法的道路",或者通过"放手动员作战"的办法来消灭中国共产党的武装,"这两条道路,任取其一,都足以解决中共问题。"②"彼如不能在军令政令统一原则下屈服,即以土匪清剿之。"③因此,当其企图通过重庆谈判诱骗共产党的阴谋失败后,在完成发动内战的准备之后,1946 年 6 月,蒋介石完全背弃了重庆谈判中"长期合作,坚决避免内战"的承诺,公开撕毁停战协议,悍然向解放区发动了进攻。

而国民党之所以要和敢于发动反共内战,一个主要的因素是自信其拥有庞大的军事力量。蒋介石在发动全面内战时曾颇为自得地说:"比较敌我的实力,无论就哪一方面而言,我们都占有绝对的优势,军队的装备、作战的技术和经验,匪军不如我们,尤其是空军、战车以及后方交通运输工具,如火车、轮船、汽车等,更完全是我们国军所独有,一切军需补给如粮秣弹药等,我们比匪军丰富十倍,重要的交通据点,大城市和工矿的资源,也完全控制在我们手中。"蒋介石还说:"现代战争和古代已大不相同,现代交通工具进步,兵员运动迅速,政府有飞机、火车、汽车和坦克,调动方便,……交通如此发达,武器如此进步,无论什么险阻,经不起飞机的轰炸,无论流窜如何迅速,赶不上火车汽车,所以流寇是无法存在的。"④"我们军队的长处是什么呢? 就是我们有特种兵以及空军、海军,而共产党没有这些兵种。""因为我们有空军,有海军,而且有重武器和特种兵,而是他们匪军则绝对没有的",因此"我们就一定能速战

---

① 目前有人对此有不同看法,但学术界的普遍认识是蒋介石发动了内战,如研究蒋介石的著名专家杨天石就持这种观点。他认为蒋介石有两大过(罪),第一是 1927 年到 1937 年的清党剿共。第二就是 1946 年到 1949 年三年的内战,这是一次反共的内战,是违背历史潮流和中国人民愿望的不得人心的内战。杨天石:《如何评价蒋介石》,《联合早报网》2007 年 12 月 27 日。

② 蒋介石:《苏俄在中国》,台湾中央文物供应社 1981 年版,第 156 页。

③ 《中共中央关于张治中向胡宗南传达蒋介石之密示致中共驻重庆代表团电》(1945 年 9 月 20 日),转引自金冲及:《转折年代——中国的 1947 年》,生活·读书·新知三联书店 2002 年版,第 19 页。

④ 中国国民党中央委员会党史委员会编:《先"总统"蒋公思想言论总集》卷 22,1984 年版,第 135、20 页。

速决,把奸匪消灭"①。正是这种自恃武力雄厚的心态,促使国民党当政者十分骄横,悍然发动了反共反人民的内战。当时任国民政府参谋总长的陈诚公开宣称:如果真的对共产党开战,也许三个月至多五个月便能解决。以国军的力量,对于交通,任何一线均可在两周内打通。② 发动全面内战后,1946 年 8月,国民政府国防部新闻局局长邓文仪在记者招待会上宣称:"相信战争不会拖的太久,共军以八十万对政府军之三百万,在战争的历史上是没有侥幸的,共军非以一抵十不能获胜。"③蒋介石在召见美国大使司徒雷登时更加肯定地说:"相信能够在六个月内粉碎共产党的军事力量。"④

关于中国共产党在抗日战争胜利后的政治态度,社会上、学术界颇有人有疑惑,他们根据抗战后国共间发生尖锐斗争和激烈军事交锋,中共准备对付内战的情况,认为中共也无真实和平的意愿,也拟与国民党打内战。实际上,这是误解,因为中共力避内战的立场是十分明确的。虽然出于对蒋介石反共本性的了解,毛泽东在七大前后判断抗战胜利后蒋介石要打内战;在获知日本投降消息和蒋介石限制中共武装受降后,1945 年 8 月 13 日他指出:"蒋介石在挑动内战。"因此对国民党的反共阴谋保持了高度的警戒(应该说,毛泽东的这个判断是准确的)。但毛泽东同时明确向全党指出:"对于蒋介石发动内战的阴谋,我党所采取的方针是明确的和一贯的,这就是坚决反对内战,不赞成内战,要阻止内战。今后我们还要以极大的努力和耐心领导着人民来制止内战。"⑤中共中央根据国际、国内形势,代表全国人民的利益,提出"和平、民主、团结"的方针,试图通过努力与斗争,迫使国民党在一定程度上接受人民的要求,实行一定的政治改革,建立有中国共产党和民主党派参加的联合政府,逐步实现政治民主化,即通过曲折的道路完成新民主主义革命。这是一个弯路,但正如毛泽东1945 年 8 月 23 日在中央政治局会议上所指出的:"走这个弯路

---

① 中国国民党中央委员会党史委员会编:《先"总统"蒋公思想言论总集》卷 21,1984 年版,第 331 页。

② 《中央日报》1946 年 10 月 18 日。

③ 《大公报》1946 年 8 月 25 日。

④ 《被遗忘的司徒雷登大使驻华报告》,江苏人民出版社 1990 年版,第 46 页。

⑤ 《毛泽东选集》第四卷,人民出版社 1991 年版,第 1125 页。

将使我们党在各方面达到更成熟,中国人民更觉悟,然后建立新民主主义的中国。"①为此,毛泽东亲赴重庆进行国共谈判,周恩来等出席政治协商会议。在政协会议达成多种协议闭幕后的第一天,即 1946 年 2 月 1 日,中共中央发出党内指示,指出:"中国走上了和平民主建设的新阶段。"指示全党:"中国的主要斗争形式目前已由武装斗争转变为非武装的群众的议会斗争,国内问题改由政治方式来解决。党的全部工作,必须适应这一新形势。"②其后,中共中央根据政协协议,提出了参加政府人员的名单③;拟议把党中央迁到靠近南京的江苏淮阴④;3 月 6 日中共中央下达了精简军队的命令,决定分两期裁减兵员的三分之二。⑤ 事实清楚地表明,中国共产党期盼和平民主、不打内战的愿望是真诚的。

1946 年 6 月 25 日,在已经判断国民党发动内战的情况下,毛泽东在致南京中共代表团的电报中仍重申:"我党方针是争取长期全面和平。"⑥甚至在全面内战爆发后,中共中央仍设想以战求和,毛泽东在《以自卫战争粉碎蒋介石的进攻》的党内指示中指出:"我党我军正准备一切,粉碎蒋介石的进攻,借此以争取和平。""只有在自卫战争中彻底粉碎蒋介石的进攻之后,中国人民才能恢复和平。"⑦当时,毛泽东判断:蒋介石准备大打,"大打后估计六个月内外时间,如我军大胜,必可议和;如胜负相当,亦可能议和;如蒋军大胜利,则不能议和。因此,我军必须战胜蒋军进攻,争取和平前途。"⑧直至 1946 年 11 月 21

---

① 《毛泽东文集》第四卷,人民出版社 1996 年版,第 7 页。

② 《关于目前形势与任务》,《中共中央文件选集》第 16 册,中共中央党校出版社1992 年版,第 67 页。

③ 周恩来、董必武、吴玉章、博古、何思敬为宪法审议委员会委员,毛泽东、林伯渠、董必武、吴玉章、刘少奇、范明枢、张闻天、彭真为国府委员,周恩来、林伯渠、董必武、王若飞分任行政院副院长、两个部长及不管部长。

④ 见李一氓:《模糊的荧屏》,人民出版社 1992 年版,第 354 页;《张治中回忆录》下册,文史出版社 1985 年版,第 750 页。

⑤ 如晋察冀边区当时共有 9 个纵队、26 个旅,加上地方部队一共 32 万多人。据此,一次性就裁减十几万人。参见郑维山:《从华北到西北》,解放军出版社 1985 年版,第 20—21 页。

⑥ 《毛泽东年谱》(1893—1949)下卷,人民出版社、中央文献出版社 1993 年版,第 97 页。

⑦ 《毛泽东选集》第四卷,人民出版社 1991 年版,第 1186—1187 页。

⑧ 《毛泽东军事文集》第三卷,军事科学院出版社、中央文献出版社 1993 年版,第277 页。

日,在国民党悍然召开其一党包办的"国民大会",关闭国共和谈大门之后,中共中央才根据毛泽东的提议,"确定打倒蒋介石的方针。"①可以说,内战是国民党强加给中国共产党的。

对此问题,曾参与斡旋国共关系的梁漱溟的话颇有参考价值。他在1948年年底撰写、1949年年初发表的《过去内战的责任在谁?》一文,综述了抗战后国共两党关系复杂演变和第三方面参与调解的情况,指出:"综观前后,过去(七月半至十一月半)一段,是国方要打;十一月半以后,是共方要打。"②作为第三方面的主要代表、亲历斡旋过程的梁漱溟的话,比较真实地反映了历史,说明了国共对内战的基本态度。

而中国共产党力求避免内战,原因是多方面的,如在政治方面,尊重与维护全国人民的利益和愿望;在对国际形势的判断上,"苏美英三国均不赞成中国内战";对国民党情况的分析,认为其地位虽较过去加强,"但是仍然百孔千疮,内部矛盾甚多,困难甚大";等等。同时也有力量对比的考虑,因此在应对国民党进攻时,用词是:"战胜这些进攻""粉碎他们的进攻"③,直至全面内战爆发后的一段时间仍是类似的提法。

但是,战争的结果却是出乎国共领导人意料的。对于解放战争的迅速胜利,中国共产党领袖没有想到。新中国成立后,毛泽东曾对来华访问的美国记者斯诺说:"我没有想到,抗战胜利后只要四年,解放战争就会胜利。战争开始的时候,我们只提持久战,提战争的长期性,不敢提要打几年。打了两年后,我们肯定地说,解放战争打五年就可以了,那是从一九四六年七月算起,结果三年就胜利了。"④

执意发动战争的蒋介石料到失败的结局了吗? 可以肯定地说,他绝对没有想到,否则就不会发动使自己遭到灭顶之灾的战争。据《徐永昌日记》记载,蒋介石在国民党出现军事上和政治上的严重危机后,经常在其每日例行的祈祷中伤心痛哭。⑤ 在节节败退的情势下,他不得不承认严峻的失败的现实:

---

①　《刘少奇年谱》下卷,中央文献出版社1996年版,第56页。
②　梁漱溟:《忆往谈旧录》,陕西师范大学出版社2009年版,第281页。
③　《毛泽东选集》第四卷,人民出版社1991年版,第1161、1167页;
④　《毛泽东文集》第八卷,人民出版社1999年版,第214页。
⑤　《徐永昌日记》第八册,台北"中央研究院"近代史研究所,1991年,第437页。

"目前时局逆转,人心动荡,军、政、经、社均濒危殆。奸党为遂行其推翻政府夺取政权之意图,其在前方则广泛展开武力斗争,攻城略地,着着进逼,而在后方各大都市,则鼓动风潮,扰乱社会,更无所不用其极。"①"近日军民心理动摇已极,无人无地不表现其悲观主义之情绪。可说其对剿匪戡乱信心以及对革命与国家之责任心,完全丧失。尤其是对领袖之信仰心,亦不存在。此种精神之影响,比之于共匪之暴动阴谋,更为危急。""情势愈急,险象万状。"②最后,国民党在中国大陆完全失败。历史的吊诡就是如此,执意发动战争者却在战争中遭受了灭顶之灾。

二

国民党的失败是综合因素的结果,首先是政治方面的原因,蒋介石发动的反共内战背离人民愿望、逆历史潮流而动,国民党官员普遍贪赃枉法、腐败充斥各个方面,无视并且严重损害国家和人民利益,其背弃人民,结果为人民所背弃。应该说这是国民党遭受失败的基本原因。但国民党的失败首先和集中地表现在军事上,军事上的失败具有决定性的作用。而就国民党军事失败而言,许多论者注意到了蒋介石决策失误和错误指挥的方面,认为国民党军在战场上的许多失败与蒋介石的错误指挥紧密联系在一起。毫无疑问,蒋介石的错误指挥是一种客观存在。但是,这只是一个方面,而不是全部。

事实上,蒋介石及国民党的将官并非都是愚蠢和无能的,国民党的许多军事计划和战略也并非存在错误。尤其是其许多重大的军事决策、部署和作战计划,是经过许多人研究甚至在外国军事顾问帮助与指导下制定的,单纯从军事学的角度看并没有错误。比如,发动内战之初,蒋介石认为:"无都市即无政治基础,无交通就无政治命脉。"所以他的一个基本指导思想是"必须把匪

---

① 台北中国国民党党史委员会编:《总统蒋公大事长编初稿》,1947 年 5 月 24 日,6月 20 日条。转引自杨奎松:《国民党的"联共"与"反共"》,社会科学文献出版社 2008 年版,第 662 页。

② 《事略稿本》,1948 年 3 月 25 日条,台北"国史馆"藏蒋中正档案,1948 年 2 月 3 日条。转引自杨奎松:《国民党的"联共"与"反共"》,社会科学文献出版社 2008 年版,第669 页。

军所占领的重要都市和交通据点一一收复,使共匪不能保有任何根据地"而成为"流寇",然后加以"清剿"。① 占领大中城市和交通线,是现代大规模军事进攻中普遍采用的战略,是符合一般军事进攻原理的。日本侵略中国和东南亚、希特勒进攻欧洲和苏联、苏联对德军的反攻,都是这样做的;美军在太平洋上的反攻,实质上也是这样做的。应该说,蒋介石照搬了世界现代战争的通行战法,并没有错误。再比如,国民党在全面进攻失败后的重点进攻,西面以中共中央所在地延安和陕甘宁边区为重点,东面以对南京、上海威胁最大的山东为重点,计划集中优势兵力通过这样的重点进攻,一则以占领延安从政治上给中共很大的打击②,并截断中共的东北与关内的联系与补给线,便利其在关内的作战;一则从东西两翼挤压中共力量,得手后分头进入华北与人民解放军决战。同样的,国民党的这个军事谋略是有其合理性的。还如,辽沈战役中蒋介石以 10 万大军据守锦州、22 个师几十万人分别从锦西和沈阳东西向锦州地区的东北野战军对进合击的"辽西走廊决战"的部署;淮海战役中,国民党以主力和精锐 80 万人的重兵集结,利用在徐州交会的津浦、陇海两条铁路便于机动增援的条件,进行所谓"徐蚌会战"的计划,并非没有道理。大战之后必须休整,这是一般的军事规律,不但中外许多战例都是这样的,实际东北战场的许多作战也是这样的,因此平津战役时,蒋介石和傅作义关于东北野战军在辽沈战役后需要三个月到半年休整才能入关作战的估计,也不是完全没有依据和常识性错误。1948 年国民党的三角、四边、十三点计划③,是在美国军事顾问帮助下制定的,也是颇为符合一般军事学原理的。

单就军事教育而言,国民党高级军官大都或有留学欧美军事学院的经历,或是国民党陆军大学毕业,并且有许多实战甚至大战的经历,应该说,他们的军事素养是不错的。而人民解放军高级将领,基本都是在战争实践中成长起来

① 《蒋总统集》,台湾"国防研究院"印行,第 1597 页。

② 国民党战史称:其目的为"摧毁匪方党、政、军神经中枢,动摇其军心,瓦解其意志,削弱其国际地位"。台湾"国防部史政局"编印:《戡乱简史》第 2 册,台湾"国防部史政局"1973 年版,第 96 页。

③ 国民党的三角、四边、十三点计划:1948 年秋国民党制订的军事计划,主要内容是:在华中、华东、豫陕战场集结 65 个整编师(军)上百万兵力,重兵机动,保守徐州、汉口、西安之间的三角地区,陇海路全线、津浦路兖州至清口段、平汉路郑州至汉口段、宝鸡至成都公路四条边,以及这些地区具有战略意义的 13 个大中城市。

的,就军事理论来说,与国民党将领存在着明显的,甚至很大的差距,正因如此,新中国成立后,中共中央军委举办南京军事学院,把许多历经战争锻炼的高级将领集中起来进行学习,选聘许多国民党高级军官授课,以提高军事理论和指挥能力。但是,解放战争的进程说明,国共双方将领在军事素养方面存在的差异,在解放战争中没有起很大作用,起决定性作用的是双方军队的整体素质。

也就是说,在解放战争中,国民党并不缺少颇具战略意义的军事谋略和计划,而问题的要害是国民党的这些集中很多人智慧、耗尽心机的军事谋略和计划没有得到实施,大部分的结果是停留在书面上,属于纸上谈兵。就战争和军事失败而言,真实的情况是,国民党军队低劣的素质导致其许多的军事计划泡汤,从而决定了其在战场上的许多失败。

首先,士气非常低落。这是国民党军长期存在、挥之不去的"老毛病"。早在 1945 年 11 月,时为国民党中央执行委员和常务委员的张治中在劝阻蒋介石发动内战的建言中,就坦言国民党将士厌战:"以今日之国军士气与态势而论,亦不能继续作战。各将领在钧座之前,或不敢显然作厌战之表示,甚至或有自告奋勇、坚持以武力解决中共者。然以职所接触之若干将领中,其不愿战争之心理,甚为普遍。且今日多数之国军,实亦不能作战。"①随着内战的进行,这种现象愈发严重。如国民政府国防部认为:辽沈战役时在东北的军队:"军心战力均未恢复常态,将士亦多无斗志。"②平津战役时担任国民党军第十七兵团司令官、天津塘沽保安司令的侯镜如等回忆:平津战役前,华北的国民党军"军心厌战,士气低落,战斗力一般都很差"③。许多国民党将领也认为士气低落是打败仗的一个主要原因。如济南战役中被俘的王耀武、霍守义、陈金城、聂松溪等国民党高级军官在《告国民党官兵书》中说:济南战役"吴化文起义,固有影响,唯主要原因,在于解放军之每个战士,均系为其崇高之理想与为人民而战,以必死之心,争最后胜利;而反人民政府蒋集团下之各级官兵,大都

---

① 《张治中呈蒋委员长函》(1945 年 11 月 7 日),转引自杨奎松:《国民党的"联共"与"反共"》,社会科学文献出版社 2008 年版,第 545—546 页。

② 国民政府:《国防部三十七年秋季东北作战经过概要》,宁凌、庆山:《国民党治军档案》下,中共党史出版社 2003 年版,第 629 页。

③ 侯镜如、梁述哉、黄翔、刘春岭:《平津战役国民党军被歼纪要》,《平津战役亲历记》,中国文史出版社 1989 年版,第 2 页。

均系囿于环境,被迫作战,均不甘愿为蒋、宋、孔、陈四大家族之私人利益,作无谓之牺牲。以无主义、无理想、被迫为蒋美作炮灰之反动武装,对抗有认识、有理想、自愿为人民服务之革命军队,胜负之数,不卜可知"。莱芜战役中被俘的李仙洲等国民党高级将领在通电中,也指出:"莱北之战,因其本质违反民意,致令军心厌战,士气低落……全军覆没。"①军心涣散,官骄兵惰,将士不用命,这在解放战争时期国民党军中是一种普遍的并且愈益严重的现象。

其次,国民党军内耗严重。这是国民党军长期存在的又一顽症和致命伤。其军队内派系很多,互相之间钩心斗角、缺乏真正的配合。国民党"王牌"主力、整编第七十四师之所以孤军突守孟良崮,其师长张灵甫和蒋介石、陈诚等都图谋诱华东野战军来攻,"中心开花",以便外围国民党大军围歼之。事实上,这样的军事格局已经形成,但由于国民党军之间矛盾重重,互相扯皮,增援无力,结果七十四师被围歼。张灵甫在最后致蒋介石电中说:"此战本应全歼顽寇,奈国军内部挟嫌报复,以友为壑,反致溃败。匪不足畏,可畏者乃将领怯战,畏敌如虎,困而不救,互相牵制耳。"时任国民政府国防部作战厅厅长的郭汝瑰也认为整编七十四师的覆灭是国民党各军不协和的结果:"余以纯军事立场觉得此次失败十分怪异。盖七十四师左右翼友军均相距五六里之遥,何以竟三日之久不能增援?""各部队如此不协调,战斗力如此之差,除失败外,当无二路。有主义的部队战胜无主义的部队。"②侯镜如等回忆说:1947年傅作义被任命为国民党华北"剿总"总司令后,"蒋介石嫡系和杂牌部队之间的矛盾就更为突出了,互相倾轧、互相观望、互相利用、指挥不统一的现象,随着形势的愈益紧迫,也更为普遍和严重了。"他们并举例说,1948年1月傅部"精锐"主力第三十五军在涞水被华北野战军围攻,在附近的蒋系第十六军和第九十四军一部"都不积极行动,以致形成了第三十五军孤军作战的局面"。结果该军新编第三十二师遭受歼灭性的打击,师长李鼎铭阵亡,军长鲁应麟自杀,损失不少重炮和车辆。③粟裕评论说:淮海战役中,邱清泉、李弥兵团对被

①　山东省档案馆档案 G046—01—0208—004,转引自山东档案馆编:《打开尘封的记忆——细说档案里的故事》,山东人民出版社 2006 年版,第 9、32 页。

②　武更斌:《败因——蒋介石为什么败退台湾》,白山出版社 2006 年版,第 246、248 页。

③　侯镜如、梁述哉、黄翔、刘春岭:《平津战役国民党军被歼纪要》,《平津战役亲历记》,中国文史出版社 1989 年版,第 2—3 页。

围的黄百韬兵团的"东援仍不积极";黄维被围后,"李延年这个人动作不积极,我们一动,他就向后缩,我们没有打上。"①国民党军诸如此类的内部不协、互相拆台的现象,在解放战争的大战役中几乎都存在。国民党战史在分析"徐蚌会战"失败原因时,也指出存在以下问题:"会战进行中,我各强大兵团,均因时间、空间上之关系,未能收到切实配合协同作战之效,故终遭匪各个击破";"黄、杜两兵团之行动迟缓,致先后陷于匪军围点打援之惯技";"各部指挥之职责不专,各级之牵制过甚,不能适应战机。"②

当然,究其根本原因,国民党极其低下的军队素质,是其腐败的政治造成的。腐败不堪的政治影响并摧垮了军队的战斗力,导致了其军事的失败。

国民党领导人对于国民党军的这种状况,是十分明了的。1947年6月,蒋介石在分析"我们何以不能迅速把匪军消灭,匪军何以能用劣势装备而且毫无现代训练的部队来击败我们整师整旅的兵力"时,公开承认国民党军严重地存在着这样的问题。他声称:问题的关键在于,第一,国军长期作战,精神疲惫;第二,国军将领养尊处优,只图自保;第三,各级军官精神萎靡,不研究战术,不侦察敌情地形;第四,士兵供给不足,饥寒交迫,长官漠不关心,无动于衷,以致指挥每每失当,士兵毫无斗志。③ 国民政府军令部长徐永昌也一再断言:"国军对敌在敷衍""军队战斗力多趋衰弱耶!""军队纪律坏、士气坏,且谓士气之坏,中央系是由于贪污,非中央系是由于不公。末谓恐难持一年"。④在国民党军中素称能战之将的白崇禧也说:"过去我各战线皆优于共匪,今则仅山东一处优于共匪,而士气甚低。其致此之由,实因整编与取消杂牌部队致军队减少,仅能控制点与线(无控制面的力量),士气低落,人心怨上畏匪。"⑤

国民党军如此极其低下的素质,表现在战场上,就是将士严重地不用命,结果其耗费心机的战略意图和军事计划付之东流,无法达成。

---

① 《粟裕谈淮海战役》,《党的文献》1989年第6期。

② 王丰:《1949年蒋介石在下野前对国军战败原因的检讨》,《先锋国家历史》,2009年4月2日。

③ 《"总统"蒋公思想言论总集》卷22,第135—138、163—166页。

④ 《徐永昌日记》第八册,(台北)中研院近史所编印,1991年,第362、376、387页。转引自杨奎松:《国民党的"联共"与"反共"》,社会科学文献出版社2008年版,第661页。

⑤ 《徐永昌日记》第八册,(台北)中研院近史所编印,1991年,第431—432页。转引自杨奎松:《国民党的"联共"与"反共"》,社会科学文献出版社2008年版,第663页。

以辽沈战役为例。当东北野战军发起辽沈战役时,蒋介石部署以锦州10万大军坚守,以沈阳12个师组成"西进兵团",锦西葫芦岛11个师组成"东进兵团",东西对进,夹击锦州地区解放军,在辽西走廊决战。但辽沈战役的关键在于锦州之战,而锦州之战的关键是塔山阻击战。在塔山,地面有国民党9个师的重兵,空中有飞机盘旋扫射轰炸,海上有国民党海军吨位最大的巡洋舰"重庆"号等狂射,并有"督战官"强制各级将领进攻。实际上,塔山无山,仅只是一个中等起伏的土坡,除白台山制高点外都是丘陵起伏地,既无洞可藏,又无险可守。但是,东北野战军第四纵队5万多人顶住了蒋介石指挥的10余万人六天六夜的进攻,使之不能越雷池一步,保障了东北野战军解放锦州之战,并因此而使国民党在东北军防的多米诺骨牌崩塌。据说,国民党军上将、东北"剿总"副总司令范汉杰直到锦州失守、兵败被俘还是想不通,为什么11个师的部队,还有飞机大炮助攻,就是过不了小小的塔山?①

一般说来,在没有绝对优势的情况下,在对精心布防城市的攻守之间,守者依托工事总可以相对有一定的优势,或者起码可以相持一段时间。但国民党军低下的素质,使国民党既设工事形同虚设。比如济南战役,国民党利用济南地形修筑了坚固的工事,形成内城、外城和商埠基本防御阵地,以10万余军防守,蒋介石还拟定一个从徐州派出3个兵团北上增援的"会战计划"。虽然有吴化文2万人起义的影响,但人民解放军以几乎与国民党守军相当的兵力,仅八天攻克了易守难攻的坚城济南。更有甚者,国民党军自1946年占领锦州后就修筑城防工事,以后又多次加修和扩展,国民党东北"剿总"总司令卫立煌在辽沈战役前夕视察该城时曾满意地说:"在江西和共军作战的时候,哪里有这样的水泥工事?那时都能打胜仗,现在有了这样的工事,更没有问题了。"②然而拥有10万军守卫的锦州,却被东北野战军31个小时就攻克了。天津城防工事1947年即已构筑完成,陈长捷就任天津警备司令后大规模续修,形成所谓"大天津堡垒化",陈长捷曾非常自得地说:"来攻者非经很长时间构成攻城工事,付出很大的代价,是不可能攻破的,更不可

---

① 《塔山阻击战:绝不让敌人前进一步》,新华网,2007年7月2日。
② 刘统:《中国的1948年——两种命运的决战》,三联书店2006年版,第293页。

能以强攻急袭摧毁的。"①而这个国民党宣称固若金汤、可以坚守三个月,有13万守军的天津,结果仅29个小时就被解放了。依托坚城,拥有大军、重武器和有利的作战资源,但结果大都是迅速崩毁。

更令人惊异的是,国民党最精锐的军队也表现得不堪一击。廖耀湘兵团是东北国民党军最为精锐的部队,拥有号称国民党"五大主力"中的新一军和新六军,拥有重型美式装备,却在黑山、大虎山先是被东北野战军组建仅一年的第十纵队堵住去路,继在被围后乱成一团,根本未能形成有组织的作战体系,10多万人马仅在两个昼夜间全军覆没。② 黄维兵团以作为国民党在中原战场主力的4个军和1个机械化的快速纵队编成,共12万人,其中第十八军、第一军和第十四军均属陈诚"土木系",特别是第十八军,是国民党"五大主力"之一,在国民党军队中一向以兵力最多,装备最优和实力最强著称,第1军与第十四军也是以第十八军官兵为骨干建成的。第八十五军属汤恩伯系统,编组已久,也属国民党军中战斗力很强的部队。第四快速纵队拥有榴炮营、战车营和化学迫击炮营,所配备的美制坦克15毫米榴弹炮和化学迫击炮,是当时很有威力的兵器。但这个以国民党精锐部队编成、号称国民党头等主力兵团的部队,组建后的唯一重大作战就是参加淮海战役,竟然也是颇无战斗力。11月18日,黄维兵团进至蒙城地区,向中原野战军发起攻击,其在中原野战军第一纵队的阻击下,四天前进30公里。到11月24日,被中原野战军包围在双堆集地时,解放军总兵力12万人左右,双方兵力相当,而中原野战军装备处于劣势。但其屡次突围不果,虽有优势装备却明显无战斗力。③ 邱清泉兵团是又一个国民党的王牌兵团,以国民党五大主力之一的第五军为基础组建,辖有第五、第七十、第七十四、第十二军,新四十四师,骑兵第一旅共12

① 陈长捷:《天津战役概述》,《平津战役亲历记》,中国文史出版社1989年版,第179页。

② 东北野战军第六纵队的一个排就接受了5个军、9个师番号的2000余人投降,足见其军临战时的混乱程度。

③ 其时,奉命北上接应黄维的李延年、刘汝明两个兵团在任桥、固镇地区也遭到中野九纵和豫皖苏独立旅的顽强阻击,结果四天只前进15公里。人民解放军在淮海战役第二阶段的作战,主要是围歼黄维兵团,而在这个过程中,粟裕指挥华东野战军主力在配合作战中,将李弥兵团歼灭近半、邱清泉兵团歼灭三分之一。这些,同样都说明此时国民党军战斗力之差。

万人。但在淮海战役中,无论援救黄百韬兵团,还是徐州南撤过程中,均无上佳表现,甚至最后第五军三个师中有两个师缴械投降。粟裕回忆说:"第五军战斗力比七十四师稍差,与十八军不相上下,各有所长。邱清泉好打滑头仗,跟友邻关系不好。这次解决他没有遇到多大的困难。"①

不容否定,国民党军的"五大主力"曾经声誉甚隆,由之为主组成的三大王牌兵团的部队,过去确曾有很强的战斗力。但其在解放战争时期特别是在解放战争后期的表现,与过去的战绩与战斗力相去甚远。精锐已经不精,或者大失其锐。所谓王牌衰退至此,遑论其他部队。对此,中共中央军委当时已经敏锐地发现了,在分析淮海战役歼灭黄百韬兵团原因时,指出:造成这一胜利原因:"主观是因为我华东、中原两大野战军会合并攻占宿县,客观上是敌人只有某种程度的防御能力(对于这一点决不可轻视),很少有攻击能力(对于这一点必须有充分认识)。"②

解放战争时期国民党军队素质每况愈下,结果攻不能取,守无力固。如此之军,即使有耗费心机的、胜算的战略计划和军事部署,也是无济于事的。而在解放战争时期国民党军的作战史上,这样的战例几乎俯拾即是。

三

战争是智慧和力量的较量。就具体的战争而言,夺取胜利的关键性的因素有两个:一是,必须要有符合实际情况、能够赢得胜利的战略决策、军事计划和正确的战术,二是,必须要有充满朝气和战斗力、能够有效实施战略和军事计划的军队。二者相辅相成,缺一不可。而且在一定程度上,后者更为关键。因为正确的甚至高明的战略、战术,要通过具体的运用才能发挥威力,即必须通过并且必须依靠军队去实施。如果不能被军队有效地贯彻落实,则正确的战略、战术也就完全失去了其价值,其正确性就变得毫无意义。甚至在有的情况下,军队的一些创造性的实践,可以弥补军事计划之不足,丰富和完善军事战略计划。从这一点上讲,军队的素质是至关重要的,它决定战略、战术是否

---

① 《粟裕谈淮海战役》,《党的文献》1989 年第 6 期。
② 《毛泽东致刘邓陈、粟陈张等电报》(1948 年 11 月 23 日),《毛泽东军事文集》第 5 卷,军事科学出版社、中央文献出版社 1993 年版,第 263 页。

能够被运用及其效果。

相对于国民党军,中国共产党实现了出奇制胜战略决策和雷厉风行、坚决实施军事计划的有机统一。人民解放军具有的很高的素质,保障了中共中央、中央军委和各野战军战略计划和军事部署的实施。综观中国革命的历史,中国共产党的许多重大的战略决策的成功实现,革命战争的许多辉煌胜利,甚至许多军事奇迹的创造,都与人民军队极高的忠于革命、忠于人民的政治觉悟,严格的纪律性,高昂的革命斗志和英勇奋斗、勇于奉献与牺牲的精神联系在一起。将帅协力、各军配合、指战员用命,是人民解放军的显著特点。在豫东战役中被俘的国民党兵团司令区寿年,在当年回答新华社前线记者提问时,回顾失败的前因后果,曾以钦佩的语气说:"贵军士气高昂,将士用命,炮火猛烈,这是本人始料不及的。"[1]这种出自交战对手对人民解放军的评价,颇能说明问题。而这种称赞,是许多在解放战争中国民党被俘将官的共有现象。

对于人民解放军的优良素质,曾与人民解放军交过手的日本军人也感受深刻。曾长期侵略山西、战后继续在山西为阎锡山打内战、被人民解放军俘虏的日本战犯城野宏1965年在东京《中央公论》12月号发表题为《世界上最大的陆军诞生记——人民军队胜利之秘密》的文章,说:"通过国共之战,使我深感如此与群众打成一片,并得到群众支持的军队,是多么有力而强大,而没有这样的支持,是何等的软弱,我最终找到了解放军取胜的答案是:解放军进行的战争是'正义的战争',解放军是'人民的军队','每一个士兵都是有觉悟的战士','因为士气旺盛就无往而不胜'。"[2]

在一定意义上,甚至可以说中国革命战争的胜利是人民军队素质建设的一种必然的结果。

在考察解放战争进程时,有一个问题值得高度重视,就是人民解放军的解放战士问题。1946年7月至1948年8月,国民党军队从430万减少到360万,人民解放军总数达到268万,两年增长109%。而人民解放军的大幅度增加,其中很大部分是解放战士。1947年,朱德起草的《关于兵员补充的指示》指出:解放区经过几次动员补充后,壮丁已感缺乏,"目前及今后兵员最大来

---

① 夏继诚:《内战中被俘的510个国民党将军》,《文史博览》2008年第7期。

② 杨建峰:《日本战犯城野宏的忏悔录》,《文史月刊》2004年第7期。

源是靠俘虏来补充。"①1948 年 7 月毛泽东在致各中央局和野战军的指示中，再次强调："我军战胜蒋介石的人力资源，主要依靠俘虏，此点应引起全党注意。"他并明确规定：今年华北、华东、东北、西北各区除个别地方原定扩兵计划准予完成外，其余均不应扩兵。乡村人口已大为减少。各区扩兵已至饱和点。支前供应和后方可能性之间发生极大矛盾，此项矛盾不解决，则不能支持长期战争。"今后攻城野战所获俘虏可能大为增加，各区及各军应用大力组织俘虏的训练工作，原则上一个不放，大部补充我军，一部参加后方生产，不使一人不得其所。"②根据中共中央的指示，大量国民党俘虏被改造成为解放战士。1949 年 4 月，周恩来曾对南京和谈代表张治中说："解放军的壮大，是美帝国主义给了我们许多装备，蒋介石做了很好的运输大队长。另外我们的战士很大一部分是俘虏过来的，称为解放战士，我们对俘虏实行即俘、即整、即补、即训、即打的办法。俘虏过来的第一课就是诉苦教育，让解放战士经过诉苦挖根，明确谁养活谁的道理，树立要为谁当兵，为谁打仗的思想。"老百姓说："国民党抓兵士为共产党扩军。这个裂变，这个催化剂就是诉苦教育。"③特别是在解放战争后期，解放战士的比例很大。朱德在 1948 年 8 月的一次讲话中曾指出："现在我们的军队有百分之六七十是解放战士，这是一个大胜利。"④周恩来 1949 年在北平向民主人士和大学教授作报告中说："我们的战士有很大部分是俘虏过来的，称为解放战士，有的部队解放战士竟占百分之八十，少的也占百分之二十至六十，平均占百分之六十五至七十。""在敌人所损失的 569 万人当中，被我们俘虏的人数达到 70%，即 415 万，而俘虏中又有 280 万变成了解放军。"⑤粟裕回忆说："敌人的士兵在他们那儿士气十分低落，可是一到我们这边，马上可以打仗。我们实行即俘即教即战的政策，非常成功。淮海战役开始，华野为 36.9 万人，战役过程中伤亡 10.5 万人，这中间除整（增）补了几个地方团外，补进的主要是解放战士。"⑥比如，华野第 13 纵

①　《朱德年谱》新编本（中），中央文献出版社 2006 年版，第 1290 页。
②　《毛泽东传》(1893—1949)，中央文献出版社 1996 年版，第 854—855 页。
③　林健民：《亲历辽沈战役·塔山阻击战》，中央文献出版社 2007 年版，第 8 页。
④　《朱德自述》，解放军文艺出版社 2003 年版，第 258 页。
⑤　《周恩来选集》上卷，人民出版社 1980 年版，第 315 页。
⑥　《粟裕谈淮海战役》，《党的文献》1989 年第 6 期。

围歼黄维兵团的作战中俘虏 13681 人,司令员周志坚回忆说:"除我纵补充自己几千人外,其余的约一万人,遵照华野首长指示,多数拨归中野第二纵队。"①

就解放战争战略决战中解放战士人数众多而言,甚至可以说,三大战役的作战在很大程度上是前国民党军(经过人民解放军教育、改造的解放战士)与在编的国民党军的较量。装备优良甚至用世界上最先进的美国装备武装起来的国民党军队,在只有简陋武器的人民解放军面前屡战屡败、一败涂地,而大量被俘的国民党士兵参加人民解放军、成为解放战士后,突然间爆发出前所未有的战斗力,并成为人民解放军战略决战的主要组成力量。同一个体和同一人群身上之所以发生这样重大的变化,根本原因就在于思想发生了变化,精神面貌发生了变化,在于无产阶级思想对他们的教育和武装。

中国共产党领导的人民军队和国民党军队大相径庭的素质,极大地影响了各自的军事战略和军事计划的实行,影响所及,严重地影响甚至决定了战役、战斗的结果,影响甚至决定了双方军事较量的最后命运。这一点,退到台湾的蒋介石也有所认识。他在反省失败原因时,说:"我们的军队是'六无'之军,无主义、无纪律、无组织、无训练、无灵魂、无根底,军人也是'六无'之军人,无信仰、无廉耻、无责任、无知识、无生命、无气节。非失败不可",并因此说:"我们此次失败并不是被共匪打倒的,实在是我们自己打倒了自己!"②所以说,简单地把解放战争的胜利归结为蒋介石和国民党将官的愚蠢和无能,既不符合历史事实,也无助于反映中国共产党领袖、将帅战略决策的高明和人民解放军具有的坚强素质与攻守无敌的战斗力,是不科学的。

---

① 《峥嵘岁月:周志坚回忆录》,鹭江出版社 1994 年版,第 156 页。
② 张开森:《蒋介石对军事失败的检讨》,《书摘》2005 年第 1 期。

赢得人民，就赢得了胜利

——新民主主义革命胜利的一条重要经验及其现实意义

　　内容提要：新民主主义革命的胜利具有划时代的意义。在十分险恶、艰辛的历史条件下，中国共产党之所以能够取得推翻三座大山的伟大胜利，关键性的因素是赢得了人民。人民群众是党战胜强大敌人的力量源泉，党的领导和人民群众的力量相结合，就无敌于天下。在进行社会主义建设的新的历史时期，赢得人民仍是实现振兴中华民族伟大战略目标的最基本的条件，是应倍加重视和始终坚持的。

　　中华人民共和国成立，中国新民主主义革命在全国取得胜利，是 20 世纪中国、也是 20 世纪世界发生的最重大的事件，其影响是十分深远的。这个胜利，是中国共产党领导中国人民取得的。党是革命的领导核心，人民是革命胜利的力量源泉。中国共产党通过与人民的结合，赢得了人民，从而赢得了胜利。

一

　　新民主主义革命的胜利，是一个史无前例、具有划时代意义的胜利。它彻底改变了中国，压在中国人民头上的三座大山被推翻了，中华民族受欺凌、受压迫、受剥削的时代结束了，国家实现了独立，人民获得了解放，中国历史由此揭开了崭新的一页；它震撼了世界，占世界人口四分之一的中国人民的站立起来，积贫积弱的中国的崛起和强大，极大地改变了国际政治格局，深刻地影响了未来世界政治形势的演变。这个胜利的伟大和辉煌，还在于它实现了中华民族百年来所一直奋斗和企盼的理想。为了中华民族的独立和解放,农民阶级、资产阶级曾进行了许多的奋斗,无数仁人志士曾为此流血献身,但都没有获得成功。新民主主义革命的胜利,圆了中华民族百年的梦。

但是,新民主主义革命的胜利来之不易。中国共产党在进行中国革命的过程中,面临的形势是非常严峻和非常复杂的。困难主要来自三个方面:一是,革命的敌人十分强大。帝国主义、封建主义和官僚资本主义沆瀣一气,帝国主义做封建主义和官僚资本主义的后台和靠山,为之出钱出枪,撑腰打气;封建主义和官僚资本主义为虎作伥,甘当帝国主义的工具,它们密切勾结,形成强大的反革命力量和对中国盘根错节的严密统治。在新民主主义革命的过程中,中国共产党的主要对手,外部的是日本帝国主义和美国帝国主义,国内的是国民党蒋介石集团。日本帝国主义在疯狂侵略中国的同时,尤其疯狂地反共,特别是在抗日战争进入相持阶段后,以其主要兵力"扫荡"敌后抗日根据地和八路军、新四军,实行残酷的"三光政策",力图扼杀中国人民的抗日斗争、扼杀中国革命。美帝国主义是通过扶植、操纵国民党蒋介石,来统治中国、打击中国共产党的。而国民党蒋介石集团在长时期内掌握着全国政权、掌握着全国的经济,拥有几乎全部的近代工业,拥有一支庞大的军队(人数曾达八百余万人,而且大量是美式装备的军队),并且为当时的国际社会所承认,因此,具有强大的力量。对此,蒋介石颇为自豪,在发动全面内战时他说:"比较敌我的实力,无论就哪一方面而言,我们都占有绝对的优势,军队的装备、作战的技术和经验,匪军不如我们,尤其是空军、战车以及后方交通运输工具,如火车、轮船、汽车等,更完全是我们国军所独有,一切军需补给如粮秣弹药等,我们比匪军丰富十倍,重要的交通据点,大城市和工矿的资源,也完全控制在我们手中。"①敌人具有强大的力量,推翻它显然不是一件易事。二是,敌人对革命实行疯狂的屠杀政策。自中国共产党诞生之日起,中国和国际的反动派就极端仇恨,千方百计企图扼杀之。北洋军阀视共产党为"过激党",是"洪水猛兽",极力镇压。国民党蒋介石对共产党和中国革命的压迫更是无所不用其

———————

① 中国国民党中央委员会党史委员会编:《"总统"蒋公思想言论总集》卷22,第135页。

极，必欲除之方心甘，在四一二、七一五政变将革命置于血泊之中后，宣布共产党为"非法"，大肆镇压。正如身临其境的鲁迅所指出的："在'清党'以后的党国里，讲共产主义是算犯大罪的，捕杀的网罗，张遍了全中国。"①对革命根据地，不断进行"围剿"；在其统治区，厉行白色恐怖、特务统治。凡加入共产党或与共产党接近者、同情者，必遭残酷的打击。这种残酷屠杀的高压政策，除在第二次国共合作初期的短暂时间里外，至国民党在大陆失败止，一直存在，而且愈来愈烈。而即使在第二次国共合作之初，蒋介石也没有放弃消灭共产党的企图，他企图在政治上"化多党为一党"，融化共产党；军事上借抗日之名、假日本之手来削弱共产党，甚或搞垮共产党。而国民党用得最多、最普遍的是残酷的暴力镇压。有几组数字骇人听闻：据中共六大时的不完全统计，从1927年3月至1928年上半年，被杀害者达31万人。据另一种统计，1927年大革命失败到1930年，全国被杀100多万人。在"围剿"中央苏区后，国民党军队疯狂叫嚣"屋换石头人换种""斩草除根，诛家灭种"，仅江西和闽西地区就有80多万群众被杀。国民党企图以疯狂的大屠杀来打击共产党、消灭共产党，"根绝净尽"（蒋介石语），并因此吓退人民群众，吓退革命。三是，革命的环境十分险恶。中国共产党是在敌我力量悬殊的情况下进行革命的，从一开始，是以弱小的力量与强大的敌人进行殊死搏斗的，这种力量悬殊的很不对等的较量，使党在很长时期里处于非常不利和十分危险的境地。由于国民党的残酷镇压，党在根据地之外根本不能公开进行活动，而国民党不断地军事"围剿"，根据地也经常处在动荡之中。斗争十分激烈、残酷、频仍；而环境十分险恶，生活条件十分艰苦，缺乏武器、医药、粮食、经费，甚至没有最起码的生活必需品，并且随时有被捕、监禁和牺牲生命的危险。党也基本没有外援，只能自力更生。就是在这样的历史条件下，中国共产党依靠自身的艰苦奋斗，战胜无数的艰难险阻，甚至常人难以想象、更无法克服的困难，经过二十八年艰苦卓绝的斗争，取得了胜利。

敌人非常强大，条件异常严峻、险恶，在这样的历史条件下，中国共产党为什么能战胜远比自己强大得多的敌人呢？为什么能取得新民主主义革命这一

---

① 鲁迅：《二心集·序言》，《鲁迅全集》第4卷，人民文学出版社1981年版，第190页。

伟大而辉煌的胜利呢？而且是一百多年来无数人奋斗但都没有成功的胜利呢？为什么能从诞生时的几十个党员而发展到成为全国的执政党呢？考察历史，其根本原因在于党成功地把马克思列宁主义与中国实际相结合，从而实现了党与人民的结合。

这实际上包含有两个层面的"结合"：一是以马列主义为指导，把马克思列宁主义与中国实际相结合，解决中国革命是什么革命、如何进行中国革命和建立什么样的国家、如何实现社会主义等关系中国革命战略全局的基本问题，即解决党如何指导革命的理论问题。二是党通过自己关于中国革命的路线、方针、政策和行动，经受人民的检验，让人民选择，并从中获得人民的认可、支持，从而使党的理想和人民的愿望融汇为一体，使党为人民所拥戴，使人民追从党前进，即解决党如何凝聚革命力量的问题。没有前一个"结合"，就不可能把握正确的革命航向；没有后一个"结合"，就没有使革命胜利向前发展的动力。究其根本，前一个"结合"是由后一个"结合"而实现的，从这个意义上讲，足见后一个"结合"的极其重要和巨大作用。

结合人民，赢得人民，是中国共产党的巨大政治优势，使中国共产党有了无比强大、任何力量都不可战胜而它可以战胜一切敌人的力量。虽然在中国革命的长时期内，中国共产党地处偏僻的山区，没有近代工业，没有空军，没有海军，没有坦克、大炮，没有大城市，没有生活必需品，也基本没有外援，环境极不稳定，条件极其艰苦。与国民党相比，在物质、环境、装备等方面，差距悬殊。但是，人民的人心相背，是决定一切的因素。历史的演变正如毛泽东在1934年指出的那样：真正的铜墙铁壁是千百万真心实意地拥护革命的群众，"这是真正的铜墙铁壁，什么力量也打不破的，完全打不破的，反革命打不破我们，我们却要打破反革命。在革命政府周围团结起千百万群众来，发展我们的革命战争，我们就能消灭一切反革命，我们就能夺取全中国。"①中国共产党赢得了人民这一政治优势，抵消了它所有的不足，从而不但生存下来、获得发展，而且最终从根本上改变了敌我的力量对比。党就是依靠人民、拥有人民，通过人民革命、人民战争，运用小米加步枪打败国民党蒋介石，取得新民主主义革命胜利的。

---

① 《毛泽东选集》第一卷，人民出版社1991年版，第139页。

二

国民党既掌握全国政权,在许多方面处于优势,又曾不断威胁利诱全国人民,如在南京政府建立之初,就规定:"中华民国人民必须服从拥护中国国民党,……始得享受中华民国国民之权利。"①蒋介石一再宣称:"中国之命运全赖于国民党。"国民党和三青团"乃是实行革命建国的总指挥部"。并曾在全国厉行"党化运动",说:"成年的国民务须加入国民党,青年的国民只有加入青年团,才可以顾全民族全体的幸福,保障国家整个的利益。"②"入党是国民的义务。"③但全国人民在其统治的长时期里,并没有拥戴它,而是不断对它离心离德,最终抛弃了它。而中国共产党虽然处在国内外敌人的打压下,处在非常艰苦的斗争环境中,但却能赢得人民的拥戴、支持和不断加入共产党的队伍中来。这是为什么呢? 中国共产党为什么能赢得人民呢?

第一,政治上代表了中国人民的愿望和要求。鸦片战争后,中国逐渐沦为半殖民地半封建社会(九一八事变和日本大举侵华后,东北全境和华北、华中、华南许多地方沦为殖民地),帝国主义恃强逞威,割占中国的领土,破坏中国的主权,操纵中国的政治和经济,在中国大地横冲直撞,大肆欺凌和剥削中国人民;中国封建统治者一方面卖国求荣、认贼作父;另一方面继续其专制统治,并将帝国主义侵略的"赔款"和其腐朽统治的巨额耗费转嫁到人民身上,昏庸误国。祖国山河破碎、人民受苦受难。帝国主义是中国人民最凶恶的敌人,封建主义是中国最落后最反动的生产力。两者勾结在一起,阻碍了中国社会的发展,使中国落后、贫穷且每况愈下。因此,打倒帝国主义、打倒封建主义,实现民族独立、人民解放和国家富强、人民富裕,是近代中国的两大历史主题。它反映了中华民族的根本利益和共同心声,它是中国革命的主要任务,同时也是中国人民鉴别和取舍各个政党的试金石。中国共产党自成立起,就高举起了反帝反封建的大旗,党的二大明确以此为党在民主革命时期的政治纲

---

① 荣孟源主编:《中国国民党历次全国代表大会及中央全会资料》(上),光明日报出版社 1986 年版,第 356 页。

② 中国国民党中央委员会党史委员会编:《总统蒋公思想言论总集》卷 4,第 120 页。

③ 《黄炎培日记摘录》,中华书局 1979 年版,第 33 页。

领,并从此锲而不舍、奋斗不懈。中国共产党鲜明的政治主张,有力地推动了中国革命的发展,也进一步唤起了中国人民的民族、民主意识。孙中山正是接受了中国共产党的主张,将其三民主义发展为反帝反封建的新三民主义,因此形成了中国的第一次大革命高潮。而蒋介石在背叛革命的同时,背叛了孙中山的三民主义,放弃了孙中山的反帝反封建的主张,奉行亲帝、反苏的外交政策,孙中山一再提倡的废除不平等条约的主张没有实行。尤其是九一八事变后,奉行"不抵抗主义",坐失东北三省。并在日本帝国主义的侵略面前,步步退让,使中华民族的危机进一步加深。抗战时期,长期消极抗战,竟至1944年出现豫湘桂大溃退。抗战胜利后,又投靠美国,牺牲民族利益。在国内政治方面,顽固坚持国民党一党专政(实质是蒋介石的个人独裁专制),厉行特务统治,实行保甲连坐制度,拒绝民主,拒绝任何民主改革。而中国共产党则始终高举反帝反封建的大旗。九一八事变后,在9月20日、22日、30日连续发表抗日宣言、作出抗日决议,相继在东北组织抗日联军,此后不断倡言抗日救亡。抗战时期坚持抗战、团结、进步,开辟了广大的敌后战场,创造了令中外瞩目的辉煌战绩,使日伪惊骇不已:华北占领区"几乎到处都有共军活动","民心多倾向共产党"①,华中"长江下游遍布新四军"②。对美国,中国共产党也曾努力与之联络,希望结成反日统一战线,并在战后有利于中国的民主政治建设。但是"在不丧失领土主权的条件下争取他们的援助"。"在不丧失领土主权的范围内,和一切反对日本侵略主义的国家订立反侵略的同盟及抗日的军事互助协定。"③对美国政府的扶蒋反共政策、对其侵略中国和对中国人民的暴行,进行了坚决的批判和斗争,始终以维护国家主权、民族尊严为前提,始终坚持了鲜明的政治立场。在反封建方面,中国共产党坚决要求废除国民党的一党专政,实行民主政治,改善民生,最坚决和最一以贯之。正如毛泽东1940年所指出的:"在中国,事情非常明白,谁能领导人民推翻帝国主义和封建主义,谁就能取得人民的信仰。"④党的鲜明的政治主张和英勇奋斗的实际行动,吸引、感召了人民,将人民聚集在了自己的周围,使党成为人民的代表。

---

① 日本防卫厅战史室编:《华北治安战》(下),天津人民出版社1982年版,第40页。
② 《周佛海日记》,上海人民出版社1984年版,第390页。
③ 《毛泽东选集》第二卷,人民出版社1991年版,第347、355—356页。
④ 《毛泽东选集》第二卷,人民出版社1991年版,第674页。

第二，积极而确实地解决了中国人民的切身利益。要赢得人民，就"必须给人民以看得见的物质福利"，"给人民以东西"①。在民主革命时期，最主要的就是要正确地认识和处理农民和资产阶级问题。农民，不但占了中国总人口的绝大多数，而且深受剥削和压迫。尤其是农村土地集中的问题十分严重，据抗战前调查，占农村人口70%的贫雇农仅占有耕地的15%，而占农村人口4%的地主阶级则占有50%的耕地。贫雇农租种地主的土地，地租占去收获的50%，有的高达70%、80%。而且还要忍受高利贷的盘剥和负担沉重的赋税剥削。因此农民问题是当时中国社会的一个最为突出的问题，而其要害是土地问题。孙中山针对这种情况，曾提出"平均地权""耕者有其田"的政纲。但是，国民党没有实行，代表中国大地主大资产阶级利益的国民党蒋介石集团，不敢、不愿也不能解决农民的土地问题，而使农民继续深陷苦难之中，并且这种苦难随着国民党统治的加强而日益加深。而中国共产党深刻地认识了农民的悲惨状况，认识了农民在中国革命中的地位和作用，为了解放他们，争取他们参加革命，党坚定地把农民问题和土地革命作为中国革命的主要内容之一。在土地革命时期，制定了"没收地主土地归农民所有"的土地革命路线；抗日战争时期，根据国内主要矛盾的变化，提出和实行了减租减息的政策；抗战胜利后，党适时制定了"五四指示"，解决农民要求土地的问题，在全国解放战争爆发后，又制定了《中国土地法大纲》，彻底消灭封建的土地所有制。通过大规模的土地改革，解决了中国社会十分尖锐的农民土地问题，解放了农民，并通过农村革命，彻底打碎帝国主义和封建主义在中国统治的基础。同时团结了农民，赢得了农民，调动了农民的革命积极性，使之成为中国无产阶级的最可靠的同盟军，成为中国共产党领导进行中国革命的主力军。

生长在半殖民地半封建社会的中国资产阶级，是十分复杂的。正确地对待和处理中国的资产阶级，是关系革命成败的关键性的问题。一方面，中国的资产阶级虽然人数不多，但其政治影响却是不能低估的；另一方面，中国的资本主义生产力，在当时的中国社会是有其进步作用的。根据中国资产阶级的状况，党正确地将它分为买办资产阶级（即大资产阶级、官僚资产阶级）和民族资产阶级两部分。买办资产阶级依附于帝国主义，是帝国主义欺压中国人

---

① 《毛泽东文集》第二卷，人民出版社1993年版，第467页。

民的工具和帮凶,因此是革命的对象;民族资产阶级在帝国主义、封建主义和官僚资产阶级的夹缝中生存,深受它们的压迫,但又与它们有许多的联系,因此表现出两面性。对此,党采取了"又联合又斗争"的方针,对其软弱妥协、有损害革命的一面进行斗争,对其赞同革命、拥护革命的一面进行联合,视其为中国革命的同盟军之一。在政治上,对其要求民主、反对国民党一党专制的斗争,给予坚决的支持;对其在经济上受到帝国主义、官僚资产阶级的压制,极表同情和声援;对其困难,大力支援;对其利益,大力维护。既照顾其利益,提出允许资本主义在新民主主义社会存在和发展的政策,又督促其不断进步。由此而团结了民族资产阶级,赢得了他们的认可、信任,很好地发挥了其作为革命动力之一的作用。

第三,党优良的作风。中国共产党一建立,就以崭新的面貌出现在中国的政治舞台上。共产党人天下为公,志向远大,忠诚于人民,忠诚于国家,立场坚定,襟怀坦白,朝气蓬勃,充满奋斗精神;革命根据地政府清廉勤政,党政军民关系和谐融洽,人民精神焕发,社会秩序井然,呈现勃勃生机。中国共产党及其领导的政府和军队表现了全心全意为人民服务、理论联系实际、密切联系群众、批评和自我批评、自力更生艰苦奋斗的思想作风和工作作风。从而在人民群众面前,树立了良好的形象。这种影响,早在中国共产党建立之初,孙中山就非常深刻,称赞中国共产党人有"明确的思想和无畏的勇气",是"新的力量源泉"[1]。其后,民主党派人士、各界爱国人士(包括一些早年曾反对过共产党的人士)、外国来华人员(甚至包括美国驻华大使馆人员、美军观察团成员),等等。几乎所有到过革命根据地、有机会与中共接触的正直人士都感觉到:中国共产党与国民党截然不同,根据地政权是"真正进步、真正民主的政权",中国共产党代表了中国的未来和希望。抗战时期到过延安的美国驻华大使馆人员谢伟思预言:"共产党将在较短的几年内成为中国的统治力量。"[2]这和国民党形成了鲜明的对比,国民党贪污腐败、以权谋私、党同伐异、争权夺利、为一党之私利而不顾全民族的利益。"贪官污吏,到处充斥","官愈大,势愈厚,而贪污数目愈为惊人……大奸大恶,逍遥法外,为所欲为。"[3]就是蒋介石也不得

---

[1] 《宋庆龄选集》,人民出版社1966年版,第465页。

[2] 伊·卡尔:《中国通》,新华出版社1980年版,第144页。

[3] 《华西日报》1944年5月16日。

不承认"我们的党现在实在是极其腐败"①。中国共产党与国民党大相径庭的作风,加深了人民对中国共产党的认识,加深了人民对中国共产党的信任和向往。

党的路线、方针、政策切合中国实际,符合中国最广大人民的愿望和利益,党的行动、作风在人民群众中树立了良好的形象,因而得到人民的拥护、支持和追从,使党实现了与人民群众的结合,使党融化在人民群众之中。而这种结合,就使中国共产党获得了生存和发展、壮大的社会条件,获得了战胜强大敌人的力量源泉。

正因如此,虽然国内外的反动势力竭力要扼杀中国共产党、扼杀中国革命,国民党企图以疯狂的大屠杀来打击共产党、消灭共产党,并以此吓退人民群众,同时,遵义会议前,中共党内曾相继出现右倾和三次"左"倾错误,给党造成重大的损失。尤其是陈独秀的右倾和王明的"左"倾错误,两次将党带入极其危险的境地。但是,由于党深得人心,人民群众没有被国民党的"围剿"、屠杀所吓倒,而是在党的召唤下,不断走进革命队伍中来,使党的队伍能够前赴后继,不断有有生力量补充、加入进来。党虽然历经曲折,革命曾几次落入低潮,但并没有一蹶不振,更没有因此而垮掉,而是屡仆屡兴,迭遭挫折而能够重整旗鼓,并在挫折中走向成熟。力量愈来愈发展,不断壮大,最后战胜了强大的敌人,取得了新民主主义革命具有划时代意义的胜利。

三

赢得人民,结果赢得胜利,这是新民主主义革命取得胜利的一个主要原因,也是一条极其宝贵的经验。虽然革命的时代早已过去了,但这个经验对我们今天仍有重大的现实意义,从中我们可以获得重要的启迪。

其一,必须坚定地、始终不渝地执行党的群众路线。人民乃国家之本,是一切事业取得成功的根本因素,是古今中外的历史曾反复证明了的,新民主主义革命再一次证明了这一古今中外历史曾反复证明了的结论。弱小的中国共产党之所以能够变得强大、取得胜利,曾掌握政权、占有绝对优势的国民党之

———————

① 转引自李良玉:《抗日战争时期新道德思潮》,《江苏社会科学》1991 年第 4 期。

所以日趋衰败、走向灭亡，其根本原因在于人民的取舍不同。国共两党根本不同的出发点、根本不同的政策方针及其实践，产生的社会效果是明显不同的。中国共产党代表人民的利益，因此深得人心，获得人民的拥护；国民党背弃人民的意愿，结果丧尽民心，被人民所抛弃。革命的实践反复证明了毛泽东的伟大论述："人民，只有人民，才是创造世界的动力。"正是基于对人民群众的伟大作用的认识，基于马列主义的基本立场和无产阶级政党的基本宗旨，党的七大明确把群众路线规定为党的根本的政治路线和根本的组织路线。毛泽东明确把"和人民群众紧密地联系在一起的作风"，作为中国共产党的三大优良作风之一，作为"中国共产党人区别于其他任何政党的又一个显著的标志"。也正是基于这样的认识，中国共产党人一再把党和人民的关系比喻为鱼水关系，概括为血肉关系。新民主主义革命的历史告诉我们，赢得人民，就赢得了发展的条件，就赢得了力量源泉，就能立于不败之地，也就能够创造辉煌。革命时期是这样，建设时期也是这样。在一定时期，在一定意义上，实事求是、把马列主义与中国实际相结合，就是与人民群众相结合，就是把无产阶级政党的宏伟目标和远大理想与人民群众相结合。超越群众的要求，不行；落后于群众的要求，也不行；而背离群众的要求和意愿，更不行。只有代表最广大人民的根本利益，才能将人民团结起来，将人民的力量凝结起来，才能克服一切困难，才能胜利前进。反之，如果不能很好地代表人民群众的根本利益，我们的事业就会遭受损失；如果违背人民群众的根本利益，就会失去人民的拥护和支持，我们的事业就会遭受失败。因此，我们必须牢记和坚定地执行邓小平的教导："群众是我们力量的源泉，群众路线和群众观点是我们的传家宝。党的组织、党员和党的干部，必须同群众打成一片，绝对不能同群众相对立。如果哪个党组织严重脱离群众而不能坚决改正，那就丧失了力量的源泉，就一定要失败，就会被人民抛弃。全党同志，各级干部，特别是领导干部，必须经常记住这一点，经常用这个标准检查自己的一切言行。"①

其二，只有赢得人民，才能实现对人民的领导。中国共产党是新民主主义革命的领导核心，新民主主义革命的胜利是在中国共产党的领导下取得的。但这个革命的领导权不是自然就有的，而是在斗争过程中形成的，是通过与人

---

① 《邓小平文选》第二卷，人民出版社 1994 年版，第 368 页。

民群众的结合尤其是赢得人民的信任和拥戴而实现的。对此,邓小平做过明确的论述:"共产党——这是工人阶级和劳动人民中先进分子的集合体,它对于人民群众的伟大的领导作用是不容怀疑的。但是,它之所以成为先进部队,它之所以能够领导人民群众,正因为,而且仅仅因为,它是人民群众的全心全意的服务者,它反映人民群众的利益和意志,并且努力帮助人民群众组织起来,为自己的利益和意志而斗争。"①这是一个真理,是我们在进行社会主义现代化建设中应该坚决遵循的。只有赢得人民,才能将党的发展战略目标和人民群众的积极性、创造性实现有机的结合,才能使人民群众服从党的领导,将党的方针、政策和要求变成人民群众的自觉行动,从而创造辉煌、创造奇迹,推动我们建设中国特色社会主义的宏伟目标早日实现。

其三,要赢得人民,就必须是真诚的、实在的、一丝不苟的。即确实做到想人民之所想,急人民之所急,以人民群众的利益、愿望和要求为行动的最高原则和出发点。否则,只能是对人民的欺骗,也只能被人民所抛弃。古今中外的反动派在实施其反动的企图和阴谋时,无一不是打着为了人民的幌子。袁世凯镇压二次革命时,诬蔑孙中山等是捣乱,"左也是捣乱,右也是捣乱,我受四万万人民付托之重,不能以四万万人之财产生命听任捣乱!"他称帝自为,但也佯称是采纳和遵从人民的意见。北洋军阀争权夺利,但其旗号总是或为国家统一,或为替民伐罪。国民党蒋介石也曾制定过"实行耕者有其田""改善农民生活""保障农民权益""扶助民营企业"等政策,还曾说群众是国民党的,提出要争取农工群众、知识分子,但实际上是虚托空言,欺世盗名,用以掩盖其祸国害民、坚持封建独裁专制的本质。反动派企图欺骗人民,而最终为人民所抛弃。中国共产党夺取新民主主义革命的胜利,取得成功,就是坚持谋求"最广大人民群众的最大利益",始终坚持以人民的利益高于一切的基本立场,以人民的愿望、需求为出发点,为之勤勤恳恳,奋斗不懈。历史说明,空言代表人民、空言人民利益,是不会为人民所接受和认可的,是无济于事的。必须有真实的思想、真实的行动。代表人民的真实意义不在于说,不在于口头上,而在于言行一致,特别是在于行动。

---

① 《邓小平文选》第二卷,人民出版社1994年版,第218页。

责任编辑:汪　逸
封面设计:周方亚

图书在版编目(CIP)数据

史实与影响:中共党史中的人与事/李东朗 著. —北京:人民出版社,2018.11
ISBN 978－7－01－019696－1

Ⅰ.①史…　Ⅱ.①李…　Ⅲ.①中国共产党-党史-史料　Ⅳ.①D231

中国版本图书馆 CIP 数据核字(2018)第 193475 号

史实与影响

SHISHI YU YINGXIANG

——中共党史中的人与事

李东朗　著

人民出版社 出版发行

(100706　北京市东城区隆福寺街 99 号)

北京汇林印务有限公司印刷　新华书店经销

2018 年 11 月第 1 版　2018 年 11 月北京第 1 次印刷
开本:710 毫米×1000 毫米 1/16　印张:23.5
字数:385 千字

ISBN 978－7－01－019696－1　定价:75.00 元

邮购地址 100706　北京市东城区隆福寺街 99 号
人民东方图书销售中心　电话 (010)65250042　65289539